20世纪中国文学经典新解读丛书

何浩　全亚兰　◎主编

重读周立波

从延安文艺座谈会走来

河北出版传媒集团
河北教育出版社

图书在版编目（CIP）数据

重读周立波 / 何浩，全亚兰主编 . -- 石家庄：河北教育出版社，2023.7
（从延安文艺座谈会走来）
ISBN 978-7-5545-7465-2

Ⅰ . ①重… Ⅱ . ①何… ②全… Ⅲ . ①周立波（1908-1979）- 人物研究②周立波（1908-1979）- 文学研究 Ⅳ . ① K825.6 ② I206.7

中国国家版本馆 CIP 数据核字 (2023) 第 012779 号

书　　名	**重读周立波——从延安文艺座谈会走来**
主　　编	何　浩　全亚兰

策　　划	丁　伟
出 版 人	董素山
责任编辑	郝建东
装帧设计	李关栋
出版发行	河北出版传媒集团
	河北教育出版社　http://www.hbep.com
	（石家庄市联盟路 705 号，050061）
印　　制	河北新华第一印刷有限责任公司
开　　本	787 mm×1092 mm　1/16
印　　张	27.25
字　　数	352 千字
版　　次	2023 年 7 月第 1 版
印　　次	2023 年 7 月第 1 次印刷
书　　号	ISBN 978-7-5545-7465-2
定　　价	85.00 元

版权所有，翻印必究

序

◎ 薛毅

"北京·当代中国史读书会",是以中国社科院文学研究所的中青年学者为核心,众多高校和文学研究机构的师生参加的学术研究团队,成立至今已有十多年了。读书会有一个"社会史视野下的中国现当代文学研究"研究、思考方向,重点讨论《在延安文艺座谈会上的讲话》(以下简称《讲话》)以后的文学经验。自2014年起迄今为止,已经重新研读了赵树理、丁玲、柳青、李准和周立波。为推进研究,读书会形成了一系列常规操作方式:首先,到作家当年活动和工作的地方做实地考察,增加感性认识。其次,师生协力,努力搜集与作家相关的所有材料和已有研究成果,并从中划分出几个重要话题,进行多次集体讨论。再次,召开向学界充分开放的会议,在更大的范围内交流论文、思考。会后回顾各种讨论,召开对会议的消化会。最后改定各自的论文。把集体活动和集体讨论有效纳入学术研究的进程中,构成读书会的一大特色,这在国内学界是少有的。针对周立波研究,读书会实地踏访最早的探索者何吉贤在2012年就访问了黑龙江尚志市元宝村;2014年夏确立了"社会史视野下的中国现当代文学研究"思考计划后,读书会当年秋天就组织了对周立波故乡湖南益阳的参访；2018年夏读书会的一些骨干由《丁玲传》作者之一李向东老师带领，去了黑龙江元宝村。原本计划的再访湖南益阳的活动，由于新冠疫情被迫终止。也是由于疫情的影响，集体讨论不得不在线上进行，这倒给了不少北京之外的师生旁听的机会。我也全程旁听了读书会九次线上周立波讨论，每次短则四五个小时，长则七八个小时。其内容不仅有文学性较强的周立波在鲁艺教授文学名著课程，周立波的苏联文学翻译和他自身创作关系的讨论，也有看起来似乎与文学没有多大关系的周立波作为翻译陪同外国人走访八路军总部和晋察冀边区，以及跟随王震的南下支队转战华南的经历，更有把周立波的经历与写作和政治运动高度结合在一起的话题：东北土改和《暴风骤雨》，合作化运动和《山乡巨变》。对于后二者而言，读书会不仅讨论当时的政策及其变化，政治行动的理解、推进和自我调整，报刊对运动的记载，还将周立波之外的其他人物对运动的读解和反应，民风民俗和运动的关系等，都放入视野之中。

这大概就是读书会所倡导的"社会史视野"下的文学研究吧。直观地看，是要重建具体的历史情境和作家作品之间的关联性。但是，如何重建关联性是需要辨析的。它容易令人想起社会历史决定论和政治决定论，即经常用一种抽象的历史"本质"来取代对特定时期历史情境的讨论，进而将这种"本质"作为衡量文学作品的标准。20世纪80年代以来的文学理论有充分的理由反叛这样的决定论观念，因为它几乎没有给感性生活世界留下空间。时至今日，拒绝讨论文学和社会历史政治关系或者充其量将它当作"外部规律"，其理由依然是为了保护审美的独立、个体心灵的自由。在这样的理论主宰下，文学的"外部"，尤其是政治，对文学而言所起的作用只能是负面的、损害性的。这种观念在讨论20世纪五六十年代中国文学的时候似乎颇有解释力。

像我这样年龄的人，在20世纪80年代文学氛围里成长，在相当长的时间里，对于20世纪五六十年代文学的态度，总是漫不经心和三心二意。有时也会为赵树理、浩然小说中的某些细节，为贺敬之、郭小川的某些诗歌而心动，但不太有兴趣思考为什么会心动。总体上，我们认定这只是一些特定时期的文学现象，稍有亮点也并不稀奇，与真正的文学没有什么关系。但周立波的位置有点特殊。阅读周立波的《山乡巨变》和他的众多短篇小说有特别的体验。那种扑面而来的生活气息，只要看一眼就不会忘记。我曾在一篇对话里说："只要稍微读一点周立波，就可以感应到他写作实在是一片新天地，他写农民，如同写自己的父母，写自己的亲戚、隔壁邻居一样，透着亲切感。"我当时甚至觉得，周立波的短篇小说与20世纪80年代以来评价极高的汪曾祺作品，在形态上有不少相似，比如方言的使用、散文的结构、诗化的意境，以及对民风民俗的重视，对劳动者职业能力的欣赏等。而且在表现普通人的精神方面，周立波恐怕更胜一筹。所不同的是，在周立波那里，始终存在着一种总体的视野，一种从历史进程角度来理解当时社会诸种情态和矛盾的意识，一种对未来远景的信念。他的众多短篇仿佛是围绕在《山乡巨变》周边的点点风景，只有通过"巨变"这一总体视野，才能得到根本的理解。但是，站在"纯文学"立场看，总体视野本来就是多余的，其实际作用只能是负面的和损害性的，周立波受此缠绕只能体现为历史的局限性，而周立波审美魅力的独特性实则表现为，在"主流意识形态"和"民间文化"之间，周立波通过情节和对话等方面的设置，不断偏离前者，与前者保持距离，而让自己置身于后者的世界中。这样的解释，一定程度上承认和接纳了周立波作品的文学魅力，其二元对立设置也不是没触及问题，但很明显其评价的尺度外在于历史，好比用汪曾祺的标准测量周立波。而如何充分讨论具体的作家作品得以产生的历史条件，如何从历史提供的可能性出发重建评价文学作品的尺度，是现有的"纯文学"解释框架难以面对的问题。

"社会史视野"进入20世纪80年代以来纯文学研究的盲区,其一大作用就是拆除了80年代以来形成的文学"内部"和"外部"的机械理解所形成的认识藩篱。不能说纯文学研究没有史的眼光,它还比较愿意将文学纳入思想史、精神史的脉络中。但"社会史视野"却主张从最"外部"的方面入手。这是读书会最决然最勇敢的选择。我相信不少同行会力劝他们回到文学,包括我在内也曾对他们的选择担忧。因为赤手空拳地跨出这一大步,意味着他们进入一个之前没多少阅读积累的领域,意味着面临铺天盖地无边际的材料。但是,读书会却走得更远,他们自我命名为"当代中国史"读书会,便意味着他们着力更大的研究、思考方向,是先彻底悬搁他们更有积累的文学,直接研究中国当代史的一些重要年代,而且在这一努力方向上他们放弃了理论预设,放弃了20世纪80年代以来常见的面对当代史所持的居高临下的"批判"态度,老老实实讲述他们从材料阅读和分析中获得的对"中国经验"的体认。如果说以前的当代史研究集中于讨论中国失去了什么,那么,读书会则首先集中于重新挖掘中国创造了什么。我有时也会挑剔读书会对历史进程中的灾难后果没有多加注意,但仔细想想,如果我们不能专注于从中国的经验存在、生命存在肌体中寻找克服灾难的力量,那么只从灾难后果出发的研究只能导致对当代中国的整体否定,而让我们的向未来出发更少力量凭借。

"社会史视野"重要的举措是重建了政治维度。对读书会而言,政治不再是如20世纪80年代以来纯文学所评价的那样属于一种不言自明的消极的、压迫的、损害文学的力量,而是强调要具体经验具体分析。延安《讲话》中,毛泽东没有如一些知识分子所愿那样把文化视作与政治各有分工并驾齐驱的力量,他把文化大军与武装大军一同纳入政治的要求之中,强调为政治服务,听从政治的指令。这确实对文学的自足和自主带来极大挑战,20世纪80年代以来人们强调了文学被迫臣服于政治所受到的伤害。但是，人们忽略了问题的第一个重要方面是，当政治是有效改造中国社会的富有创造性的能动的积极的力量时，政治推动作家重新打造自己的政治意识、政治眼光，从而能够更深掌握现实，并更能切实想象自己的写作和积极的实践行动之间的关系，这对于很多关心现实中国命运的作家、知识分子肯定不全是被迫和无奈的选择，而还包含作家主体的切实成长。文学家经政治的推动获得政治的视野，认同政治远景，懂得当下政策，并从事政治实践，不必然是禁锢和损害，而需要我们对具体作家、作品和政治的关系问题作具体分析，才能让我们更真切、准确把握当年政治与文学关系问题，而不该想当然地一概而论：强调文学服务于政治的后果必然是文学用于图解政治，必然公式化。但是，人们忽略了问题的第二个重要方面是，衡量政治是非善恶的主要标准应看它是否有效地改造了社会，把社会推向更有活力的未来。而这里存在着文学以新的角度呈现社会变化的契机。依照何浩的论述，《讲话》之后现实主义的重大变化在于有了让诸多作家对其实践有效性很有信任的政治为作家理解现实的中介。在作家感觉中，社会便不只是等待被客观呈现的对象，在政治的变革和打造下，社会成为在具体历史实践中可被切实改变和调整的对象。"它与主体之间，由于政治实践的推动，变得不是一直存在难以克服和触及的主客隔离的距离，而是处于可被不断认知、修正、推动、牵引、改变的反复纠缠的旋涡之中。社会，既是一个先于政治实践的历史条件性存在，也是一个待构成的历史化存在。事实上，也正是经由政治抵达社会现实，使得愿意配合政治的作家的责任感和热情能够更有机会得到具体落实的途径。"这里有着一个能动空间，有着被人们忽略的文学可能性，因为这里呈现出了一幅活生生的政治与社会互动的图景，而作家就置身于政治与社会的接触带上面。在此，文学家获得政治的视野等于是获得了社会现实在什么样的积极努力中可被有效改变的展开认识。毋须讳言，对一些作家这一认识很可能是教条式的，主要是基于政治理论的学习而产生的逻辑外推，它甚至可能遮盖乃至修改作家置身于社会生活中获得的活生生的经验，这方面周立波的《暴风骤雨》中的一些书写就是一例。社会因政治的搅动而产生变化，并不意味着社会成了政治的附属物，似乎成了可以随意被揉捏的面团，只是被动等待政治穿透和覆盖。何浩说："当文学以政治为中介，而没有充分发展自身对社会的更深入的探索，那文学（或其他方式）所捕捉到的部分，也可能与政治触及的边界重合，甚至更少。"事实上，单单从政治出发，不可能不看到社会或多或少异己层面和力量，需要政治认真面对和分析。它们或者逼使政治调整自身，或者与之产生剧烈冲突。这就需要文学对社会有更深入的探索，抵达政治实践或忽略或误解的层面。文学所揭示的这些层面越充分越丰富，其文学价值则越高。这方面周立波的《山乡巨变》和众多短篇是杰出的代表。但这并不意味着周立波的文学价值可以摆脱政治视野得到说明。因为探索社会的动力本身就是政治性的。在政治实践者遇到困难、出现分歧、面临困惑和焦虑、裹足不前的时候，从社会出发显得极其必要，从而能反身检视政策落地的条件和方式，以及它导致的社会后果。必须指出，这方面，《讲话》之后提供的余地并不充分，但这正是有待"社会史视野"重新研究的重点。

20世纪60年代初，评论家黄秋耘的文章《〈山乡巨变〉琐谈》在高度肯定《山乡巨变》的艺术成就的同时，对作品的思想政治性提出批评。作者说，"作为一幅有景有情，有光有色的生活画卷，《山乡巨变》达到了相当完整的艺术境界，但作为一部概括时代的长篇小说，《山乡巨变》对于农业社会主义改造这一历史阶段中复杂、剧烈而又艰巨的斗争，似乎还反映得不够充分，不够深刻。"作品没有充分写出贫下中农对农业合作化"如饥似渴的要求"，没有写出他们在党的坚强领导下，"在斗争中逐步得到锻炼和提高，进一步自己解放自己，全心全意为集体事业奋斗到底的革命精神","仿佛农业合作化运动这场深刻的社会主义革命只是自上而下,自外而内给带进了这个平静的山乡",而不是庄稼人"从无数痛苦的教训中必然得出的结论和坚决要走的道路"。类似黄秋耘的批评在当时还有不少,体现出《讲话》之后"当代文学"的普遍要求。有意味的是,如果拿这个标准来衡量《暴风骤雨》和《山乡巨变》,我们会发现前者更合格而后者有明显缺陷。我们不可能设想周立波在写作《山乡巨变》的时候不明白这个普遍要求,也不可能设想周立波为了完成有景有情、有光有色的生活画卷,而故意降低作品的思想政治性。周立波的真正贡献在于他重新描绘了政治与社会的动态关系。

人们把政治"自上而下,自外而内"进入社会的叙事模式称为"动员结构"。贺桂梅指出这种叙事模式并没有被普遍采用,除此之外还有赵树理那样力图写出社会内部对革命的自发需要,还有柳青那样里应外合式的。如果文学家不能从社会内在要求的角度来把握政治,那么政治只是少数人的政治,没法写出其合法性的基础。但是,社会内在要求与政治之间并不可能重叠,更何况,加速推进合作化运动的动因来自国家的工业化战略,这是无法从贫下中农的个人利益和阶级利益要求中推导出来的。这也是赵树理、柳青的创作面临困境的根本原因。而浩然之所以能取代赵树理、柳青,重新写作合作化运动,在于他重新设定了贫下中农的立场:它不仅包括集体利益和个人利益,还必须优先考虑国家的要求和几万万人的要求。只有满足这样的前提,社会的要求才与政治高度一致,里应外合才有可能。浩然用这个方式来描写庄稼人,社会的异己性杂质被剔除得干干净净,社会重新被想象为可以被政治彻底穿透的附属物。在这个意义上,"动员结构"保留了政治相对于社会的"外部"属性,保留了政治与社会两个差异层面,实际上更有历史依据。

周立波让单纯、稚气未脱的县团干部邓秀梅"入乡",也顺着这个"外来者"、合作化政策的执行者的视角来观看和认识山乡。邓秀梅的政治实践伴随着对山乡的认识过程。李哲很有想象力地把邓秀梅入乡行程中遇到土地庙的细节做了寓言式解读。土地庙对联中的"天子入疆先问我"表达了山乡对入乡者的挑战，土地菩萨的"先问我"的吁请拉出了先于"实践"的"问"的环节。李哲认为，正是对山乡的认识过程而非实践过程成为叙述的重心所在。小说有大量对话通过邓秀梅的问和山乡各色人等的答而展开，从路遇亭面糊到夜晚与盛淑君同眠开始，问答环节构成邓秀梅的认识路径，逐次呈现山乡的"风景"。伴随着问答环节，小说很微妙地写出了邓秀梅"实践"的一连串失败，她第一次做传达报告引不起党员们的兴趣，她入户串联遭到冷遇，她拨弄算盘替对方计算个人利益得失也没能说服对方。团结在她身边的是一些青年，他们用喊话和贴标语来动员，其中最坚决的是陈大春，而这是个动不动就拍桌子、捏拳头的毛躁小伙。可以设想，如果强行推动合作化政策，打前锋的只能是陈大春这样的青年，而这是周立波竭力要避免的。小说用略显滑稽和夸张的语气写邓秀梅带着年轻人带着手枪棍棒伏击偷牛贼，结果是一场虚惊，而偷牛这个情节连着陈大春恋爱"偷情"情节，更显喜剧性。邓秀梅多次要求调查地主岳丈对中农女婿是否有影响，这个应该是阶级斗争的情节也完全落空。小说唯一写的阶级斗争是逃亡地主的破坏活动，但很明显，这只是周立波对政治正确的斗争模式的简单交代，而且他还不忘说明这个地主的"外来者"身份。周立波翻译过肖洛霍夫的《被开垦的处女地》，熟悉苏联式的推进集体农庄必然带来抵抗和暴力斗争。而《山乡巨变》可以看作是对肖洛霍夫小说的反向书写，周立波通过《山乡巨变》是要创造出一条有别于苏联模式的合作化路径，为此，他必须开掘出被合法化的暴力斗争视野遮蔽的巨大的认识盲区。这也是邓秀梅的盲区。

　　周立波冒着政治风险创造出了乡干部李月辉的形象。他之前坚决收缩了合作社，到了政策推向激进的时候，他成了政治上右倾的干部。陈大春一眼就辨认出他就是山乡"小脚女人"。他留给上级干部们的印象是群众关系好，工作上很好合作，作风民主，他"心机灵巧，人却厚道，脾气非常好，但斗争性差"。"斗争性差"使他跟着"右倾机会主义者"犯了错误，但小说紧接着举了大量生活事例来说明他不爱生气，与谁都合得来，没人能和他吵起架，是"不急不缓、气性平和的人物"。生活中的好脾气与政治上的"斗争性差"相结合，几乎是赵树理笔下"和稀泥"干部的翻版，但在小说中，"斗争性差"在政治上也没有成为周立波眼中李月辉的缺点，而成了他处理矛盾的特有方式。亭面糊听信谣言砍竹子，陈大春非常气愤，李月辉觉得这只是为了油盐，没什么大不了的。副社长在各种压力下自杀，上级要求开除他党籍，李月辉故意拖延组织处理。合作社与个体中农劳动竞赛起冲突，李月辉训斥合作社青年，宽慰中农，做和事佬。这几乎是对肖洛霍夫笔下勇于斗争的达维多夫形象的颠倒。李月辉反复强调"这里面有哲学"："就是把眼光放得远一点"，充分估计别人的长处，他相信："只要不是对抗性的，事情有坏必有好，人们是有短必有长。"他对各种各样的坏和短有敏锐的洞察力但不愿深究，而对好和长充满期待。邓秀梅常常半是玩笑半是认真地敲打他的"右倾"，但是，小说并没有把两人的差异上升为"路线斗争"，李月辉没有否定邓秀梅的政治任务，而是处处配合。而邓秀梅的政治只有依靠李月辉才能真正落地。李哲说："作为外来的'入乡者'，邓秀梅更多通过'发问－倾听'的方式展开工作，她常常借助出之于口头的'话'才能理解那些她原本陌生的人，但与民众朝夕相处的李月辉却能够直接体察到人的种种心思、念头。"自上而下、自外而内的邓秀梅与自下而上、自内而外的李月辉在差异中的对话、对接，通过这条路径，政治才落地为群众的政治，与老百姓的心思相应和。这里有周立波独特的政治，也有周立波独特的文学。

在讨论周立波短篇《山那边人家》的文章《风格一例》中，针对有人认为小说写了一对青年人的婚姻，是游离于阶级社会之外，脱离了政治，唐弢回答："不！这是政治，这是隐藏在作者世界观里最根本的东西：旧的沉下去，新的升上来，不过这回是偏重后者，因而不是采用暴风骤雨的形式，而是表现了风和日丽的风格。"这里，政治的能动性体现为把通常被认为无关紧要的因而可以被忽略的生活世界纳入总体视野中。在旧的政治观念看来，这篇小说存在着严重的笔墨浪费现象，写了太多与主题无关紧要的东西，用五百字就可以写完，而且主题可以更为鲜明。唐弢反驳，"一篇有风格的小说，它的细节描写往往和作者的思想感情胶合在一起，不可能拆散分开。"在唐弢眼中，生活细节事关文学风格，文学风格事关政治。这种坚持生活、文学与政治的一元看法是颇有启发性的，有助于我们重新讨论和定位周立波的政治与文学。当人们说周立波文学的特点和价值就是坚持从生活出发，把文学表达的重心从政治悄悄移回到生活，这样的判断与历史上存在的，把周立波文学的问题理解为游离于阶级社会之外，脱离了政治，其实非常一致，只是在价值判断上截然相反。基于自明的生活观念，当代周立波研究还把问题引向地方性社会、湘楚文化等，这无疑丰富了人们对周立波创作的理解，但是，一旦放弃了政治维度，估计所得不会太多。

朱羽以《禾场上》为例重新追问那句"这是政治"，即周立波的风格触及了哪种政治。朱羽敏感地发现，"《禾场上》所描述的，恰恰是《山乡巨变》正篇与续篇之间省略的部分——初级社转高级社时的动员说服与打通思想环节。因此它亦可视为《山乡巨变》叙事一个必要的补充，其地位不可小觑。"在夏夜乘凉的生活场景中，外来的工作组长用乡民能听懂的语言传达高级社政策，回答乡民的疑问。一问一答中杂以日常生活的七嘴八舌，气氛颇为轻松。但小说重复了一句象征意味很浓的话："鸟类没有接生员，难产的落沙婆无法减轻她的临盆的痛苦。"这里突显的是痛苦，"虽然可以减轻，却无法完全取消"。朱羽说："革命只是一种'接生员',只能在那个旧的肌体身上使劲,而没有另外的对象。革命本身需要尽可能地减轻'自然历史'转型过程中的诸种痛苦,乃至革命也必然是从这一肌体上长出来的。所有的新旧叠影、'当家人'对落后者的软化处理以及人的成长过程中必然的激情与缺陷的呈现,都以此为基础。"

这里也暗设着重新解读《禾场上》以及周立波其他小说的角度。事实上,周立波并非不知道合作化进程中农村社会的严峻局面,而如何从矛盾的各方寻找出减轻痛苦的途径,是周立波孜孜以求的。问题的关键不仅在于政治实践需要邓秀梅与李月辉的对接,也在于需要从原有的社会与生活中,从"旧的肌体"中,发现、推动和创造一种"新的升上来"的可能空间。这仍然是政治的,是周立波创造的新的政治层面——从感性生活形式中打造和提取能与政治运动相配合的力量,周立波文学的创造力显然和这一追求密切相关。周立波用特别温和的眼光看待亭面糊、陈先晋,对谢庆元、秋丝瓜、菊咬筋这样几乎必然成为斗争对象的人物也有宽容和期待,他们在形态上或自私、守旧,或夸夸其谈、利益熏心,但他们是庄稼人,热爱土地,勤劳,会使牛,懂培植,是种田能手,这些都成为"新的升上来"的基础。李月辉的哲学要点就是充分估计别人的长处,从长处中可以催生出新的因素。周立波小说中许多表面上无关政治的闲笔,逸出主题的细节,总包含着作者暗中对"新的升上来"的推动。全亚兰很细致分析了《山乡巨变》中的"奔丧"一章,亭面糊显露出各种各样的心思,时而矛盾尴尬,时而一如以往骂骂咧咧,但是,一个新的合作社社员身份,在他的肌体上慢慢生长出来了,影响了他的行动。全亚兰说:"铸冶思想和感情不是旧习惯、旧模式的重复,而是在过程中寻找新的素质和新的形式。""他笔下的山乡生活不是固化的、自然的,而是在丰富多样实践活动的推动下被政治不断打造、催生的:当村民与社员的称谓叠加时,人们的政治身份得以确立与稳固,政治参与和日常生活才可达致彼此说明、互为支撑的程度，政治滑向生活各处，在保有其复杂性、丰富性的同时，体现在社会生活的方方面面，而这些正是周立波意义上的'巨变'。"

2020年11月，以北京读书会为主体的"社会史视野下的中国现当代文学研究——以周立波为中心"学术会议在上海师范大学召开。作为会议的组织者之一，我第一时间拜读了会议论文集，发现大多数论文写得非常好，流畅、生动，对作品有细读功夫，善于从具体的情景出发且在讨论中不离具体性，善丁抓住有趣的人物和细节去辨析其中微妙的情理，特别对周立波笔下基层干部和庄稼人的心魂体贴入微。还有一些论文对周立波作品的形式构成有独到的分析——近年来的中国现当代文学研究，对诗学和形式讨论，一直是热门，而社会史视野下的诗学和形式的讨论并不多见，我尤其期待着读书会在这方面有重大推进。

目录

"名著"与新形式的探索
——从《周立波延安鲁艺讲稿》展开的讨论
◎刘卓 ………………………………………… 001

房东叙事与"新的群众时代"的文艺
◎孙晓忠 ……………………………………… 031

论周立波《暴风骤雨》的叙述与形式
◎李国华 ……………………………………… 060

《讲话》的挑战与"社会"的生成
——从《暴风骤雨》和《种谷记》座谈会说起
◎何浩 ………………………………………… 079

重审"红色经典"的生成过程
——解读《暴风骤雨》的一种路径
◎梁帆 ………………………………………… 128

自然历史的"接生员"
——周立波20世纪五六十年代短篇小说"风格"政治刍议
◎朱羽 ………………………………………… 140

"信任感"与"心宽路远"

　　——《山乡巨变（上部）》的现实理解和生活感觉

　　　◎程凯 ·················· 174

"视点变调"里的社会主义民主：

　对周立波《山乡巨变》（上部）叙事形式的审美政治解读

　　　◎谢俊 ·················· 220

"把群众的化为自己的"

　　——从《山乡巨变》续篇看周立波的"风格"

　　　◎全亚兰 ················· 254

在美学风格的背后

　　——《山乡巨变》的成就与成就中的问题

　　　◎李娜 ·················· 279

《山乡巨变》：革命"深处"的潜流

　　　◎李哲 ·················· 298

喜看稻菽千重浪，遍地英雄下夕烟

　　——重读《山乡巨变》

　　　◎萨支山 ················· 329

当中间人物遇到"经济主义"

　　——谈《山乡巨变》中的集体劳动过程和中间人物塑造

　　　◎高明 ·················· 344

谁是社会主义农村的好干部

　　——从《山乡巨变》与《被开垦的处女地》的关系谈起

　　　◎夏天 ·················· 364

"小说还乡"中的精神和美学转换

　　——从周立波晚期短篇小说谈起

　　　◎何吉贤 ················· 384

后　　记 ·························· 415

"名著"与新形式的探索

——从《周立波延安鲁艺讲稿》展开的讨论

◎ 刘卓

《周立波延安鲁艺讲稿》(以下简称《讲稿》)是1940年到1942年间在延安鲁艺文学系的"名著选读"课程的底稿,经整理后发表在《外国文学评论》。今天对《讲稿》的主要评价与延安时期整风运动中对延安鲁艺所作的"关门提高""脱离群众"分不开的,周立波的反思也是以此为参照的,他认为自己在这一时期阅读西方名著,而对现实的生活和斗争缺少关注,做作品分析时太注重技巧,忽视内容。这个评价在20世纪80年代之后开始动摇:有研究者认为,"名著选读"课程在大的方向上仍延续了马克思主义的唯物主义的文论传统,展示了讲授者的学识和素养,这是在不违背周立波自己的反思的前提下做了增补,也是稍微从延安时期形成的政治性评价后退一步而做的知识化的处理,这与将《讲稿》发表在《外国文学评论》的做法是相近的,是将它看作学科领域内的知识,而不再旨在为革命培养文艺人才的相关课程。与知识化的处理有所不同,有观点认为,这个基于西方文学作品基础上的"名著"概念继承的是"五四"以来的启蒙传统,一种观点与此相反,研究着眼于《讲稿》中与边区当时提倡的民族形式、民间形式的不同的审美取向，以此为基础阐释延安文艺的世界性。这两种关于《讲稿》的对立看法对于《暴风骤雨》《山乡巨变》等作品形成的两极的看法，有着同样的脉络。

对于这一现象，冯牧提出了批评，"在他们的许多作品中不可避免地会带有明显的时代烙印和历史局限性。这是永远值得我们惋惜的。但是，难道我们为此就可以使自己滑向另一个极端，以至于对这些对于中国文学做出了显著贡献的作家的业绩不加分析地轻率加以诋诟、指斥乃至全盘否定吗？我不认为这是一种清醒的认真的态度。"除了注重20世纪的历史条件，不要厚诬前人外，冯牧在这篇回忆文章中提出了另外一个观察，周立波是文体家，有着非常好的艺术感受力，对于文字要求"凝练、简洁、鲜明、风趣乃至必要的民族（地域特色）"，并认为"不考究文字的简练明快和严密，是现在（60年代，引者加）某些虽有生活积累、文化素质却不很高的作家的致命伤"，对于《暴风骤雨》《山乡巨变》《南征记》这些描写农村生活和战争生活的作品，冯牧认为不仅有着"严谨的现实主义者的犀利的观察目光和高瞻远瞩的概括能力"，也有"作为一个文思细密的文体家的独创的优雅的文风"。冯牧是鲁艺的学生，对于《名著选读》课程有很深的印象，他认为周立波对于文体、小说语言的追求，"这主要得力于他对于中外文学名著的广约博采和深入转眼，得力于他对于文学语言文字的民族性和严密性的刻意追求"，就这一点来说，"在我熟悉的从三十年代就开始步入文坛的老一辈作家当中，能够像立波那样重视文字的精美简洁及其艺术表达能力的人，并不是很多"。在"文体家"的这个观察中，冯牧倾向于将"名著"与座谈会之后的以土改、合作化为主题的作品中的语言风格、文体追求联系起来，而不是视为断裂的两个时期、截然不同的两种文学观念。冯牧"文体家"这个观察贴合着周立波在写作中的变化和创作谈中的想法，也是接近冯牧本人的文学思考。肯定"名著选读"课程，肯定何其芳《夜歌》中的真实、纯真，在当时延安的青年文人和学生中不是个别的，而是有着相当的普遍性的；在他们的内心中，这些文学性的坚守与他们的追求革命、接受座谈会之后而下乡虽有不同，并不是相悖的。那么，如"名著选读"课程、如鲁艺学生这一时期的创作，与其是作为前座谈会时期的、小资产阶级意识中需要改造的部分而被简单否定，不如是作为线索来探讨不同背景、出身而共同投身革命的创作者的精神世界。

一、"亭子间"的审美品味

鲁艺时期周立波的倾心外国文学作品的形象，常常与小资产阶级的审美品味联系在一起。这个印象主要是基于鲁艺学员的回忆而得出的，比如"最具浪漫色彩的篇章之一"，"立波同志有精致的艺术口味。他欣赏法国梅里美这样雍容、优雅的作家……当时也有一些同学，虽然也敬服梅里美在艺术上的精湛、完美，却更倾向于俄国文学的强烈深厚，博大深雄。他们是非议过立波同志的欣赏趣味的"，这里有关周立波"审美品味"的描述中有暗含的批评，即阅读上品味是小资产阶级的。这些印象片段除了当时的感知之外，多为事后回忆的变化，多少也是受到延安的整体氛围和评价体系的影响。这里面有一个问题，名著被简化为"精致、优雅"的艺术品味或者纤细、忧伤的情感，并且与亭子间来的、与小资产阶级的趣味联系起来。这种联系产生的后果很明显，周立波对于外国文学的偏重，对于他之赞叹为"名著"的写法的揣摩和赏鉴，被等同为个人的审美品味。从品味的角度入手，"名著选读"课程中篇目的多样性被简化，而其中对小说中结构、情节、语言等诸多层次的分析和体悟，也被一以概之为形式主义的、注重技巧的。收缩在品味之中，比如从上海的亭子间来的、会英语的、喜爱外国文学作品的、性格上不合群等特征都容易被收拢到"小资产阶级"的说法之中，被解读为他们追求革命、追求进步的行动之下隐藏的不同的底色，或执拗的阶级无意识。

周立波在上海的十年间，除了在上海和苏州做监牢的两年多外，大部分的时间都是在亭子间度过，在此参加"左联"、加入中国共产党。在写于延安时期的作品《第一夜》中较多地保留了当时的感受："自从没有挂虑的漂流的生活结束了，朋友们不得不为衣食各走各的路以来，生活里就再没有欢笑的歌，也没有醉人的酒了。每天坐在排字房隔壁一间小房子里面，用手指和眼睛校对许多粗糙的坏文章。到晚上，脑子里面装满了颠颠倒倒的铅字和乱七八糟的校对的符号，不能立刻去睡觉。走上晒台，呼吸着清凉的夜气，仰望着缀满明亮的星星的广阔和神秘的天空，我真愿意我的两只手臂是两只粗壮的翅膀，能够向高远的不可知的境界里飞翔。"这一段是回忆1932年前后在神州国光社做校对的日子，生命的活力和反抗，与环境的逼仄和愤懑之间的紧张感，在"向高远的不可知的境界里飞翔"这一句中传达得很真切。这一句中有一个很饱满的自我意识，是从对于周围环境的否定中而产生出来的。如果说从家乡来到上海构成了周立波的自我意识生成的第一个否定性瞬间，那么，后来的对于上海的疏离是构成了第二次的否定性时刻。这既有革命理论的影响，也有他的实际生活经验做基础，使得他对于都市的消费文化、对于逃避式的浪漫书写有批评。对于亭子间的左翼文人身上的革命性以及与上海的都市文化之间的紧张感，已经有不少研究做出分析，我想尝试补充一点，支撑着周立波的"高远的不可知的境界"的想象中，不仅有无产阶级革命的理论、苏联和其他弱小民族在反抗中生成的文学实践，还有一些是来自更为古典时期的文学作品，比如席勒、雪莱等。

从一方面来看，周立波对于普罗文艺的基本态度是着眼在普及。

1930年周立波给《大众文艺》提了几点意见，如多发表"精练平白"的普罗文艺论文，"把充实普罗文艺的内容充实起来"，"多附有趣的、有刺激性的、平易的漫画、插图"；而从另一方面来看，他自己的阅读是并不局限于苏联的，或者现实主义的相关作品，而是要更为宽泛得多。在《科学小品文家高士其》有这样一段对话：

> "你懂德文吗？"我看见他的许多英文科学书里夹着一些德文的书。"懂。""那末，你也读德国的古典文学吗？"我知道高士其先生很富于文学的趣味。"像《浮士德》。""不大读，不过，《浮士德》我倒有一本，老艾借去了。""你也懂希腊拉丁文吗？"我看见他书架上有希腊拉丁文的字典，"懂一点。"……我是一面在他的书架上搜寻文学的书物，一面谈着的。我找到了一本雪莱的诗作全集。"爱雪莱的诗吗？""在外国的时候，常常读他的诗。""你喜欢他的哪些诗？""他的诗都好，他的《西风辞》我特别喜欢。瑰奇，飘逸，对大自然的神力的倾倒，对许多奇异的自然现象的观察的深刻……"谈雪莱的诗，他快要谈到他的本行了。……[1]

这次探访后周立波借走了雪莱这本书，文章的结尾落在作者默默地念读着《西风颂》中的著名诗行。这篇文章开头是对高士其的居所的描述，描述的基调也有点像阴暗、逼仄、楼上的亭子间的感觉，反复地与隔壁的圣爱娜舞厅的狂欢逸乐做对比。在文章的后半部分，雪莱、希腊文字典，和"读书生活的寂寞的楼上的细菌学博士"的形象慢慢重合叠加起来，不再是一般印象中的科学研究者，"我不知不觉地回头看看高士其先生的寓所，我是像看象征着现代的浮华的灯光，是不是可以照

---

[1] 周立波：《科学小品文家高士其》，《周立波文集》第4卷，上海文艺出版社，1985年版，第495页。

耀到他的书斋里的那本古老的沉默的希腊文字典"。这个高士其的形象，对高士其的居所的描写，对寂寞的楼上的读书生活，都很有周立波此时的心影的投射。上海的作为现代象征的都市生活部分是外在于这个心影的，是被否定的，而雪莱、希腊文字典则与之相对成为内心的坚守。

需要特别指出的是，这个感觉不见于30年代的从马克思主义文论的脉络中推演而成的理论文字，在那个脉络中，席勒是作为现实主义之前、有缺憾的浪漫主义作品而需要被批判的对待的。不过，周立波此时的理论和批评文字中常有提及，他以席勒和雪莱为例来谈探讨文学的"幻想"与一般意义上的脱离现实生活的浪漫不同，作为创造的主体的思考，是文学的重要特质，是现实主义写作的重要质素。1935年的《艺术的幻想》一文中，周立波将浪漫界定为"创造的主体幻想的产品"，他的论证是着眼在文学作品不仅要表现现实，更要"补足那尚未发见的事实的连锁之环"，要提高现实，并举了高尔基和列宁的例子，提出"没有幻想的成分的现实主义决不能满足新的社会层的需要"。同一时期的《文艺的特性》一文的重点在于以巴尔扎克为例解说现实主义创作的科学性和客观性，不过也在同样的逻辑上肯定了雨果、席勒，认为"浪漫主义也深深浸透着政治和哲学思想"。周立波有关浪漫主义与提高现实的关系的表述，不完全是他个人的看法，引述的是皮萨列夫的观点，不过他对这一观点很认可，在许多文中都反复提到，"保持着现实的基调，不但发挥着照耀现实，充分现实的充分作用，而且提供着灿烂的实践底理想。"这个观点与当时的现实主义的主要脉络有所不同，周立波并不固守现实主义和浪漫主义的对立，很大的原因应是在他个人的阅读感受。冯牧回忆第一次在鲁艺见到周立波，手里拿着一本英文原版的《雪莱诗选》，一边散步，一边大声地诵读着，可以说诵读《雪莱》是周立波从上海到延安时期一直延续下来的自我砥砺的一个思想资源。

雪莱只是一个小的例子，并不足以概括周立波的精神世界的全貌，不过，这个可以提醒一点，从亭子间里走出的左翼文人的审美倾向、文学上的追求是多重多样的，并不完全是局限于都市文化影响。有研究者认为，在延安时期，"亭子间文人这一定义已经不再局限于艺术风格、写作姿态的界定，而是一种阶级分野的甄别"，这个由毛泽东的即兴发言中的描述而后被慢慢固定的说法中确实产生了"亭子间"的左翼文人的认同困境。这个说法中有两个不同的层面需要做区分：一个是对于上海时期的革命文艺运动性质的整体界定，而另一个是左联对左翼文化人的评定。前一个问题是通过回顾党史、建立历史叙述完成的，这是延安时期的党的建设的重要工作之一；而后一个问题和广义的知识分子问题放在一起，是放在统一战线的论述中被安置的。毛泽东有关"亭子间"有两次重要的发言，一次是在1938年4月鲁艺的成立大会上，把统一战线作为文艺工作的指导方向，着眼点在"亭子间"和"山顶上"的文艺工作者走到一起来，为抗战共同培养艺术工作人才。一次是在1942年文艺座谈会的总结讲话中，"同志们很多是从上海亭子间里来的；从亭子间到革命根据地，不但是经历了两种地区，而且是经历了两个历史时代。一个是大地主大资产阶级统治的半封建半殖民地的社会，一个是无产阶级领导的革命的新民主主义的社会。"座谈会上的发言与1938年时侧重点不同，把上海与苏区的差异开始纳入进步与落后的区分中。虽然在大的方向上仍保留着统一战线的表述，团结的基础分别从抗日到民主再到"艺术方法艺术作风"上团结起来，达到这一点要通过展开"一个无产阶级对非无产阶级的思想斗争"，上一段中引述的"两个历史时代"就是接着这个思想斗争的论述而来。

对照《讲话》中的"一个无产阶级对非无产阶级的思想斗争"，可以感受到毛泽东的着重点是在于思想斗争，特别是保留在艺术方法中的、革命者自己未必意识到的文学观念的、思想认识上的不清晰和不自觉，并不是固定在创作者的阶级出身，文艺领域的整风不是从品味、提法等按图索骥地做阶级审查，而是思想斗争、观点上的充分暴露和碰撞。如果这个解读成立的话，那么做《讲话》中有关文学技巧的、审美品味的要求，不能简单看成为政治对于文艺的规训，固然有这个部分并且贻害很多，不过也需要看到这个要求中包含着对于一种新的文艺方向的探讨，探讨一种现在的革命者已经感知到的、与资产阶级的、小资产阶级的品味不同的、然而尚未赋型的文学实践。就这一点来说，无论是把"名著选读"视为被延安压抑的"五四"启蒙传统，还是解读为被否定的小资产阶级审美品味，都有失偏颇，特别是后者，偏颇在于将名著和与小资产阶级的艺术观念相联系的写法、技巧，与延安所探索的新文艺发展方向处理为静态的对立的关系。

二、是"形式主义"吗？

1942年座谈会后周立波写了《生活、思想和形式》一文，发表在6月12日的《解放日报》上。这是一篇表明立场的表态性文字，文章快结尾的部分写到：

> 我们还没有真正工农出身的作家。改造我们这些小资产阶级出身的作家，使大家的生活和思想，一天一天工农化，这是一件切实的要紧的事情。但是，改造了我们的生活和思想以后，是不是就能写出好作品？那还不一定。形式也应该讲究。内容和形式的关系，上面谈过了一些，这里简单谈谈我们形式的毛病。[1]

接下来文章的主要论述落在"独创的新形式"如何产生，并以此收

---

[1] 周立波:《生活、思想和形式》,《周立波文集》第5卷，上海文艺出版社，1985年版，第284页。

尾,"我们是为了说道理、写生活,去寻找形式的,……是为了把我们的革命的道理讲得更有说服性,把我们的工农生活写得更能打动人,我们采取摸索好的形式的……"就这一点而言,可以说这篇文字并不止于表态,他是认真地想要回应《讲话》提出的问题,即如何使得"革命的新民主主义社会"的生活经验能够在文学写作中呈现出来。这种呈现并不是参与到原有的文学场域中作为多样性的一种,而是对于原有的文学观念、文学表达方式的冲击。周立波之所以对《讲话》能产生这样的反应,即仍然执着于形式问题,并不能看成文学观念的惯性依赖,或者对于座谈会的精神体会不够深刻,而是要放在他自30年代后期到鲁艺时期持续的对于左翼文学的困境——即怎么能够突破公式化、概念化,从而找到转化现实经验的文学形式——的反思脉络中来看。《讲话》中提到了在艺术方法、风格上坚持现实主义,不过重点并不太强调形式上的规定性,更多的是号召作家熟悉边区的革命群众,描写他们的现实斗争和生活,进而产生了对于作家的具体要求和形式的期待。这两者之间有着逻辑上的先后顺序,调整作家对于群众的态度对于产生新的文学形式,是一个充分的、不能跳过的起点。周立波的质疑并不是指向对于思想改造的否定,而是尝试将创作过程的复杂过程带进来,质疑的是从这一逻辑顺序上的因果关系——"但是,改造了我们的生活和思想以后,是不是就能写出好作品?"对于思想改造,周立波的理解或多或少受到了30年代的左翼文学中"世界观与创作方法"的论争影响,他是在这个脉络中理解作家的思想改造之于创作的意义。

《生活、思想和形式》中这样开篇,"近来使我思索最多的,是我们的生活和思想的问题",接下来的论述中反思了两个方面:是不是到了生活中就会产生思想?左联时期创作中的"公式化"是否因为思想先行?从周立波对这两个问题的态度中大体能够看到,之所以座谈会引起周立波"思索最多",并不是因为座谈会提出了一个全新的命题——

思想改造，而是相反，这是周立波非常熟悉的一个问题。与当时延安作家中质疑学习马列主义、思想改造妨碍文学创作的声音不同，周立波赞成座谈会中提出的思想之于文学创作的先导性。这是他自30年代以来，特别是在抗战局面危急，在"国防文学"的口号提出之后一直坚持的立场。周立波对于当时文学创作的发言，倾向于思想的、世界观的重要性，在《一九三六年小说创作的回顾——丰饶的一年间》这篇文章中，周立波尤其指出了对于冯雪峰的批评，"吕克玉（冯雪峰）先生在一篇文章上似乎很轻视艺术上的意识和'正确的世界观'的作用，这是不对的。今年的许多优秀的创作家的实践证明了他的不对。许多优秀的青年创作家并不是没有脑筋。许多创作家的成功的优异，意识的明确正是一个不可忽略的原因……"，在这一段中周立波举了罗烽的《特别勋章》的例子，并且进一步引证的列宁的看法，"不错，意识和世界观要和生活实践、创作实践联系，吕克玉说：'没有实践就没有理论。'但是他恰恰忘记了另外一句话：'没有革命的理论，就没有革命的行动。'"周立波在这里表达出来的与冯雪峰之间的分歧，与其说是理论层面的辨析和论证，不如说是基于现实处境而凸显出来的一个选择，它并不是在创作过程的内部来讨论世界观、或者创作方法的紧张关系，他强调的"意识的明确"更多的是作家投身抗战救国所应有的主动性、思想准备，并且指向着写作最终所能抵达的深度，"中国的艺术家，中国的现实主义，似乎不大注重思想的成分。中国创作家的气魄欠雄伟，创作寿命很短暂，也许不只是题材的关系，深刻的思想欠缺，也是原因之一罢"。

到了《生活、思想和形式》中，周立波思索的问题是思想从何而来，在这个问题中包含着对于左联时期的检讨，检讨中将自己纳入小资产阶级的范畴，"身子参加了革命，心还留在自己阶级的趣味里"，不过周立波的检讨并不止步于此，也并不认为比如趣味要比自觉的、革命的行动更为顽固，他认为思想上的不清晰是受了"资产阶级上升期的"人文艺术的影响，直接移用无产阶级革命中而产生的。这个分析中借助了《讲话》中"两个历史时代"的框架，"思想"就转化成为对于中国现实、革命发展方向的现实判断。这个问题已经超出了检讨个人意义上的"小资产阶级"的趣味上的局限，而产生对于边区民众生活的隔膜，而是作为革命队伍中的一员如何调整到对于革命发展方向、革命力量的正确认识上，写作上对农民的呈现是包含在这个大问题之内的。认识到农民作为革命的力量，对于上海来的左翼文人来说是不小的挑战，这不仅是指向着他们小资产阶级的动摇性，也挑战了他们原有的革命理论视野。以周扬为例，1939年11月7日毛泽东致周扬信中明确地说："某些小的地方，我认为不大妥当的，已率直批在纸上。其中关于'老中国'一点，我觉得有把古代中国与现代中国混同，把现代中国的旧因素与新因素混同之嫌，值得再加考虑一番。现在不宜于一般地说都市是新的而农村是旧的，同一农民亦不宜说只有某一方面。就经济因素说，农村比都市为旧，就政治因素说，就反过来了，就文化说亦然。"在给周扬这封信中提到的有关农民的革命性质、农村的先进和落后的辨析，到了《讲话》中发展为对作家的更清晰的立场和直接要求："中国是向前的，不是向后的，领导中国前进的是革命的根据地，不是任何落后倒退的地方。同志们在整风中间，首先要认识这一个根本问题。"周立波与周扬关系近，思想上受周扬影响多，可以推测周立波在1939年、1940年前后、在座谈会之前已经把握到"两个不同的历史时代"的提法。在1941年周立波写《谈阿Q》时，就借用了"两个不同的历史时代"来解释鲁迅的创作，"他（鲁迅）没有看到作为中国革命最主要的动力之一的农民的光芒四射的崇高的、英雄的气质和性格"之上。是旧时代而并非阶级局限，深刻地影响了鲁迅的创作。在这篇对于鲁迅的分析中能够更清楚地看到周立波借新/旧时代，而不是《讲话》中应用的无产阶级/小资产阶级等范畴，已经展开了对于新文学历程也是对于自己的反思。

在当时的延安,对于鲁迅的思想、品格的赞颂是无疑的。不过就具体作品而言,如《阿Q正传》等,在评价上、在青年的学生接受中存在很多分歧。当时延安青年学生的讨论集中在阿Q这一形象是否真正写出了革命时期农民的真正本质,当时身在延安的茅盾为此重写了有关《呐喊》《彷徨》的文章,着眼点在辩护。周立波的《谈阿Q》一文也有为鲁迅辩护的意味,他的辩护主要不是在于鲁迅作品的艺术成就,而是新旧时代的变化。周立波直接面对了青年学生的疑问,阿Q是否真实。"在《阿Q正传》里,我们只看见了病态人生和灰色情景,难道这是真实的吗?这是真实的。辛亥革命不是一个彻底的完美的革命,弱点多于优点,好人少于坏蛋,是可想象得到的。而鲁迅追忆它的时候,又是站在一个寂寞的讽刺家的观点,自然只采取了低劣于实际人生的东西,加以嘲笑和鞭挞。因此,我们要说《阿Q正传》反映的辛亥革命,是二十年前鲁迅在寂寞的心境中写出的那个时代的弱点的真实。用他自己的话来说,就是在他的'眼里所经过的人生'。"他的辨析首先是回到了作家的视野,今天的延安青年学生看到的农民是经过了共产党领导、经过了抗战的斗争和动员之后呈现出来的状态,而鲁迅看到的农民是"二十年前""寂寞的心境"。值得注意的是,周立波这里并没有以阶级分析的路径来批判鲁迅的阶级、历史局限性,以后见之明厚诬前人为不革命。他是从历史的发展脉络中来将"讽刺"的风格置于作家"寂寞的心境"中来获得解释,认为要透过文字理解他们的"作家的爱的心思",正是因为"寂寞的心境","鲁迅这样成了讽刺家,讽刺家的人间爱,多半是藏在无情的哭骂的背后,他们肯定的道路,多半是掩在他们否定的东西的后面的。他们否定了不好的东西,就等于说了,这里走不通,应该寻找别的新道路"。在以"寂寞的心境"来理解鲁迅中,有着周立波对于自身的反思,"他(鲁迅)密切地注意了自己的民族和时代,看见了黑暗和纷乱，看见了周围人们精神上的大毛病，看不见前途的光亮，就造成了他的这一种心情，这不属于他个人，属于他的一代的心情"。这个有关"寂寞"的表述中，是周立波在30年代后期常常用到的一个词，他用这个词来评价叶紫的创作，也常用来形容自己，对鲁迅的评价中融入"二十年前"以来的历史的感同身受。这不是软弱或者自伤、自我宽解，而是以个人对历史清楚的认知和对牺牲的坚定和隐忍表达出来的历史判断。

为什么会出现这样的一个阿Q，周立波给出的解释是这样的，"鲁迅是直觉地感到了，半殖民地国家的国民性，带着浓厚的农民色彩，要雕塑我们民族的典型，农民气质，是他不可分离的部分。而且，因为究竟出身于士大夫家庭，又没有在革命实践中多多地和农民接触，他所看到的农民气质只是一些消极的因素。他没有看到作为中国革命最主要的动力之一的农民的光芒四射的崇高的、英雄的气质和性格"。居于这个论断的核心地位的是新旧时代的判断，正是因为新旧时代的变化，今天的延安学生不能理解阿Q，是因为时代的变化，而并非作品的不真实。周立波用"你们"这样的呼语来结尾，"但无论如何，我们是更加接近解放的明天了。再过几年，年轻的男女读了《阿Q正传》，也许会吃惊地说：'有过这样的中国吗？'有过的，亲爱的年轻的朋友们，而且离开你们并不是十分远。但你们在你们的人生春季之前，越过它了，不难想象浸没在幸福的光辉里的你们的生活。你们是像早晨缀着露珠的新鲜的花叶，像是含着泪，但是在笑着；不像鲁迅和他一代的人，像是在笑着，实际上是吞着泪水的"。这个基调与周立波在这一时期的诗歌中传达出来的对于新的时代的喜悦和融入是一致的。在座谈会前的鲁艺时期，周立波一共发表了十二篇作品。对于这一段时期，在座谈会后周立波回顾时做检讨的主要落点在离农民生活很远、脱离边区的现实斗争。不过，就周立波关注的对象、他的诗歌中呈示的高昂的情绪，很多诗歌都是抒写和歌颂边区，其实都展现了周立波对于边区在思想上的认可和情感上的融入，用沉溺于形式、脱离边区的现实生活和斗争并不太合适。

之所以引入《谈阿Q》这一篇，是想说明在座谈会之前周立波对于农民问题、对于思想上进入新的历史时代，已经有所理解，对于延安、对边区的生活，有很真挚的情感上的认同，正是如此，才会很自然而然地提出"思想改造之后"仍然要考虑的形式问题。需要在这个前提之下来把握周立波对于自身的趣味的反思，他并不将趣味视作不可改变的阶级无意识，视作文学性的坚守，而是认为可转变的、可以转化为新的形式产生的参考资源，写新的边区生活依然需要"名著"中的写作方式。因此，在1942年的《生活、思想和形式》这篇文章中，周立波对于"名著选读"课程的检讨重点不是在"关门提高"和"脱离生活"，而是土和洋："过去我在鲁迅艺术学院教《名著选读》，选读中国的东西太少了。这是偏向。我们小资产阶级者，常常容易为异国情调所迷误，看不起土香土色的东西。其实土香土色的东西常常是好的。流传在民间的古典小说，有无数优点。《红楼梦》且不去说罢，就是产生较早的《西游记》，也是好书。作者幻想的能力，写实的本领，都不下于西洋文学里的早期小说的作者。"这里以"名著选读"课程为"洋八股"，由洋转入土，是与整风期间的大环境相关。周立波并没有就此转入古典小说中寻找创作的滋养，而是回到了"名著选读"课程中着重分析的托尔斯泰，"为了反对洋八股，继承和发扬中国艺术的优点，是必要的，但也要看清楚它的毛病，而且同时继续汲取外国文学的长处。像托尔斯泰这样作家的作品，他的小说形式的洗练、凝结、宏大，叙事和抒情的匀称，都可以作为我们的模范"。

换言之，"名著"是新的文学形式形成的重要思想资源，比传统小说更接近当下的生活。周立波对于古典小说的评价是经过了西方小说所确立的文学观念的审视之下而形成的。有研究者注意到50年代之后的如《山乡巨变》《山那边人家》等小说有非常明显的传统美学风格。不过，这种风格上的"连续性"或许恰恰首先要从周立波对于古典小说的自觉的"断裂"来谈起。周立波幼年时读过很多古典小说、通俗小说，比如《三国演义》《西游记》《说岳全传》《粉妆楼》等，在湖南省立一中时课余时间多读古书，如《孟子》《庄子》《资治通鉴》等。不过在50年代的文章中，周立波这样谈到，"环境、生活和心理的细节的仔细描写，章回小说是稍稍逊于西洋小说的。其次是不善于抒情，每到悲欢离合处，它不能使用富有魅惑力的散文，回旋如意的、沁人心脾的，表现这种情感，来打动读者。每到这种地方，它总是说：'有诗为证'，随便用一首自作的，或引用的拙笨的、不合适的旧诗来代替吃力的描写，糟蹋了可能发挥的情感。"这个观点和"名著选读"时期的诸多分析是一致的。总体而言，周立波有一个从古典文学、传统的旧小说转到外国文学作品的明显变化。从阅读古书到学习英文、从家乡到上海、从书斋到投身社会运动，是同一个变化过程中的不同层面，古典文学的不绝如缕的影响要放在这个变化中来看。在周立波看来，外国文学或者说更具体而言"名著"，要比在当时的氛围中认为更具有正当性的"土"的形式如古典小说，更接近座谈会倡导的表现边区新的生活、新的人物的文学方向，就这一点而言，周立波的思考是不同于座谈会之后的深入群众的运动中较为凸显的运用民间形式、地方形式的脉络。

三、"名著"作为新形式的资源

不过，"名著"并不是边区的革命干部和民众熟悉的表达方式，周立波如何在小说写作中实现与现实、与群众之间的连接？而外国文学的名著何以能够成为表现边区的新生活、新人物的重要思想资源？这是一个解释的问题。除了周立波对于古典小说的批判性态度,还需要从周立波对小说作为一个现代的文体,特别是现实主义小说所具有的认知功能中来把握。

周立波根据在碾庄的经验写了《牛》,被认为是他文学历程中的一个重要的作品。《牛》发表之后在延安引发了两类不同的反应。与周立波同时创办鲁艺的文艺刊物《草叶》的严文井则认为这一篇的"抒情"格外具有艺术魅力;而萧军批评为"自然主义":"关于立波那篇文,我看得还不够仔细,但我只觉得作者那不是用的如一般进步作家们所主张的科学的现实主义的手法,而似乎是用的庸俗的'自然主义'的手法……在写作。这里,我对于《解放日报》登载这样的作品也应该提出一些责任……"萧军认为是自然主义,是与现实主义相比较而言,亦即《牛》的写作仍是来自边区生活的实践,与全然歌颂的、与全然描写作家自身生活圈子的浪漫主义写作不同。在这一点上周立波和萧军是有着共识的,他们共同经历了30年代的左翼文学下沉到民众中、到战争前线中而在风格上带来的取舍,摒弃脱离现实的浪漫和抒情写法。萧军认为的"自然主义"是指作品目前呈现出来的状态还达不到对边区、对农民的真正认知。这里或许有着一个根本的差异,萧军与周立波在对于新旧时代、对于农民问题上的判断有着很多的不同。周立波是着眼于农民作为革命主要的动力,《牛》的写作基调为"抒情",而不再是鲁迅时代的"讽刺",这并不是简单的风格问题,而是时代判断的差异。周立波在30年代做作品批评时很少用"现实主义/自然主义"这样的方式,到了"名著选读"课程时期解读不同作品时更少使用,这似乎是一个无法落实到创作过程中的,只在理论层面看似清晰的区分。在后来的反思中,周立波沿用了《讲话》之后的理解方式,认为这部作品与边区的生活之间仍有距离,没能深入到群众中去。

罗岗在对《牛》的分析中提出了不同的看法,他认为这一时期周立波越来越知道牛并不是知识分子和艺术家用来抒情的工具,牛是农民的生活中,是边区的生产活动中、乡村社会的社会结构中的一个部分。他以"牛"为题、为线索,思考的是怎么进入这个客体的世界中,理解他们彼此之间的关系,然后再表达出来。一方面而言,他是想要了解农民,至少在主观上如此;另一方面而言,他和农民的生活之间,是有距离的,他通过自己的方式去了解农民和边区。沿着这个观察,我尝试进一步分析,在周立波的"自己的方式"中,起到更为主要的影响作用的,是周立波的对于小说的认知。这里需要区别的,并不是周立波的"小说家"身份,认为"小说家"的身份更为旁观,而报告文学写作中直接参与到行伍队伍之中是更内在的。周立波所理解的小说,是承载着更为全面的、深刻的对于社会的全面认知,它呈现出来的生活面相,是不弱于、常常高于亲历者的认识的。周立波在1935年的《观察》一文的结尾引了高尔基的一个经验:"'我的祖父,是严厉而且非常吝啬的。但待到后来我读了巴尔扎克的小说《霭夫该尼亚—格兰台》的时候,这才能够仔细观察,懂得了我的祖父。'看了上面我所举的那位工人的例子,又看了高尔基的话,我们懂得了观察和学习有着怎样亲切的关系。"周立波通过这个例子想要谈的是作为现代小说的重要特征的"观察",小说通过"观察"所抵达得更远,它超过了亲人的感受,原有的家庭、伦理关系中"懂得"的祖父。在这个"观察"中,亲历者的位置并不具有优先性,无论是写身边人,还是写相对不熟悉的边区农村生活,对于小说写作者来说,都需要有一个重新观察、认识的过程。从这个角度来说,周立波与边区的现实生活之间确实有"距离",并不是因为阶级身份、主观的革命意愿、参与革命行动的位置等,而是隔着一层认知的距离。这个认知的距离是他尚未达到,然而非常期许的现实主义小说要求的抵达的描写对象的客观、真实。

在引述高尔基的这段话之前,周立波很详尽地复述了身边的一个老工人的例子："在他（老工人）的脑里，藏了一幅农民，浮浪者，海盗，渔民的生活的不尽的图卷，也摆着一部生动的职工生活史，可是他却没有写一个字！就连他的口头的叙述，也没有一点艺术的意味。这道理很简单，社会没有让他有艺术修养的机会，他没有练就文学观察的眼光，他只能让生活的流照原样流逝，一点也不能汲取什么。在丰富的生活中的一点也不能汲取文学的什么的人，很多很多；可以说，大都是修养未足之故，天才虽然也有相当作用，修养还是决定的缘由。"这里所谈的"修养"并不是指学历、家世等，而是小说写作中的技巧。老工人有生活的经验，却没有艺术意味，生活的经验与艺术创作不能直接等同，特别是个人的、片段不成形的体悟往往更低于一个小说家经由观察而给出的图景。从这个例子可以推知，周立波所形成的文学比生活更为真实的感受，与其说是因为阅读高尔基，不如说更多地基于自身的经验。在周立波参加左联并开始文学创作的30年代，在左翼文学的视野中已经在很大程度上破除了写作者的身份之别、写作者的天分等偏见。在苏联文艺实践的影响下，"左联"也开始培养工农出身的文艺通信员，然而身在斗争生活中却什么也写不出来，这是常常遇到的现象。如何将现实经验写出来，不仅对于没有写作基础的文艺通信员是困难的，对于有文学阅读和写作基础的左翼阵营的文学爱好者、初学者来说，也是困难的。找不到好的语言就容易回到原来熟悉的和时下流行的故事套路、写法中去，把活泼泼的现实经验写得陈旧，"公式化""概念化"等问题的原因也在很大程度上与此有关。在这个意义上，小说写作构成了左翼文化人的重要的认知装置，表征着以信仰、理论形态出来的革命话语所抵达不到的真实，他们对于写法而引发的论争并不是"形式主义的"，会反过来形成对于理论形态的革命话语的修正。

周立波对于托尔斯泰的评价转变能够从另一个层面来补充说明他执着于形式、技巧的意图：一是托尔斯泰与高尔基之间的评价高低；二是对于托尔斯泰的评价从思想性开始偏重于艺术性。1935年前后周立波对于托尔斯泰的评价主要根据列宁的说法，"在托尔斯泰的作品、见解、学说和流派中的矛盾，实在是骚然的。一方面，是不仅描写了俄罗斯审核过的无比的情景，而且做出了世界文学中的第一流作品的天才作家；另一方面是模仿基督教的愚妄的地主。一方面是对社会的虚伪和欺诈的最热烈、直接、真挚的抗议者；另一方面是'托尔斯泰派'，即称为俄罗斯知识分子的平凡，歇斯迭里亚的，可怜的人。"文中虽然用了赞美程度很高的一些词，不过并没有细致的作品分析和感受来支撑这个"惊人的伟大""稀有的艺术"。"名著选读"的课程沿用了"作为一个思想家"和"作为一个艺术家"这个当时的左翼文学批评中常用的方式。这个思想/艺术的二分法大致在30年代出现，形成于列宁、普列汉诺夫、弗里契的托尔斯泰分析。1928年托尔斯泰百年诞辰时，中国开始大量翻译介绍苏联马克思主义者的托尔斯泰论述；左联成立后，翻译苏联官方文艺理论家的文章更为增多，何畏（何思敬）、克己编译《托尔斯泰论》（1934）主要收录的是列宁、普列汉诺夫的文章。李今在《三四十年代苏俄汉译文学》引述《托尔斯泰论—译者序言》中所自陈的编译目的，"我们除掉得以正确地理解托尔斯泰主义之批判的意义外，同时，还可以学得站在唯物论辩证法的基础上的，艺术之社会学底性质的批评方法"，并引申做出论断，"列宁、普列汉诺夫、弗里契等苏联马克思主义者对于托尔斯泰的评价，不仅仅是'重新估价'托尔斯泰的问题，更重要的是他们对托尔斯泰的解说和批判为刚刚在中国兴起的左翼文艺运动树立起'马克思主义文学批评之典型标本'，在相当大的程度上塑造了中国左翼文学批评的模式。"思想家/艺术家这样的分法很简洁，简陋之处也很明显。

"名著选读"课程更多的讨论是放在了具体分析上。《鲁艺讲稿》中现存的篇目中托尔斯泰（1828—1910）是讨论最多的部分。两次概论式的讲授,《作为一个思想家的托尔斯泰》《作为艺术家的托尔斯泰》,两次(或者更多的)《安娜－卡列尼娜》分析,和一次《讨论会》,是周立波心目中最好的现实主义作品。较之在上海的文论和评论文字,有很明显的变化,从借助概念范畴、逻辑推演的"抽象"风格,变成带入更多作品理解、评注、对勘多种不同角度的评论的有"血肉"的表达,应该是这些作家作品论的讨论方式提供了更为触手可及的、好理解的、好用的借鉴。而这个时期的周立波似乎也能够更为从容地带入自己的阅读感受和判断,比如讨论《安娜－卡列尼娜》时,在人的判断上认为此时的托尔斯泰在写作中将"一切都归结于宿命,无可奈何的不可知,由社会的原因移到生理的原因。作者不再是爱抚着自己的创造物的上帝,而是悲悯着的上帝,和永恒的神的法律比起来,人多么渺小,以认识结尾。为了他的永久的宗教真理,他要创造永久的人性。然而永久的人性是没有的,延安的女孩们,少妇们,没有安娜的悲剧",不过,分析的重点更多是对于小说的技巧的赞赏,"……不着形迹之对比。毫不用力的典型的描写。冲突,内部的和外部的。布局,有一种几何学的匀称,明快和精确的魅力","悲剧的手法,暗示,条件,氛围,挣扎,喜剧的气息。英雄格和抑扬格的混合",同样的偏重也体现在对托尔斯泰晚期作品的整体评价,"这时的作品,消失了早期特别的芳香,和那种天才的毫无拘束的魅惑感,却换来了另外的特质:戏剧化,强烈,鲜明,紧凑。'清楚,朴质,含蓄地'(他自己的标语,没有节制,就没有艺术)"。现存讲稿中保留了一节题为"非难",列举了对托尔斯泰作品的争议用以启发学生课程讨论,其中的大部分内容是保留了不同的艺术家对于托尔斯泰的阅读,结论落在"无论如何,截至现在,《战》《安》为世界文学最伟大的小说"。有可非难的是托尔斯泰作品中的思想,无可非议的是作为现实主义"名著"的评价——"这一切都是用绝对诚实的眼光去看,用绝对真实的笔,勇敢地写出来"——从中可以看出鲁艺时期的周立波实际上远离了列宁的评价坐标。

什么是现实主义，作为活生生的创作实践，而不仅仅是文论中的一个批评范畴？这是周立波自30年代后期，创作开始起步时一直思考的问题。在写于1935年的《观察》一文中，讨论"观察"作为"一个伟大的现实主义者最实际的门槛"，关键在于将社会的变动以生活如常的面目写出来，观察和正确的意识思想联系起来（也就是另一文中的"选择"）。他的着重点落在"选择"上，这个"选择"一方面是指人物或者情节在它最特定的身份和环境中才能写的真实，另一方面则是转入选择事物的积极的一面，在周立波的观念里，选择最后是和阶级分析联系起来，"我们可以知道选择的问题是被某种阶层心理所规定，被作家所属的阶层的一定的世界观所制约的"。这一段最后落脚在阶级分析，落脚在高尔基的创作作为"新的现实主义者"的出发点。在"名著选读"课时，托尔斯泰和高尔基的对比关系发生转化。周立波并没有直接在现实主义脉络直接列出等级次序，而是选取很多动人的细节，给出了一个从托尔斯泰"看/批评"高尔基的视角：

"在许多地方非难高尔基的粉饰，称他做发明家，你常常要用你自己的颜色涂满在各种裂痕和缺陷之上，镀在那里的金色会渐渐的剥落，而猪皮底子将永在那里。称赞高尔基写妓女的成功：真实总归会自己显现出来的。知道使人堕落的肉的冲动，不用巧妙的秘技，是那样远而且不能再远的真实。不只是再现生活，而且就是生活的卓越的艺术。我绝对没有料到，一种严密的逻辑，会把我在写作这部小说的时候，引我到现在所达到的地方，我原不相信我的结论，但我不能，我不得不接受。和高尔基谈起醉酒的女人，认为写这些丑恶的事情，是一种羞耻，但是又说，无论什么事情，都有写的必要的……我在哭，我是一个老人了。""和契诃夫的关系，爱了一系列报告文学作品,按史沫特莱的回忆,这一时期周立波更为注重的仍然是"内容",她对比了同行的两位作家,"其中有个叫舒群的作家,他首先感兴趣的是'艺术风格'。如果你就某一著作向他请教,他要讲给你的第一条就是那本书的艺术风格如何如何。然后你才能从他的谈话中窥测出一些有关的内容。不错,立波倒是注重文章的内容的"。到了鲁艺之后,对作品的技巧、形式的分析才变得重视起来,在同样的这个时期周立波开始从报告文学的写作转入小说写作。如果继续以报告义学的写作方式,是否仍会被视为不关注边区的实践?就题材上而言,应该不会受到"脱离群众"的批评,报告文学写的是边区的真人真事,符合当时提倡的表现边区生活的要求。此外,还有另外一点,在报告文学中,周立波还没有在写作内部真正碰到与群众、与读者如何发生关联的困难。虽然报告文学在人物风貌上并不擅长,但是报告文学的写作是依托特定氛围(战场)和与读者关系(从报纸上读到抗战前线的消息),对象虽然是晋察冀边区农村,不过人物都是在战场的氛围中,性格气质的描写有所依托,作者的写作态度实际上并不是旁观、中立的,而是深度介入,不过这个介入是以战地记者,一道战斗的共同体验为中介的,在战争的氛围中,作品与读者之间的亲密、无障碍的沟通,是有着同仇敌忾做保障的。如果不是在战争氛围中,到了边区的生产建设等日常生活中来,小说写作就需要找到新的情节、贴近人物世界的语言,既要在日常生活中写出农民作为革命的主要动力,同时也要保证它有效地抵达读者,包括左翼作家、农民群体等不同层面的读者。怎么写日常生活、在日常生活中写出"人"来,这是不容易的事情。

在这个时期,"名著选读"时期,周立波有了这样的感慨,"写日常事的文学最难,而又最真实。"难的是写大战争时代的日常生活。原有的农民的生活形态相配合的,是有一套表达。在原来的农民接受的戏曲或者民间演出的形态众,只要放进来婚丧嫁娶、忠孝节义等,就有了戏剧性，农民的情感就得以找到寄托，伦理关系也得到了维系。不过，近代以来，特别是根据地建设带来的社会关系、生活逻辑的解体和变化，如何形成新的故事、新的戏剧性，如何让农民观众接受，是另外一个相应的问题。让农民接受，是指在故事情节上，要在原有的脉络中，比如赵树理的《小二黑结婚》，就用了原有的套路。而周立波想要面对的，是摆脱原有的套路，从生活中产生情节，周立波对此有自觉地说，"戏剧性是破除故事的沉闷冗长的法子，但不可多用，特别是近代的以日常生活为题材的小说。"有关戏剧性，为什么要破除戏剧性，他的评价中，将这样的反戏剧性称之为现实主义的传统。比如说对于普希金的《驿站长》的评价，"已经不是传奇风的太重情节，有弱小者的生活的困难"，认为这是现实主义的力量。特别是在讨论果戈理的时候，"有许多作家，在现实的日常生活中，在平凡的人物身上，看不到诗，乞求于奇异的情节，非凡的人物，警辟的句子，新奇的形式，怪诞的幻想，而这些在生活中是这样的少。才子佳人，英雄剑侠，实在是太不平常，因此，也太不动人。但是，在果戈理的小说里，写的完全是你最容易看见的人物和这些人物最可能遇到的事件，他们的习惯，他们的生活中的感觉和心理。"谈《外套》，"这里面没有突变，没有意外的大事件，一切都是那么平凡，甚至于琐碎，然而是那么自然，确实，使你相信它，又忘不了它"。

30年代周立波有一个提法，"小说不但是以严肃的态度表现人生，而且是以科学的精神处理人生"。周立波做了一个说明，小说的严肃性不是"五四"时代的命题，"五四"时代的小说的严肃性，而是在于启蒙。这个时期的小说，是从现实主义的小说产生了一些观念，即科学的工作，是以历史家的态度创作小说，这是与"五四"时期不同的概念。这个"科学性"体现在什么地方，体现在突破自己，抵达现实的客观的描写。只有这样才能够达到小说的意义，"读小说的更重要、更积极的意义，是怎样去发现自己以外的优美的东西。读者能够通过作家的艺术的形式的美，看到了改善自己的东西，这才不负作家的'改良人生'的原意，而艺术的教育的意义，才可算是完成了"。换言之，只有写到真实，才完成了小说的使命，只有这样的严峻的、超越了个人的善恶、一己感悟的真实，才对于社会变革有真正的推动作用。"名著选读"课程中托尔斯泰高于高尔基、法捷耶夫等革命作家的依据是在于此。从这个角度来说，"名著选读"课程的重心不仅是在名著，也是在更为技术性的讲法，而侧重于作品中具体细节的技术性分析是源于写作中面临的困境，怎么在小说写作中实现对于现实经验和斗争生活的成果转化。那么，是否可以认为，通过揣摩名著中的写人物、写日常生活、情节构成，周立波尝试寻找一个有效的转化现实经验、达到现实主义的标准的方式？那么，通过选读名著来把握小说的写法，恰恰不是脱离边区生活，而是左翼作家们反思上海时期的问题，努力解决深入生活的一个尝试。

四、"名著"是源还是流？

周立波在"名著选读"课程中对于作品的技术性分析，是与当时鲁艺的办学方针、与周扬的思路相关的。《鲁艺的教育方针与怎样实施教育方针》（1939年4月，由当时中央干部教育部副部长罗迈所做报告），从这个方针中能够看出有着张闻天（当时的中央书记处书记、中共中央宣传部部长，兼任中央干部教育部部长）对于"左联"时期关门主义的教训的反思，体现在反对"左"的偏见，比如"要求把政治运动的规律机械地运用到艺术运动上，要求艺术直接服从于政治，还原于政治；要求政治不但给艺术以动向，并且替它规定作品的内容与解构，要求把政治的口号，放进艺术作品中去……"，要求作品讲求技巧。这个方针是源于对抗战初期"文章下乡""文章入伍"的反思，鲁艺在内的延安学校的初期都投入大量的力量到前线宣传、晚会宣传中，"游击办学"等，没有办法解决文艺干部缺口的现实问题。不仅周扬本人，还有学员，都认为鲁艺的正规化、专门化对纠正鲁艺初期的"抗战办学"、游击的风格，经常为晚会所冲击的文艺模式，并为培养人才起了不可替代的作用。不过这个方针在整风期间被否定了，座谈会之后鲁艺学生从"小鲁艺"走向"大鲁艺"。"大鲁艺"是否恢复到抗战初期的文艺创作方式？深入群众与学习名著、学习经典的真正冲突在哪里？

关键性在于，《讲话》中产生了新的，后来被总结为"源泉论"的理论表述，即生活是"一切文学艺术的取之不尽、用之不竭的唯一源泉"。以这个理论表述为依托，作家的深入群众就不再是在宣传动员、作家的主体改造等层面来讨论，而是有关创作过程、艺术规律的原理性解释。相对于作为"源泉"的人生生活，"名著"不是"源"而是"流"。在"土/洋"的框架中，"名著"因为秉承现实主义的写作精神仍然保有着借鉴意义，而在"源/流"之辩中，"名著"其实失掉了延安要探索的新的文学写作的指导意义。在50年代之后，周立波更多地是从"流"的角度来评价外国文学作品，如"在创作上，我是走过一段弯路的。有这么几年，我经常地接触书本，终于有些迷信它们了。向中外古今的名家们进行学习，原是应该的，但如果一味迷信，对于创作就会有害。那几年里，我的作品非常少，就是迷信有害的证明"。又如，"我当时把形式看得比内容还重要一些的观点，就是为资产阶级的文艺家的唯心观念蒙蔽了的结果"；另外一个问题是西方，是借鉴还是替代，"我当时读着一些西洋的古典作品，却漠视了比古典作品所反映的内容要雄伟得多的眼前的工农兵的斗争的现实，这就不是借鉴，而是替代了"。

在"源泉论"成为主导性的文学立场之后，周立波不再以当用"形

式"/"思想"的这样的方式,而是转入"创作过程"的复杂性和从生活中提炼小说"语言"的不易:

> 这是因为这些同志把从生活到创作的工作想得太简单了,太容易了。其实,从生活到创作,是一个复杂的过程,是需要我们付出辛勤劳动的。毛主席教导我们长期地"观察、体验、研究、分析一切人,一切阶级,一切群众,一切生动的生活形式和斗争形式,一切文学和艺术的原始材料,然后才有可能进入到创作过程"。这里的"观察、体验、研究、分析"八个大字和五个"一切",是极其艰苦和复杂的对于生活的认识的过程。要是你认真地遵照了毛主席的上述教导,那就一定会从丰富的生活素材里得到可以入诗的艺术的矿藏。反之,你虽然到了生活里,但不是全心全意,不作细致分析,而是徘徊门外,东张西望,看到一点……[1]

这是座谈会时期毛泽东提到(是借鉴还是模仿)然而并没有充分关注的问题,谈"创作过程"是对于"源泉论"的补充。周立波并不是"创作过程"作为神秘的,常常背离作者的主观意图的过程,而是对举了延安时期提倡的"调查研究"过程。这是一个非常重要的对举,"调查研究"关注的是从当下的、自身的生活经验中产生认识、产生行动,产生作品的内在肌理,只有以此为基底,真正的创造性才有可能发生。这个创造性在小说的独特风格中获得真正的实现,从这个意义上讲,作家的风格既不能在完全的个人意义,并不仅仅就"完成了的作品",而是要在"创作过程"的意义上——不是结合"创作过程"将作家的成长历程作为社会—历史背景的意义——来理解。冯牧曾回忆到,"他(周

---

[1] 周立波:《深入生活,繁荣创作》,《周立波文集》第5卷,上海文艺出版社,1985年版,第510页。

立波）认为，不考究文字的简练明快和严密，是现在某些虽有生活积累、文化素质却不很高的作家的致命伤。大约在1963年，他负责编一本散文选集，其中也选了我的一篇散文；有一天，我们在一个会上相遇，他立即坦率地对我说：'我选了你这篇文章，主要是感到它写得有些气势，能够把自己的激情融汇在对于自然景观的描写上。但是，我也要提醒：你的文字太华丽和太欧化了，而这只能是一个作家不成熟的表现。'他又对我说，'我越来越感到：要掌握一种简洁、优雅、凝练的文字，是多么不容易。多年以来，我就想使自己的文字达到'其淡如水，其味无穷'的境界，唉，却总也做不到！'"同样的意思，周立波在另外一个场合中借用了"言之无文、行而不远"来谈语言经由精炼后重返生活本身的自然而然，"近年以来，我国的文艺理论有了较为显著的开展。但我以为美中不足的是还有少数的评论家不大留意文章的藻饰（黑体为引者所加）。以为衡文者就可以不必考究自己的行文，是不很对的。有一句老话：'言之无文，则行之不远'，不但适用于创作，同样适用于论文。"值得注意的是，这里周立波并不是回到了传统文论，而是以此传达出他所理解的小说写作过程中有为现实主义的理论表述所不致的地方，他称为"动人"："如果只是对于现实生活中的个别事实的繁琐的摹写，干燥的抄录，那是不会动人，也不能算是对于现实的真实的、生动的、完全的反映。"

"动人"是风格、也是抵达读者的一种阅读效果。如果文体为"散文特写"，写真人真事，那么写到"真实"就够了，真人真事自然就会散发光芒，构成了作家的写作与群众之间形成阅读共同体的基础是来自写作之外的共同的生活环境、革命进程。而小说要比写真人真事的报告文学多一副翅膀，更"远"地抵达群众心中，换言之，他对现实主义的小说写作提出了更高的要求，或者说是对于现实主义小说获得了更会心的理解，小说需要从它的内部——通过它的情节、人物、语言、幽默感、空间感觉、时间节奏等整体而形成的风格——实现"从群众中来、到群众中去"的目标。可以说,"动人"揭示了与群众相结合的另一个指向,这个提法不仅仅是不同于真实,动人不同于普及,它不再设定如"普及/提高"中内含的等级性。延安文艺座谈会上提倡的文艺为工农兵、写工农兵,其实质在于打破了原有写作者、语言、读者的封闭循环,要在写作内部不断地探索一个如政治领域中通过阶级革命而完成社会关系重组的进程。在新中国成立之后,周立波写过少量的关于古典小说的解读,很少再谈外国文学作品,这并不能简单解读为座谈会的规训,它的影响是不绝如缕的。不过,对于《暴风骤雨》到《山乡巨变》的创作实践,却需要指出其中有一个与"名著"的自觉的断裂,作为他的写作土壤的中国革命实践为他的写作赋予了不同于19世纪西方的现实主义名著的认识论基础、小说风格和文学观念。

房东叙事与"新的群众时代"的文艺[1]

◎孙晓忠

一、亭子间与房东叙事

中国现代文学诞生于都市，现代作家多告别故乡寄居城市，租房成为多数作家生活中的大事，作家常常有意无意地将租房经验写进小说。在书写人口流动的现代性叙事中，主人公怎么解决吃、住，成为现实主义小说需要交代的背景或情节元素，也因此产生许多和房东有关的电影、图画和小说。早期左翼文艺通过刻画上海恶劣的租住环境，或揭露底层社会的黑暗；或歌颂下层阶级的温情（如《乌鸦与麻雀》等）；小说中有写租客间的喜怒哀乐，也有写租客与房东的浪漫故事，更多作品从左翼立场将房东或二房东刻画成食利者形象。

---

[1] 本文为国家社科基金重大项目"人民文艺与20世纪中国文学的历史经验研究"子课题成果（17ZDA270）。房东叙事与作家下乡运动有关，解放区政府在1943年后给作家下乡提供了可行动化的通道。从周立波的房东叙事中看出现代主义与现实主义相遇的时刻；古元的家畜叙事中看出新的生产关系，而从丁玲房东叙事的前后对比可见新的人民叙事正在生成。解放区作品有关房东的集体记忆表明"新的群众时代"的文艺的诞生，他们作为新的生活风尚和新的写作作风，体现了群众意志与时代精神。

上海自开埠后即建租界，房地产价格因洋人租地一路飙升。再加上江南数次战乱，难民流入租界，造成上海人口骤增，住房供不应求。到20世纪初房租价格成倍增长，普通百姓租不起独栋住宅，出现多人分租一栋房现象，也因此催生了"二房东"，二房东"顶下"大房东的整栋房，再分租给他人，常常"以数百元投资，将房屋改造为'白鸽箱'而分别出租，大多可得充分之利，而使其本身不必自出房租，或可所出较少"，1937年公共租界工部局调查居住状况委员会报告说：

> 使所住人数可以增加起见，原有的里弄房屋几乎没有未经添改的，天井全部遮没，客堂隔成两部分，其旁留一行道，上搭阁楼。楼上分而为二，并与屋脊倾斜之处加搭阁楼两只，晒台亦经遮没改装为房间，这样，乃使原供一家至多8人至9人居住的房屋，可以分租4家至9家，或住15人至20人，屋内居住面积增加50%。[1]

不断分割出租，造成20世纪30年代上海"七十二家房客"现象，大房东每一次涨租，往往也是二房东增加剥削的机会，据调查，抗战前二房东在整个租房市场中占到67.4%，抗战后进一步增至76%，其中房子越差，二房东越多，条件差的老式里弄二房东几乎占90%，新中国成立前二房东超收租金一般为原租价的430%至1400%。[2]在这样的租房格局中，房东或二房东一般住一楼，二、三层或搭在灶披间上的简陋房屋租给外人，这也是20世纪初上海现代作家住亭子间的由来。尽管房东也可能是下层市民，但因为金钱关系，租客与房东较少瓜葛。鸳

---

[1]余山：《二房东与顶费押租》，收文史资料委员会编：《旧上海的房地产经营》，上海人民出版社，1990年版，第44页。
[2]余山：《二房东与顶费押租》，收文史资料委员会编：《旧上海的房地产经营》，上海人民出版社，1990年版，第48页。

鸳蝴蝶派作家喜欢想象城市租客与房东的奇遇及暧昧，但现实主义文学写到房东时往往好话不多。郁达夫在《春风沉醉的晚上》中交代了当年上海房租年年高涨，文人被迫迁出市中心的历史，也为我们理解"亭子间"的租房生活提供了生动的情境：

> 邓脱路的这几排房子，从地上量到屋顶，只有一丈几尺高。我住的楼上的那间房间，更是矮小得不堪。若站在楼板上伸一伸懒腰，两只手就要把灰黑的屋顶穿通的。从前面的弄里踱进了那房子的门，便是房主的住房。在破布、洋铁罐、玻璃瓶、旧铁器堆满的中间，侧着身子走进两步，就有一张中间有几根横挡跌落的梯子靠墙摆在那里。用了这张梯子往上面的黑魆魆的一个二尺宽的洞里一接，即能走上楼去。黑沉沉的这层楼上，本来只有猫额那样大，房主人却把它隔成了两间小房，外面一间是一个 N 烟公司的女工住在那里，我所租的是梯子口头的那间小房，因为外间的住者要从我的房里出入，所以我的每月的房租要比外间的便宜几角小洋。[1]

因为原房东涨房租，失业大学生的"我"只好搬离静安寺的寒士街，在外白渡桥北寻找更便宜的住处。贫民窟与日新里洋房隔一条马路相对，与当红作家（如张爱玲）租住带阳台的高级公寓不同，亭子间租住的多是贫穷的文人；它矮小、阴暗、简陋，夏热冬冷，但也有利于作家体验和接近下层生活，亭子间朝北的窗户让作家看到魔都的暗面，20年代连鲁迅、郁达夫、郭沫若这样的名作家都有租住亭子间的经历。郁达夫随后介绍房东是一个卖煤兼捡破烂的鳏夫，从作家对他的骂骂咧咧的醉态描写中，可以看出"我"与房东关系淡漠：

---

[1] 郁达夫：《春风沉醉的晚上》，收郑伯奇编：《中国新文学大系·小说三集》，上海良友图书印刷公司，1935年版，第104页。

我的房主，是一个五十来岁的弯腰老人。他的脸上的青黄色里，映射着一层暗黑的油光。两只眼睛是一只大一只小，颧骨很高，额上颊上的几条皱纹里满砌着煤灰，好像每天早晨洗也洗不掉的样子。他每日于八九点钟的时候起来，咳嗽一阵，便挑了一双竹篮出去，到午后的三四点钟总仍旧是挑了一双空篮回来的，有时挑了满担回来的时候，他的竹篮里便是那些破布破铁器玻璃瓶之类。像这样的晚上，他必要去买些酒来喝喝，一个人坐在床沿上瞎骂出许多不可捉摸的话来。[1]

好的"生计叙事"能让作家获得生活的真实感，从作家与房东关系中我们也可以看出早期作家如何处理日常生活，如何打开感情通道。小说交代与我同租阁楼的 N 烟厂女工陈二妹，月工资 9 元，扣除交工厂的 4 元饭钱，再扣除房租，已经所剩无几。[2]《伤逝》中鲁迅叙述了子君和房东关于油鸡的矛盾，涓生不满子君忘却与现实搏斗的"大事"，纠缠于鸡毛蒜皮的"小事"，恰恰说明知识分子还无法穿透民众的日常生活。30 年代丁玲闯荡上海也必须先租房，后进学校学习，从丁玲早期小说对住宿轻描淡写中，可以看出她还没有重视"人如何活着"这样的人间叙事，因此丁玲 30 年代小说中主角多是不食烟火的叛逆青年，对居住环境以及房东与租客的叙述尚带有旧小说的痕迹，比如她常常不经意地将房东视作"下等"服务人员，称她们为"娘姨"，带有旧小说

---

[1] 郁达夫：《春风沉醉的晚上》，收郑伯奇编：《中国新文学大系·小说三集》，上海良友图书印刷公司，1935 年版，第 103 页。

[2] 根据工部局年报，1930 年，里弄楼上全房间租价 8 元，前半间（俗称前楼）租金 5.36 元，后半间（俗称后楼）为 3.87 元，亭子间 3.91 元，灶披间 3.33 元，统阁楼 3.75 元，前阁楼 3.16 元，同比同年普通工人工资 14 元，包士仁《外国房地产商的经营手段》，《旧上海的房地产经营》，上海人民出版社，1990 年版，第 158—160 页。

"小姐—丫鬟（娘姨）"叙事结构。主人公来到上海，要么由朋友打理租房琐事（《莎菲女士的日记》）；要么住在有钱的姑妈家（《梦柯》），《韦护》中的房东也是本家亲戚，留法回来风流倜傥的韦护为了写作，要借一间清静的房间，他有一位表亲好房东，租房因此可以一笔带过。韦护还要求带一个"兼做厨子的听差"[1]，即便如此他仍对这个房东不满意，房东人虽好，"然而也太俗，他不能够同她们说一句较深的话"。[2] 女房东成为世俗和守旧的符号，客观上反映新旧文化的隔膜以及新派青年对民众的不在意。总之，从二三十年代的房东叙事中，也可见中国现代作家因为"硬写"而普遍带有"室内作者"的"苦闷、焦灼和怀疑"[3]，这是典型的19世纪情绪和19世纪现实主义叙事。

1928年，周立波从益阳来到上海，也租住亭子间，开始了他的文学生涯。多年后，他回忆这一段时期的生活：

> 上海的弄堂房子采取的是一律的格局，幢幢房子都一样，从前门进去，越过小天井，是一间厅堂，厅堂的两边或一边是厢房；从后门进去，就直接地到了灶披间；厅堂和厢房的楼上是前楼和后楼，或总称统楼；灶披间的楼上就是亭子间；如果有三层，三楼的格式一如二楼。亭子间开间很小，租金不高，是革命者、小职工和穷文人惯于居住的地方。我在上海十年间，除开两年多是在上海和苏州的监狱里以外，其余年月全部是在这种亭子间里度过的。[4]

---

[1] 丁玲：《韦护》，《丁玲全集》第1卷，河北人民出版社，2001年版，第39页。
[2] 丁玲：《韦护》，《丁玲全集》第1卷，河北人民出版社，2001年版，第73页。
[3] 姜涛：《"室内作者"与20年代小说的"硬写"问题——以鲁迅〈幸福的家庭〉为中心的讨论》，载《汉语言文学研究》2010年3期。
[4] 周立波：《〈亭子间里〉后记》，《周立波文集》第5卷，上海文艺出版社，1985年版，第670页。

"亭子间"是作家们到延安后才受到指认和命名的,这和"延安文艺座谈会上的讲话"有关,在"《讲话》"中,毛泽东首次指出知识分子从"亭子间"到革命根据地,不但是经历了两种地区,而且是经历了两个时代。周立波因此成为走出亭子间,奔向解放区的典型,他曾反省刚到鲁艺时和农民的隔膜:

> 整风以前,我到了延安,在鲁艺教课。这所艺术学院的院址是在离城十里的桥儿沟,那里是乡下。教员的宿舍,出窑洞不远,就有农民的场院。我们和农民,可以说比邻而居,喝的是同一井里的泉水,住的是同一格式的窑洞,但我们都"老死不相往来"。整整四年之久,我没有到农民的窑洞去过一回。[1]

这说明尽管吃喝在一起,但因为缺少交往的契机,即使住在隔壁,也终究是陌生人,接近农民需要实际交往的契机与渠道。

二、由房东及家事:革命的家政叙事

解放区文艺宣告了上述 19 世纪叙事的终结,标志着 20 世纪中国叙事的开端。民国作家上城,解放区作家下乡。作家作为土改干部下乡参与土改,知识分子借住农民家,与农民同吃同住,这是千百年来没有的新鲜事。从亭子间到土窑洞,如果说同吃同住还只是制度层面的要求,与农民"打成一片"则要求情感融合,不过能否深入生活,也需要可行动化的举措。在江西苏维埃时期,红军制定纪律管理军队与农民的交往,如规定"对农民要温和客气""一切借用的东西要还",买卖公平,

---

[1] 周立波:《纪念、回顾和展望》,《周立波文集》第 5 卷,上海文艺出版社,1985 年版,第 489 页。

要求军队借宿农民家时"在离开一家人家时,应将一切门板(睡觉用)放在原处",甚至连军队临时厕所建在"离人家很远的地方"也考虑到了[1],到了延安时期,作家和干部下乡有了深化。

解放区作家与房东是新型的非商业关系,因为农村住宿没有市场化,多数情况农民不收干部住宿费,这种非商业关系也是彼此产生情感的原因。"公家同志"来村子开展工作,目的是发动群众,解决农民困难,这是解放区政治治理上的一大创新,也是世界文艺史上的创举;与民国时期的种种下乡运动不同,作家下乡做行政工作,并借住老乡家,为知识分子接触农民打开制度化通道。当然在土改尚未进行时,群众不欢迎干部进家的现象也会存在。在党的力量尚未完全进村时,下乡干部常常住在乡政府和村小学,随着减租减息和互助运动兴起,干部下乡逐渐常态化,为进一步接近群众,需要一套具体制度,规约干部进村的行为,干部下乡,村干部负责接待,安排住宿,在房东家吃包伙或村民轮流派饭,个人支付农民粮食、粮票和菜钱。在村子里吃住成为当代作家向下延拓、了解群众的重要契机,由此出现房东书写热潮,"房东"在解放区文艺中凸显,这是中共发动群众依靠群众的具体体现。很多小说会写战争时如何得到房东一家照料和掩护,和平时期插队在房东家的生活也成为作家们的温暖记忆,如康濯买到了房东识字用的字典,孙犁享用了口快心善的房东家妞儿缝制的布袜……[2]

这种新型工作方式也导致当代小说写法的改变,《李有才板话》《三里湾》和《山乡巨变》等小说的开头都是从干部下乡在谁家吃住写起的。《李有才板话》还交代了干部下乡的基本程式:县农会主席老杨同志带着县委"介绍信"下到六区督查秋收工作,他来到李家庄,到村公

---

[1] 埃德加·斯诺:《红星照耀中国》,胡愈之等译,人民教育出版社,2019年版,第131—132页。
[2] 见康濯《我的两家房东》,孙犁《山地回忆》我本来不住在妞儿家,后来成了"我"新的家。

所找村长，村长指派他在谁家吃住，老杨按下乡规定凭粮票到村公所兑换口粮，所兑口粮带到房东家，除了粮食，老杨还要支付烧伙费和菜金，伙食要和农民家吃的一样，这既避免了干部在群众家搞特殊化，也便于干部了解农民的真实生活水平，所有费用可以按天，也可以包月支付。老杨因为得罪了坏村长恒元，被派到最穷的老秦家。

> 广聚碰了一顿钉子讨了这么一点小主意，回去就把饭派到老秦家。这样一来，给老秦找下麻烦了！阎家山没有行过这种制度，老秦一来不懂这种管饭只是替做一做，将来还要领米，还以为跟派差派款一样；二来也不知道家常饭就行，还以为衙门来的人一定得吃好的。他既是这样想，就把事情弄大了，到东家借盐，到西家借面，老两口忙了一大会儿，才算做了两三碗汤面条。[1]

老杨一看老秦给自己开小灶，"就知道把自己当客人待"，他抢先揭开大锅的锅盖，舀了碗山药蛋南瓜。按照干部进村"访贫问苦"的要求，干部进农民家，首先要揭锅盖、缸盖、摸摸被子厚薄，了解农民吃得怎样，水缸有没有水。思想改变首先表现为身体动作的变化，这一系列党所规定的、可供操作的"动作"，产生了感动对方的力量，时间久了，动作便进入小说中，内化为可接受的情感，成为知识分子改造的触媒。老杨住在最穷的农民家，也暗合这样的工作方法，正因为住在最穷的老秦家，老杨了解到阎家山村土改不彻底的症结。

干部下乡制度化始于1941年，1940年至1941年，国民党发动两次反共摩擦，重兵封锁解放区，前线部队回防，脱产人员大量增加，边区收入锐减；为解决政府冗员和经济困难，解放区实行了三次"精兵简

---

[1] 赵树理：《李有才板话》，《赵树理全集》第2卷，大众文艺出版社，2006年版，第284页。

政"运动，为以生产为中心，解决上头大、下头小的人员管理结构，即精简区县以上机构，加强乡政权。1940年起试点文化干部下乡担任乡文书（如古元兼职文书），1942年乡级政权正式增设专职文书。[1]此前乡政权沿袭国民政府县乡结构，乡级专职干部仅乡长一人，且多为本地人，常常顾此失彼，"加以乡长文化过低，对上级政策和法令有解不开的困难，对分析情况和总结工作有吃不消的困难，因而限制着乡政权工作能力的提高，而'以上代下'的沿习也难于改革。如添设一个有相当文化程度的文书，则上述困难则易于克服，乡政权的工作能力就易于提高，如果文书能积极帮助乡村干部学习，则期以两年，乡级干部的文化问题，亦能初步解决"。[2]鲁艺学员作为试点下乡担任乡长副职或文书，稍早于精兵简政运动，既与这一运动有关，也与鲁艺自身建立实践基地、重视理论与实践集合的办学方式有关。

鲁艺成立不久，为落实理论联系实际的学习方法，各系都建有实践基地，如美术系成立美术工坊和工作团，延安县川口区碾庄乡就是实习点之一。1940年5月，鲁艺第三期学员毕业，葛洛、古元和、孔厥、岳瑟、洪流一批青年作家离开桥儿沟，赴碾庄乡参加减租减息工作，碾庄离桥儿沟二十里，除正乡长外，其余乡干部均由鲁艺学员担任。其中孔厥任二乡副乡长，葛洛任六乡副乡长，古元任六乡文教委员兼文书，六乡乡政府设在碾庄村，古元住村民刘起生家，房东近40岁。此时鲁艺文学教员周立波为体验生活，也于1941年春来到碾庄，借住刘起生兄弟刘起兰家一孔窑洞，周立波与古元住同一排窑，中间隔着乡政府办公室，两人因此建立了友谊。这一年两人都以房东刘起兰家的牛为素材创作了同题作品：周立波根据刘起兰家母牛生小牛的情况，创作短篇小

---

[1]《关于增设文书的命令》:《陕甘宁边区政府文件选编》(六)，陕西人民出版社，1942年版，第216页。
[2]《陕甘宁边区财政经济史料摘编》第1编，陕西人民出版社，1981年版，第202—205页。

说《牛》，古元创作了木刻《牛群》。

周立波在小说中将碾庄改为谐音"念庄"，房东刘起兰名字改为颠倒的谐音"张南（兰）起"。《牛》在形式上采用了客观的"观察视角"，房东、房东女儿、房东儿媳甚至古元和葛洛都被写进小说中。小说叙述"张南起"家母牛难产，小牛犊出生、生病至病愈过程中房东的情绪变化，表现农民对牲畜深厚的感情，作者试图从侧面表现解放区生活改善后，农民精神面貌的变化，房东因此被刻画成具有喜剧风格的农民形象。张南起乐天知足，是天主教徒，他爱整洁，会保养，手巧但"懒散、风趣和多一点感情"，像爱女儿一样爱自家的牛。这显然受了19世纪欧洲和俄罗斯现实主义小说影响，凸显人物的"中间"性和丰富性，这是周立波的美学追求，可是《牛》因农民形象不够典型在《解放日报》发表后受到批评。

1941年6月延安文艺界"文艺月会"举行第八次例会，会议重点讨论了本月刚刚发表的周立波的《牛》，萧军和艾青、荒煤等对《牛》不满。[1]张南起爱牛，这依然是写农民爱护牲畜的传统情感，时代感不强，作者追求"坐在一个生活很好的乡村炉火边"的生活趣味，在客观呈现农村风俗史的同时，以简单的抒情乐观主义取代农村现实难题的呈现。周立波出生在湖南农村，熟悉耕牛千百年来在农村的重要地位，他此前曾写过民国匪乱时湘西农民纷纷买枪保卫耕牛的故事，在《农家的冬夜》中，借描绘20年代湘西的农家乐，刻画了佃农清明老三对老黄牛的爱，《牛》延续了这一叙事传统。小说中写牛生产时的痛苦，"上帝酿造酸辛的东西也给了牛。望着人们它真想哭出来……"并将牛的难产和男人的风流恋爱放在一起议论，将驴子的叫比作雪莱的叹息等。作者试图从容写出农村的风趣生活，但也流露出欧化和自然人性的痕迹；

---

[1]萧军：《第八次文艺月会座谈拾零》，载《文艺月报》1941年7期。

从"我"带着幽默风趣的观察态度也可以看出作家和农民的距离。观察者高高在上的心理优势，在冷描客观对象的同时，拉远了与对象的距离。[1]

《牛》是周立波从文艺理论教员转变为延安作家的起点，在鲁艺讲外国文学时，他欣赏欧洲和苏联作家"微笑着写作"的风格，讲稿中他曾引用列宁的话说明小说的喜剧美学，"要产生新的巴尔扎克，要把变动着的人生的各面，描写在有力的、有趣的、诙谐的、有生气的形式中，造成我们时代一部风俗史"[2]。他试图写出解放区农民的好生活，风俗描写一旦与新社会结合，他的小说往往就生动起来，后期《山乡巨变》即如此。《牛》中能看出作家捕捉生活细节的能力，小说写一群村民在乡政府窑洞围看古元画册的场面：

> 乡政府窑洞里挤满了人，男的和女的，老人和小孩。有的围在烧着通红的木炭火的炉子边谈天，有的在桌子上的一盏小小的老麻油灯下面，随便翻看着鲁艺派到乡下工作的古元带来的一些书和画。扶惯了犁锄的粗大的手指，不习惯翻书页。一个年轻人，想一页一页地翻看着一本瑞典人的画册，但是手指不听话，一下子翻过十几页，从头再翻一次，又是十几页，又翻到了那个原地方。[3]

农闲季节农民挤在乡政府办公室烤火，翻阅乡干部古元带来的画册，村民到乡政府办公室串门烤火，这是新型的政民关系。年轻人用粗大手指翻看"瑞典人的画册"，尽管手指不够灵活，作者除了想表达一点幽默风趣和"微笑"外，客观上也写出了外来知识干部和农民的

---

[1]他也曾赞赏邻居古元从窗户的小孔冷静观察农民在窗户外聊天。
[2]周立波：《周立波文艺讲稿》，湖南人民出版社，2017年版，第123页。
[3]周立波：《牛》，《周立波小说选》，湖南文艺出版社，2009年版，第42页。

交情，农民可以随意翻开艺术家/公家人的精装画册，羞涩地看着人体画……也许周立波还想表达西洋文化与中国农民的隔膜，对青年一代农民来说，这是接触"高级文化"的开始，对作家来说，这是左翼现代主义写作和延安现实主义写作相遇的时刻，既带有旧作痕迹，也是新写作的开端。

但总的来说，《牛》的这种19世纪的叙事方式在延安受到了批评。小说结尾还写了一个老农民关于身体病痛的抱怨，作家已经开始关注农民身体与革命的关联，一个颧骨很高的老头子想让副乡长（葛洛）带他去看看鲁艺大礼堂，老头子试图将右肩膀的"痛"与革命关联起来，但却遭到妇女主任（房东媳妇）的打趣："你活了六十三岁，你的什么地方痛，这和革命有什么关系？"风趣显然不能表现农民身体感觉与政权的有效关联。不仅在风格写法，《牛》在用词和修辞上也带有欧化痕迹，周立波后来反省："一九四一年，葛洛同志在附近乡里当副乡长。他是当时延安少数深入群众的人们之一。他邀我到乡下去玩玩。我去了住在他给我安排的一孔石窑洞，上邻下舍都是农民，我们之间有一些来往，但我只住了五十来天，就离开了那里，回到了知识分子圈子里。"[1] "没有和农民打成一片，对农民的语言、生活和劳动，不懂和不熟，像客人似的呆了五十天"。[2] 后期《暴风骤雨》中著名的"分马"一段对牲畜叙述已经能较好地与新社会的精神气象和人的活动结合起来。[3]

在东亚农耕文化中，牛是最重要的生产工具，役使牛力是亚细亚生产方式中的重要特点，牛轭的发明和犁耙的改进，大大解放了生产力，

---

[1]周立波：《后悔与前瞻》，《周立波文集》第5卷，上海文艺出版社，1985年版，第489页。
[2]周立波：《谈思想感情的变化》，《周立波文集》第5卷，第483页；另见《纪念、回顾与展望》，《周立波文集》第5卷，上海文艺出版社，1985年版，第489页。
[3]在《山乡巨变》中，耕牛也是作为合作化斗争中重要的叙事元素。60年代的短篇《飘沙子》里，生产队一个不能生育的母牛如何在老饲养员的精心培育下生下的小牛，写法上将牛的生产与新生产关系中的共同体更紧密结合了起来。

牛力耕田比较适合梯田、小块田地、非平原地带，尤其水田播种，因此东亚的民间文化中离不开耕牛。40年代延安互助组规定：一条牛入组按一个半壮年男劳力记工，可见牛在农村的重要性，选择耕牛写农业，抓住了东亚农业社会的关键。同是1940年，周立波的邻居古元同样以刘起兰家的牛为原型，创作了《牛群》。

古元把身边农民既当作观众，也当作老师，据当事人回忆，古元画的这些牛，"由于长年拉车、犁地，都有一副经过"劳动锻炼"的身架，绝不是某些动物画中画的概念化的牛"[1]，这就指出了古元画牛与中国传统文人耕趣图的重要区别。古元后来回忆《牛群》的创作过程：

> 他们把我送他们的木刻画张贴在炕头上，每逢劳动归来，坐在热炕上，吸着旱烟，品评着这些画。我在旁边倾听他们的评论："这不是刘起兰家的大犍牛吗？""真带劲！画得都是咱受苦人翻身的事，咱们看得懂，有意思。"观众的笑容引起我内心的喜悦，我享受着创作劳动的愉快。[2]

农民从画中认出了自己的生活世界，古元理解了农民对动物的情感，理解农民为何把牛当作一起干活的"伙伴"，是家里的劳动成员，雕刻肌肉发达的大犍牛，铭刻着农民的理想。与周立波的风俗史的追求不同，古元重在刻画受苦人"翻身"的瞬间，如何超越农民传统的牲畜情感，刻画出新社会的生产关系？这一抽象问题如何在画布中落实？《牛群》的具体做法是将牛放到户外空间，古元首次正面刻画农家低矮的院墙门头，贫穷但整洁的庭院，母牛妈妈正跨进家门，画面中心是胆

---

[1] 王琦等编：《古元纪念文集》，人民美术出版社，1998年版，第239页。
[2] 古元：《到"大鲁艺"去学习》，见王琦等编：《古元纪念文集》，人民美术出版社，1998年版，第245页。

怯不敢进门的小牛犊子,与位于画面中心的大犍牛构成呼应。古元也见证了刘起兰家小牛生病的过程。"他曾看到由于牛生病,牛的主人是何等焦急。他也看到过由于母牛下了仔,牛的主人是何等喜悦"[1],但古元没有在农民爱牛这一点上立意,他增加了牛的数量,与周立波的《牛》比,古元强调了"牛群"的意义,显然这群牛在陕北不可能为农民一家拥有。因此,"古元在这幅木刻中所表达的与其说是牛的形体美,不如说是农民对生活的信心和希望"[2],这种集体生活是先前没有的,古元虽然也需要捕捉日常生活中生动明快的细节,但这些细节透露出新的生产关系,1941年《准备春耕》也是以房东刘起生为原型,刻画农民春耕前修理犁耙,准备赶牛下田耕地,表达解放区人民自己动手、团结起来战胜困难的乐观精神。如果仅仅看画面中心,似乎只有一个老农在收拾农具,但如果仔细观察该画的背景,就会发现人的背后还有一群牛,所以画面的立意也不是一个人的春耕,老农(房东刘起生)在为互助组修理犁耙,这就是20世纪叙事与19世纪叙事的区别。与碾庄及房东有关的绘画先后还有《家园》《冬学》《入仓》《结婚登记》等。比较焦心河、古元的同题木刻,我们就可以进一步发现差别。

1939年11月,古元的同班同学(鲁艺)焦心河参加了由鲁艺和蒙古文化促进会合办的蒙古考察团,1941年他刻了以蒙古牧民生活为题材的木刻《牧羊女》。同样画牧羊一事,焦心河重点在牧羊姑娘身上,画中牧羊女和羊妈妈争抢刚出生的小羊羔,牧羊女双手高举羊宝宝,羊妈妈及羊群在她周围。通过刻画争抢羊羔动作,既能呈现牧羊女的身体曲线,又能表现牧民生活风俗,因为蒙古此时并没有互助劳动方式,这群羊只能是一家的财产。这幅画在延安也因为缺乏时代气息,倾向"风俗画",缺少"新民主主义的英雄主义",受到美术理论界胡蛮等人批

---

[1] 王琦等编:《古元纪念文集》,人民美术出版社,1998年版,第385页。
[2] 王琦等编:《古元纪念文集》,人民美术出版社,1998年版,第385页。

评[1]。

与《牧羊女》的空白背景不同,古元《羊群》更加现实,揽羊娃身边一群羊,他风尘仆仆,神气十足,左手搂着一只刚出生的小羊,右手提着牧羊铲,右上方是羊圈。同样抓住暮归羊群入圈的时刻,揽羊娃处于画面中心,但从题目《羊群》可知,作者用意不仅是为了刻画单个人,羊群作为表现重点,既因为羊是富有、幸福的象征,更因为它们不是一家一户的羊,而是互助组的羊:

> 古元早就迷上了羊群,对揽羊娃和羊画了许多张速写。创造这幅木刻之前,他又陪同揽羊娃上山,呆了整整半天。木刻草图打好了,他请老乡们提意见。这个说,放羊狗可重要呢,这张画上没有放羊狗。……在老乡意见的启发下,他给揽羊娃的怀里添上一只刚在山上降生的羊羔。木刻刻好拿给老乡们看,得到一片赞扬声。大家都特别喜欢揽羊娃,你看他多么神气,因为他现在不是给地主放羊,是在给全村的有羊户服务啊![2]

有关绘画现场的回忆让我们明白了画面上不容易读出的历史信息,揽羊娃因为在为互助组服务而精神抖擞。于是,《羊群》将对风俗倾向的描写转向难以直接呈现的生产关系的刻画,而一旦得知羊群并非一家一户的财产,揽羊娃手中抱着的小羊羔就更具象征意义,他疼爱的是他人的羊,呵护的是一个新的共同体。

《羊群》呈现出新的写生功力和新写实主义特色。刀法上多用阴刻,黑色为主色调,揽羊娃的皮肤也晒得漆黑,体现野外劳动的艰辛和整个解放区快乐而艰辛的生活。整齐的刀法隐藏不住羊舍的破旧与揽羊

---

[1] 胡蛮:《抗战以来的美术运动》,载《中国文化》1941年8月20日。
[2] 王琦等编:《古元纪念文集》,人民美术出版社,1998年版,第385页。

娃的褴褛衣衫，这一切又给牧羊故事增添了几分神学政治意味。耕种、牧养是文化（culture）和人类文明的起源，牧养原义是"养育、抚养"，中国古代引申为"治理、统治"，并进入中国历法时间秩序中。《圣经》中也常使用"牧养"一词表示"牧放和看守羊群"，基督教一般把牧师、长老等教职人员对信徒的带领、引导称作牧养。中外牧养文化都含有以家政喻治国的"齐家"结构，通过命令和制定规范，对家族和国家共同体的一切组成部分进行配置和管理。阿甘本进一步认为在《圣经》中，保罗最早将国家的"家政"服务理念赋予"像仆人一样"服务国民的神学含义，"在基督教中，随着家政概念的这一改变（指变为仆人），古希腊社会家庭共同体和国家共同体之间出现了全新的变化。一方面，基督教意义上的'上帝之国'不再是家庭共同体的对立面，而是一个更大的家庭共同体"[1]。如此，"牧羊人"不再是通常意义上家国同构的管理者，高高在上的拯救者，而是人民的"仆人"，对应于解放区政治生活中的"人民公仆""人民的勤务员"，人民大众变成了毛泽东所说的"我们的上帝"。[2] 如此，这一牧养装置经由"为人民服务"，经由张思德式的奋斗和"牺牲"，让管理者与管理对象不再对立，世俗家政与神圣家政达到统一，即统治与治理统一的新世界，在这个延伸的意义上我们或许会更深刻理解延安文艺中陕北牧羊人承担的政治神学功能。

三、房东交情：丁玲下乡叙事的变化

1942年3月8日延安纪念"三八"妇女节纪念大会上，丁玲被拥

---

[1] 姚云帆：《家政与神圣家政》，上海人民出版社，2020年版，第177页。
[2] 毛泽东在《愚公移山》中说，"我们一定要坚持下去，一定要不断地工作，我们也会感动上帝的。这个上帝不是别人，就是全中国的人民大众。"《毛泽东选集》第3卷，人民出版社，1991年版，第1102页。

上台，她"亲热地"告诉姊妹们：牢骚是要发的，事也要作，"我号召大家下乡，老老实实地去做一些工作"[1]。1943年3月《解放日报》报道了丁玲的行踪："丁玲同志及其他的文艺工作者，已作好一切到下层去的必要准备。此种蓬勃崭新之面是工农兵的实践行动，为中国新文艺运动史上有重大意义的一页。"[2] 文中提到的下层也就是古元和周立波去的川口区，她原打算去柳林区第二乡采访劳模吴满有。因孔厥在川口区二乡当副乡长，他热情地向丁玲介绍麻塔村的先进工作，于是丁玲改去麻塔村[3]，《三日杂记》就是在这一背景下完成的。小说中"我"一进村口，即看到拥挤的羊群：

>……忽然从窑上面转出一群羊，沿着小路下来了，从那边树底下也赶出一群羊，又绕到上边去。拦羊的娃娃用铲子使劲抛出土块，沙沙地响，只看见好几个地方都是稀稀拉拉挤来挤去的羊群，而留在栏里的羊羔好像听到了外面老羊的叫唤，便不停地咩咩地号叫，这叫声充满了山沟，于是大羊们便横冲直撞地朝着狭窄的门口直抢，夹杂着孩子们的叱骂。我们跟到羊栏边去瞧看，瞧着那些羊羔在它们母亲的腹底下直钻，而钻错了的便被踢着滚出来，又咩咩地叫着跑开，再钻到另外的羊的肚子底下去。[4]

"嘿，今年羊羔下得倒不少，可就前个夜里叫豹子咬死了几个。"忽然一个陌生的声音从背后传来。如果说周立波的《牛》与古元的《羊群》存在诗与画的界限，丁玲对解放区羊群的描述为古元的家畜叙事做

---

[1] 艾克恩：《延安文艺纪盛》，文化艺术出版社，1987年版，第325页。这里发牢骚就是指写了杂文《三八节有感》。
[2]《延安作家纷纷下乡实行党的文艺政策》，载《解放日报》1943年3月15日。
[3] 李向东、王增茹：《丁玲传》上卷，中国大百科全书出版社，2015年版，第31页。
[4] 丁玲：《三日杂记》，《丁玲全集》第5卷，河北人民出版社，2001年版，第161页。

了很好的注脚。与古元一样，丁玲也想用拥挤的羊群表现新社会，和"我们"搭话的是村长邘克万，"我"此次下乡的房东。揽羊娃望儿是他的孩子，他在为整个互助组揽羊，但小说也没有明确交代，因此望儿揽羊也是解放区的翻身新事；望儿是村长收养的娃，这种非血缘家庭关系，也预示着农村新共同体产生的可能性。

与1941年精兵简政不同，1943年是解放区开展下乡运动的更为重要的时刻，1942年《讲话》后，下乡运动本应立即展开，由于整风运动耽搁一年。经过整风，作家对文艺和政治的关系、文艺和群众的关系有了新的认识，中组部和中央文委认为作家下乡的时机已经成熟。1943年3月10日，中央文委和中央组织部共同召集党的文艺工作者会议，中组部部长陈云和中央文委凯丰分别做动员报告，可见级别之高，大会的目的是将知识分子下乡制度化、常态化，要求文艺工作者"到农村去，到工厂，到部队去，成为群众的一分子"。凯丰在动员大会上强调了1943年下乡要解决"走马观花"的问题，他认为过去下乡没有收到应有效果，主要是因为没有解决文艺与实际结合、文艺与工农兵结合两大问题。因此，凯丰首先要求提高下乡的认识，批评作家此前下乡的"做客"行为：

> 去的人以客人自居，接的人以客人相待，去的人客客气气访问一番，接的人客客气气招待一番。关系弄得好的，就是宾主尽欢而散，开欢迎欢送会，多杀几只鸡，多备几匹马。关系弄得不好的，就是宾主不欢而散，结果就造成文艺工作者与部队、与地方党政民之间的隔阂。去得好的，最多就是收集了一点材料回来了，写了几篇东西，去得不好的，连材料也没有收集。过去下乡的经验告诉我们，这种下乡的方式是不适当的，对于我们的事业的帮助很少，对

于下乡的目的也不能达到。[1]

报告中要求作家打破做客观念，放下身架，明确下乡目的，下乡不是为写作，而是要参与地方工作，解决群众困难。并且1943年还要求下乡干部"当一个工作人员""当一个乡长，当一个支部书记，当一个文书，当一个助理员等"。在实际工作中与群众打成一片，因为如果"你不是他那里的工作人员，工作就不好分配。你不担任一定的职务，也就很难照顾，结果反而增加他们的麻烦。如果仍抱着旧观念去下乡，虽然表面上可以做得很客气，但实际上必然会增加双方面的隔阂，至少会增加双方面的顾忌"。陈云报告中重点提到知识分子作家因为分工的特殊性，难守纪律、不讲政治，容易自大，以前下乡"和工农结合差"，要求作家们这次下乡学习"实际的政治"，"去一些小气，少一些伤感"，破除小资产阶级的"感情用事"[2]，上述历史背景有助于我们理解1943年丁玲下乡及创作。

20世纪40年代丁玲写过两篇下乡的小说，且根据在房东家见闻写成，分别是1940年的《我在霞村的时候》（以下简称"《霞村》"）和1943年的《三日杂记》，后者被作者自己认定为"新的写作作风"的开端。短短两年，小说风格何以产生这么大变化？比较两篇小说的写法可大致看出1943年前后延安作家创作的变化。西站团时期丁玲虽说也路过不少村庄，但以慰问前线军队和在城市演出为主，没有真正下乡入户。《霞村》记录了这段时期的下乡经验，"我"因为生病，"政治部太嘈杂"，我需要找一个远离政治的、"安静的地方"养病写作。政治部莫俞安排我到农村休养，"那里离政治部有三十里路"，一路上负责陪同我的地方"宣传科"女干部也没多少话，导致我精神更不大好，"一路显

---

[1]凯丰：《关于文艺工作者下乡问题》，载《解放日报》1943年3月28日。
[2]陈云：《关于党的文艺工作者的两个倾向问题》，载《解放日报》1943年3月29日。

得很寂寞"。《三日杂记》不同，开头便强调我在"一条九曲十八弯的寂静的山沟里行走"，而且一再向读者证明叙述可靠性，"也许你以为我在扯谎"！表明"我"对行程的期待：

> 我听到有不知名的小鸟在林子里呼唤，我看见有野兔跳跃，我猜想在那看不到边的、黑洞洞的、深邃的林子里，该不知藏有多少种会使我吃惊的野兽，但我们的行程是新奇而愉快的。[1]

一路上"我"都带着探险者的眼光观看新奇的世界，风景描写中充满着对陌生地的兴奋，作家的思想情感正在变化中。《霞村》中"我"走进村口时，连一个小孩子、一只狗也没有碰到，"只见几片枯叶轻轻的被风卷起，飞不多远又坠下来了"，村口的荒凉打破我对乡下的浪漫想象，霞村似乎不欢迎"我"。而《三日杂记》中的村头除了上文沸腾的羊群，还有吠叫的狗、观望"我们"进村的村民们。我们首先考察两篇小说中下乡的行李是怎么搬运的？《霞村》中，我的行李由勤务员和村干部对接，提前送到房东家窑洞里，"我"离开时，村干部马同志替我搬行李。丁玲同样写于1940年的小说《在医院中》开头行李也有类似安排，一切杂务由"管理科长"安排好。陆萍走进充满冷气的窑洞，她看见她的小皮箱和铺盖卷已经给孤零零地放在冷地上："这李科长是一个好心的管理科长，他动手替她把那四根柴柱支着的铺整理起来了。"[2]不仅行李要专人搬运，连床铺也是别人来铺好。在1942年的著名《讲话》中，毛泽东认为知识分子下乡挑不挑行李，不是小事：

> 在这里，我可以说一说我自己感情变化的经验。我是个学生出

---

[1]丁玲：《三日杂记》，《丁玲全集》第5卷，河北人民出版社，2001年版，第158页。
[2]丁玲：《在医院中》，《丁玲全集》第4卷，河北人民出版社，2001年版，第234—235页。

身的人，在学校里养成了一种学生习惯，在一大群肩不能挑手不能提的学生面前做一点劳动的事，比如自己挑行李吧，也觉得不像样子。那时，我觉得世界上干净的人只有知识分子，工人农民总是比较脏的。知识分子的衣服，别人的我可以穿，以为是干净的；工人农民的衣服，我就不愿意穿，以为是脏的。革命了，同工人农民和革命军的战士在一起了，我逐渐熟悉他们，他们也逐渐熟悉了我。这时，只是在这时，我才根本地改变了资产阶级学校所教给我的那种资产阶级和小资产阶级的感情。[1]

思想改造无小事，革命要从行李入手。毛泽东指出背不背行李，敢不敢穿老百姓的衣服，反映你和农民亲不亲、排不排斥，是情感问题。他从自己的亲身经历来说明学生出身的小资产阶级情感改造过程。外出有书童，租房有娘姨，这是士大夫的出行传统。知识分子不愿意挑行李，不是挑不动，而是觉得有失身份。1943年后文化干部下乡的装备发生了变化，没有了勤务兵挑行李，反而更精神抖擞，《三日杂记》结尾暗示我们，我们来回都是身背行李包："三天过去了，我们在第四天清早，背着我们的背囊，匆忙地踏上归途"，背包下乡，肩挑行李，此后便成为土改和合作化小说的标准形象。

两篇小说写房东也不相同，《霞村》中我不是独立进村入户的，"女伴"阿桂承担陪侍"我"的功能。村干部安排我单独住刘二妈家的窑洞，村里来了城里人，公家人被当作贵客，"我"享受着村民们对我的议论，习惯于村民们对客人的特殊招待：一起张罗给我做菜、煮面、送来烤红的炭火；"我"埋头吃面，满足于村民们对我的围观，她们像看一个新奇的物件一样"摸我的两手、两臂"，此时的我满足于做贵客的

---

[1]毛泽东：《在延安文艺座谈会上的讲话》，《毛泽东选集》第3卷，人民出版社，1991年版，第851页。

感觉，村民的观看和议论催化了"我"的主体意识，最后我失望地发现村民们聚集、议论的其实不是我。房东带着神秘的神气进屋与我聊天，"我先还以为她们诧异的是我，慢慢我觉得不是这样的"，贞贞的回来冲淡了村民们对我的兴趣；负责运输行李的村干部"马同志"也告诉我，他其实没有读过我写的书；房东刘二妈因为侄女贞贞出了事，对我也有点心不在焉。这一切让我难免失落，也影响了我养病的心情。《霞村》中虚写"我"与房东的关系，房东和阿桂一样，仅仅充当向我转述贞贞故事的功能，我因为和房东交往少，乃至与整个村里人都是陌生的，甚至充满敌意。以至于当我想保卫贞贞的私人秘密时，竟然抵触刘二妈和她的媳妇来我房间，"总不给她们说话的机会"。小说纠结于一个女人的不贞洁故事，贞贞离开家庭，宁愿到教堂做"姑子"，"我"试图守住那些隐秘的"私人情感"和合法的"个人道德"，叙述的力量增强了两位女性的个体意识。结合丁玲自身的遭遇，这一切让霞村村头那座未毁的教堂具有了象征意义，他们作为革命前历史的自然残留，与鲁艺占领的教堂不同，成为革命尚未夺取的最后堡垒。休假还没结束，我因为不舒服，匆匆回到政治部。这一次的下乡没有治愈头痛病，写作也未完成：

> 我的心有些空空荡荡的，坚持着不回么？身体又累着别人；回去么？何时再来呢？[1]

当我自问何时再来乡下？内心是没有底气的，我和贞贞站在霞村的对立面，我们即将奔赴远方，却将霞村设定为告别和抛弃的旧地。贞贞的离开带走了夏大宝的爱情，埋葬了霞村历史，我也没能真正进入霞村世界。而在《三日杂记》的结尾，风景不再是荒野，人物走进河山中，

---

[1]丁玲：《三日杂记》，《丁玲全集》第5卷，河北人民出版社，2001年版，第171页。

"几时让我们再来"！小说结尾一个有力的感叹句，说明我与村子难舍难分。《霞村》聚焦中心人物贞贞的命运，强调她敢爱敢恨的主体意识，村子里只有"我"和贞贞情投意合，"谁都不能缺少谁似的，一忽儿不见就彼此挂念。我喜欢那种有热情的，有血肉的，有快乐，有忧愁，又有明朗的性格的人；而她正是这样"。在贞贞火烈的性格面前，房东刘二妈几乎被忽略，土改干部夏大宝也写成了没用的旧男人，贞贞瞧他不起，革命叙事让位于个人命运叙事，贞贞为革命献身的牺牲精神也被转化为革命后的伤痕叙述。所以，从侧重塑造个人主体的角度来看，《霞村》仍然属于19世纪小说的写法，而《三日杂记》中作家尽力避免了将知识分子"我"作为村民观看中心的写法，小说开头从村民观望我们进村，迅速转向"我"对村子的观察，避免对自"我"主体做过多渲染，对村干部的刻画、房东叙述和整个村子的书写都有了新的风格。与《霞村》虚写一个村子不同，《三日杂记》实写川口麻塔村，"我"住村长家，甚至名字都是真的；与《霞村》更不同的是，"我"和村长婆姨同睡一炕，知识分子终于克服了"农民脏"的心理障碍，甚至同炕的是病人：村长婆姨是整年不能下床的残疾人，丁玲放弃写边区英雄人物吴满有，转而写一个不起眼的老村长，写"丑老太婆"，挑战了她"五四"时期小说人物的审美观，与贞贞和吴满有的特殊性比，小说试图将更多笔墨留给平凡的群众，以此与平凡的世界建立联系。

在1943年下乡动员大会上，陈云告诫作家们："不要把文艺的地位一般的估计过高，同时对自己个人在文艺上的地位更不要估计过高……我们的同志忽略了一个简单的真理：'小菜煮在锅里，味道闻在外面。'"通过煮饭的哲学，要求作家从观念世界回到现实。陈云还以经济学家的身份提醒学习社会知识的重要，"听说茅盾先生写《子夜》就跑了好多的交易所。但是许多同志不但不知道什么是交易所，就连上海吃的大米从哪里来的，拉的大便是哪里去的，住了七八年都不知道"。[1]借住农民家为作家调查经济和民情提供了重要渠道，通过房东，干部获得了更可靠的农村社会知识，毛泽东以自己农村调查的经验告诫干部下乡眼光要向下，要深入了解一个地方，还要注重"调查的技术"：

> 我在兴国调查中，请了几个农民来谈话。开始时，他们很疑惧，不知我究竟要他们怎么样。所以，第一天只是谈点家常事，他们脸上没有一点笑容，也不多讲。后来，请他们吃了饭，晚上又给他们宽大温暖的被子睡觉，这样使他们开始了解我的真意，慢慢有点笑容，说得也较多。到后来，我们简直毫无拘束，大家热烈地讨论，无话不谈，亲切得像一家人一样。[2]

调查要从家常事谈起，会拉家常，最后像一家人无话不谈。因为能与村长婆姨同炕，她们才把我当成了熟人，通过与村长婆姨深夜唠嗑，"我"得知她得"柳拐子病"是因为整个村子吃水有问题，导致几十年来村里流行佝偻病，这才是未来农村"卫生"治理的重点；通过婆姨停不下来的唠嗑，又引出村长苦难的家史，我感受到贫苦人的豁达和坚忍；我和房东因为彼此了解，双方情感开始变化：最后婆姨舍不得我离开，望儿的媳妇也"悄悄地跟我说她喜欢公家婆姨"，这是一个农村姑娘对公家人的最高认同。小说以"杂记"的形式，记录麻塔村的全景生活，与通篇塑造贞贞单个人形象不同，《三日杂记》中写模范村长也只占一节，接着写了开荒、儿童妇纺、生产竞赛和晚会等多个活动，并通过我们帮村民修理、改良纺车，农民由拒绝改良纺车，到最后心服口服接受，款待我们，写出了我们如何在生产劳动和日常生活中与农民建立

---

[1]陈云：《关于党的文艺工作者的两个倾向问题》，载《解放日报》1943年3月29日。
[2]毛泽东：《关于农村调查》，收《毛泽东农村调查文集》，人民出版社，1982年版，第27页。

交情。"妇纺"一节还有意一一写出村中十几个娃娃的名字和她们的年龄，作家试图表明她已经掌握了全村状况，这些信息来自与房东深夜唠嗑，和白天漫不经心的闲聊。娃娃们还没长大，却都已经主动投入延安的大生产中。可以看出丁玲抛弃了乡村浪漫主义叙事，但在写"真人真事"时，也没有渲染儿童劳动的悲苦，在艰苦岁月中洋溢着乐观气氛，这就是延安新现实主义精神。

整风后小说怎么写？从《霞村》到《三日杂记》，作家们面临着如何整理乡村新经验："整风以后，我在工厂、农村都稍稍跑了一时，时间虽然不多，却也搜到了一些素材，当我想执笔写它的时候，我忽然想到一个问题。用什么形式？"[1]1943年3月，《解放日报》记者采访丁玲，询问她的写作打算，她这样回答：

"如果有作家连续写二十篇边区农村的通讯，我们要选他做文艺界的劳动英雄。"丁玲同志在说完作家到下层对于改造自己和将来创作上的丰收的意义后，这样笑语记者。她并且说："有的同志已经感到以往去前方，仍是处在'做客'的情况中，并没有真正与群众为伍，因此他们又要下乡了。"[2]

这显然是对凯丰、陈云下乡动员报告的积极回应。从做客到做事，从小说到速写，作家在乡村寻找向下超越的中介，小说形式在重新寻找与现实的新型对应关系。《田保霖》受到肯定后，丁玲用"杂记"形式探索小说的写法，杂记既反资产阶级小说臃肿的描写，又反离奇的情节。《三日杂记》通过房东讲述真人真事，借由房东中介，完成了对村

---

[1] 丁玲：《纪念瞿秋白同志被难十一周年》，《丁玲全集》第5卷，河北人民出版社，2001年版，第267页。
[2]《延安作家纷纷下乡实行党的文艺政策》（新闻稿），载《解放日报》1943年3月15日。

子的总体性调查，并由房东叙事实现"我"的情感转变。

结语："表现新的群众时代"

鲁迅曾在杂文《扁》中对现实主义做了一个最朴素的定义："多讲别人，是写实主义。"[1]安敏成对此进一步阐释：

> 借助它，鲁迅将文学上"主义"的差别归结为一个基本的社会关系问题。他暗示，对文学模式的选择，取决于文学经验参与者之间的特殊关系——小说作者是"我"，读者是"你"，而"他"或"她"构成作品的人物。
>
> 中国人对现实主义的偏爱，部分由于它对中国社会中"别人"的关注，在历史上这些"别人"被剥夺了发言的权利。将这个被忽略的群体纳入到严肃文学的视野里，在某种意义上，对于改变中国的社会结构是十分重要的。[2]

我们从解放区作家下乡小说中看出了破除个人主体故事，讲述他人故事的变化。这一变化借由房东叙事得以实现。房东是干部下乡"三同一片"的开端，是作家重塑农民形象的重要时刻，通过"房东"叙事，作家尝试利用这一下乡机制逼近现实，文艺由此开启周扬所说的"表现新的群众时代"，并由此开创一种生活方式。这样新文艺唱群众的事，画群众的人，与先前小说中的人和事不同，"群众都以羡妒的眼光"看

---

[1]鲁迅：《扁》，收《三闲集》，上海北新书局，1932年版，参见《鲁迅全集》第4卷，人民文学出版社，2005年版，第88页。
[2]安敏成：《现实主义的限制：革命时代的中国小说》，姜涛译，江苏人民出版社，2011年版，第24页。

着文艺中的"真人","他们在剧中看到他们自己"。[1]从西战团到民众剧团,从《霞村》到《三日杂记》,这是丁玲不断调整形式,寻找"人民"漫漫长路,而"房东"是作家在广阔天地中首先遇见的"人民"的肉身,"人民"不再抽象,看得见摸得着。他们给文学带来了粗俗事物和粗俗名字,正是一次次"寻找"与矫正,丁玲笔下聚焦,淡出民间艺人李卜、袁广发、田保霖、崞克万、陈满、杜晚香等群像,这些生僻古怪、"卑贱"名字在此前高贵的文学中从来不会变成铅字,如今出现在历史的舞台上,他们是铸成人民的前提。

房东叙事也是重塑知识分子形象的重要时刻,文艺的变化反映作家情感的转向,1943年后小说中"方言"对话多了起来,这种新方言非原味的地方性方言,这其实是下乡干部习得的地方话,是作家与地方打交道的产物。写好农民的前提是改变自身生活方式,像古元准备画羊一样,与对象泡在一起,以房东的方式与他们交往。干部下乡既调查民情,又参与政教治理,土改后干部和房东产生了亦公亦私的"交情",这种新交情既不完全是借助私人关系的公共情感动员,也不是纯粹的私人交往,公家人入住旧农家,难忘老房东;"公"通过房东嵌入乡村社会,在公私互动中凸显了平等交往的情谊,超越了血缘情感和公私之分,提升了新社会私人交往的品格;它为干部了解基层社会民情提供了稳定的通道,老房东成为新中国成立后进城干部时不忘初心、时时返顾的精神故乡。

在《恋地情结》中,段义孚指出人对纯粹自然(比如土地)的审美并不能持续,而且很短暂,"一个游客能把人类历史的记忆和他自己对景观的欣赏联系起来,那么这种审美就更具个体性与持久性"[2]。因为熟悉了土地上的人和事的历史,土地和风景才有了意义,作家们才会对生活

---

[1] 周扬:《表现新的群众的时代》,载《解放日报》1944年3月21日。
[2] 段义孚:《恋地情结》,志丞、刘苏译,商务印书馆,2019年版,第137—139页。

过的村子依依不舍。从周立波新短篇到古元新兴木刻，再到丁玲的速写，延安的作家们在特定时刻都努力寻找契合时代的表达形式，寻找新的进入农民世界的方式。这种表达方式拒绝抽象，尽力历史化地去理解人和事，去除文人趣味，如此，动物书写不再是抽象自然人性，房东"交情"也没有了主客之分。新的写实方式实事求是地把农民的历史呈现出来，从社会风景气氛，到风俗、人心的变化，召唤新的历史主体的出场。

本文将几位作家放在一篇文章中讨论20世纪文学叙事的新变。从文学地理学看，二人都在1941 1943年解放区下乡运动的重要时刻来到了延安川底区，并且几篇小说都是有关房东日常生活的记忆，川底实践保证了叙述的"真实性"，使得这一时期客观性真实与表达性真实达到了最高程度的统一。论文冒着结构散漫的风险，在一篇文章里同时论述周立波、古元和丁玲，也试图突破模式化研究方法。如何处理"新的群众时代"纪事与写人关系，将个人作为叙述主角的精英史学显然已经不适合研究解放区文艺，传统思想史、制度史或新文化史研究或只关注上层社会思想，或仅埋头于琐碎的一人一事。如何在时代之"小"中见历史大势，这是文学研究的难题。本文在研究中眼光尽量向下的同时，通过干部下乡如何进村吃住这一生活史考察，探究1943年前后解放区如何为知识分子接近农民提供了"可行动化"的举措，以房东叙事为中心，思考如王汎森所言，一时代之思想如何降格为"生活的一种方式"[1]。之所以将同一时期的几位作家"合传"，也试图尝试突破以往研究中"一人一事"的研究模式，突破延安文艺研究常常是单个英雄传记，或以单个作家为主角的知识分子精神史、心理学的或主体建构的研究模式，这样的研究不再突出个人主体性论述模式。因为延安文艺的新颖性在于它的非个人主体性，在于以人民史观取代英雄史观，以集体

---

[1]参见王汎森：《思想是生活的一种方式》，台北，联经，2017年版，第19—52页。

人格取代个人主体，诚如周扬所言是"表现新的群众时代的文艺"。因此我们在考察这一时期文学时，不应过多地将重点放在作家精神主体成长，或个人人格传记研究上。因为是否可以将解放区文艺中的房东叙事看成40年代一个新的人类学原型，从中不仅可以考察特定时代的民族记忆和集体书写，而且能从中触摸到渗透在结构中的共同情感和时代风气。从周立波的房东叙事中看出现代主义与现实主义相遇的时刻，古元的家畜叙事中看出新的生产关系，从丁玲房东叙事的前后对比可见新的写作作风和人民叙事正在形成。透过这些共同情绪与新风俗，可以看出革命如何成为大势所趋，这种不断酝酿的新风气正体现着一个民族的集体意志和时代精神。当然，对于解放区文艺仅仅做单向的保护性阅读的方法也是需要反思的，新中国成立后农业合作化小说中的房东叙事中，既延续着房东叙事的优势，也延续着叙事难题。《山乡巨变》中邓秀梅只有在与房东一起洗衣、在房东家写情书时与年轻人打闹，才恢复了工作之外年轻活泼的女性形象，这是房东叙事呈现日常生活的优势。但有些小说则难以使用这一叙事手段，可能既有现实的因素，也有作家情感的无意识，《种谷记》中乡长与文书来王家沟督促种谷，只能在村学校吃饭，说明有些地方党的群众基础还不够；《桑干河上》张裕民为方便照顾将下乡干部固定安排在军属韩老汉家，说明新解放区中农民对干部的态度依然有差别，《三里湾》中能不够和常有理借各种理由推脱给何科长腾房，满喜用计才住进了有翼家，说明新中国成立后国家干部的权力和神秘性在增强，小说没有交代何科长和这个落后家庭的任何交往，因为缺乏这一叙述动力，何科长形象比较生硬，随着有翼家大门挂上禁入生人的红布条，何科长的结局也不了了之，而这一房东叙事则说明农业社会主义改造将是一场漫长的革命。

论周立波《暴风骤雨》的叙述与形式[1]

◎李国华

与讨论毛泽东《在延安文艺座谈会上的讲话》以后的几乎所有解放区作品一样，讨论周立波《暴风骤雨》的形式并不是一件容易的事。一些通常被视为理所当然的前提，如这些作品是政策的传声筒，因而形式感不足或缺乏形式感，这些作品千篇一律、没有各自独特的形式感，这些作品并不追求形式感因而具有透明性或暴力性，等等，使得对类似于《暴风骤雨》这样的作品的形式的讨论往往流于简单粗暴，或者干脆省略形式的讨论，直指一时一地的政治、社会和历史状况，将文学的真实性问题置换为具体事实和细节的真伪问题，从而形成一些看似据实而言，实则偷换逻辑和概念的判读。为了避免陷入类似的窘境，本文拟从周立波《暴风骤雨》文本的基本叙述面貌出发，追踪其基本的形式面貌

---

[1]周立波的土改小说《暴风骤雨》作为现实主义作品，其形式极为复杂，不仅包括对土改运动的远景、工作队的具体工作和土改运动中的元茂屯进行叙述的三个交叠层，而且蕴含着第一人称集体叙事，即"我们"的形式。作家以此有效表达了土改的情感政治，书写了农民在土改运动的人民内部关系及敌我关系中呈现出来的美好品质。而农民的美好品质作为小说中剩余物的存在，则再次说明《暴风骤雨》是一种丰富而细腻的文学。因此，对周立波《暴风骤雨》及其他类似作品进行严肃的形式分析和审美判断，是极为重要且必要的。

和特征，形成一些文学意义上的分析和判断，并进而论及与之相关的政治、社会和历史问题。

一、三重叙述

作为一个第三人称全知叙事的文本，周立波《暴风骤雨》的叙述者通常被当作政策的传声筒或透明的存在。有论者即根据1949年后出版的各版次《暴风骤雨》扉页上所引毛泽东1927年《湖南农民运动考察报告》中的话，断定小说叙述僵硬而透明，不过是对活生生的现实的粗暴剪裁，而且中间还发生了时代错乱，将20世纪20年代的政治嫁接到20世纪40年代的现实中了。[1]这样的意见多少有几分道理，至少意识到了文学与政治的密切关联，但却误将小说的主题当成了叙述，并未真正处理小说的叙述问题。实际上，正如学界早已注意到的那样，都是写20世纪40年代解放区的土改，周立波《暴风骤雨》、丁玲《太阳照在桑干河上》和赵树理《邪不压正》的叙述和形式感就很不一样。[2]因此，假如不是过于简慢，就会意识到，叙述与形式的问题不仅对于现代主义的作品而言是重要的，对于类似《暴风骤雨》这样的现实主义作品而言，也是重要的，甚至是更加重要的。将驳杂、博大且往往与写作个体的生命体验没有直接关联的现实进行形式化，绝不仅仅是传递一个政治政策声音的问题；虽然传递政治政策的声音本身也并非易事。而周立波他们面对的驳杂、博大的现实不仅是与自身生命体验无直接关联的，而且处在重大的、革命性的变动之中，是一种随时可能与每一个个体建立新的关联方式的现实，如何将其进行形式化的问题，也因此就不仅是一个有些作家通常思考的怎么写的问题，而且是一个无论怎么写都无法

---

[1] 张均：《小说〈暴风骤雨〉的史实考释》，载《文学评论》2012年第5期。
[2] 陈涌：《丁玲的〈太阳照在桑干河上〉》，载《人民文学》第2卷第5期，1950年9月1日。

将现实形式化的问题。这也就是说，对于周立波他们而言，即使无法抗拒形式可能不朽的种种诱惑，无法抗拒让自己的写作成为某种具有普遍性的写作的诱惑，也不得不时刻面对速朽的尴尬处境。在重大的、革命性的变动中，庞杂的现实生活也许涌动着有无数面向的历史动能，走向历史性的多歧，周立波他们如果选择漂流其中，将难以形成长篇小说先在的观念结构；而不在其中漂流，不仅是一种客观唯心主义的幻想，而且也并不见得就能形成超越性的视野。在这种复杂的、几乎是毫无选择余地的语境中，周立波他们必须作出选择，对现实进行形式化。那么，通过作品去观察其形式化的痕迹，从而在一定程度上还原其编织文本的过程，无疑将有助于相关作品的文学意义的分析和判断，从而在将文学视为一种有待于填充内容的对象的意义上重建文学的知识谱系和价值谱系。

就周立波写东北土改的长篇小说《暴风骤雨》而言，除了分为上下两部，其形式上最明显的痕迹是三重叙述的存在，第一重是对土改运动的远景进行叙述，第二重是对工作队的土改工作进行叙述，第三重是对土改运动中的元茂屯进行叙述。形式上分为上下两部的问题过于明显，紧贴关联东北的土改进程，可以说是现实在小说中最为直接的形式呈现，没有什么分析空间，因此不如分析小说中存在的三重叙述。先说第三重叙述，因为小说上部开头是从一个无名屯子开始的：

> 七月里的一个清早，太阳刚出来。地里，苞米和高粱的确青的叶子上，抹上了金子的颜色。豆叶上和西蔓谷上的露水，好像无数银珠似的晃眼睛。道旁屯落里，做早饭的淡青色的柴烟，正从土黄屋顶上高高的飘起。一群群牛马，从屯子里出来，向草甸子走去。一个戴尖顶草帽的牛倌，骑在一匹儿马的光背上，用鞭子吆喝牲口，不让他们走进庄稼地。这时候，从县城那面，来了一挂四轱辘

大车。辘轳滚动的声音,杂着赶车人的吆喝,惊动了牛倌。他望着车上的人们,忘了自己的牲口。前边一头大牤子趁着这个空,在地边上吃起苞米苗来了。

"牛吃庄稼啦。"车上的人叫嚷。牛倌慌忙从马背上跳下,气呼呼的把那钻空子的贪吃的牤子,狠狠地抽了一鞭。

一九四六年七月下旬的这个清早,在东北松江省境内,在哈尔滨东南的一条电车道(汽车路)上,牛倌看见的这挂四马拉的四辘轳大车,是从县城动身,到元茂屯去的。[1]

这个无名的屯子在一个看似无所不知的第三人称叙述者的眼中出现,仿佛是原生而永恒的,其中的生活秩序不需要做任何改变。但是,叙述者接着就改变了视点,透过无名牛倌的眼睛写了一挂四辘轳大车,它带来了震惊,扰乱了无名屯子既有的秩序。牛倌"望着车上的人们,忘了自己的牲口",这一视点意味着来自内部的震惊,无名屯子的无名牛倌在外部力量进入的瞬间失去了自我意识,以至于"忘了自己的牲口"。有意思的是,作为造成震惊的"车上的人"很快中断了这个震惊的瞬间,并促使牛倌发生了重要的行为——跳下马背鞭打牤子。叙述者又改变了视点,透过外来者的眼睛观察这个无名屯子的风景和人事。而且,紧随这一视点改变的又是第三人称全知叙述,叙述者从时间和空间两个角度确定了马车和元茂屯将要发生关联的点。这里不妨做一些寓言式的解读,即全知全能的第三人称叙述者是熟知空间分布和时间走向的预言家,不仅掌握元茂屯所有的秘密,而且知晓元茂屯的未来,但对元茂屯和县城之间的一个无名屯子,预言家所知道的却并不比一个马车上的过客所知道的更多。即使预言家可以透过人物的眼睛自由地观察一

---

[1]周立波:《暴风骤雨》上册,新华书店,1949年版,第1—2页。

切，但所看到的似乎也只是某种原生状态的风景。那么，通过一个无名牛倌的眼睛呈现出来的不可理解的马车，和通过马车上的过客呈现出来的原生状态的屯子，二者都不适应对方，这是否隐喻了小说接下来正面叙述的工作队和元茂屯的关系状态？这个无名屯子是一个与元茂屯一样的屯子，还是一个也许不一样的屯子？通过呈现屯子的已有秩序与外来力量之间的紧张关系，叙述者显然有意隐喻了元茂屯的某种有待于改变的既有状态，从而引向两种必然的叙述路向，即审美和改造。从审美的角度来说，元茂屯是以自然美的形象出现的：

> 萧队长忙抬起头，看见一片烟云似的远山的附近，有一长列土黄色的房子，夹杂着绿得发黑的树木，这就是他们要去工作的屯落。[1]

"烟云似的远山""土黄色的房子"和"绿得发黑的树木"构成了远近不同的丰富景深，既是萧队长的眼前之景，也是他内心的风景，暗示着他将对"要去工作的屯落"的美好想象与眼前风景的相互印证。而从上文他与元茂屯车把式老孙头的对话可以看到，工作队长萧祥一方面笃定地认为自己了解、理解老孙头的言语风格，另一方面也从老孙头闪烁其词的表达中意识到元茂屯的复杂性，这便从客观上提示了元茂屯的神秘性：不仅对于工作队来说元茂屯具有难以认知的神秘性，而且对于读者来说，它也是神秘的，就像那"烟云似的远山"一样。那么，从将元茂屯视为工作对象，即改造元茂屯的角度来说，表现元茂屯的自然美就确实是一种政治美学，目的是从元茂屯的已有秩序中拯救元茂屯的自然美，重新建构元茂屯的自然与人的关系。在这个开头中，不是让小说

---

[1]周立波：《暴风骤雨》上册，新华书店，1949年版，第9页。

的反面人物韩老六等人先出场,也不是让老孙头等重要的正面人物先出场,而是让在情节上无关紧要、后来也不再出现的牛倌出场,其叙述的根本意图正在于说明,血与火的斗争指向的是一种理想的自然与人的关系的建立。无名牛倌和无名屯子也许无关紧要,只是道旁风景,但这样的人如果也能不受惊吓地生存,那么,一种理想的自然与人的关系就有了可能。既然改造元茂屯也是为了使元茂屯呈现出一种未经改造过的自然美的形象,那么,处于土改运动中的元茂屯,就有了必须进行严肃分析的神秘内涵。

在关于元茂屯的审美和改造的双向叙述中,不神秘的部分是很清晰的,即关于农民和地主矛盾的呈现,以及相应的情感政治问题。无论是韩老六、杜善人他们的残忍、丑陋和狡猾,还是老孙头、老田头、赵玉林、白玉山他们的血泪、畏葸不前和自私,都是很容易指认的,双方之间因土地集中带来的矛盾、具有历史性的积怨,也都历历在目。问题在于,元茂屯像自然美一样本有的、表现在农民身上的美好品质是什么?如果不能先在地、本质地指认这种美好品质,将老孙头、老田头、赵玉林、白玉山等农民通过土改运动召唤起来,那么土改工作队的行为,就容易被指称为一种别有用心的行为,目的不过是拉拢一群人去反对另一群人,从而无谓地牺牲了另一群人,污名化了另一群人,因此引来后来者勇猛的历史责难。[1] 而正因为这种美好品质具有先在和本质的特点,就不容易被结构性地叙述出来,从而在文本面貌上,也就不得不表现为一种神秘的状态。

与第三重叙述密切相关,小说的第二重叙述呈现出不断延宕的面貌。小说上部第二节开头写道:

---

[1] 唐小兵:《暴力的辩证法——重读〈暴风骤雨〉》,见唐小兵编:《再解读——大众文艺与意识形态》(增订版),北京大学出版社,2007年版,第111—127页。

工作队的到来，确实是元茂屯翻天覆地的事情的起始。靠山的人家都知道，风是雨的头，风来了，雨也要来的。但到底是瓢泼大雨，还是牛毛细雨呢？还不能知道。就是屯子里消息灵通，心眼挺多的韩家大院的韩老六，也不太清楚。[1]

在这里，小说的叙述节奏发生了改变，小说的时空线索也被重启了，原生状态的元茂屯被将要翻天覆地的元茂屯取代，工作队和韩老六构成一组矛盾，支配整个元茂屯的时间和空间。相对于原生状态的元茂屯而言，工作队和韩老六所构成的这组矛盾是特别的，工作队固然是外来因素，韩老六作为工作队的对立面和工作对象之一，似乎也不是内在于原生状态的元茂屯的，他也是外来因素。韩老六当然是元茂屯的"土著"，小说也始终把韩老六及其他地主当作元茂屯内部的问题来处理，只是在叙述的意义上，韩老六是作为工作队的对立项出现的。小说上部第一节曾写到另一辆马车，即溅了老孙头一身泥的胶皮轱辘车，它在第二节结尾再次出现了：

> 天刚露明时，有人瞅到一辆胶皮轱辘车，车上装满了藤箱和麻袋，四匹马拉着，往西门一溜烟跑去，这就是昨天在半道把泥浆溅到老孙头脸上、手上和衣上的那一辆空车，今天又拉着满车财物出去了。[2]

这辆马车是韩老六家的，当它第一次出现时，和工作队坐的马车一样来自元茂屯之外，如今再次出现，则是"拉着满车财物出去"，即通向外部。这也就是说，韩老六家的马车是他家与元茂屯之外的世界有关

---

[1]周立波:《暴风骤雨》上册，新华书店，1949年版，第12页。
[2]周立波:《暴风骤雨》上册，新华书店，1949年版，第24页。

联的象征，韩老六并不是原生状态的元茂屯所能限制的，一旦遇到突发状况，他可以通过不遵守元茂屯秩序的方式而解决问题。因此，在叙述的意义上，韩老六就是相对于工作队而言的另一个外来因素，以其自身的不说理证明着工作队的说理，从而说明工作队作为拯救元茂屯的外来因素的合理性。而这也正是小说的第二重叙述要延宕到叙述韩老六的原因。韩老六不太清楚工作队的到来意味着什么，一方面指向元茂屯对工作队的疑惧，另一方面则指向工作队将重新分割韩老六所谓的"说理"治理下的元茂屯。当工作队的工作进展到一定程度，赵玉林拿着绳索去抓韩老六，半道劈面相遇的韩老六说：

> 要抓人，也得说个理呀，我姓韩的，守着祖宗传下的几垄地，几间房，一没劫人家，二没偷人家，我犯你姓赵的哪一条律条，要启动你拿捕绳来捕我？走，走，咱们一起去，去找工作队同志说说。[1]

韩老六以"说理"为说辞，试图打破赵玉林与工作队的联盟。这便是从反面叙述了工作队的工作是要在元茂屯建构有利于赵玉林们的"说理"治理，并证明着韩老六总是要通过与外部力量的关联而稳固自己的"说理"治理。如此一来，小说的第二重叙述就不断地在工作队和韩老六之间的矛盾关系中摇摆，并因为韩老六在元茂屯根深蒂固的治理一时难以尽去而发生延宕。

而每当第二重叙述的延宕发生时，第一重叙述就作为重要的调节力量出现，它解释延宕的原因并推动第二重叙述继续往前发展。但它通常不是直接出现的，而是以工作队长萧祥的语言和党的政策等方式间接

---

[1] 周立波《暴风骤雨》上册，新华书店，1949年版，第74页。

出现。比如当初来乍到元茂屯的刘胜召开会议失败之后，萧祥就评价失败是意料之中的，此后小说叙述就从工作队开会转向工作队员出去联络元茂屯百姓，小王作为工作队员，带来了赵玉林的出场，萧祥作为工作队员，带来了刘德山的出场。这背后是党的群众路线的具体展开，更是土改运动远景的具体展开，即一时的失败和暂时的挫折不能成为否定土改工作的理由，具体的土改工作是曲折的，而土改运动的远景则不容置疑。对此表现最明显、最有力的是小说下部的开头，虽然张富英控制了元茂屯土改之后的村政权，使得土改成果并没有真正为郭全海这些农民所享有，但小说叙述并没有因此陷入停滞，而是叙述了张富英的失败，重新指向整个土改运动的远景。而且，特别值得注意的是，与小说上部不同，小说下部出现了一个集体叙述者：

> 原来的县委书记调往南满后，萧队长升任县书。城区的老百姓都管他叫萧政委，元茂屯的老百姓还是叫他萧队长。现在，他在农会里屋南炕的炕头上也呼呼的睡了。我们搁下他不管，去看看张富英回家以后的情形吧。[1]

这里的"我们"首先指的是叙述者试图和读者建构的一种共情关系，吁请读者直接介入文本，共同承担小说的叙事任务。其次小说的第三人称全知叙述者也因此获得具体的集体承担者，而不再是抽象的叙事学意义上的概念，小说于是不再是第三人称全知叙事，而是第一人称集体叙事，小说的第一重叙述，即关于土改运动的远景叙述，就不再是某种抽象的理念的形式化，而是"我们"的未来想象的形式化。因此，与其说整部《暴风骤雨》是第三人称全知叙事的文本，毋宁说它是一个第

---

[1] 周立波：《暴风骤雨》下册，新华书店，1949年版，第5页。

一人称集体叙事的文本，只不过"我们"在上部是隐形的，在下部才直接出现，控制整个文本的基本叙述状况。

二、"我们"的形式

一旦将《暴风骤雨》视为第一人称集体叙事的文本，整部作品的形式就变成了"我们"的形式，对于小说故事情节、人物和细节的理解也就必须从现实再现的层次转换到寓言的层次，小说的真实就不仅仅是现实生活的真实再现，而且也是寓言意义上的真实。而"我们"的形式是寓言的形式，不是要重复小说背后关联的社会结构分析、敌我分析和历史主体分析等经典马克思主义的命题，而是要在解放区革命和社会建设的语境中，讨论"我们"被启用时所征用的情感经验和所召唤的感觉结构，建构一种独属于解放区文学的感性学。关于这一点，最好的例证也许是小说下部第二十四节关于分马的叙述，家家户户小有分歧的分马事件虽然略有波折，但最后在郭全海用心良苦的先进带动后进的引领下成为邻里互助、相亲相爱的美谈：

> 郭全海进屋，一面笑着，一面说道：
> "我的青骡马牵来了。你们不乐意要热毛子马，换给我吧。"
> 老田太太的心转过弯来了，笑着说道：
> "不用换了。咱们也能治，还是把你的马牵回去吧。各人都有马，这就好了，不像往年，没有马，可憋屈呀，连地也租种不上。"
> 彼此又推让一回，田家到底也不要郭全海的马，临了，郭全海说道：

"这么的吧,青骡马下了崽,马驹子归你。"[1]

分马虽然让"各人都有马"了,通过生产工具的重新分配极大程度地实现了起点上的公平,但这并不能很好地满足各自对生产工具的不同需要,老田太太心里其实是很"憋屈"的,即使面对郭全海换马的好意,也不是很高兴,因为她并不想要一匹怀孕的马。那么,到底是什么让她的心"转过弯来了"呢?单纯说郭全海的牺牲精神或榜样作用的感召是不够的,因为要求或期望所有元茂屯的人都成为郭全海式的人是不可能的,各人之间的差异也绝不可能因为牺牲或榜样而变得不存在或不重要。老田太太重提"不像往年",是在说明"彼此又推让一回"的共情基础在于共同的绝对贫困的历史,有了那样的共情基础,才有这样的对于差异的相互理解。郭全海显然也理解和同意老田太太的共情机制,才最终以"马驹子归你"收场,即仍然承认差异,并希望在差异的基础上形成彼此的关联,从而建构某种"我们"的关系:"我们"是有差异的,但"我们"仍然是"我们",不是敌人,不是不同的阶层。

但是,小说关于分马的叙述其实有些过于理想,掩盖了差异可能带来的问题。相比较之下,小说下部第十一节关于"扫堂子"的叙述更具有症候性。所谓"扫堂子",是指一个屯落认为另外一个屯落土改工作或某类工作不彻底,并以此为名义进入另外一个屯落实施相关动作的行为。对于这一行为,小说的叙述是这样开头的:

才进屯子,东头一个黄马奔过来,张景瑞翻鞍下马,气喘呼呼冲郭全海叫道:

"来扫堂子的来了。"

---

[1]周立波:《暴风骤雨》下册,新华书店,1949年版,第279页。

> 郭全海冷丁吃一惊，慌忙问道：
>
> "哪一个屯子的？在哪里呀？"
>
> "民信屯的，进了农会的院子。"[1]

郭全海他们简直如临大敌，哪里还有与外屯的贫雇农发生共情而称"我们"的余地？这引发一个疑虑，即当叙述者启用"我们"进行叙述时，"我们"并不存在于小说内部，而不过是叙述者用来和读者调情的修辞。但这一疑虑马上就被叙述者打消了，因为小说接下来写道：

> 郭全海撇下起枪的人们，往农会跑去。早听说过扫堂子的事。是外屯的贫雇农来扫荡本屯的封建。他想，这是不行的。他们爷俩在元茂屯住了两辈子，杜家有枪，还不太清楚。要不是他儿媳告发，还起不出来。本屯的人对本屯的情况还是这么不彻底，外屯的人更不用提了。要来扫堂子，准会整乱套。[2]

虽然下文的叙述会显示，民信屯人来扫堂子的目的并不单纯，他们极有可能表面上是来帮助元茂屯扫荡封建，而实际上是来抢夺斗唐抓子的胜利果实，但郭全海的思考并不是在敌我矛盾的意义上展开的。他所思考的本屯和外屯的问题，的确源于具体的地域差异，但更重要的是他认为"本屯的人对本屯的情况还是这么不彻底"，难以建构屯与屯之间扫荡封建的连带。虽然彼此的确同属于贫雇农，理论上属于同一个政治共同体，但具体问题具体分析，此时此刻差异是更重要的。如何让民信屯的人认识到差异的存在，就成为郭全海接下来与他们对话的重心。他先是找到民信屯的陈团长，说起当年彼此都"上牡丹江当劳工"，有此

---

[1] 周立波:《暴风骤雨》下册，新华书店，1949年版，第134页。
[2] 周立波:《暴风骤雨》下册，新华书店，1949年版，第134页。

共情之后，陈团长提出"一块堆合计一下"[1]，双方乃进入认识差异，再建共情和连带关系的过程。而在这一过程中，双方虽然有一定的冲突，元茂屯也付出了物质代价，但双方终于达成了重要的共识：

> 都别吵吵，咱们穷人都是一家人，有事好商量，不能吵吵，叫大肚子笑话。这天下都是咱们的。[2]

话是郭全海说的，现场的人也都同意，都认识到彼此还有共同的敌人"大肚子"，并且必须在面对敌人时表现出"咱们"的自信和特点，"这天下都是咱们的"，"咱们穷人都是一家人，有事好商量"。在这个意义上，内在于小说的"我们"非常清晰地出现了，即"我们"是贫雇农政治共同体，与地主势不两立，而且能够"有事好商量"，有效地理解和面对内部差异，解决相关问题。需要强调的是，所谓"有事好商量"并不一定是和风细雨式的商量，也不是郭全海和陈团长之间存在的熟人社会关系的升级，其中仍然存在着误会和斗争，甚至会出现一些不尽如人意的状况。在扫堂子风波的结尾，是一段非常有意味的风景描写：

> 吃罢饭以后，民信屯的人搁爬犁拉着豆饼和谷草，人们踏着雪，往回走啦。元茂屯的人打着锣鼓，唱着歌，送到西门外。四九天气，刮着烟泡。冷风飕飕的，一股劲的往袖筒里、衣领里直灌。眼都冻的睁不开。两脚就像两块冰。人们的胡须上挂着银霜，变成白毛了。[3]

---

[1] 周立波：《暴风骤雨》下册，新华书店，1949年版，第136—137页。
[2] 周立波：《暴风骤雨》下册，新华书店，1949年版，第139页。
[3] 周立波：《暴风骤雨》下册，新华书店，1949年版，第141页。

从写实的角度而言，在锣鼓歌声之后描写四九天气，并非完全不可理解，那就是一种真实的生活状态。但从"我们"的形式作为一种寓言形式的理解出发，就难免产生一些风景的衍义，即风景不是风景自身，而是"我们"的心态和情感的投射或象征，"我们"仍处在一种恶劣的环境中，尚未迎来春天。虽然革命的语法往往与1964年的歌曲《红梅赞》里"千里冰霜脚下踩，三九严寒何所惧"的表达类似，但对于《暴风骤雨》，也许应当有一种稍显悲观的谨慎态度，对"我们"存有一定的疑问。

不过，这种风景描写的衍义，是寓言式解读的发明还是发现？发掘这一衍义是不是过于苛细了？这些都不太好回答。就小说的叙述形态而言，"我们"构成的乃一种乐观向上的情感倾向。在小说下部第二十二节开头，叙述者又说道：

> 咱们离开元茂屯，往外头走走，看看郭全海和白玉山他们的公事，办的怎样了。[1]

从"我们"到"咱们"，叙述者模仿说书人声口的特点越来越明显了，同时，叙述者把读者当作自己人的特点也越来越明显了：叙述者不仅邀请读者介入小说，而是试图将读者当成元茂屯的一员，与叙述者一起出入元茂屯的生活空间。这样的表达一方面指向周立波以元茂屯的原型黑龙江省尚志市元宝村的村民为理想读者的写作意图，另一方面则指向"我们"的形式的完成。"我们"是一个生活的共同体，而且"我们"对于各类事情的变化、发展保持着热情的介入和乐观的态度，并没有因为顿挫而犹豫、怀疑。在这个意义上，对于小说的个人化和细节化的解

---

[1] 周立波：《暴风骤雨》下册，新华书店，1949年版，第239页。

读，固然足以丰富小说的理解，但也可能带来混乱，必须对"我们"的形式有一个总体把握，才能有效地将个人化和细节化的解读安插到有效的位置上去。因此，"我们"的形式构成了对于小说个人化和细节化的解读的限制和规约，使得一切解读都必须在理解《暴风骤雨》的总体关怀上才有意义。也就是说，不是作者周立波对个体和细节缺乏理解，而是他试图在"我们"的形式中重新表达个体和细节，并将个体和细节安置到新民主主义社会的秩序中，其中蕴含着在表达现实的基础上将现实推动着往一定的历史方向运动的激情。关于这一激情，作者在小说下册第二十六节借萧祥之口做了间接说明：

> 同志们，朋友们，听我说一句，咱们共产党的政策，毛主席的方针，是坚决的团结中农。中农和贫雇农是骨肉至亲。咱们一起打江山，一块坐江山，一道走上新民主主义社会。[1]

萧祥的言语杂有政党政治、熟人社会、传统政治等诸种话语，并不是单纯的政策方针的表达，这里不展开分析。从萧祥的言语中，作者暗示了"我们"是为新民主主义社会的到来而努力的革命者和建设者，"我们"是处于历史过程中的"我们"，而不是处于某个历史终点的"我们"。因此，理解"我们"的形式也应当把握这一过程性，小说在形式上出现的一些延宕、波动甚至前后不一致，不是因为写作失实，而是因为写作发生在具体的历史过程中，只能随着历史的变化共振，并在共振中凝聚某种一致性和方向性，从而具有了某种暂时性的形式美学的特征。而非常强有力的是，作者始终相信"我们"，从未抛下"我们"，躲在一些形式冗余的角落做过度的抒情。而在这一意义上回顾萧祥眼中

---

[1]周立波:《暴风骤雨》下册，新华书店，1949年版，第304页。

"烟云似的远山",将会发现,那不仅仅是工作队长眼中的风景,而且是"我们"的风景,指向新民主主义社会的远景。

三、美好品质作为剩余物

从形式上来说,周立波《暴风骤雨》存在着许多"我们"之外的剩余物,这些剩余物似乎游离了"我们"的形式,在许多时候甚至似乎构成了对人物的反讽。但作者似乎无意对人物进行反讽,反讽也并不构成小说的基本修辞面貌和情感倾向。面对这些剩余物,也许就应当改变解读的方向,将其中人物所表现出来的品质做另外一个方向的描述。比如下面这一段叙述:

> 赵玉林带领着众人,向韩家大院走去。刚到半道,迎面来了两个人,星光底下,看的挺清楚。一个是韩家大院管院子的李青山,一个就是韩老六本人。这意外的碰见,使得赵玉林一时楞住了,不知说啥好,他不知不觉的把他拿着捕绳的右手搁到背后去。紧逼在他的跟前的秃鬓角,就是老百姓不敢拿正眼瞅瞅的威风十足的韩凤岐。"我能捕他吗?"赵玉林心想。韩老六看见赵玉林发楞,就放出平日的气焰开口道:
> "老赵,听说你是来抓我的,挺好,你瞅我自己来了。"
> 看见韩老六怒气冲冲的样子,人们又走散了一些,老田头不敢再上前,赶车的老孙头也慢慢走开,慢慢走回家去啦。[1]

对于这一段叙述,经典的马克思主义解释会认为这是农民没有发动

---
[1] 周立波:《暴风骤雨》上册,新华书店,1949年版,第73—74页。

起来，面对地主的积威，农民还不知道自己的权利和力量，还不知道如何应对，更不知道如何反击；叙述者也的确调动了"楞住""威风""平日的气焰""不敢"等词汇来证明这一点，背后的确有经典的马克思主义阶级分析的眼光。但赵玉林在这"意外的碰见"时所表现出来的瞬间意识、思想和行为，其实还有一些阶级分析之外的剩余物。当他想"我能捕他吗"之时，即已否定自己"不知不觉"把拿着捕绳的右手搁到背后的下意识行为，但仍然还"楞住"，是在思考采取何种方式来进行应对和反击，这些都可以纳入阶级分析的范畴。但他的思考为什么具有相当的长度，以至于韩老六可以发动一连串的攻击？这是需要通过分析下文赵玉林终于做出反击的理由才能得以澄清的：

"早说过了，"张班长看见赵玉林被韩老六吓唬住了，帮他说道："你犯的律条可多哩。"

"你叫我在当院里跪碗碴子，你忘了吗？"赵玉林看到有了帮手，恢复了勇气。

"你记错了吧，老赵哥？哪能有这事？"看见赵玉林敢于开口，韩老六起始有点儿吃惊，但立即把声音放得和软些，在老赵下边添一个"哥"字，而又狡猾地抵赖他做过的事情。

韩老六这一撒赖，使赵玉林上了火啦，他怒气冲冲的说："你说没有，就能没有吗？我不跟你说，你到工作队去见萧队长。"赵玉林说着，原先不知不觉藏在背后的捕绳，如今又不知不觉露到前面来了。[1]

从这一段叙述可以看出，赵玉林恢复斗争的勇气是因为张班长带

---

[1] 周立波：《暴风骤雨》上册，新华书店，1949年版，第74—75页。

来的势力，如果没有张班长撑腰，赵玉林可能无法提出当年跪碗碴子的事情。但旧仇变为新恨，却是因为韩老六试图通过熟人社会常用的"大事化小，小事化了"的策略否认旧仇而引发的。如果韩老六有策略地承认旧仇，像小说上部第八节写他被斗时那样主动献地献牲口，赵玉林很可能就会像其他农民一样，失去斗争地主的怒火和热情。但因为韩老六撒赖，试图掩盖真相，赵玉林就爆发了满腔怒火，这意味着赵玉林在乎的不仅仅是旧仇，更是真相。对真相的执着才是赵玉林这样的农民理解熟人社会、理解土改、理解新民主主义革命的根本，政治觉悟倒是其次的。由此可见，赵玉林这样的农民拥有基本的美好品质，他对真相的执着，超过他对仇恨的执着，一旦真相大白，其实是"有事好商量"的。

不过，因为这种美好品质不是作为正面叙述的内容展开的，所以只能以剩余物的形式存在于小说文本的不同角落，引起理解和解释上的困难。即如赵玉林面对韩老六的表现，叙述者强调他是"不知不觉"将捕绳藏到身后，又是"不知不觉"将捕绳露到身前，似乎畏葸不前和勇于反抗都是"不知不觉"的下意识行为，这就将小说关于土改远景的第一重叙述置于暧昧不明的境地，拉开了土改运动中的农民与土改运动的远景之间的距离，使读者对赵玉林这样的农民的理解缺乏清晰的意识形态光谱。事实上，斗争大会上其他农民对地主表示体谅的表现与赵玉林的表现是同一类型，而且放大了赵玉林身上的"不知不觉"。从场面描写来说，描写农民在斗争大会上不善于斗争的场面，当然是一种情节上的延宕，意在呈现土改运动的曲折多歧，延缓结局的来临，但这同时构成了某种剩余物，将农民审时度势的判断彻底叙述为政治觉悟和革命觉悟的不足，也将农民追求真相的美好品质掩盖了。

但小说有意思的地方也正包括这些剩余物。在叙述白玉山夫妇的一次夫妻矛盾时，小说先写白大嫂子高高兴兴地准备鸡蛋什么的，要去慰劳土改工作队，却在路上遇到韩长脖，被韩长脖散播的谣言糊弄，以为白玉山参加土改工作是为了换媳妇，就和白玉山吵架，接着写邻居来调解夫妻矛盾，告知白大嫂子真相，得知真相之后，白大嫂子很不好意思，不但与白玉山重归于好，而且夫妻感情更胜从前。在这一段叙述里，叙述者将白大嫂子追求真相的行为和表现叙述为一种值得正面肯定的行为和表现，从而显示出的叙述态度是，如果不是敌我之间追求真相的问题，而是人民内部矛盾的话，就倾向于肯定白大嫂子的品质是美好品质。因此，可以分析性看待的是，追求真相的美好品质在小说中确实是被作为一种剩余物来处理的，随叙述的需要而填充在故事的骨骼中，其中暴露出来的形式症候，值得更进一步讨论。

《讲话》的挑战与"社会"的生成
——从《暴风骤雨》和《种谷记》座谈会说起[1]

◎何浩

一、引言：从两次小说座谈会说起

1949年前后的革命文艺界随着朝迁市变而进退损益，其中有两次小说座谈会值得格外注意。一次是东北书店1948年4月出版周立波《暴风骤雨》上卷后，东北文学工作委员会（严文井主持）于5月19日召开《暴风骤雨》（上卷）座谈会。另一次是1950年1月，在上海锦江饭店召开柳青《种谷记》座谈会（1947年5月，柳青写完《种谷记》）。

1948—1950年期间召开的两次座谈会并没有直接的内在关联。相反，某种意义上，这两次座谈会有着相当大的差异性。比如，1948年5月召开《暴风骤雨》座谈会时，解放战争三大战役（1948年9月12日

---

[1]《讲话》发表之后对革命现实主义提出的挑战是多方面的。本文尝试从周立波和柳青在20世纪40年代后期的创作实践经验切入，讨论《讲话》所对应的中国政治与文学实践之间的"社会"空间的呈现角度与构成方式，以此辨析革命现实主义作为文学方式的多样可能，以及这种文学方式对于我们今天的可能意义。

才发动）尚未开始，革命进程还难说胜利在望；而1950年1月在锦江饭店召开《种谷记》座谈会时，不仅全国大部分地区的解放指日可待，而且第一届全国文代会召开已有半年，上海第一届文代会也将在4个月之后召开。这一历史语境的差异连带着座谈会的主题差异：《暴风骤雨》座谈会侧重讨论小说与政治的配合关系，《种谷记》座谈会侧重于新解放区文艺工作者如何学习老解放区文学传统。

这也可以从参与这两场革命文艺座谈会的发言人各自背景差异看出一点端倪。《暴风骤雨》座谈会的发言人有宋之的、草明、金人、赵则诚、黄铸夫、马加、白刃、李一黎、舒群、周洁夫等；《种谷记》座谈会的发言人有巴金、李健吾、周而复、唐弢、许杰、黄源、程造之、冯雪峰、叶以群、魏金枝。相对来说，《暴风骤雨》座谈会的发言人多为解放区文艺工作者；《种谷记》座谈会的发言人主要是国统区文艺工作者。虽然发言人来自不同地区，经验不同，但对待两部作品的态度却颇有相似之处：他们对这两部小说都有诸多不满。解放区文艺工作者对《暴风骤雨》不够及时准确配合政治而感到不满；国统区文艺工作者对《种谷记》整体艺术水准同样颇有微词。他们都表现出对《讲话》后创作出的这两部小说的不适感。

比如，同为参加过《讲话》和东北土改的作家马加在《暴风骤雨》座谈会上认为：

"……这书（《暴风骤雨》上卷）所写的故事，是发生在四六年七月到九月间（萧队长回县）。这个时间，正是干部下乡，反奸清算的阶段（煮夹生饭是在十一月以后）。当时到处点火，到处燃烧起斗争，刮了一阵风。斗争不彻底。不彻底的原因，表现在领导干部上右的思想，对地主过多的照顾。未能贯彻群众路线，于是发生包办代替。另一主要原因，群众本身存在着思想顾虑，好人不敢出头，狗腿子钻空子，变成了夹生饭。这夹生饭是带着普遍性的，也很严重。但是，在这一部书所写的，村子里的工作却是很成熟。接连地进行了三四次斗争，分地分浮，打垮胡子，枪毙韩老六，建立村政权和农会。而一些村干部又是那样的积极，坚定，夹生的程度不多。从运动的阶段上来看，书里所写的生活是否和历史实际有些距离？"[1]

马加质疑的重点是，既然《暴风骤雨》小说故事时间的设置对应于革命现实实践时间，那小说故事的情节设置为何与革命实践实际走向出入巨大？1946年7—9月的革命实践中明明出现过多照顾地主、领导干部工作不成熟、群众没有被发动的局面，而小说故事里的情节设置却变成了明确打倒地主、干部态度坚定、工作成熟，群众积极配合等，以及由此造成的小说事件矛盾重心和矛盾化解方式的脱离实际。对于《讲话》所要求的文艺配合政治来说，这样的小说设置，能够具有小说所要求的效果吗？文艺到底怎样把握现实呢？

在《种谷记》座谈会上，国统区作家许杰认为：

"我和健吾兄一样，以前看了，没看完就丢下了，后来说要谈这本书（《种谷记》），我才又把它看完的。我看完后，总的感觉是沉闷，无大波澜，人物不突出，故事也不曲折。以题材讲，也只是一个短篇小说的题材。在我想来，作者是为写小说而写小说的；所以，他把自己所熟悉的一切，一切都要写进去。这样一来，就使我们一直看下去，感到故事发展太少，叙述解释过多了。我觉得这是知识分子细磨琢雕的东西，和赵树理的小说不同，和'高乾大'也

---

[1]《〈暴风骤雨〉座谈会记录摘要》，李华盛、胡光凡编：《周立波研究资料》，湖南人民出版社，1983年版，第295—296页。

有些不同的。我怀疑是作者受了西洋小说细腻描写的影响,所以有些使人家不愿看下去的感觉。但看完了以后倒也觉得有味。不过故事进展少,变化也少。……如果工农兵看了这本书,是否能体会到书中的政治教育意义呢?所以从政治教育意义上来讲,主题不够明显。这本书,写人物还是有点东西的,但不够生动,不够突出。……故事发展没有壮阔的波澜,沉闷。……赵树理的小说一句一句都有故事,而柳青的则很多是空洞的。"[1]

与《暴风骤雨》座谈会多质疑小说把握现实的准确度相反,许杰及众多国统区作家对现实主义小说准确反映现实到沉闷的程度,表示困惑,认为作为解放区文艺新探索的《种谷记》在艺术美学上是不成功的。许杰调出他熟悉的认知框架,希望看到如赵树理或欧阳山小说中那种人物突出、故事曲折的长篇小说,而《种谷记》将现实主义发展到这种"沉闷""空洞"形态,有必要吗?这是不是知识分子过于沉溺于自我的"细磨琢雕"?这种形态的现实主义小说能达到对工农兵的政治教育意义吗?

这就出现了至少三种革命现实主义文学形态的竞争:赵树理、周立波、柳青,以及多种文学标准的交锋,基于现实主义的准确反映现实的艺术要求、不一定基于现实主义的生动反映现实的艺术要求。这是否就是《暴风骤雨》和《种谷记》的新尝试新突破的问题所在,我们后面还会展开。但就目前而言,评论家们困惑的是如何理解这些现实主义的新发展、新突破?文学与革命、文学与现实之间,到底应该发展出什么样的关系和形态,才最有利于我们感知现实、理解现实、推动实践呢?看起来,不仅《讲话》后的革命文学实践在探索不同形态,而且它导致各

---

[1]《中国当代文学研究资料 柳青专集》,福建人民出版社,1982年版,第124—125页。

种脉络的文学家们都感到疑惑。

对于现实主义文学,作家们并非没有认知。就参加座谈会的草明、马加、许杰、巴金、唐弢等人来说,他们都有多年从事文学创作的经验,对"五四"以来的左翼文学发展也娴熟于心。但他们还是对《讲话》后的这些革命现实主义新作品感到不适。20世纪现实主义文学的发展并不是人类历史上的第一次。比如,"五四"以来引进的无论哪种西方文艺传统,都为评论家提供了某些文艺规范,他们可以从人物形象是否鲜明、情节是否引人入胜等标准来衡量作品。但《讲话》后革命对文艺作品的要求,实际上再次挑战了这些既有的文艺标准。

这并不是说政治不再要求人物形象鲜明,情节引人入胜,而是说,政治对于选择什么样的人物以及哪些情节有了新的要求和期待。比如,《讲话》要求文艺首先必须参照现实政治的需要去及时反映现实。而革命政治总是需要面对现实变化来及时调整政策方针,这就使得此时对于文艺的衡量和要求,也需要从某种固定的、易直观掌握的审美标准中脱离出来,重新在一个瞬息万变的现实关系中甚至需要随时重建这种关系性的动态中来考量革命文艺作品。哪种人物更配合哪个阶段的政治任务,选取或设置哪些情节来表现政治所需,都变得没有定论。对于作家来说,并不是任何生动鲜明的人物都可以无障碍或无中介地适合政治所需。这也是后来革命评论家们会质疑《阿Q正传》的原因之一。但哪种人物才能更精准满足现实政治所需,《讲话》没有明确规定,作家们也没有既定标准可参考。

对于《讲话》后的现实主义来说,作家—现实—作品这一环节流程之间,现在多出了一个"政治"。这是《讲话》后的文艺要求区别于20世纪30年代左翼文艺,也区别于西方现实主义文艺的关键环节。这也是以前的文艺思想很少处理的问题。西方文艺思想没有深入处理过,中国文艺思想在《讲话》之前也没有处理过(即便是在理论中有涉及,但具体如何在创作中落实，这是没有定则的）。苏联文艺思想虽有相关规定，又不能直接对应于中国的现实变化。多加入的这个"政治"到底对文学意味着什么？对中国现当代文学意味着什么？文学要如何准确理解变化着的政治，如何理解政治所着力的现实构成，如何创作出配合政治的文艺，这些都成了对作家的新挑战。新标准尚未定型所带来的，是创作和评论层面双重的文艺尝试、纷争和调试。

二、20 世纪 40 年代后期革命现实主义内在脉络的分化与发展

考察《讲话》在现实主义内部所引发的震动对于我们理解 20 世纪 40 年代文艺格局，并在差异性格局中把握《讲话》的特别性，也有着关键性作用。就 40 年代中国大陆横向文学发展来说，学界一般依据战争局面将之划分为解放区文学、国统区文学和沦陷区文学。从纵向的左翼文学发展来说，学界一般叙述为 20 世纪 30 年代的左翼文学—40 年代的延安文学—50 年代后的社会主义文学。

较有代表性的如近期钱理群发表的论文中所述：

> （我）提出了 20 世纪 40 年代作家（知识分子）对于"战争"的两种观察、体验方式：或立足于"国家（民族）本位""阶级本位"，这就能决定了其创作的"爱国主义"的总主题与"抗战"题材的选择；或立足于"个人本位""人类本位"，更关注个体生命在战争中的困境，更具有人类学普遍意义的困惑与矛盾。由此决定了四十年代作家对于战争存在着"英雄主义与浪漫主义的"，和"非（反）英雄主义与浪漫主义的，凡人化的"两种不同的体验方式与审美方式。进而产生了"戏剧化"的小说与"非（反）戏剧化"的小说这样两种小说体式。但这种描述实际上没有推进到对历史内在

构成力量的把握之中。[1]

钱理群将20世纪40年代的三种文学格局区分为具有内在差异性的两种："国家（民族）本位""阶级本位"，或"个人本位""人类本位"，并进一步引导出"爱国主义"与人类学普遍意义的个体生命困惑与矛盾的差异。这样的区分暗暗对应于李泽厚所说的"启蒙与救亡"的历史思想主题差异。但即便这样的区分可以成立，那20世纪40年代的民族本位和阶级本位中，是否也包含这一时期某些中国人个体生命的某种内在要求呢？如果是，那更准确的理解是不是可以表述为，为什么20世纪40年代的"阶级本位"具有可以召唤个体生命内在要求的时代内涵？为什么同样的阶级本位，在20世纪30年代，却无法对许多中国知识分子具有感召力？如此一来，我们就需要再深入理解，解放区的"阶级本位"的历史实践中，开展出了什么样的不同于20世纪30年代的新形态，而不是直接将20世纪40年代的精神思想简化为阶级本位和个人本位的对立。如此一来，20世纪40年代历史和文学格局的形成，就不是一个可以从后设的视野观察到的稳定的、平衡的三分格局，而是在一个巨大体量的历史进程中，中国社会的某些群体在某些区域探索新的历史—社会结构关系，这种探索又尚未扩展及全体、其他区域也在根据自身历史—社会状态探索不同出路而形成的特定历史时期的竞争性差异性格局。

从这样的动态理解出发，我们需要进一步分析，解放区文艺的新探索到底是在什么样的新的历史关系结构中展开的，为什么会发展出这样的探索方向？国统区和沦陷区的探索又是在什么观念意识和历史结构基础上展开的？对于理解20世纪40年代文学发展的内在脉动来说，不能

---

[1] 钱理群：《"因为我对这土地爱得深沉"——我的1940年代文学研究的历史回忆》，载《中国现代文学研究丛刊》2020年第8期。

直接或只处理此一时期解放区、国统区、沦陷区文艺所直观呈现出来的差异性。比如，钱理群继续谈到20世纪40年代文艺的特质：

> 而现在要对这些实验性作品做文本细读，就不能不注意到："说书人叙述的插入"，"隐含作者的显隐变换"，"中心意象的营造与转移"（萧红）；"耀眼的、怪异的、华丽的、雕琢的、繁富的美"的价值（李拓之）；追求"抽象的抒情"，"小说（与诗）的哲理化，语言的具象性与抽象性的融合"（沈从文）；回溯性叙事中的"儿童视角"（端木蕻良、骆宾基、萧红）；在民族化声浪铺天盖地之下，"死不媚俗"的姿态，大张旗鼓加强欧化色彩的自觉对抗（路翎）；"在俗白中追求精致的美"，构建"纯净的语体"的语言实验（冯至、赵树理、孙犁）；拒绝"诗化"，追求议论、描写、叙述结合的"散文化小说"新模式（废名）；才华泛滥，过度追求多义性、丰富性、可分析性的"意义的充溢（爆满）"（张爱玲）；诗性的描写语言与质朴的叙述语言，个人话语的压抑与偶尔突显，群体语言中军事、政治斗争与地理政治语汇的游戏化，造成的充满"语言缝隙"的小说文本（卞之琳）等。[1]

钱理群注意到了学界之前不够重视的20世纪40年代文艺的实验性努力，这一发现对于突破革命文学认知框架来说，很有意义。但他的这一理解更多是从国统区、沦陷区作家们创作实践的形式层面来突破革命文学的认知框架，恰恰没有内在于他试图突破的革命文学的形式实验

---

[1] 钱理群：《"因为我对这土地爱得深沉"——我的1940年代文学研究的历史回忆》，载《中国现代文学研究丛刊》2020年第8期。在钱理群的学生吴晓东的叙述中，20世纪40年代文学中的实验性也被强调：20世纪40年代有相当一部分中国作家在小说观念和形式方面进行了新的探索。

来突破革命文学的认知和叙述,这就忽视了对于 20 世纪 40 年代或对于"五四"以来的整个中国现代文学而言,20 世纪 40 年代文艺最大的实验性之一,是来自于《讲话》对文艺的新要求,以及这种新要求对文艺内部各环节造成的巨大挑战。

这一挑战性不仅在于对诸多民间文艺的探索,赵树理文学中的语言试验等,更大的挑战性在于这些文艺形式的历史构造机制的改变。如果笼统地说,国统区、沦陷区文艺家们的实验性并没有打破作家—现实—作品这一环节流程,那解放区文艺由于"政治"的加入,却直接撕裂和重构了文艺之前的创作规范,也撕裂和重构了这种创作规范所连带出的文学感知方式、组织和叙述方式。要理解此时的革命文学,则需追问诸多文学之外,又与文学相关的问题,比如,《讲话》前后,在抗战力争生死的情境下,我党为何如此重视文艺问题?为什么诸多出身于"五四"文学传统的文学家会同意要经由此时的我党的政治理念政治理解来感知和抵达现实?而不是经由国民党的政治理解来感知和抵达现实?作家如何经由这种政治来抵达现实?以及,如丁玲、周立波、柳青这样的作家,为什么会直接在小说中写政治政策?怎样写政治政策才是成功的小说?写特定的政治政策,又要尽力避免成为教条化小说,这对作家感知现实的角度、层面、路径,以及小说的叙述方式、语言、抒情性、结构、人物、情节构造同样提出了巨大挑战。这些小说形式上的新探索,与国统区和沦陷区的诸多探索同样是实验性的。

换句话说,20 世纪 40 年代的小说在不同区域发展的关键问题之一是,解放区文艺在新的历史机制牵动下,对之前的整个文学创作规范提出了新挑战;而国统区和沦陷区文学的发展是在既有文学理解下的新探索。这两方面各有自己的新发展,都值得重视。但不能简单将 20 世纪 40 年代小说的实验性发展集中到钱理群先生所认为的文学探索领域和层面之中,而将革命文学统称为延安《讲话》文学,忽视其对整个文学理解和实践的挑战性。

这个挑战性其实还在于，西方现实主义小说理论发展到20世纪，焦虑之一是个别性与总体性的矛盾。卢卡奇在20世纪20年代的主要困惑和工作重心即在回答这一问题。而《讲话》对文艺提出的挑战性之一在于，在个别与总体之间，要加入一个"政治"作为中介。个别与总体之间，不是通过哲学、宗教、直觉、文化，而是通过我党的政治理念和政策来作为链接中介。政治这一因素被突然提升到"文学—现实—作品"结构中的这么重要的结构性位置之中，这实际上会导致作家在面对现实时的整个感觉意识和感受机制、书写机制的全面改变。如此一来，20世纪40年代文学的关键发展环节就不只在于外在战争格局的差异引发的文学内在发展路径的差异，不只在于一个强调民族、阶级，一个强调个体、命运，还在于文艺内在的观念认知和组织结构为什么恰恰在这个时期的解放区发生了这么剧烈的突破和发展？革命文艺为什么会在这个时期发生这种特定路径的变化，以致我们必须以此为节点，需要将革命文艺划分为《讲话》前的左翼文艺和《讲话》后的革命文艺？

如果我们还可以说，20世纪40年代国统区和沦陷区的小说虽然在形式上有着诸多探索，但仍遵循着文学直接面对现实这一构架；那《讲话》后的革命文学却恰恰不再直接面对现实，而是经由我党的政治理念和政治政策这一中介去面对现实。国统区和沦陷区文学仍是以文学直接面对现实，解放区则经由特定的政治理念和政治政策这一中介。它甚至不同于身处国统区的胡风所探索出来的"通往新世界有一'窄道'，需擦破身体付出（甚至生命）代价"[1]，而是在这一"窄道"中，身体不是直接与现实世界摩擦，而是与经由政治实践所开启出来的特定的"窄道"中的现实发生特定的摩擦。

---

[1]转引自吴宝林：《左翼作家"世界感"的形成及其构造方式（未完成札记）》。

这一文学或小说的发展方向和形态已经不是直接由战争决定。我们需要进一步追问的是，在战争局势的内部，不同地区的政治——社会历史实践到底发生了什么？同样面对战争，为什么众多解放区文艺工作者接受了中国共产党的政治理念这一中介，而国统区沦陷区文艺工作者们则走另一条路。20世纪40年代解放区的"政治"实践中，包含了什么特别的历史内容，使得此刻它具有特别的感召力和说服力？这些由部分中国人在如何面对社会现实的新探索中，开展出来的特定路径决定了20世纪40年代文艺发展的不同方向。正是这一路径变化引发和重塑了政治—文学—社会—现实—观念的结构性变化。

从这样的理解来说，20世纪40年代解放区的"延安文学"，其中充满因"政治"被引入文学机制后引发的断裂、竞争和分歧。《讲话》之后的革命文学的发展，不仅不同于20世纪30年代的左翼文学，实际上它还内含着多种走向的可能。其实文学经由政治抵达对现实的观察，未必会导致作家们的兴奋和热情。但20世纪40年代《讲话》后的文学发展，的确引发了大量作家的新探索。正是这些大量新探索中所呈现出的这种熟悉而又陌生的"新"，使得1948—1950年间的这两场专题座谈会一定程度上可以看作文艺界对革命文艺内部某种重要发展状况的互相不适和试探。

1942年《讲话》之后，人们较为熟悉的是"赵树理方向"。赵树理1943年发表了《小二黑结婚》和《李有才板话》，看起来与《讲话》有时间上的衔接性，但实际上赵树理的创作有自己长期摸索而成型的脉络、方式和风格。他1943—1947年期间的代表性作品其实只有《李家庄的变迁》（1946），但这篇小说是否能代表《讲话》的文艺方式，也并非没有质疑。虽然1947年晋冀鲁豫边区文联召开的"文艺工作座谈会"确定"赵树理方向"为文艺为群众服务的代表，但这种方向是否囊括了所有革命文艺的可能性，是否为不同观念意识的作家量身定做好适合他们的创作道路？与"赵树理方向"相比，《暴风骤雨》和《种谷记》既是在《讲话》开启的文学配合政治的原则之内，但又根据作家各自经验、理解，发展出了不同于"赵树理方向"的文学形态。这一变化跟多种因素相关。

三、《讲话》文艺内含的政治—社会—文学—现实结构

比如，在抗战后期和解放战争初期，大量延安文艺工作者和各根据地文艺工作者根据《讲话》所要求的深入生活，为群众服务，分散到全国各地，投身各种实践之中。如周立波1944年11月从延安随359旅辗转南下、北返，从汉口到北平，经承德到赤峰。1946年8月，周立波时任冀热辽区党委机关报《民生报》副社长。1946年10月下旬，周立波从赤峰奔赴哈尔滨，并急切投入东北局推动的土改之中。[1]1947年7月周立波写完《暴风骤雨》上卷，1948年初由东北书店出版。而柳青1943年2月被组织派到米脂县吕家检村任文书。他领导群众深化减租减息，组织大生产运动。柳青在这个乡工作了三年，他的长篇小说《种谷记》手稿，也是在这里完成的。1945年10月，柳青带着《种谷记》手稿，随军奔赴东北，开辟解放区。1946年2月，柳青到达大连，负责接收整顿大众书店和印刷厂，开始修改《种谷记》。1947年7月，东北光华书店印行了他的第一部长篇小说《种谷记》。周立波和柳青几乎同时在1947年7月完成各自的第一部长篇小说。跟他们经历类似的作家还有很多。丁玲历经河北怀来温泉屯、阜平、冀中土改后，于1948年6月在河北正定改完《太阳照在桑干河上》；草明从延安到东北后，于1948年出版《原动力》。这些相似又不同的经历，给作家们提供了重

---

[1]虽然毛泽东1945年12月28日已经发表《建立巩固的东北根据地》一文，但中共东北局直至1946年7月才发表《关于形势和任务的决议》，号召干部下乡参加土改。

新摸索文艺与现实碰撞和结合的空间与基础。

当然，仅仅是这样的实践经验基础并不必然会在20世纪40年代后期出现如此大量的新的文学形态的探索。如果赵树理的创作方式果真包含着《讲话》所指涉的内涵，那这些不同经验也就可以按照赵树理的创作方式来展开文学书写。但20世纪40年代后期涌现出的这些创作，明显在诸多方面都既遵循《讲话》原则又有各自创新。为何在"文艺为政治服务和文艺为人民群众服务"这一原则下，还会出现差异性这么大的文学空间？

文艺为人民群众服务其实有一个发展脉络。自"五四"以来，文艺为民众、大众服务是现代文学隐含着的内在逻辑。"五四"以来文学一直存在着如何在不同历史时期调整作家个人与大众关系的问题。这一问题在30年代的左翼文艺思想中也被提升为"文艺大众化"的命题。《讲话》后的变化是，文艺为人民群众服务的要求，内含着文学需要经过政治对"人民"的界定、对"大众"的理解再来为大众服务。作家个人与大众的关系再次需要在一个新的结构关系中被重新面对、检讨和反思。文艺为大众服务，现在变成了文艺按照政治政策的理解去为大众服务。正是这一理论前提，使得"赵树理方向"虽然被认为是文艺按照政治政策为大众服务的一种典范，但问题并没有结束。政治在推动实践时，它对大众的理解是在不同历史结构中发生变化的。一定程度上说，正是文艺如何为政治所要求的群众服务，成为赵树理、丁玲、周立波、柳青、李准以及诸多作家创作差异性的历史深层机制。不只是"深入群众"，而是深入政治所界定的"群众"，成为问题的关键。

由于20世纪40年代的政治在不断应对变化的社会现实，如何为群众服务，也就需要不断变化和调整。甚至对于"群众"的理解，也会随着这些文艺工作者分散到各地而做出变化。这就把"深入群众"推进和转换为深入地方社会的构成脉络之中。比如，山西老解放区的群众与东北沦陷区的群众不一样，与张家口新解放区的群众也不一样。文艺工作者在理解山西老解放区的群众时，观念意识背后有一个不用被直接讲述出的基本历史机制，即根据地经由八年抗战的摸索打造之后的整个政治—社会实践经验和氛围；而当周立波进入东北根据地，面对经历东北伪满时期和政权真空时期的"群众"，则需要在政治工作的摸索、试错、纠偏等推动中不断重新界定、塑造和辨认出群众。这时对群众的理解和叙述，则需要另一种把握和叙述框架、方式。如何为这些不同群众服务，政治政策需要不断调整有效工作途径，文艺对此时此地（如1946年东北）政治和群众的理解角度和重心，也不同于1942—1943年延安《讲话》时的政治和群众。

正是由于文艺服务于政治、文艺服务于人民群众的这种历史当下性、异质性，使得文艺在面对现实时，必须考虑"政治"和"群众"的具体实践和存在形态，这个具体形态的丰富性和内在肌理才能使得文学将政治肉身化，而不是对政治政策的摹写。并且，政治也不只是抽象的政治理念。中国共产党政治需要有效作用于中国社会在近现代所遭遇的困局，正是在这一点上，它才在20世纪40年代与国民党的竞争中赢得众多知识分子的信任。政治在实践中打造群众的具体形态，正是在"社会"领域中具体展开的。这个"社会"又不能直接理解为"地方社会"（后文再详细展开）。从历史具体展开过程来说，解放区文学之所以在1942年前后的历史氛围中愿意以中国共产党的政治为中介，恰恰是中国共产党政治在延安时期的实践中，对"社会"和"群众"都有着基于又远超出20世纪30年代的理解和激活。20世纪30年代左翼文学一直渴望的对中国社会中国现实的努力改造，在解放区政治理念和政治实践的具体形态中看到了诸多现实和可能。从这个历史实践展开方向所引导出的逻辑（不是脱离历史的逻辑）上说，正是这个"政治""群众"在中国具体社会形态中不断被展开和被理解，才使得在《讲话》体制下的文学感知机制和叙述机制中,"社会"具有了结构性重要位置。

在这里,"社会"不只是作为等待被客观呈现的对象,而是一个在具体历史实践中可被切实改变和调整的对象,一个前置于革命者的结构性因素。它与主体之间,由于政治实践的推动,变得不是一直存在难以克服和触及的主客隔离的距离,而是处于可被不断认知、修正、推动、牵引、改变的反复纠缠的旋涡之中。社会,既是一个先于政治实践的历史条件性存在,也是一个待构成的历史化存在。事实上,也正是经由政治抵达社会现实,使得愿意配合政治的作家的责任感和热情能够更有机会得到具体落实的途径(如果这时的政治构想和实践有效的话)。这些具体落实于社会现实的形态形成"窄道",又可以激荡着具体的水纹和音波传导于作家的身体和内心,在主客两方面建立起多种可切实互动的途径。

正是文学服务于政治打造社会的历史实践(不是复写政治,也不是旁观式再现社会)和从历史实践导引出的逻辑,使得文学服务于政治的原则因政治打造社会现实的多途径性而变得多样化,使得文学服务政治和呈现现实变得具有多样性,而不是只有遵从政治原则的规定性。至少在40年代中国共产党的政治尚未变得过于强势时,这种多样性空间是存在于众多作家面前的(此时政治要有效应对社会现实的丰富性,才可能在与国民党竞争的格局里对知识分子具有感召力)。也正是由于作家在服务于政治时,需经过他们自身投入实践、转译政治实践对社会的感知和理解,以形成作家自身的感知和理解,再以其文学机制表现现实,这一过程使得文学服务于政治需要经过众多作家自身观念意识、感知方式的回荡和中转,这也使得《讲话》后的文学实际上在政治实践、社会呈现及作家创作机制等结构关系中都蕴含着多种可能方向和空间。由此我们也看到,赵树理所找到的理解方式变得并非唯一。事实上,基于革命现实发展和文艺实践探索而创作出的《暴风骤雨》和《种谷记》,有着明显不同于赵树理的创作方式。这几部新小说明显突破了赵树理创作方式、却又同时仍符合文艺配合政治这一《讲话》原则。由此，这种多样性的形成就不仅是因为他们面对跟赵树理不一样的现实状况，还由于他们对于这些现实状况有着各自的不同观念意识和理解方式，以自己的不同文学理解来把握和切入对《讲话》的理解，以及对实践工作的理解，并基于此展开和探索着新的书写经验的方式。

而就周立波和柳青而言，周立波20世纪30年代活跃于上海左翼组织中心，对现实主义文学理论有着大量译介和阐述。他对《讲话》的理解和接受是基于他自己已有的对于现实主义文学的特定理解，有着自己的意识基础和侧重层面。柳青在接受《讲话》之前，大部分时间都在陕西度过，一定程度上没有太强的理论预设，但也有他自己的文学感觉意识方向。他对《讲话》的理解和对文学新形态的探索，跟周立波有着不同的脉络基础和理解重心。或者说柳青发展出的革命现实主义是《讲话》政治原则背景下的某一种文学形态，而周立波是发展了另一种基于他自身观念意识的文学形态。

这些在实践中发展出来的文学形态不断丰富着《讲话》规定的原则。革命文艺自《讲话》发表之后，至此（1947年）经历了五年多的发展过程。五年间，作家们在辗转奔赴各地的同时，也在发展调整着各自的现实理解、文学理解。正是这些革命实践和观念意识的拓展，扩大和深化了彼此对于革命—现实—文艺的理解。这五年的革命—文学实践不仅没有统一文艺工作者的认识，没有缝合自20世纪30年代以来的文艺思想差异，反而因这些作家们的不断创新扩展了文学与现实的深度，也扩大了革命文艺内部的差异。那怎么理解这种内在于《讲话》革命要求的"新"？如果赵树理的创作方式和路径不是唯一应对革命形势新进展的方式，那文艺还需要开拓出什么样的方式来及时回应和介入，以推动人们所期待的新社会新文艺？

换句话说,《讲话》带来的挑战之一是,革命文学仍然要求真实性,《暴风骤雨》座谈会中诸位作家的质疑,正是基于革命文学对于真实性的某种诉求。但《讲话》后,政治因素的加入导致问题变得更加复杂。《讲话》后的革命文学中,真实性不是直接面对客观世界,客观世界变成了类似于物自体的存在,我们不能直接看到,我们直接看到的往往是被政治打造后的社会或社会生活。真实性的运转平台变成了政治—社会—历史,这是《讲话》后的现实主义与之前的现实主义的重要区别,也是中国现代文学与当代文学的关键区别。

四、柳青:从《地雷》到《种谷记》

不只是周立波[1],柳青同样在《讲话》前后有巨大转变。我们可以从他的小说集《地雷》和1947年的小说《种谷记》中看到这一转变过程。

柳青小说集《地雷》收入了他早期从1939年8月到1945年4月的小说多篇。柳青1939年8月到晋西南115师独立支队2团1营、129师386旅771团任文化教员。1940年10月回延安,先后写出包括小说集《地雷》收入的《误会》《牺牲者》《地雷》《一天的伙伴》《在故乡》《喜事》《土地的儿子》七篇小说等。对柳青的《地雷》,如人民文学出版社1981年出版的《中国当代文学史初稿》第五章"柳青"中就以当时常用的概括语言写道:"柳青的创作活动开始于一九三四年。早期主要写短篇小说,曾结集为《地雷》。这些短篇描写了陕甘宁边区农民和战士的生活,生活气息较浓,人民群众在民族解放战争期间的精神面貌得到了一定程度的反映,在解放区和大后方(国统区)的读者中都产生

---

[1] 关于周立波在《暴风骤雨》中的探索,详细分析请参见拙作《"搅动"—"调治":〈暴风骤雨〉的观念前提和展开》,载《中国现代文学研究丛刊》2021年第7期。

过影响。但是，这个阶段，由于作家还是个小资产阶级知识分子，思想感情上没有跟自己的描写对象融成一片，对生活尚缺乏深刻的体验和提炼，艺术描写中表面化的东西较多，因而作品缺乏足够的艺术力量。"可对于小资产阶级知识分子（比如作家），尤其在《讲话》后，如何具体在思想情感上跟自己的描写对象融成一片，怎么才算对生活有深刻的体验和提炼，艺术描写怎么才算深入，都没有细密可感的论述。而且，每个小资产阶级知识分子作家跟自己的描写对象疏离的方式并不一致。柳青的疏离方式具体是什么，他在《讲话》后又会怎么调整？

在柳青的第一篇小说《误会》（1939）中，故事一开始的叙述推动核心都集中在第一人称"我"的各种感官意识的判断。这是第一人称叙述带来的可能，但不是必然。小说中的"我"不断"看"，但单凭观察并不能连接起各种片段之间的关联，他还需要不断根据自己感官收集到的信息，进一步"想"，才能建立起外部世界的关系和逻辑，并将故事逻辑串联、转折和推展下去。由于"我"并不熟悉这个根据地后方的乡镇，且是考察性的旅行，有时故事的逻辑要靠这个"我"的无坚实根据的判断来建立和支撑，比如认为观察对象是"兵站医院的休养员"等。这种不克制于"看"，而是强化运用第一人称的"想"来展开的叙述，原本让人期待着一种对对象和世界逐渐深入、敞开后又热烈拥抱的叙述；小说最后却因某个偶然因素，变成了他与对象的冲突和对抗。这个偶然因素也并不偶然，它源自"我"，这个"想写点文章的人"以自认为无邪的态度去冒昧触及别人的伤口。关键是，柳青并不认为这个"我"，想写文章的人过于以自己的"想"来推动和建立与世界关联的方式有问题，他"自认为态度无邪"。柳青实际上是将这次冒失当成了难得的、具有戏剧性的素材。

这种理解和把握现实的文学方式本身也可以是一种继续探索的途径。不过《讲话》实际上恰恰是在冲击这一文学方式所对应的人的认知方式和状态。《讲话》所要求的是小资产阶级知识分子作家要深入了解群众。在脱离群众这个意义上，柳青这样的实际上并未在大城市生活的人，也缺乏对群众的深入了解，也是小资产阶级知识分子。而之所以缺乏了解，并不是因为没有接触到群众，而是柳青自身的认知方式使得柳青即便与群众接触也无法深入群众。比如他会"自以为态度无邪"，即便因此而造成他与群众的沟通不畅，他也反而将这造成的冲突和隔膜，当作是戏剧化的素材，并把重心放在最后的真诚而空乏的牵手，将之当作难得的温情来叙述和刻画。他身处实践当中，但他的感觉意识的重心并不在于实践，而在于以他既定的方式展开文学工作，即是配合了革命实践。他意识不到他的认知方式才是造成实践困扰的最大障碍，而这是中国共产党政治此时迫切需要作家做出改变的关键。换句话说，《讲话》之前的文学感知方式恰恰无助于在实践中让众多知识分子投身于社会改造时，真切有效地作为工作者与群众融成一片，带动他们改变自身处境，并真正团结起来改变中国社会的困境。此时柳青的文学感知方式也跟随政治实践呈现了"社会"，此时被他呈现出来的"社会"众生相也是"社会"的面向之一。但这一"社会"面向却由于柳青的失焦而将重心位移至戏剧化冲突，而不是将"社会"面向更有力更直接地组织到政治实践逻辑之中。由于文学的这种感知方式，其对"社会"面向的敏感点和捕捉方向，甚至会将重心导引到无助于政治实践的现实感的准确理解方面。这也是当年的如《中国当代文学史初稿》等著作会认为"由于作家还是个小资产阶级知识分子，思想感情上没有跟自己的描写对象融成一片，对生活尚缺乏深刻的体验和提炼，艺术描写中表面化的东西较多，因而作品缺乏足够的艺术力量"的原因。这也是柳青以文学跟随政治、但尚未以政治为中介来观察社会时的状态。

不过《讲话》后的柳青尝试探索新的方式，尤其是在《种谷记》（1947）中。比如这一长段：

但这回却不同，它又惹起王克俭最近始终缠绕在心的一些念头。他爸在世时，他们少一半种着自己的祖产，多一半则种本村四福堂财主的租地，由于和四福堂情厚，在秋收以后的农闲时期，又要他们包揽着讨租粟。老人死后，他和小子继续了这份职务，一直到新社会有了减租法令，四福堂财主拿门外的远地同别处的地主兑换成本村和邻村的近地以后，合不着另用讨租粟的人，他才失去了这一笔收入。但他们已经和老人在世时大不相同了，多一半种着自田自地，少一半租种财主的地。这几年驴下骡子，加上新社会一切捐税负担都顶轻，他又添置了一些，统共已有二十六垧；而四福堂财主的地，他是只种五垧半了。他越来越感到腰里有劲，今年正月里公家开始普遍订"农户计划"时，区乡干部竟把他当做富裕中农的典型，订得特别仔细。他们过细地、一项也不遗漏地计算他一年的生产和消费。虽然他时时刻刻没有忘记尽可能低估进项，和他们争执着，一再要求他们稍等一等，以便使他有时间想起一切最微少的支费，但他终归没有对工作人员掩盖了他的富裕。当核算完毕的时候，他们竟宣布他可以做到"耕二余一"。他奇怪了：既是这样，他家里却为什么很少积存呢？他的"农户计划"和节令牌以及落满了蝇子屎的精耕细作的奖状并排钉在墙上，他自己用算盘打过不止一次：不错。唯恐自己又看又打有误，念书的从学校回来的时候，他说："二楞，你念我打！"结果还是不错。那么他的粮食一驮一驮到桃镇卖了，除过买炭、棉花和其他少数日用品以外，还有什么用项呢？在这家里，他可以武断说没有一颗粮食或者一张小票不经过他的手出入。老婆的确够节省，给她一盒洋火，她几乎会用到一年，恨不得一根一根抽给媳妇，两个小子赶庙会要几个零钱，都得换了衣裳要走时才向他伸手讨。眼下只有一个媳妇，那是外人的老婆养的，更沾不到边儿。他没有理由怀疑家里有什么秘密的漏洞，也不可能伸进来第三只手，但他却无论如何想不透这个奥妙。王克俭在小年冬学里便熟读了《朱子格言》，他差不多可以说完全跟着那格言治家的。但自从订过"农户计划"以后，他对家道的一切用度，便瞅得更紧，并且开始记账，建议教员在学校的课程里增加珠算，以便二楞能够在这一方面帮助他，把他家里的私账弄得像他当行政主任的村内公账一样，一分一厘都不差。正因为这一点，他十分赞成区长的一句话"庄户人糊糊涂涂过日子……"而他的老婆却是那样，你看谁能和她谈论什么计划呢？……想到这里，他又恶狠狠地瞅了她一眼。

旧社会他是个老甲长，只管得十来户人家；保长要粮他收粮，要款他收款。新社会第一次乡选时，四福堂的二财主王相仙竟提议他当本村的行政主任。"对！"众人都说，"他念过两冬书，会写会算；又是从小给四福堂讨租粟的，办事有经验。"于是全举了胳膊。他还以身忙再三推诿，王相仙说："我闲，我帮助你。"他这才难意地接了事，不管公粮公草、后方勤务、调查统计、民事调解……点点不敢漏空子。只要上面来一封公事，他马上拿到四福堂去了，转出来便风行雷厉地执行。三十一年第二次乡选，他给王相仙说了多少好话，要求不要再提他。"你怕屎？"二财主粗鲁地说，"背后有我，你怕屎？"结果他重选连任了。但刚过了一年，情形突然大变了：公家发动了减租算账的斗争，众人把四福堂斗倒了，他自己也没有靠了，再不敢到二财主那里去请教，有事只好去和农会主任商量。村里整个翻了个过，从前不问一点村事的受苦人握了大权，农会主任、副主任、自卫军排班长……都变成"急紧分子"了，一有点事竭力往人前边挤。又是生产，又是文教，弄得神人不安——不是订农户计划,便是组织变工队;不是动员合作社股金,便是组织妇纺小组、识字班、读报会、黑板报……弄得他昏头晕脑。他自认他不仅不足以领头,便是跟他们也跟不上了。去年以来,他经常想起那句"白地的税,红地的会"的口头话来,觉得还是保甲时代无事,税多是多,但要了便不管你了;而现在,三天两头开会,倘若上边下来工作人员,那便连隔日子的时候也没有了。他这个行政主任的头衔早已变成他的一顶"愁帽",他是无时不在盼望着下一次乡选快到,好把它揭到旁人头上去。现在,当他耽误了开会而苦恼的时候,他的思想自然又转到这个念头上来了。[1]

柳青克制、耐心地叙述着王克俭千头万绪的生活烦难。这些新旧社会转变之后的烦难看似有无限多,但柳青选择叙述的烦难并不是零散、孤立的,比如他很少写王克俭儿女生病婚嫁求学工作、牲口走失或疾病等引发的诸多事项,而是选择了大都隐约有着某种被新社会的政治实践所引发的事件脉络中的烦难。比如按理说,新社会的"捐税负担"都少了,王克俭自己的地也多了,愈发"腰里有劲"。但"公家"的"工作人员"为了推动政治构想,越来越多地出现在村里,要定"农户计划","他们过细地、一项也不遗漏地计算他一年的生产和消费"。"公家"这种对日常生活的渗透,让王克俭赤裸地计算和审视自己的家底。这样细密的计算开始让王克俭对自己"富足"的生活不信任。他奇怪、怀疑、想不透,从小熟读的《朱子格言》已经应对不了这"神秘"的生活。"内不欺己、外不欺人"还可以做到,但"心无妄念、身无妄动"就有点不确定了。什么算"妄念"呢?对于这个被作为富裕中农的典型,执行农户计划的工作人员要细密计算他一年的生产和消费。王克俭生活中

---

[1] 柳青:《种谷记》,《柳青文集》第1卷,人民文学出版社,2005年版,第8—11页。

的账目其实一清二楚，但他的生活感觉本身并不是在这样的一清二楚基础上展开，他本可以依托于相对稳定秩序下的惯常，而将"一清二楚"变成"糊里糊涂"，而将重心和精力放在"谦和""诚恳""正派"等其他方面。现在这个"农户计划"让这样的生活即便不是不可能，也是不容易了。政治希望推动"农户计划"，以更加惠及王克俭，但政治要求得一清二楚，似乎让王克俭反而变得昏头晕脑。

更让人头晕的还在减租算账之后："村里整个翻了个过，从前不问一点村事的受苦人握了大权，农会主任、副主任、自卫军排班长……都变成'急紧分子'了，一有点事竭力往人前边挤。又是生产，又是文教，弄得神人不安——不是订农户计划，便是组织变工队；不是动员合作社股金，便是组织妇纺小组、识字班、读报会、黑板报……弄得他昏头晕脑。"

我们不能把柳青这里的叙述简单当做是对王家沟村实际状况的直接描述。我们可以把这部分描述看作柳青对于王家沟村（原型为吕家崄村）历史实际经验的再改造，或是以当时某些村庄实践经验的概述作为王家沟村的状况。也即是，柳青在1947年写作《种谷记》时，接受了中国共产党对于村庄实践经验的叙述，将王克俭放置在一个脱离王家沟村实际遭遇的情景中来考察。那就王克俭来说，"谦和"等等需要相遇双方一定程度的耐心和从容不迫，才能在彼此相对熟悉的基础上互相从容等待、审视，以及对他人反应方式的预期。但柳青叙述到，与农户计划相同步的是整个村庄翻转后人心的急切向上，诸多村民变成了"急紧分子"，"一有点事竭力往人前边挤"。这个"往前挤"恰恰是旧秩序结构被瓦解、新结构正待促生的社会—人心图景。为了表达对新政权的拥护，对新社会的欣喜，或许也为了在新社会中占据更有利位置，积极分子不自觉就在这一情境下容易变成"急紧分子"。在人人急切向前拥的状态中，"谦和"所需的整体氛围基础就变得稀薄，对他人的预期也会变得不可测。王克俭之前立身处世的现实感觉基础会变得晃荡。再加上不断推动的、令人应接不暇的变工队、合作社股金、妇纺小组、识字班、读报会、黑板报……都是让王克俭感到陌生的新组织新方式，这也会让各种"急紧分子"分化组合。也许，王克俭昨天刚去调解完家庭纠纷的友邻王二楞子，今天可能就是催促他完成合作社股金指标的农会副主任。世道变了，这个世界让人心呈现的路径确实变了，而王克俭心惊肉跳，自顾不暇。

柳青的叙述眼光心无旁骛地直盯着王克俭在新社会政治规划和实践中的遭遇与状况。与《地雷》中的诸篇小说相比，柳青在《种谷记》这部分中所调整和呈现的，不只是叙述人称的变化而带来的变化。这一长段最为突出的特征是柳青对于对象在历史—经济—社会—现实之中的逻辑状态的克制而耐心地把握和力求精准地呈现。这不只是艺术手法上的变化。革命文学中常用追溯人物自身历史遭遇和状况来展示革命的合理性。《暴风骤雨》中经常使用这种手法。不过《暴风骤雨》中的方式是在追溯中过度集中于有利于配合阶级论的历史信息。柳青的《种谷记》不一样的地方在于，他在政治所激荡出的实践逻辑中，没有过度使用预设的政治理念来替换对象本身复杂的历史—经济—社会—现实关系脉络，而是努力捕捉对象本身的，又与政治实践逻辑结构密切相关的社会生活构成和肌理，尽量将之充分呈现出来，这既能在当下现实中发挥文学特有的洞察和敏感，体察到人在政治打造中实际的生命遭遇和潜在的人心变化，又便于让政治实践依据文学所捕获和发现的问题去调整自己的认知，重新看见现实，重新调整和面对。被呈现出的对象的这些社会生活肌理当然也是柳青特定眼光和角度的选择（后文还会谈到），但柳青跟周立波《暴风骤雨》的差异在于，虽然他仍是以政治为中介的视野，但他顺承政治实践落实于社会中的逻辑后，还能相当充分地呈现社会对象自身的脉络。

比如，政治实践逻辑落实到行政主任王克俭，特别着眼于王克俭的特定能力和社会位置（富裕中农）。从政治实践来说，它从自身的政治理解和社会规划，强调和看见的是王克俭作为农业能手，勤俭持家，善于农活，并选中他作为富裕中农的典型。政治实践于1943年选中村民王克俭，本身是将之放置在政治对于陕甘宁地方社会的理解和构想之中。在政治的这个理解中，王克俭善于劳作的层面被特别辨识了出来，并将其组织到政治的理解和构想之中。这个政治理解在政治实践中所搅动出来的王克俭的社会性是聚焦于特定层面的。但柳青发现，王克俭的社会性是多方面多层次的。比如，王克俭的勤俭持家、善于干农活的背后，还有着一个丰富曲折的历史社会构造机制，以及面对的层层生活，正是这个机制将他这样的社会性塑造出丰富的生活感知层面。比如萦绕着他勤俭持家的生活态度和感知中，有着他从小熟读的《朱子格言》，有他从父辈即开始的与本村四福堂财主的交往，租四福堂家的地，和四福堂情厚，在农闲时包揽讨租粟等，逐渐换来财富。新社会后，"捐税负担都顶轻"，自己的地越来越多，"腰里有劲"。但同时，王克俭也战战兢兢，手忙脚乱。这些都是政治实践落实与推动后王克俭社会经济条件变化引发的身心感觉变化。可当政治实践继续以它所理解的王克俭状态为基础，为农民订"农户计划"，并将王克俭确立为富裕中农典型，将他的计划定为"耕二余一"，实际上又将没有被它充分理解的王克俭推向了另一个政治实践所要结构出来的社会状态的位置中。

这里至少存在两个政治搅动和打造社会的环节。一个是"捐税负担都顶轻"的新社会，一个是"农户计划"。柳青并没有直接展开写这些捐税如何减轻的，农户计划制定的历史背景。这原本是最能直接配合政治实践的路径，他反而避开了。他的叙述眼光是顺着政治实践的逻辑所选中和聚焦的人物，去探究、发掘和呈现这些人物的"社会"性的多层次性。这个多层次性，并非自明的，并非政治实践逻辑直接就能呈现出来。政治着眼于特定层面，比如经济、阶层等来构想政治政策和实践路线。柳青的文学之眼着力于萦绕这些政治经济层面的肌理，比如王克俭与四福堂的关系，王克俭成为富裕中农之后的生活形态和感受。王克俭被选中为典型后，并不是直接就配合政治所需展开生产，而是觉得自己生活得捉襟见肘。伴随他生产上的精耕细作，是他过日子中的精打细算，以及被给予他好日子的政治搞得昏头晕脑。政治不理解，为什么他会昏头晕脑，为什么想退出。王克俭想退出的背后是他的社会感不只是被政治搅动出来的和被政治感知到的社会层面。他现在对新社会的感知中还有对政治的不适，而这个不适是政治实践所没有洞察到的社会感的变化带来的。柳青小说的丰富性在于，它呈现和处理了在政治逻辑视野之内的人的社会感受。

柳青的这一探索是一个非常艰难的工作。如果相较于周立波在《暴风骤雨》中的探索路径和方式，我们可以看到，柳青一方面需要努力把握和进入政治实践的逻辑，同时还需靠自身的努力去探索这一实践逻辑在村庄中实际上并未深入但可以更深入的幽微暗处。他要在这一叙述过程中携带越来越多的甩不掉的泥浆，但这也可能是烹制叫花鸡所必备的泥浆。这一"社会性"的泥浆具体会对王克俭、对政治实践起什么作用，需要很多因素共同配合才能确定。它有可能让人窒息，也有可能让人从中吸取气息，使人源源不绝，获得丰润感。

比如王克俭与四福堂的关系，这并不是中国传统"社会"自然形成的状态。这里面同样有着中国古代政治对于社会现实的理解和构想，并在特定历史时期所演化形成的形态。关于陕北土地的生产效率、地租的税率、贸易经济变化所引发的地主与农民的关系、地主与农民各自的处境及日常交往方式、官府在什么时候介入、其能力能够介入到什么程度等，共同塑造出了地方社会的特定形态。在这种社会形态下，如果整个社会结构运转相对稳定，地主四福堂在村庄中也可以发展出相对稳定的、同时也与中央王朝的倡导相配合的伦理道德，在这一伦理道德下又可能由于某些原因与王克俭家祖上形成"情厚"关系。正由于"情厚"，四福堂"在秋收以后的农闲时期，又要他们包揽着讨租粟"。在乡村社会中，这个"讨租粟"的活儿让王克俭家实际上变得重要而微妙。是否顺利交租，很可能就决定了租户来年是否能续租。那王克俭在村庄里就成了挺关键的环节。王克俭家实际上可以在这种"社会"结构中相对获利，这种相对有利的位置也给他的诸种道德品质预留下宽裕的空间。比如他自认"正派"，"好好种自己的地"，不屑与"老雄"这种人为伍。甚至可以说，他可能并不特别依赖新社会的改革。从这一脉络来说，王克俭在新社会"腰里有劲"，并不见得能直接建立起"新/旧"与"好/坏"的对应关系，而是他在新社会塑造出的特定方向中的可能。接下来我们会谈到，柳青如何在《种谷记》里既尽量充分呈现王克俭生活世界的多重性，又故意省略王克俭的更多可能。

柳青的女儿刘可风在《柳青传》中叙述了柳青下乡时，如何与王克俭的原型吕能俭的互动。柳青后来创作《种谷记》时，对他的这一经验进行了重构。我们还可以通过柳青的改写来看他的处理方式。《柳青传》里谈到：

> 提起三乡大大小小的地主和富人，唯独吕家岭的吕能俭，不论穷富，多数人说好，有时还流露出敬意和赞扬。论家业，吕能俭和常国雄差不多，有四十七垧地，雇了三个长工，两个种地，一个拦羊。他自己除了种地就是放账，一点不含糊，全是高利贷，竟然凭着放账在村里熬出个好人缘来。人们说他为人顶好。他和其他地主富农不同，其他人看人行事，量"利"而为，穷人来借粮借钱，有利可图还得平常"对劲"才行，平常不顺眼，即使眼瞧你一家老少饿死、穷死，也休想借得斤米分文。吕能俭不，上门开口的，不

论贫富，不论远近，一视同仁，甚至到期还不出的借主，他也不硬要，态度仍然谦和如初。有利就行，还不起更好，明年多还点。他比谁都灵醒，他比谁放账所得都多。

吕能俭这人说一是一，说二是二，个子不高，红脸大汉。他认字，能写会算，聪明能干，识眼色，当过多年的正保长，没有流传他不三不四的事情，却流传着他做人正派的赞誉。共产党来了，实行普选，他又选上了行政主任。柳青见他的头几面都是在吕家岭的大路上。他有些腼腆，眼里透出聪慧，两人拉上几句村务，就各奔东西了……

吕能俭待人诚恳，有事常来找柳青商量，柳青有空时就给他讲讲社会发展的历史方向，共产党革命的目的："我们以后要建立的社会，是要消除剥削和压迫，人人平等，大家都用自己的双手劳动过上幸福生活。我劝你再不要放账了，那是剥削。"

柳青对他，话说得最多，他从不翻脸，柳青也越来越"放肆"，话越说越重："你再断续放账，穷人以后能把你骨头砸碎。""你再买地，当个地主，挨起整看你怎么办！"常银占说："能俭受不了，我听着话有些过了。"柳青说："咱处得长了，要给他说真话哩。亲人出苦言，坏人闲扯淡。"

有一天，吕能俭悄悄告诉柳青："我把拦羊的辞掉了，以后自己拦。"他真的接受了柳青的劝告，不久，又辞掉一个长工，最后，一个也不要了。除了种地，他把许多精力放在工作上，表现得很积极。

在改选行政主任的会上，柳青说："还是让能俭当行政主任吧，只要他工作积极，愿意跟共产党走，就让他干。"马上得到群众响应，一片赞同声。柳青又补充了几句："政策可要穷人掌哩，不敢跟上人家跑。"他用手比画着小孩的个子说："他，从一点点就开始剥削人，能没有剥削思想？一时改造不好，慢慢来。"

后来，柳青曾劝他把粮食分给穷人吃去，故意逗他："放这么多粮食，起了虫发了霉啦。"他没生气，光是笑，他舍不得。这就算是一玩笑话吧。

有一次，柳青发现他还种着吕能排典给他的地，因为吕能排没钱，一直赎不回去。柳青当时就说："你咋还想买地哩，快给人家送回去。"他真的去还了，吕能排倒觉得不好意思，非让他再种一年。

吕能俭一直工作积极，开会、办事样样认真，柳青又搬回麻渠村一年以后，听说他真的主动把粮食分给穷人吃了，这件事几十年被人颂扬，而他总是说："全靠柳青的教育，我解开了道理。"

柳青离开三乡的最后一次公粮摊派会上，还有两斗粮食派谁都不合适，想来想去，最后只好说："能俭，你把这两斗出上。"他只说："嗯。"没有一点难色。

柳青离开陕北时，有的党员问他，吕能俭能不能入党，柳青说："咱们的工作要从实际出发，他嘛，再看看，只要工作积极，一心跟上共产党走，可以发展。"

1948年，柳青从东北回来时，吕能俭已经入党了，乡亲们说他在战争中表现得也好，不管是支前运粮，还是组织群众疏散转移，都起了重要作用。柳青敬佩他的所作所为，特意去看他。可惜在解放初期一次鼠疫流行中他染疾身亡。三四十年以后，和他同一辈的村民们还在念叨，说他为人做事样样好，说他自从跟了共产党以后，至死不渝。[1]

---

[1]刘可风：《柳青传》，人民文学出版社，2016年版，第73、75—76页。

刘可风的叙述侧重突出柳青对地主富农的吕能俭的耐心启发和多次帮助，以及在1943—1945年间阶级论尚未成为绝对压制性力量、"三三制"被作为政权构成方式、1941年绥德地区士绅也受邀参访延安为背景下的乡村状态。比较有意思的是，在《种谷记》中，柳青比刘可风更加突出了王克俭的一些相对丰富的社会结构性信息，但柳青还是按照中国共产党的阶级论理解来处理人物。比如他没有（或不可能）把富农或富裕中农的王克俭还原为刘可风所叙述的"为人顶好、谦和、正派、诚恳"，而是将他处理为一心想着自己致富、最终受地主影响脱离群众的人。这也导致柳青《种谷记》中颇为奇怪的一点，他明明看到王克俭在中国社会历史进程中的多种可能走向，但他不让小说中的其他人看到。王加扶看不到，区里的张助理员也看不到。柳青接受中国共产党的政治理解和构想，在这一政治规划图景中，贫农积极分子是核心，富裕中农的典型王克俭只是这一图景中出于某一阶段政治规划所需的某一个要素，但不是政治所理解的现实感觉的核心。阶级论政治希望以贫农为中心，但这一中心所需要的核心人物的政治能力和道德品质贫农不直接具备，它就需要重新调动和打造。政治在某些阶段有耐心培养和教育王加扶等，但没有耐心培养王克俭。如若以王克俭为中心，就会涉及对整个中国社会构成和中国社会活力的深入理解。阶级论也能看到近代以来中国社会的某些特性，但这一社会中的人心凝聚力和活力的构成，不一定是阶级论所能把握住的。柳青的叙述视野实际上故意遮蔽了历史中的多种可能，尤其是遮蔽了通过他的互动，吕能俭实际上具备可以变得与我党的期待相配合的可能。他以现实主义之名展开叙述，却选择了最能配合中国共产党政治构想的人间故事。

　　这样的选择本身也可以是现实主义，甚至可以说是《讲话》逻辑中极有打开和启发的地方之一。尤其在20世纪40年代后期，政治的规束还没有太强，这样的选择性实际上还是存在多种可能。但柳青在这种现实主义的多样选择性中为什么以及为何选择了这一种,及其所带来的后果,却需要格外警惕。

如果我们叠加柳青和刘可风叙述中关于村庄的信息,我们可以意识到,若柳青在《种谷记》中按照我党的实践逻辑所打开的视野以及他自己的实践经验来叙述村庄,不在1947年创作小说时过于按照阶级论理解和叙述来处理小说人物,他可以在《种谷记》中把王克俭处理为历史中的吕能俭,而且这实际上也是中国社会中实存的人物状态。在与柳青的多次互动中,他既能致富,同时又能处理好自己与村民租户佃农的关系。那这样的社会形态就不仅是在历史的实际条件下可以展开的路径,同时还能对中国共产党的政治理解提供新的支点,并与中国共产党的政治理解形成对峙。尤其是在1946—1947年解放战争尚处于焦灼时期,柳青的这一视野对于中国共产党如何理解中国农村社会,实际上意义重大。如果中国共产党按照柳青的这一探索再来校正自己的政治视野,实际上就可以发现,农村的调整和改造并不必然要依托中国共产党自身的阶级论叙述来构想和翻转农村。在这样的社会形态里,王克俭不但自身可能变得"腰里有劲",保持其"为人顶好、谦和、正派、诚恳",同时也能与邻里形成"情厚"。而这一切并不必然依赖于构造出一个新的"理想"或"理念",而是在中国社会中既有的社会经济基础和道德伦理基础之上,略作调整,即有可能达成。这时仍然需要政治,但这时的政治,其现实理解的深度、实践的力度和角度,也都与历史实际发生的形态不一样。

即是说,在这一视野中,村庄社会的调整,并不能完全依赖自身,很多问题并不能依赖村庄自身的力量来解决。比如中国近代以来的通商口岸的开放所引发的社会结构变化,在地地主更加减少,移居城市的地主愈发依赖西方商品,这些都会冲击和形塑中国在近代所形成的农村生产贸易体系。近代以来武力的扩散,地方社会承受着本不需要承受的负担。再加上近现代转型时,国家的现代规划中诸多脱中国化的设计等。比如杜赞奇讲到,在1920—1930年,很多县政府不是利用不断增加的税收来巩固和提高已有设施和机关的办事效率,而是在省政府的命令下,不断地创立机构,增加"近代化"职能,如警察局、教育局、各种区级行政部门、土地清丈局、卫生局、公路桥梁管理局、党训班等,各局经费极少,使一些有抱负的官员也难施展才能。这都会导致地方社会内在秩序的紊乱。这种紊乱很可能就会引发对村庄的巨大影响。比如保甲制和里甲制的运转中,王克俭(或吕能俭)作为保长,他能够"为人正派"。但他能够在这一时期身为"保长"还能"正派",本身却是有着与陕西绥德米脂地区政治—社会—经济状况紧密相关的诸多前提。如果他不具备应对这一局面的眼光、意识,他可能就不能决定自己和村庄所面临的问题。这时可能需要处于社会更高层的人士来构想和调整。一旦这样的人也没有出现,王克俭(或吕能俭)面临自己无能为力的问题,很可能就会动摇他与人相处的"谦和""正派"状态。他很可能还会变得——在秩序相对稳定、伦理价值相对顺畅流荡的乡里社会从容不迫,而当秩序紊乱时退缩到"一心想着致富"。但这个"一心想着致富"并不是他作为诸如富裕中农的固定不变的本质,而是社会空间朝着特定方向的变动和重组所引发的现实理解—行为状态。这是此时的政治在作为主导改造社会的力量时,在面对社会现实状况时,应该具备的现实感知。

也即是,村庄社会的调整还是需要政治力量的介入,但这一政治介入可以依托于村庄自身所具有的活力因素及其社会经济组织方式,而不一定是过于强势的将政治力量直接穿透到村庄组织脉络之中。政治需要看到,王克俭的勉力与无奈、腰上有劲和昏头晕脑都不是他固定的人性品质,而是在历史动荡中的生成物,甚至本身就是政治过度介入的产物。王克俭的问题不是来自于他自身,而是来自于政治。文学如何通过深入理解和敏锐捕捉，透过人物身体力道的性能、变化来透射钳制其发力方向的历史—政治—社会结构氛围，这实际上是《讲话》打开的空间，也是柳青经由《讲话》后，从《地雷》到《种谷记》的转变中渴望尝试和磨炼的艺术能力。《种谷记》确实已经迈出了一大步，但仍不能说非常成功。我们无须用成功与否来苛求柳青的第一次长篇尝试。而且，这个不成功也不是在《种谷记》座谈会中，众人所说的"冗长""沉闷""过于细腻"等，而是在《讲话》所开启的挑战性脉络中，柳青还没有完全把握住如何在这一轨道上准确发力。把握这些不同力道在历史中的弹射轨道，本身是一件糅合了认知与敏锐的洞察力。他的认知在被政治激发之后，又过快被回收到政治的视野之内。他的认知过于相信政治和依赖政治，直接跳过了相当多的裹挟着王克俭（吕能俭）的层次和环节。这对于深入理解王克俭（吕能俭）的具体生存状态来说，实际上就错失了很多非常重要的关键视野。比如王克俭（或吕能俭）"谦和""正派""情厚"的背后，对应着什么样的社会—经济结构组织方式，从这些结构组织方式和构成氛围中生发出的力道，所营造出的社会关系和人的能量会如何变化，一旦这一社会结构氛围在历史中发生变化，政治要做出何种介入和调整，它所希望打造的村庄社会才会被调整为更好的状态，这些问题恰恰在考验作家如何面对现实状况、提出敏锐洞察。从这一点来说，柳青的"冗长"中，还是处理得太快太空泛了。缺乏这些层次和环节，实际上文学对社会、对社会中人的状态的认知也反而容易被政治的"理念"所穿透。这并不是在艺术性层面对柳青的要求，而是关涉到文学如何与政治在历史时刻的理解和决断形成对峙或互助的问题，关涉到如何以文学（经由政治为中介）的方式，与以政治实践形态所形成的历史认知形成对峙或互助的问题。

现实主义文学的关键能力其实不仅仅是在于"细致"，还在于对历史—社会的结构性穿透力。"冗长"等并不必然是问题，或者说，恰恰在如何深入把握复杂的吕能俭并将之转化为王克俭这一人物的艺术环节上，柳青还不够"冗长"，他在认知上还是太简化地用阶级论叙述处理了这一重要人物的塑造。座谈会诸位所指出的这一"冗长"，不能说就是现实主义的必然手法，恰恰相反，它在压缩、改装吕能俭为王克俭方面，可以说它是非现实主义的。《讲话》后的现实主义在面对世界时，可以变得更加具有创造力和穿透力。但这需要在柳青的基础上做进一步的调整。比如在认知上，如何真正面对政治—社会—现实—经验，如何达到更深入的理解和思考中国社会的构成。一旦在这些环节没有足够的意识和准备，可能就会出现柳青《种谷记》中的状况，吕能俭身上活跃着的历史能量没有在小说中被转换成王克俭更为丰富的人性成长可能，没有被转换为更丰富的历史认知层面。现实主义文学本可能在历史中发挥的巨大掌控力，也就很难发挥出来。

座谈会诸位都渴望在《种谷记》中看到鲜明故事情节，渴望文学能直指人心的洞察。但如果这一时期的人心需要面对的不是一个稳定社会状况下的人心，而是如王克俭或吕能俭般不得不面对动荡社会的重构，这时的"直指人心"就需要有一个调整，需要跟随王克俭（或吕能俭）的身影，面对在历史中如何推动社会（或被历史中的社会结构变迁所牵制）、面对这一社会如何成长为一个足以迎接现代挑战的新结构状况的重任。它在鲜明的故事情节之外，可能就需要更复杂的大量铺衍和重新组织。这种铺衍不是弱化历史的紧张，反而是要更具耐力和韧性，在持守中等待，以精准捕获历史走向的关节。这恰恰需要在冗长中磨炼、寻找具体情境中的时机，以精准判断历史巨人转向中的步履。这不是艺术内部风格、美学的要求，而是历史—现实变化对20世纪中国人提出的新挑战，它将会形成何种风格，尚不确定。但这种文学如果要关切20世纪中国人的命运，直指20世纪中国人的人心，它则需要回应更艰难的新挑战。换句话说，这也是1942年的《讲话》没有讲明、但其历史逻辑会带出来的挑战，现在被柳青在 1947 年碰到了。也许正是这一尝试和探索，让《种谷记》座谈会的评论家们认为他的小说冗长、乏味（但也有冯雪峰发现的新特质）。他们希望看到更加简洁明快的叙述，更加直观的披荆斩棘。这些柳青还做不到。也许，恰恰是此时的评论家们低估了《讲话》对于柳青的挑战性。

相较于柳青的《种谷记》，周立波在 1957 年的短篇小说《盖满爹》中，其实已经在探索《暴风骤雨》之外的呈现方式。比如：

"我去查查看，要是真正订得偏低了，是好改的。"

盖满爹细致地解决了这些具体问题以后，张家翁妈欢欢喜喜，重新入社了。

乡上的工作是接二连三的。合作运动才摸了一下，治理洞庭湖的民工的动员工作又下来了，留在乡里的男女劳动力还要修塘坝。

下了几场雪，又扯油凌，气温下降到零下七度。为了抓紧冬天修塘坝，好不误春耕，乡上又开了一夜的会。这会开得短一些，不到鸡叫就散了。路远的，点起杉木皮火把陆续走了。路近而又熬惯了夜的农民都还留着。

享堂里的地上烧着一堆丁块柴，烟焰飞腾。人们团团围住火，有的抽旱烟，有的抽纸烟。松脂油香气，混杂着草烟叶子的辣味，飘满了空间。老派农民头戴有绒球的各种颜色的绒绳子帽子，身穿大襟棉紧身子，腰上系一条围裙。较新的农民穿的是对襟棉袄。后生子们穿着有化学扣子的蓝制服，头上戴顶蓝咔叽布鸭舌帽，上衣的上口袋佩着钢笔，脚上是胶皮底球鞋。

农民谈起今年的雪凌比哪一年都大；资江结了冰；塘里冰块有丁板子厚；田里泥土凌得款散的；虫卵冻坏了；修塘坝的人，挖开塘基上泥土，看见蚂蚁子一堆一堆地冻死了；家家屋檐上，凌杠子有一两尺长，太阳一出，放出灿烂的闪眼的光辉。凌杠子长，禾穗子长，冰天雪地的寒天，预告了来年稻谷的丰收。[1]

《暴风骤雨》之后，周立波在摸索着呈现社会的不同方式，不过他的方式跟柳青仍然不同。在叙述了政治工作的"接二连三"后，周立波列举了诸多事项，如"合作运动才摸了一下，治理洞庭湖的民工的动员工作又下来了，留在乡里的男女劳动力还要修塘坝"。但周立波戛然而止，转而描写与这些政治工作搅动起来的社会氛围不直接相关的场景。这些场景当然也构成了对此时社会氛围的感知，但对于理解、化解政治搅动和打造的社会生活的直接性和深刻性来说，它们仍然没有凝聚为某种可以直接转化为认知这一政治所搅动起来的特定社会结构的力量。周立波抓住的政治搅动所引发的紧张感，突然又被他消解了。这对艺术家如何理解"社会"，如何把握并捕捉社会现实的精准性，实际上提出了新的要求。

五、"社会"的生成与增殖

从对两次座谈会的分析，以及对《暴风骤雨》观念前提、展开路径的描述[2]，对《地雷》和《种谷记》叙述方式及展开方式的分析，实际上可以重返《讲话》之后，周立波创作《暴风骤雨》和柳青创作《种谷记》过程中的一些关键环节，以探究20世纪40年代《讲话》后政治—文学交锋时内在的碰撞、扦插与再生机制。

这里有几个问题需要辨析。一个是作家与《讲话》的关系。《讲话》

---

[1]周立波:《盖满爹》，《周立波文集》第2卷，上海文艺出版社，1982年版，第369页。
[2]关于《暴风骤雨》的详细分析，请参见拙作"搅动"—"调治":〈暴风骤雨〉的观念前提和展开》，载《中国现代文学研究丛刊》2021年第7期。

本身的逻辑里潜藏着对文学能力的激发，也潜藏着对文学能力的压抑。20世纪40年代的政治实践本身实际上拥有探索多种可能性的空间，此时的中国共产党政治实践也能多次迅速调整自己的失误。但中国共产党政治并不是任何时候都具有这种弹性空间，尤其是到20世纪50年代中后期开始，这种空间逐渐被压缩。每一时期中的文学形态，及《讲话》与文学实践之间的关系都需要根据不同时期的诸多观念意识社会氛围来细致分析。即便对于20世纪40年代的左翼作家来说，认同于《讲话》也不是一个想当然的或一帆风顺的问题。《讲话》不是给出了一个一劳永逸的文学抵达现实深处的方案，反而是给出了一个前所未有的挑战。《讲话》后众多作家的不同探索，实际上也都是在各种历史牵制力中尝试各种可能。《暴风骤雨》和《种谷记》的书写方式都不是革命的必然，而是政治思想叠加上周立波与柳青特定的文学观念、感知方式所生成的特定文本。辨析出这一点，我们才能辨析出《暴风骤雨》和《种谷记》区别于别的小说的特殊之处。

就《讲话》带来的调整和挑战而言，周立波接受《讲话》，不只是接受了政治对中国社会现实的深度认知，以弥补他在20世纪30年代文学观念中所缺失的深入现实的路径。[1]政治还将他置身于千军万马中求一线生机的险境。这是文学接受哲学、宗教或社会理论等其他认知方式对现实的深度认知（如果这些认知方式在1930—1940年发展得充分，也提出对中国社会现实深度结构的阐释）所不会带来的后果。哲学的认知逻辑不太会将文学带入实践动态的不确定之中，可这却是中国共产党政治的基本要求之一。政治当然也有理论化和形而上学的层面，不过中国共产党政治在1930—1940年的说服力，一方面是来自于它的理论叙述，另一方面也来自于它在推动中国社会的实践过程中所积累出来的丰

---

[1]关于《暴风骤雨》的详细分析，请参见拙作《"搅动"—"调治"：〈暴风骤雨〉的观念前提和展开》，载《中国现代文学研究丛刊》2021年第7期。

富经验，以及在实践中所打造出的自身状态和社会状态。正是这一经验内涵重构了中国共产党政治理论的面貌，并在《讲话》中根据其实践要求对文学发出了新的指令。中国共产党政治在1930—1940年的发展所获得的高度成就[1]，的确引发了特别的结构性的连带结果。政治在应对中国近现代困局时先行获得突破，也就对社会各领域形成牵引力。《讲话》即可看作中国共产党政治对左翼文学的牵引。每一种历史牵制因素都有自身的结构力。但这些结构力并非封闭的，它们有自身的历史形态，并在历史实践中不断根据现实状况的变化再拆分组合，以期形成更强的历史塑造力。我们也可以说，是中国共产党政治的进展，推动中国左翼文学朝着一个特定的（而非必然的）方向发展。这的确不是必然。但中国共产党政治之所以能对中国左翼文学具有这种牵引力，本身也是中国共产党政治有效作用于中国社会后产生的能量。其成败往往在于能否于实践瞬间对该社会构成的内在理路给出准确诊断和开阔拓展，并对之慎重整理和反思。

这是中国共产党政治的实践经验之一，也是《讲话》内在逻辑之一。现实主义当然可以有多种把握和抵达现实的途径。比如可以从个人、从边缘、从民族、从性别等展开叙述。但中国共产党政治实践所开展出来的视野有一种对于中国现实的特殊认知能量。这也许就是那个"窄道"。当它牵引文学进入实践时，实际上也在推动文学去养成于"窄道"中捕捉动态现实关系中特殊认知点的敏感力。这是之前的文学即便

---

[1] 中国共产党政治在1942年能够对周立波具有说服力，这本身是一个很复杂的问题。文学并不必然依赖于政治才能具有抵达现实的深度。可在现代中国，为什么20世纪30年代的现实主义文学没有摸索出有效抵达现实深度的路径，中国现代的中国共产党政治为什么能在20世纪40年代开展出能说服文学家的实践经验和状态，文学依托于政治的方式和路径对于把握现实经验到底意味着什么，这些变化背后是一个中国现代政治—社会—文学诸多关系之间的结构性位置的调整和实践探索，都是决定着周立波创作方式和感知方式的决定性问题。可参见拙著《从赵树理看李凖创作的观念前提和展开路径——论另一种当代文学》，载《文学评论》2020年第4期。

关注现实也不太有处于这一高度张力情境中所养成的敏锐力；也是从别的角度叙述现实所不容易突进和展开的层面。而这些层面如果不能被捕捉、不获得叙述或不能及时进入我们知识讨论的视野，我们所推动的实践也就容易对社会造成误伤。但政治的认知有时有路径、方式等层面的局限，很难保证精准理解和把握人在历史社会中的舒展和活力。这就需要其他方式的协作和配合。文学（不是预设的文学，而是经由打造磨炼后的文学）往往在这方面可以（只是可以，也不是必然）提供自身独特的能量。《讲话》后的中国现实主义的可贵之处也许正在于，它反复与政治纠缠过程中，曾开掘和获得某些特别的视野、形态、面貌和能力。也许，《暴风骤雨》《种谷记》以及诸多革命现实主义文学的得失均可从这一角度来理解。这也是理解《讲话》挑战中国现代文学的一个层面。

再次，《讲话》的挑战更深的纠缠还在于政治—文学结构关系中"社会"的生成。如果说中国共产党政治对左翼文学的牵引力主要来自它对中国社会的有效实践，并将左翼文学推向动态和不确定的、充满危机和生机的革命实践之中，那《讲话》后革命文学的主要工作场域则是在政治搅动出的、纠缠着诸多力量以确定历史走向的"社会"层面展开的。文学不是对政治—社会—文化命题的复写，而是在不同作家的感知方式、认知视野、体察能力中，去穿透混杂的历史，尝试对社会重新赋型。

"社会"原本存在，无须生成。但我们对作为政治和文学的打造对象的这一"社会"需要进行区分。

如在上文对《种谷记》和《柳青传》段落的分析中，我们至少可以在这里看到或理解到存在好几个层面的"社会"形态。近代以前的王家沟村（吕家俭村）、国民党时期的王家沟村（吕家俭村）、1943—1945年王家沟村（吕家俭村）的实际状况以及柳青《种谷记》中所描述的王家沟村。1943—1945年王家沟村的诸多实践是在民国时期的王家沟社会形态基础上、又比民国时期的社会改造还要繁复得多的政治—经济—文化规划和实践，柳青看到了这一点。柳青1943—1945年在吕家俭村介入的是中国共产党政治所推动和搅动的"社会"。没有中国共产党政治从特定方向和方式上对中国社会的理解、设计、规划和推动，我们很难想象柳青跟吕能俭之间，会发生如此特别的互动。

在这一时期的政治实践中，实际上"社会"既是一个有着自身脉络的存在体，又是一个有待重新构造的存在物。甚至可以说，民国时期的吕家俭村的"社会"在中国共产党政治视野中，很可能消失了。它只存在着一些具有阶级身份的农民。如果中国共产党政治对中国社会的理解中，没有包含民国时期、近代甚至古代时期吕家俭村社会中的很多因素，那它们就很难被呈现，甚至消失。即便中国共产党政治视野中有这部分，如果这部分被中国共产党政治视野放置在诸如"封建迷信"这样的位置，那它们的形态和被感知的样态，以及将会以怎样的形态在新的结构中被呈现，也很不确定。因为这一新的结构并不只是被政治视野所决定，这一新的政治—经济—社会结构的定型，还有待于政治在实践过程中不断面对它的视野中未曾足够有但又不得不面对的各种社会因素和条件。在这一定型过程中，哪些"社会"因素能被历史当事人（包括深入实践的作家）意识到、把握住，"社会"活力能多大程度上被深入理解，并以这样的"社会"重构来构想历史走向、重构政治视野，就是非常具有挑战性的、充满不确定性的问题。

比如柳青在吕家俭村的实践中实际上经验丰富，但他在《种谷记》中所叙述出来的，是或多或少按照中国共产党后来对自己实践经验的某种整理和总结的叙述方式展开的，当然也还有不完全能回收到这种叙述之中的社会信息。柳青的文学视野和构造是顺着政治实践要求的"变工队"来整理线索。在这一整理视野中，王家沟村（吕家俭村）的"社会"形态是在政治的打造中被呈现出来的面貌，即便是王克俭、大雄等人物的社会背景，也是在这一视野延长线上被叙述。比如王克俭在如何组织变工队时曾建议，"居民小组便是一变工小组，参议员便是变工组长，让教员填表造册报告上去，往后大家随便变好了"[1]。这一方案是以保甲制作为组织基础。但柳青没有荡开笔墨，根据这一脉络详细讨论其可能的困境和变化，而是直接让区里的工作人员否定了这一方案，并批评王克俭，说他的老甲长作风吃不开了，白白浪费纸张的事再也不能容许，他得转变作风，和贫农积极分子一道好好工作。"王克俭扫兴了。"

王克俭的"扫兴"意味着，王克俭自身的活力以及他所对应的经济—社会结构，这些不同形态的"社会"如何才能在政治打造的新的历史结构中被呈现，哪些部分能被呈现、思考、讨论，这很难由它自身来决定。但如何认知、理解和呈现"社会"，却关涉到千万人的历史命运。中国共产党政治规划若要对整个社会中千万人命运负责，如何深入理解该社会制定、实施政策，就变得至关重要。而文学若以政治为中介，同样要以自己的方式对这个社会现实负责，实际上也需要深入面对、理解、构想、呈现该历史时刻社会的重要面向。当政治翻转社会时，"打烂捏不新"就不只是小说中组织变工队的难题，也是中国共产党的政治实践在整个村庄面临的挑战。而变工队能否"捏"出新的组织、新的社会形态，且这一社会形态本身各方面的活力能被尽量保留，就成为非常考验作家意识、能力的关键。而柳青的叙述中，虽然相较于《地雷》，他已经做出了巨大尝试和突破，并努力顺着政治的脉络去探索新社会的活力方式，新人的风貌，可他还是不自觉地让王克俭直接变成了一个不断下滑、被甩出去的过程。多层次的"社会"可能性还是没能被放置到重构历史—社会认知的层面来讨论。这对于柳青的初次尝试长篇来说，这一点我们不用苛求。只是就我们今天对于《讲话》后的文学实践经验

---

[1] 柳青：《种谷记》，《柳青文集》第1卷，人民文学出版社，2005年版，第45页。

的整理来说，却未尝不是一个很好的反思基点。

换句话说，政治实践所推动和搅动的"社会"部分，仍很可能只是政治实践所能触及的。政治实践的触及范围有时会受制于政治的观念意识和它对现实的理解感知等。但这些实践经验中有时会有超出政治观念意识表述出来的重要部分，如何对这一部分的重要性在认知上保持高度警惕，则相当不容易。这种不容易还包括在被政治实践搅动出来的社会形态之外，社会在历史中的其他可能走向。比如刘可风在《柳青传》中所描述的柳青实际上与吕能佋的互动经验，若将之作进一步的描述和思考，是否和如何能在我们的历史—社会—政治认知中处于重要位置。柳青如果在《种谷记》中更基于自身既顺着政治实践脉络、又对之有进一步开拓的实践经验，将之作为认识和思考中国社会、历史的基点，实际上《种谷记》所能提供的对于历史进程的对峙力，就会非常惊人。当文学以政治为中介，而没有充分发展自身对社会的更深入的探索，那文学（或其他方式）所捕捉到的部分，也可能与政治触及的边界重合，甚至更少。这样文学本可以施加于历史的掌控力则会受损。如何能把握和捕捉住这些历史实践中曾出现但又转瞬即被淹没于诸多叙述中的经验点，并将之作为启发我们认知、撬动和思考历史的资源，这不是对柳青的苛求，而是对我们今天如何重审《讲话》后的现实主义文学的启发。

或者说，在实践和认知上，至少有两个"社会"层面。一个是被政治实践所搅动、推动的社会层面。这是政治的认知视野和实践规划直接作用于社会的部分。《讲话》后的文学实际上也主要是在这一层面展开工作。一个是基于政治实践所搅动，但又超出政治视野的洞察。从这个意义上来说，"社会"是在政治中生成，并进入以政治为中介的文学的视野。革命文学所见的"社会"主要是被政治实践搅动出来的社会。如果说"社会"包罗万象，混杂不一，那这里的"社会"是被特定历史中的政治实践牵引、搅动、推拉、截断、引导以及统合而出的特定形态。

这一"社会"不是作为一般文化史意义上的社会，而是作为与政治实践的生死成败息息相关的结构关系。

我们还可以周立波从《暴风骤雨》到《山乡巨变》的转变为例来观察这一紧张感。如果说《暴风骤雨》中白玉山和他媳妇的对话无关土改成败，《种谷记》王克俭相当程度上被处理为从革命巨轮前进的浪潮中抛弃的派生物，但《山乡巨变》中刘雨生和盛佳秀的郎情妾意却事关清溪乡上村合作化的规模和稳定。而且，周立波将政治从山乡空间压缩到刘雨生和盛佳秀的桌前，不只是呈现了政治的社会性，还构造出了一种社会的政治性。

比如在《山乡巨变》中，清溪乡合作化的推进再次打破了新中国成立后当地逐渐平息的波动。互助组的几次起伏，并没有将盛佳秀这样的村民纳入政治视野。政治对合作化的推动则需要处理和考虑对待盛佳秀的有效途径和方式。政治根据自身的现实理解来规划和设定政策，而这也在相当程度上决定了政策所能抵达的社会边界。换句话说，政治视野中的"社会"是弹性的、波动的。"社会"的界限在漂移，但还存在一个面对政治不动声色或不轻易表态的"社会"。如盛佳秀在互助组和合作化时期的变化。在互助组时期，她与刘雨生即暗生情愫，但这种情感的滋生和发展，也不会进入政治层面来叙述和讨论。但在合作化时期，政治视野中的"社会"界限的变化使得政治工作必须将盛佳秀含纳进来。而此时刘雨生与盛佳秀的情感关系，便变得关键而微妙。也可以说，周立波是跟踪政治从互助组到合作社的内在逻辑变化，在政治逻辑的边缘处，调动自己对地方社会（也是他家乡）的自在、从容、娴熟，才得以找到在叙述政治的同时又能展开叙述两人暧昧情生的机会。他将地方社会中的某种暗处姻缘编织进政治的内在逻辑之中，充实丰盈政治逻辑的神经末梢，并将这种活力传递到政治内部。再换句话说，周立波是随着政治对社会边界的推移而将感知机制拓展到社会（政治视野中的社会）更深的层面，同时又通过自身对社会构成的敏感，将地方社会生活中悠缓绵长的情愫传递回神经过度紧张的政治内部。

这并不是说，周立波对刘盛二人的情感叙述仍是被政治视野所规定，而是说，政治视野中的"社会"范围即便拓展到盛佳秀，但如何处理和对待盛佳秀却并不是政治理念或政策所规定的。它完全可以按照政策将盛佳秀理解为顽固分子而强制执行。但小说将刘盛二人的情感展开方式与政治内在逻辑所需结合起来，这却是周立波作为文学家的敏感和探索。这当中需要作家对政治逻辑、政治逻辑所拓展的社会边界及政治与社会活力所具有的敏感力。

这实际上也使得刘盛二人的私人情感在这一刻变得社会化和政治化了。周立波眼光追随政治实践逻辑的游走，并根据地方社会生活的纹理拓写、改写政治实践逻辑的生成脉络，同时也使得刘盛二人的情感走向被纳入政治工作的成败考察之中。在邓秀梅和刘雨生的理解里，政治的"公"（动员顽固分子入社）需要靠地方社会中的"适合的人"来黏合，而这个"适合"则有着地方性的社会要求。或者说，新的政治构想需要调动新的社会性因素来装配成新的"适合"。刘雨生此时出面以推动合作化的"公事"，"穿心破胆"劝说盛佳秀，却在锅灶和碗筷的洗洗索索声中被架空。架空并不等于消失。架空后由刘盛二人情感流动形成的新的关系性，实际上是以不可被政治穿透的地方社会生活重构了政治逻辑的内涵。也是在这暗潮涌动中，"在言语之间，两个人没有靠拢，但他们的心好像是接近得多了"。

周立波以这种方式在《山乡巨变》中构造出了一种新的社会性。并不是说《山乡巨变》之前的文学不存在社会性，"五四"以来的现代文学也存在社会性。但这种社会性如何能被组织到与该历史时刻的政治实践相关的脉络中，共同思考如何搭配以决定历史走向与命运，这是一个新的挑战。这种社会被引入政治视野之中，与政治所必须面对的、对某个地区具有统合性引导和推动而形成的张力关系，这种张力关系会重构历史当事人的感知和意识，并对"社会"因素重新选择。比如一些在之前的视野里觉得有趣的内容，现在可能就需要被重新检讨和打量，在什么意义上有趣？这也考验着政治视野的宽度和深度。在一定程度上，《暴风骤雨》即是如此。它虽然有政治性，但政治性太强，没有呈现足够的、不可轻易穿透的社会性，小说中的诸多有趣也就不具有将基于地方社会的活力繁殖、传递的生产性。

也许可以说，《山乡巨变》里的一些社会性因素，是出现于"政治/社会"关系里的社会性。这种社会性生产出了新的"公私"关系。比如小说的"公"，就呈现出多种形态。有的形态是"政治/社会"关系直接生产出来的，它既是政治性的公，也是社会性的公。邓秀梅、刘雨生、陈大春的"私情"就可以被理解为这种"政治/社会"关系生产出来的观念意识，并成为社会性的"公"。邓秀梅写情书、刘雨生与李盛氏的情感生成，以及陈大春与盛淑君对感情的叙述（陈大春希望二十八岁，二五计划完成之时才结婚），他们的这些"私"，也是在这种"政治/社会"关系中才能被讲述为一种配合"公"的"私"。感情一直存在，但它们被讲述的历史结构不一样，其形态也就不一样，发展动线也不一样。而这种被生产出来的社会性的"公"又会影响政治性的"公"的形态。二者是互生性的。

但还有一些"公"的意识并不是直接来自于政治性的推动而生成，比如小说233页邓秀梅与秋丝瓜的对话中谈到的"公约"。在一定程度上，没有村民基于政治来临之前的地方社会性的"公约"，政治的"公"无法与地方村民形成如此顺利的衔接和互动。而这里的"公约"意识的形成，却跟湖南益阳地区历史传统中的帮会、宗族、各类公共组织有关，而不是政治推动的"公"的理念所生成。没有这种地方社会中的"公约"传统，合作化时期政治的"公"很难与社会形成一种"共"。这种"公"跟陈大春与盛淑君、刘雨生与盛佳秀之间被生产或转换出来的"公"不一样,也是周立波在小说中实际上内在于政治实践逻辑却没有充分展开叙述的社会内容。

周立波回避的这种社会性很值得注意。这种结构性的视野回避或许跟周立波在《山乡巨变》里对情节和人物构架的设置特征有关。比如在周立波的设置中,合作化能够迅速启动和完成主要依赖的是干部和青年。邓秀梅、李月辉、刘雨生是干部,而配合干部的村民,真正作为推动合作社的主导性村庄力量的是年轻人,如陈大春、盛清明、盛淑君。与《暴风骤雨》不同,《山乡巨变》并没有强调这些积极分子作为贫民的身份。小说也没有在情节逻辑上过分依赖贫农的政治身份,贫农只是协助性的。而中农都是阻碍性力量。这里面会涉及一个问题:为什么周立波在小说情节构造上会向干部和青年的意识特征倾斜?这样的情节人物设置,背后对应的他对于政治和社会的感觉机制和意识方向会是什么?

这一问题涉及颇为复杂的历史——观念构成机制,此处无法展开。简单来说,周立波仍是接续了中央政治逻辑来构成他的感知方向和理解角度,才使得他的小说情节人物设置会突出某些特定因素。比如干部和青年会更容易形成能配合政治所期待的"公"的意识和形态。比如,由于青年尚未与地方社会经济生活网络建立起复杂羁绊,他们的公私感可以更容易被政治塑造。但这个"容易"里,本身又夹杂着中国传统思想中的"天下责任"感,才会这么快去感知和认知我党政治理念中的"公"。这使得他们在工作中会更倾向于配合政治理念,而不是在被政治调动出来的这个"公"的意识中,积极去面对和理解地方社会中的"公",比如小说就会简化处理干部和青年对于秋丝瓜等人的"公约"意识,等等。周立波一方面在开掘政治的社会性,但他的开掘还是侧重或留意了社会中的更加被政治激荡出来的某些显现层面,不仅这些被激荡出来的很多显现层面他没有充分处理，他也没有充分开掘和处理地方社会中的其他实存又重要的部分。这就意味着，在周立波所意识到的被政治激荡出来的社会层面之中，本身有被周立波拓展的部分，也有被压抑、被扼制的部分。

与此相关，我们在《种谷记》里还可以看到，当政治对社会的理解变成以贫农为主重构社会组织，它就撇开了村庄中原本以王克俭这样的人物为中心的组织方式。柳青自身实践经验中所具有的、与吕能俭的相当有效的互动，在他的小说叙述中也被遮蔽了。《山乡巨变》中对此有触及，但也并未充分展开。我们可以说被激荡出来却又被压抑的部分是政治压力所致。当政治压力放松后，比如周克芹的《许茂和他的女儿们》中，我们则能看到周克芹对政治激荡出来的社会层面的变化有着非常丰富的呈现。这正是我们在讨论《讲话》所开启出来的文学"社会史"视野时，需要特别留意的"社会"的多层次性，尤其是其中的不容易被呈现和被揭示的部分。

六、结语

以政治为中介所开启出来的"社会"，并不是对整个社会的指称，而是特指被政治搅动起来的、因此处于变动之中的"社会"。但由此在结构性张力中被呈现的"社会"形态，我们还可以进一步反思和构想这一"社会"若要发育更良好，需要怎样的政治，怎样的文学？换句话说，"社会"的生成实际上同时是"社会"的未完成、未生成。《种谷记》里王克俭诸多社会信息的被呈现，是需要在中国共产党政治的打造结构里被放置和表达；但当它被呈现和理解后，又需要重新被放置在政治—经济—道德伦理—文化等因素的共同结构中来再度构想。这时我们又不能把"社会"过于实体化。在这个意义上，如文学等诸多领域会在被政治实践搅动、被政治认知视野引导下形成特定的感知力，这些与政治实践处于紧张关系中的感知力又会基于自身所在的社会脉络和社会生活感觉，捕捉和呈现出社会中的某些因素，以努力生成"社会"来与政治形成呼应或对峙。以政治为中介的文学所展开工作的"社会"，主要指称这部分场域中的这种形态的"社会"，而非无所不包的"社会"。不过我们所期待的良好社会的形成，还包含未被政治实践直接搅动的那部分"社会"的参与。从这样的理解来说，我们可以"社会史"视野来指称和突显革命文学的历史生成中的这一特征：革命文学以政治为中介，但其作为文学的发力点却在于，在政治—经济—文化—现实诸多因素的历史缠斗和构造中，捕捉和促使"社会"的生成与塑形。

当"社会"在某些历史时期出现困境，政治会发动校正。在新的政治搅动中，社会中的某些有效性实可以被打散而重组。当重组这些因素时，我们意识到"社会"存在可以这种形态来展开，那政治搅动和政治规划的"社会"落实就有可能以新的且伤害性略小的方式来推动。如此，我们可看到三者的关联性：这样的"社会"总是有着自身的历史性构成脉络和所对应的历史情境；而政治的有效性，则是回应和深度理解、把握了"社会"的这一构成面向；文学的精准性也在于——在政治实践的视野中对"社会"的这一构成的精准把握和在新的政治实践中对"社会"构成提出富有启发的构想。我们在《暴风骤雨》座谈会中所看到的作家们对于"精准度"的要求，可以放置在这一问题域中来理解。这一时期文学对精准的要求实际上对应着很复杂的实践经验，但往往又被直接表述为哲学术语"反映论"。而这种抽象的反映论一旦脱离了这些实践经验，实际上对于投身于实践中的作家来理解自身和现实之间的复杂关系，就容易造成简化和概念化。与"社会"照面时的诸多层次、环节，交手时的感觉意识等，实践主体的丰富层面都被回收到简化的认知主体之中了。也可以说，"社会"层面的重新打开，也是我们重新打开当年"反映论"在历史实践中所曾经具有的、被掩藏的诸种能量。而"社会"在历史诸多因素缠斗中的每一次生成和显现,如被文学赋形,实则会使得它之外的现实世界随之有了可供瞭望的航标,或靠近,或绕行。这样的文学也随即可以作为确立航标的探测站。

也是从这个角度来说,《讲话》后的革命现实主义文学(如周立波《暴风骤雨》《山乡巨变》、柳青的《种谷记》《创业史》等)展现了以政治为中介的巨大能量,但并未展现它所有的潜能。或者说,它可以是伴随政治实践而不断拓展和调焦的文学形态。而且,《讲话》后的诸多作家,的确都从不同角度探索和呈现政治实践所激荡出来的"社会",而并非一开始就在形态上被定位一尊。革命现实主义文学可以在这个为了更好社会的角力场中,训练出更为精准、敏锐的洞察力,积淀出善于捕捉特定社会现实的感知方式。我们可以、也需要从革命文学对中国社会的展开程度以及这种展开与政治实践的互动程度来考察它的可能性,而不是固守于革命文学自身的形态来理解革命文学的成就。

重审"红色经典"的生成过程

——解读《暴风骤雨》的一种路径[1]

◎梁帆

如今,"再解读"已经成为对20世纪90年代出现的一种文学批评方法与思潮的代称。"再解读"以经典重读为中心,其文本细读主要围绕产生于《在延安文艺座谈会上的讲话》(以下简称《讲话》)写作体制下的"红色经典"展开。"再解读"的文化研究视野使其不满足于对作品进行审美评价或文学经验的历史梳理,而尤其关注"历史文本背后的意义机制和运作逻辑"。它的基本思路是通过分析文本内部的结构形式、修辞策略、文化力量冲突等,考察作品如何参与并表征意识形态的建构和生产,或从文本中寻找意识形态的裂隙,以解构当代文学研究中曾起支配性作用的一套"体制化"叙述。

---

[1] 相较于既有的"红色经典"研究,作品"生成史"致力于还原文学经验、历史经验在革命实践过程中的复杂性。以《暴风骤雨》为例,《暴风骤雨》的创作是与东北土改运动同步展开的,这种"在运动中写运动"的写作路径对作家感知现实、结构现实的能力都形成了特定的要求。而《暴风骤雨》对现实的简化处理,尤其体现在它对典型经验的筛选、重构上。经由上述考察可以看到,小说的"图解政策"形态难以单纯归结为抽象文化观念的作用,需要放回至作品生成的历史实践条件与社会土壤中具体把握。

"再解读"的思路深刻影响了 20 世纪 90 年代至今革命文学的研究范式。它借助西方诸多后现代主义、后结构主义理论突入历史分析与文本解读的做法，使得被 80 年代纯文学观批评的革命文本再度向历史打开，由此，被当代文学批评话语封闭的当代文学研究重新找到了介入历史和现实的知识资源。然而，"再解读"以批评理论切入文本的方式，并非建立在对 20 世纪 40 年代至 70 年代历史的充分整理和内在理解之上。因此，相关文章一方面尤其注意文本与历史语境的勾连，但另一方面却不同程度地被理论预设了历史的面目以及文本与历史语境的关系。从新世纪以来的一些研究和论述中可以看到，当"再解读"解构"大叙述"的势能衰减，并趋向成为一套常规操作方法时，这种研究中无意识包含的负面倾向就会凸显：不仅历史可能会被理论预先设定而抽象为"奠基性话语"[1]，而且文本也可能被固定化为某种既定时代观念运作逻辑的表征，从而窄化了文学经验、文学与历史关系的复杂性。

另一相关问题关涉到当下对"红色经典"的使用。作为"再解读"重读对象的"红色经典"，粗略来说主要指《讲话》写作体系下以《创业史》《红旗谱》《青春之歌》等为代表的表现革命历史的主流作品。但"红色经典"并非有确切内涵外延的概念，该说法的流行与 20 世纪 90 年代的大众文化现象有关。彼时，在市场与官方的共同推动下，一系列承载革命时代记忆的文艺作品重新出版，并被改编为电视剧、流行歌曲等形式大范围传播。"红色经典"的提法内含着对相关作品特殊的理解逻辑：被纳入"红色经典"序列的文本是特定时期的象征，代表了一个时期的写作方式，塑造了一代人的情感构造。这一说法将文本看作一些抽象的文化观念的产物，具有符号性，而不是生成于具体历史实践条件与社会土壤的具体作品，"再解读"更在学理上强化了这种理解倾向。

---

[1] 唐小兵、黄子平、李杨、贺桂梅：《文化理论与经典重读——以〈再解读——大众文艺与意识形态〉为个案》，载《文艺争鸣》2007 年第 8 期。

因此，学界使用的"红色经典"概念，携带着很多既定的认知信息、思想资源、历史无意识等，有待清理。

以《暴风骤雨》的研究为例。整体上，"再解读"将《暴风骤雨》视为社会主义现实主义叙事的经典，对其进行文本内部的拆解和批评。它或被当作揭示时代暴力逻辑的个案，或被视为现代民族国家建立过程中的重要表征。个案与时代、表征与国家就这样从历史实践过程中被抽取出来，折叠在一起。尽管这一思路提供了诸多重要的文本分析和历史认知，可难以构成理解革命文学实际生成过程的内在视角。对《讲话》体系下的作品来说，重审其"生成史"是建立内在视角的一种可能。这种生成史特别强调《讲话》后文学生成机制中的一些因素和环节，比如：作家身为工作者深度介入现实改造并进行自我改造，革命经验通过多层次的机制进入文本，作品作为社会实践的一个环节发生社会效用。这意味着，进入作品生成史的过程，同时是沿着对象的逻辑和脉络触摸其如何跟政治与现实交互的过程。这就把"个案与时代""表征与国家"的关联方式给撑开了。对《暴风骤雨》这类依托作家实践经验的作品而言，强调"生成史"，也是强调它们不是通常意义的作家个体创作或直观的政治理念复写，而是包含着嵌入社会与改造作家主体的要求和过程。这就既借鉴了"再解读"所开拓的视野，又打开了"再解读"将作品文本化后所忽略的层面。

从研究路径来说，这里所论的生成史，不是试图还原小说构思写作与作家工作生活的诸多细节，以扩充既有的结论与视野。它尤其注意"将作家如何在革命实践打造中国社会过程中获得社会认知、重构自我感知的过程，作为理解当代文学的前提"[1]。它意在进入革命所搅动的整个历史实践过程，侧重考察作家在这一实践过程中的诸多应战、交锋、

---

[1] 何浩：《从杜鹏程〈战争日记〉看中国当代文学生成的"社会"维度》，载《文艺理论与批评》2019年第3期。

调适与重构，重建在政治打造社会的过程中如何生成"文学"的诸种瞬间和场景。如此，不仅历史不是理论预先设定的"奠基性话语"，而且文本也不是某种既定时代观念运作逻辑的表征，它们是在特定历史条件和机制下缠斗、寻路、摸索、定型后的结果。因此，进入作品的生成史在当代文学研究中有其重要性。它尝试建立的是观察当代形态的文学的内部视角，将当代文学研究中固定化的政治、文本、经典等范畴重新历史化；并且以一种有别于理论的方式，重新考察、开掘、反思当代文学背后的历史经验与文学经验。

那我们若要理解《暴风骤雨》的生成过程，既需将其放在《讲话》后整体语境和写作机制中来把握，又要充分注意到其生成于东北土改的"在运动中写运动"的特殊写作状态。1946年7月，为建立东北根据地，一万多名干部组成工作团先后进入东北各地推动土地改革。10月下旬，周立波抵达松江省尚志县元宝镇。直到次年5月，任职区委书记的周立波在元宝镇共开展了近半年的工作。此后，他一面继续参与土改，一面构思写作。《暴风骤雨》的上下卷分别于1947年10月和1948年12月完成。

直观看来，这种带着作家身份下乡并依托实际工作经验进行创作的方式，与《讲话》后逐渐成为常态的创作程式并无太大差别。但难以忽略的一点是，20世纪50年代的作家有条件长期深入扎根农村，在理想状态下，作家可以通过与农民的深入接触、与现实的互动磨合生成社会感知。[1]可东北土改是在环境全然陌生、工作毫无基础、干部严重不足、土匪骚扰频仍的条件下进行的，恶劣而复杂的现实状态使"深入生活"难以以"理想"、按部就班的方式展开。在激烈、急迫的战争形势之下，为依靠有限的干部最大程度发动群众，东北土改采取"以点带面"的方

---

[1] 关于"深入生活"的经验过程，参见程凯《"深入生活"的难题——以〈徐光耀日记〉为中心的考察》，载《中国现代文学研究丛刊》2020年第2期。

式铺开,这意味着一旦工作队在重点村镇取得典型经验,就要将相关经验迅速推及周围地区。这种方式使工作者很难长期落脚于固定的村镇开展工作,往往带有很大的流动性。另外,当时的主流宣传还强调有些群众甚至未来得及发动,就因受到已发动地区的影响而"自觉"展开运动。也就是说,造成运动的宏大声势本身也是推动运动发展的重要环节。这使得除个别阶段和个别地区外,东北土改普遍采取"大刀阔斧、疾风骤雨"的方式。这种运动形态对作家介入现实的途径和深度会有直接影响。

作家如何实现"文学与现实相互结合",也与革命运动特定的推展方式高度相关。《讲话》后的文学,其完成形态并非止于静态封闭的文本,而要作为社会实践的一部分产生社会效用。需要注意的是,运动本身有阶段性和复杂性,比如,东北土改的推展方式就与丁玲所在的冀中土改有所不同,土改工作与20世纪50年代合作化运动初期相对细致的工作相比更是差异巨大。这里面的差异也包含发动群众采用的方法、看待群众的眼光,等等。因此,身处不同运动形态下的文学,其"与现实相结合"的具体方式和程度也难以一概而论。单纯将《暴风骤雨》的社会效用固定化为"以文学叙述、文学想象为意识形态提供合法性",可能会停留于笼统的观念讨论。

另外,不同作家对"与现实相结合"的把握路径、把握能力也很大程度影响了文学的构造及其介入现实的深度。为方便讨论《暴风骤雨》,这里引入同样产生于东北土改的《江山村十日》作参照。马加的《江山村十日》被视作《暴风骤雨》后第二部反映东北土改的小说,这部小说虽在当时产生了一定的反响,可现在已几乎被遗忘。1947年年底,马加为推进"平分土地运动"来到江山村进行了为期十天的突击工作。这十天内村庄发生的变化,构成了小说着重表现的内容。

据马加描述,《江山村十日》第一稿"仅根据真人真事,照葫芦画瓢",在此后几稿的修改中,他试图将这些"真人真事"进一步扣合进一般性主题(农民翻身)而反复添补、删削。周立波典型化的路径与马加有着决定性的差异。不同于马加对实际工作经验的依赖、珍惜,周立波要持续地通过看报纸(主要是《东北日报》)获取新认识、了解新典型与新经验,建立起对北满地区的整体视角,一旦发现自身经验并不典型,就对其追以"稀奇"的定位而自觉否定(这一特点在下卷中格外明显)。《江山村十日》呈现出马加在江山村的很多工作情形,读者却很难从《暴风骤雨》里对应出周立波在元宝镇的实际工作经验。这与周立波的创作路径有关:比起马加将一段切身并具体的工作经历直接构造为小说,周立波的写作更体现出"在运动中写运动"的特点。这种写作往往与土改运动的推进同步展开:它不是对"已过去"的土改事实作文学化加工,而是特别要求作家在深度介入运动的同时,及时地捕捉现实条件和政策导向的变化,动态地把握和书写运动。就《暴风骤雨》这种长篇小说的创作而言,作家往往是边参加运动边写作。那么,如何既保留对小说的史诗性诉求和对运动的整体认识又能配合最新形势,对作家认识现实、结构现实的能力都构成了一定的挑战。

1952年之后,《江山村十日》被批评典型化不够,流于自然主义,《暴风骤雨》则被质疑"只注意反对自然主义",回避了本质冲突。可见,周立波在《暴风骤雨》中所试验的创作路径既不同于同样身处东北土改的作品,也区别于后来理想的社会主义现实主义对文学的理解。那么,这种创作路径是如何形成的?对我们既有的革命文学认识有什么样的意义?

《暴风骤雨》完整表现了东北土改运动的几个阶段,这一特点常被认为是该小说的特殊成就。可实际上,周立波并未经历土改的初期发动阶段。1946年7月,由萧文达带领的工作队在元宝镇开展了初步的反奸清算[1]。至周立波下乡的10月，松江省的运动已基本由"初步发动阶段"推进到"深入发动阶段"。当他离开元宝镇时，东北土改又进一步发展至"砍挖运动"。

运动阶段的推进意味着现实条件的变化以及政策的相应调整。对于理解"初步发动阶段"而言，"马斌工作方法"[2]具有一定的参考性。"马斌工作方法"强调通过了解、满足群众的经济需求，逐步引导群众进行减租清算、建立武装。这一发动逻辑对应的现实状态是刚进入东北不久的革命政权对东北社会状况的摸索和了解，其中包含革命政权为快速打开局面所采取的一些策略性做法。而针对初期工作出现的问题和"夹生饭"现象——群众并未真正和普遍地发动起来、积极分子不纯、地主仍占有经济心理方面的优势等，"深入发动阶段"进一步强调群众思想觉悟的提高。相对应地，这一时期的政治宣传会格外凸显阶级教育与斗争相结合的重要性，积极分子的培养工作也在此阶段得到了加强。周立波在元宝镇期间的工作，主要是为农民干部开设训练班以普及政治教育，就与深入时期的工作侧重点转移有关。

随着运动快速推进，文艺要及时发挥对新现实形势的指导作用。这意味着，当周立波试图再现"初步发动阶段"时，他面临的困难不仅来自实际经历不足，更来自配合新形势、新政策的要求。周立波在回顾上卷创作经历时，也专门提到了这种"材料不足"的困扰，但是，比起补充相关材料，他更强调参加"砍挖运动"带来的直接帮助：

> 头年五月，调回松江省委宣传部编《松江农民》，一面编报，

---

[1]参见李万生：《周立波在元宝镇》，中国人民政治协商会议黑龙江省哈尔滨市委员会文史资料委员会编：《哈尔滨文史资料·第26辑·从光腚屯到亿元村》（内部发行），第18—21页。
[2]1946年5月，时任宾县县委书记的马斌带领工作队进入陶赖昭屯发动群众，并总结了一套做群众工作的经验，包括"经济——武装——再经济"的发动办法。宾县开辟工作的经验受到东北局重视，相关文章、报道集中发表于1946年6月至11月的《东北日报》。

一面回味那一段生活。初稿前后写了五十天，觉得材料不够用，又要求到五常周家岗去参加"砍挖运动"。带了稿子到那儿，连修改，带添补，前后又是五十来天。[1]

按照惯常的"深入生活"式的写作逻辑推想，如果周立波回到元宝镇再度介入"砍挖运动"，那么，他对运动阶段的理解会更加具有连贯性，也便于人物塑造和情节推进。而他之所以在省委的建议下选择访问五常县，是因为五常县是省委培养的"砍挖运动"典型。"'周家岗是松江省委进行土地改革的重点村，也是'砍控'运动和各项工作都搞得比较出色的模范村，特别是'七斗王把头'的故事，曾经传遍全省。'[2]"

若回到革命实践过程考察，"典型"在进入文学范畴之前，往往首先是被政治培养的工作典型。典型体现了特定时期的政策对现实的认识和引导方向，包含相配套的典型地区、典型形象、典型工作经验。比如，五常县之所以能成为"砍挖运动"的典型，是因为它具备一系列现实条件（如这里的地主"王把头"是与群众仇恨颇深的集汉奸性、恶霸性、封建性于一身的"三性地主"），在此基础上，工作队要通过探索和引导，在这里创造发动群众的工作经验。在这种实践机制下，革命政权往往将经验的创造与典型的发现作为衡量工作者的工作是否到位，能否具备推广和指导意义的标准。可是，并不是每一位工作者都能在短暂的工作中创造出与政治把握处于同一高度的典型经验。更何况，随着运动的推进和运动中心的转移，典型的认定标准会发生变化，具备典型意义的地区也会不断迁移。因此，在东北土改中，作为工作者的作家除了要

---

[1]周立波：《〈暴风骤雨〉是怎样写的？》，李华盛、胡光凡编：《周立波研究资料》，湖南人民出版社，1983年版，第280—281页。

[2]胡光凡、李华盛：《周立波在东北》，李华盛、胡光凡编：《周立波研究资料》，湖南人民出版社，1983年版，第122页。

参加具体工作外，还要进行频繁的访问交流。尤其是参观那些与运动中心高度同步的典型地区，成为他们了解运动最新进展、推进政策理解和现实认识的重要途径。[1]周立波结束元宝镇的工作后，除重点参与五常县高家岗的"砍挖运动"外，还接连访问了拉林、苇河、呼兰等县。这些地区都曾创造出在北满影响较大的典型经验，如呼兰的"扫堂子"经验、拉林的改造落后发动生产的经验，周立波还明确将这些经验写进了小说下卷里。

这一过程体现了运动中的文学与政治的互动方式。如前所述，东北土改的推展格外依赖不同地区间频繁快速的典型经验交流，这是它的特殊之处。文学能否作为运动的一个实践环节发挥作用，很大程度体现在它能否及时把握那些典型经验背后的现实构造，并将之塑造为文学典型。经由这一过程产生的文学，成为土改运动推进的重要中介。对作家来说，由于土改政策瞬息万变，他们并不总能获得及时和明确的指导意见。在这种情况下，参观典型地区、书写现成的典型经验，某种程度就成为他们创作的"正确性"和"深度"的保证。

可周立波彼时面对的问题在于，如何将新形势下的认识结合进初期阶段的呈现里面；换句话说，对初期阶段的表现，要发挥对新形势的指导意义。这一构造性的过程本身并不必然会破坏小说的深度与真实性，可周立波却作了一些简化处理。那么，《暴风骤雨》经过了周立波对革命经验怎样的筛选机制？这一过程又如何影响了小说的构造，形成了其内在缺陷？1948年，在《暴风骤雨》座谈会上，不止一位与会者批评小说上卷与土改初期的实际情形（各地普遍出现"夹生饭"现象）不

---

[1]比如，同样身处东北土改的马可，就曾在日记中谈到，工作不成熟、不典型的地区不适宜进行文学表现："凯丰同志说搞创作要下到成熟了的典型地方去，这样反映的才能正确，而刁翎是刚开展工作，成熟与否并未可卜的。"参见马可：《马可选集》第8卷，李西安主编，人民音乐出版社，2017年版，第392页。

符[1]。对此，周立波解释道：

> 开辟群众工作那一段，我没有参加，因此，书里的工作成熟的程度，是后一阶段的情形。人物和打胡子以及屯落的面貌，取材于尚志。斗争恶霸地主以及赵玉林牺牲的悲壮剧，取材于五常。[2]

周立波并不认为写出实际情形是文学创作的必要条件。在他看来，作为比现实更高形态的文学，不必将大多数地区存在的"夹生饭"现象照实表现。"夹生饭"虽然在东北地区普遍出现，但他想要呈现的，是不发生"夹生饭"的"理想"可能性，并将这一可能性赋形为文学。他要在文学中重构一个成熟典型。所谓成熟典型在小说里，既包含人物设置上的典型（地主是"三性地主"），也包含工作方式上的典型经验（通过交朋友联合积极分子、注重总结酝酿等）——这些都没有超出革命政权已有的经验总结视野。

从周立波对典型经验的筛选、使用、重构上，可以比较清楚地看到《暴风骤雨》的问题所在——周立波过于依赖新闻报道与政策文件中的"经验总结"构造小说，而不重视捕捉、体会、理解典型经验背后的现实层次。具体来说，有些典型经验包含了革命政权在深入社会现实时做出的有效探索，因此，抓住这些经验背后的现实构造无疑有助于加深小说的深度与现实性。可是，周立波对典型经验的使用存在几个层面的错位：一是直接使用了现阶段（写作小说的阶段）所"总结"的"理想"工作方式来重构土改初期的现实，据此再造一个对于现阶段而言的成熟

---

[1]"在这一部书所写的，村子里的工作却是很成熟。接连进行了三四次斗争……而一些村干部又是那样的积极，坚定，夹生的程度不多。"参见《〈暴风骤雨〉座谈会记录摘要》，李华盛、胡光凡编：《周立波研究资料》，湖南人民出版社，1983年版，第296页。

[2]周立波：《〈暴风骤雨〉是怎样写的？》，李华盛、胡光凡编：《周立波研究资料》，湖南人民出版社，1983年版，第281页。

典型；二是抽离了经验背后的现实对应。典型经验之所以在某一特定阶段的某一特定地区有效，要配合许多现实条件和要素。可出现在新闻报道与政策文件中的经验总结，不能完全将经验背后的现实针对性和社会感知完整表达出来。对周立波这样的作家来说，如果他们要从一般的报道中提升到上述层次，需要借助自身的实际工作体会与政策理解，而直接使用总结结论可能会造成对真正有质感的经验的剥离。另外，任何经验的有效性都是有条件的，它的挪用、推广不可能在一个平滑、理想的状态下进行。

可周立波在写《暴风骤雨》时，预先设定了"普遍经验"的存在，出于"理想性"的考虑，他又凸显了一整套经验中的某些环节以及这些环节最理想的运行状态，在小说中给以重新组合搭配和形象化。这种预设直接影响了小说的构造。据周立波描述，小说的不同部分取材于不同地区，如人物和屯落面貌取材于元宝镇，斗地主情节取材于五常县。可事实上，这里论及的几个要素是难以完全拆开的。就土改的实际过程来说，村庄的地理历史特点和农民地主的政治社会面貌，都会直接影响工作队对发动方式的选择以及某种发动方式的有效程度。这意味着，当作者预先选择某一类地主、预先选择某一种理想工作方式的同时，带来的是对一系列相互凭借、互为条件的现实因素的拆解和忽视。因此，不仅小说中的村庄不带有现实规定性，而且周立波也不在意工作队对元茂屯的研究调查过程。

这里仅举"交朋友"一例。小说中，工作队进入元茂屯后，最先面对的问题是如何打开工作局面。知识分子刘胜提议先"开大会"，萧队长认为应该先"交朋友"。结果工作队的多数同意先开大会，这直接导致了工作的第一次挫折。"开大会"和"交朋友"两种工作方式，来自后设的经验总结。值得注意的是，在东北土改进入"煮夹生饭"的运动阶段后，初期疾风骤雨的工作方式被反省，群众路线得到强调。在这样的视角下,"交朋友"似乎更容易体现这一阶段的理想工作状态。可实际上,工作队采取哪一种较为合适,很大程度要依托于既有条件。比如,马斌就对两种方式都采取谨慎的态度。他认为"在没有群众运动和群众斗争的情形下,也不一定能因个别教育,即培养出积极分子"[1],并警惕急于"交朋友"的负面后果——孤立积极分子。事实上,《暴风骤雨》中第一次大会的失败是多种条件作用的结果,而并非这一工作方式本身的缺陷。进一步而言,即便如小说所描述,大会被地主暗中布置致使群众不敢开口,可它毕竟帮助群众对工作队产生了初步印象,这是"开大会"在现实中可能发挥的正面效果。而《暴风骤雨》为凸显出地主与群众的对立,刻意呈现了"开大会"的必然失败以及"交朋友"的最理想运行状态,由此展现成熟经验的同时,也潜在加强了"交朋友"这种工作方法成功的必然性,使经验本身被高度抽象化了。

相较于一些其他为人熟知的社会主义现实主义著作,《暴风骤雨》更具有"图解政策"的意味,它体现了革命文艺再造经验时的缺陷与限度。以往的讨论常将其图解政策的特点,视作这一时代文学观念作用下的直接结果。而《暴风骤雨》的生成过程表明,小说呈现出的问题难以单纯诉诸固有的文学观念、时代观念予以解释和加以囊括。其背后存在复杂多层次的机制,特别与周立波参与革命运动的过程和深度、重构革命经验的观念与方式有关。因此,即便《暴风骤雨》作为一个今天看来并非成功的案例,也需要得到认真清理和内在考察,重新确认它在历史位置中的特殊性,以帮助我们理解革命文学的生成机制和认知意义。

---

[1]《宾县领导群众工作的经验总结》,载《东北日报》1946年6月8日、9日。

自然历史的"接生员"

——周立波 20 世纪五六十年代短篇小说"风格"政治刍议

◎朱羽

一、风格里的政治

（一）"风格"不是什么与是什么

从 20 世纪 50 年代末到 60 年代初，评论家普遍认为周立波此一时期的短篇小说创作体现出一种"新的风格"。其中唐弢写于 1959 年的《风格一例——试谈〈山那面人家〉》更是不吝使用"成熟"[1]一语，暗示"风格"的生成正是周立波创作"成熟"的标识。唐弢重点评的是《山那面人家》（1957 年 11 月作），但以为《禾场上》（1956 年 12 月作）、《北京来客》（1959 年 4 月作）这两篇共振于不同时势的作品，亦属同一风格的尝试："淳朴、简练、平实、隽永"。[2]这些措辞还只能给人以模糊的印象，毋宁说理解此种"风格"的要害落实在一幅画上——唐弢所提及的《冬宫攻下了》（符·阿·赛罗夫）："一个赤卫队

---

[1]唐弢:《风格一例——试谈〈山那面人家〉》，载《人民文学》1959 年第 7 期。
[2]唐弢:《风格一例——试谈〈山那面人家〉》，载《人民文学》1959 年第 7 期。

员和他的同伴老年士兵，两个人站在散乱着弹片和碎石的冬宫台阶上，点燃起剧战后的第一支烟卷，那么安闲，那么舒畅。"[1]类比之下，可知此处"风格"的要义是间接烘染而非直接描写，是剧烈斗争之后或之外更为"常态"的生活的呈现——落实到周立波笔下即农村风俗习惯的呈现，但又给它们"涂上了一层十分匀称的时代的色泽，使人觉得这一切都是旧的，然而又不完全是旧的"[2]。所谓"有含蓄，饶余味"[3]无非就是从中生发出来的感觉。有趣的是，同样聚焦于这几部小说（仅仅将《禾场上》替换为《下放的一夜》）的一篇1960年的评论，几乎照搬了唐弢如上的判断，更进一步点出了此种风格所具有的"离题"特征："有些像散文，或者说，有些像随笔。兴头一来，信笔写开，有些地方显得离题很远"[4]，但"'闲扯'并不是浪费"[5]，而是能反映"时代的色彩"[6]。不过，这位作者最终还是表达了对《下放的一夜》过于"含蓄"的不满——这是读者误解主题思想的根源，而主题还是要"明确地指点出来"[7]为好。

从第二篇评论中，我们依稀可以触摸到周立波"风格"的对立面是什么。如果回到唐弢这篇评论的创作缘起，这一点则能看得更加清楚。据涂光群回忆，《山那面人家》发表后，编辑部收到的不少来信都指责此文主题思想不明，笔墨严重浪费，游离于阶级社会之外，脱离政

---

[1] 唐弢：《风格一例——试谈〈山那面人家〉》，载《人民文学》1959年第7期。
[2] 唐弢：《风格一例——试谈〈山那面人家〉》，载《人民文学》1959年第7期。
[3] 唐弢：《风格一例——试谈〈山那面人家〉》，载《人民文学》1959年第7期。
[4] 艾彤：《三支社会主义颂歌——谈周立波同志的短篇小说》，载《光明日报》1960年10月19日。
[5] 艾彤：《三支社会主义颂歌——谈周立波同志的短篇小说》，载《光明日报》1960年10月19日。
[6] 艾彤：《三支社会主义颂歌——谈周立波同志的短篇小说》，载《光明日报》1960年10月19日。
[7] 艾彤：《三支社会主义颂歌——谈周立波同志的短篇小说》，载《光明日报》1960年10月19日。

治。涂光群将这些否定意见寄给唐弢并希望他对之展开回应，这才有了《风格一例》里有的放矢、针锋相对的论证；[1]更引出了唐弢对于"政治"充满激情的重新界定："这是政治，这是隐藏在作者世界观里最根本的东西：旧的沉下去，新的升上来。"[2]从周立波写于1955至1965年间的二十五篇短篇创作来看，《禾场上》等四篇的确有其独特之处：从场景来看，多为截取休息时的片段，或闲扯或赴宴或治病；从人物来看，多为外来干部或探访者与本乡本土群众群像的搭配。这样的形式虽在周立波后来的短篇创作中常有，但已不再占据通篇的篇幅。因此，在上述呈现新旧叠合、含蓄离题的"场景"之外，尚须补入别一维度。依据胡光凡的总结，周立波短篇小说的主题无非两类：农村基层干部与先进人物描摹、农民精神生活展示（含爱情、扫盲、文化娱乐等）。[3]《风格一例》主要针对后者，而我们还需探讨前者。在所谓"前期"短篇创作中[4]，以人物塑造为中心的篇目主要有《盖满爹》（1955）、《桐花没有开》（1956）、《民兵》（1957）、《腊妹子》（1957），以及1959年同期发表于《湖南文学》的三篇儿童故事。需要问的是，从这些"写人"的作品中能否提炼出一种"风格"呢？或者换一种更迂回与讨巧的问法：这些作品所勾勒的人物性格特征是否会在后续创作中重现？——因为"重现"或可视为作者对于人的独到把握，并且借此投射出相对稳定的政治思考。

---

[1]涂光群：《五十年文坛亲历记》，辽宁教育出版社，2005年版，第390—391页。
[2]唐弢：《风格一例——试谈〈山那面人家〉》，载《人民文学》1959年第7期。
[3]胡光凡：《周立波评传（修订版）》，湖南文艺出版社，2018年版，第255—256页。
[4]关于周立波农村题材短篇小说的分期，可参考何吉贤：《"小说回乡"中的精神和美学转换——以周立波故乡题材短篇小说为中心》，载《文艺争鸣》2020年第5期。何吉贤以《山乡巨变》续篇的发表为界来划分周立波短篇小说的"前后期"显得过于"形式"了一些。结合"时势"，我个人尝试对之分期如下：① 1955—1959（农业合作化高潮期）；② 1961—1963年春（后"大跃进"时期）；③ 1963—1965（社教时期）。

《盖满爹》里的盖满爹本有明确的原型[1]，在小说里担任楠木乡支部书记与农会主席，对乡里情况了如指掌，处理诸种事务颇有手段，软硬兼施，不甚教条，关键是留有余地：面对群众砍树的要求，虽政策上说不赞成，但在教育过之后，盖满爹"还是吩咐秘书批了两株树"[2]。《桐花没有开》里，石塘高级农业社大坡生产队队长盛福元与笃信"节气没有到，桐花没有开，泡种必不成"的张三爹发生分歧，但泡种成功后却遏止后生子们嘲讽后者，想到这样会用牛的人"应该争取"[3]。颇有意味的是，以上两篇解决矛盾的方式都依托"自然"。《盖满爹》里的核心冲突是父子矛盾（父先进儿落后），但最后解决方式是含含混混的父子和解：儿子"一听到父亲病了，就把吵架的事丢到了九霄云外"[4]，父亲也顺势上了儿子抬来的轿子——"将来好从容地再劝他们入社"[5]。（这种自然而然的和解同样也体现在儿童故事《伏生和谷生》里）《桐花没有开》的泡种困难则是直接导源于"天气"；可就在功败垂成之际，"第六夜里，雨终于停了。第七天早晨，太阳出来了"。[6]这样的叙事收束虽然未必令人信服却能呈现一种抚慰。《民兵》一篇亦是如此。订了婚的民兵小伙何锦春为了不让火势蔓延到其他十几户人家那里而奋力扑火，不幸烧伤了脸和手，他的母亲因此担忧起他的婚事来。但小说最终还是说他"头发和眉毛都长起来了，脸上也没有瘢痕，只是火烧的地方，皮肤稍微黑一点"[7]，这大概在叙事上符合于唐弢所归纳的"风和日丽"。如果说盖满爹的"留余地"与盛福元的"止讽刺"都彰显出对于新旧转

---

[1] 参看胡光凡：《周立波评传（修订版）》，第254页。
[2] 周立波：《盖满爹》，载《人民文学》1955年第6期。
[3] 周立波：《桐花没有开》，《卜春秀》（小说集），湖南人民出版社，1964年版，第51页。
[4] 周立波：《盖满爹》，载《人民文学》1955年第6期。
[5] 周立波：《盖满爹》，载《人民文学》1955年第6期。
[6] 周立波：《桐花没有开》，《卜春秀》（小说集），第47页。
[7] 周立波：《民兵》，载《人民文学》1957年第4期。

换中"旧"的一面的留情态度,那么何锦春则以其"做新人却唱旧歌",直接成为涂上了一层"时代的色泽"的存在。照应着小说一开首"新歌他不会,他唱的是旧的山歌"[1],结尾有这么一段:

> 村里的姑娘们在塘边洗衣,到园里摘菜,都爱听他唱,但又装做没有在听的样子。为什么又要听又要装做没有在听的样子呢?因为这支歌,依照那位相当标致的姑娘的"恰当"的评论来说:"难听死了。""望郎不到砍烧台",这像什么话?[2]

"要听"却说"难听死了",蕴含着周立波关于新旧问题至为深刻的体认,也暗示着社会主义生活世界的真实面向。这里看得到"新"的上浮,但也少不了"旧"的缓慢下沉。进一步说,周立波前期农村题材短篇小说里的那些"主要人物"身上承载着极为细微的变动——不是以抛弃旧的方式,而是在旧的肌体上能够相当"自然"地长出"新"来;腊妹子正是如此。这个"心性刚强,逞能的,霸蛮"[3]的十来岁小姑娘考中学失败后领受了除四害、打麻雀的任务。用弹弓打野鸟本就是会游水上树女孩的长项。在个人英雄主义遭到乡长批评之后,腊妹子开始组织孩子们集体行动。可孩子们贪恋玩扑克,"瞅到这光景,腊妹子本来想骂,但她自己打牌也有瘾"[4],竟直接加入了打牌队伍。直到飞来一大群麻雀,她"才记起了任务,丢了扑克,从怀里掏出弹弓"[5]。最终"她没有责备他们打牌,贪耍,因为她自己也爱这样"[6]。

---

[1]周立波:《民兵》,载《人民文学》1957年第4期。
[2]周立波:《民兵》,载《人民文学》1957年第4期。
[3]周立波:《腊妹子》,载《人民文学》1957年第11期。
[4]周立波:《腊妹子》,载《人民文学》1957年第11期。
[5]周立波:《腊妹子》,载《人民文学》1957年第11期。
[6]周立波:《腊妹子》,载《人民文学》1957年第11期。

在某种意义上，社会主义文学中儿童的成长，可以视为更普遍的人之"成长"的寓言。儿童不稳定的情感与控制力的缺陷，也照应着诸方面尚不成熟的人的可塑性。在小说结尾，叙述者"我"一年以后回到清溪乡时正碰上腊妹子，此时"她比以前老成得多，也长高了一些，像个大姑娘"[1]，要到城里"去进会计训练班"[2]了。腊妹子的成长当然脱离不了小说所提到的"全国农业发展纲要草案四十条"等政策的影响，但在周立波的笔下，她的贪耍与逞能构成了成长本身不可抹去的环节；她以及其他孩子对于"少先队员"身份的看重，则折射出对于新生活的体认。最后那位作为"祖国第一代有文化的农民"的"晒得墨漆大黑的姑娘"[3]，仿佛是许许多多平凡而又逞能霸蛮的乡村女孩都能变成的样子。如此来看，周立波就算是写人，也不是为了将人物从背景里过分凸现出来，而是努力让人物融进平凡的环境里与共同承受的时势中。写一个人因此也就是写了许许多多同样的人，这个人的命运也就是其他人的命运。因为人物生长在自己的生活世界里，他的许多细碎的行为与习惯就会呈现出来，因此也同样会有某种"含蓄"感。——如果与"含蓄"相对应的是点出"主题"的话。借用某种分析来说，看到明晰的"主题"即确认社会主义现实主义文学的"主导情节"，这些情节往往关乎极为显白的社会主义政教题旨与政策表达。[4]然而，周立波的短篇小说无疑相对偏离于此种取向。就算是他1963年以后的创作，亦存在以"风格"来转化"时势"以及对于激进言辞展开潜在抵制的情况。

---

[1]周立波：《腊妹子》，载《人民文学》1957年第11期。
[2]周立波：《腊妹子》，载《人民文学》1957年第11期。
[3]周立波：《腊妹子》，载《人民文学》1957年第11期。
[4]See Katerina Clark, "Socialist Realism in Soviet Literature", Irene Masing-Delic ed. From Symbolism to Socialist Realism (Boston: Academic Studies Press, 2012), pp.419-432.

（二）"减轻她的临盆的痛苦"与自然历史的"接生员"

也正是在这个意义上，值得重新来追问那句"这是政治"，即周立波的风格触及了哪种政治。《禾场上》里，两处看似于情节并非必需的重复性评述或许蕴藏着破解这一问题的线索：

> 对门山边的田里，落沙婆（周立波注：一种小鸟，水稻快要成熟的季节，雌性在田里下蛋，并彻夜啼叫）不停地苦楚地啼叫，人们说："她要叫七天七夜，才下一只蛋。"鸟类没有接生员，难产的落沙婆无法减轻她的临盆的痛苦。
>
> ……
>
> 田野里，在高低不一的、热热闹闹的蛙的合唱里，夹杂了几声落沙婆的幽远的、凄楚的啼声。鸟类没有接生员，难产的落沙婆无法减轻她的临盆的痛苦。[1]

"鸟类没有接生员，难产的落沙婆无法减轻她的临盆的痛苦"一句无疑传递着某种重要寓意，不然作者不会在结尾处重复一遍。胡光凡对之有一"点题"式的解释："这是作家寓有深意的点染和影射。从作品所描写的生活内容来看，也可以说是农业社'临盆'时的一种情景：就因为有成千上万像邓部长这样密切联系群众，很会做宣传教育工作的党的干部作它的'接生员'，才得以减轻它'临盆的痛苦'。"[2] 这个解读应该说并不算错，但失于太实，且对这里的措辞不甚敏感。乍看之下，鸟类分娩实质上是不可能有人类那么痛苦的，但叙述者所抓住的是落沙婆耗时长久的生产过程以及引人同情的痛苦啼叫，将此种无人介入的自然

---
[1] 周立波:《禾场上》，载《人民日报》1957年1月15日。着重号为笔者所加。
[2] 胡光凡:《周立波评传（修订版）》，湖南文艺出版社，2018年版，第254页。

之呻吟寓言化了。如果我们把鸟类的自然分娩视为合作化之前乃至整个土地革命之前的社会历史发展，那么邓之类的干部所参与的社会主义革命进程——在这里就是合作化过程——才是真正的"接生员"。之所以如此说，是因为这里的措辞与表达形式与马克思《资本论》中关于"自然历史"的说法高度相似：

> 一个社会即使探索到了本身运动的自然规律，——本书的最终目的就是揭示现代社会的经济运动规律，——它还是既不能跳过也不能用法令取消自然的发展阶段。但是它能缩短和减轻<u>分娩的痛苦</u>。……社会经济形态的发展是一种自然历史过程。不管个人在主观上怎样超脱各种关系，他在社会意义上总是这些关系的产物。[1]

我并没有直接证据来证明周立波此处笔墨是在模仿马克思的《资本论》。但鉴于他参与革命的资历以及对于革命理论的兴趣，"临盆"（分娩）一语的使用也许并非偶然。如果是这样，那么，恰恰是这句得到重复的叙述者评述可以视为破解周立波"风格"政治的密匙。实际上，《禾场上》所描述的，恰恰是《山乡巨变》正篇与续篇之间省略的部分——初级社转高级社时的动员说服与打通思想环节。因此它亦可视为《山乡巨变》叙事一个必要的补充，其地位不可小觑。更令人好奇的是，虽然涉及山林入社与推广火葬等农民颇为犹豫的做法，《禾场上》本身的气氛则是轻松的，对于相关症结一一做了回应。但那句"减轻她的临盆的痛苦"却分明凸显的是痛苦：虽然可以减轻，却无法完全取消。一个身体，无法置换。革命只是一种"接生员"，只能在那个旧的肌体身上使劲，而没有另外的对象。革命本身需要尽可能地减轻"自然

---

[1] 马克思：《资本论》第1卷，中共中央马克思恩格斯列宁斯大林著作编译局译，人民出版社，1975年版，第11—12页。着重号为笔者所加。

历史"转型过程中的诸种痛苦，乃至革命也必然是从这一肌体上长出来的。所有的新旧叠影、"当家人"对落后者的软化处理以及人的成长过程中必然的激情与缺陷的呈现，都以此为基础。

（三）观察、"几微"与时势

说到"痛苦"，亦让人联想起早年周立波与之并不相同但却具备比照价值的看法。在论述艾芜《南行记》时（1936），他特别强调美丽的自然与丑恶的人间之对比，期待"世界"翻一个身。这种可能源于雪莱与早期高尔基的"革命浪漫主义"[1]在解放以后实现了其理想，然而问题却变得更为复杂。自然不再与社会对立，但社会本身成为有待改造的"自然"。在这一偏转的过程中，周立波的美学机制当然同时在经受调整[2]，然而某些根本性设定还是延续了下来，1963年，他在中国作协湖南分会举办的青年作家和业余作家短期读书会上所作的演讲便是明证，尤其是那段关于1941年古元在延安观察村里各色妇女"方法"的回忆："古元同志就揭开纸帘，从那窗格里悄悄地观察坐在磨盘上的妇女。这样，被观察的人不知道，谈吐和仪态都十分自然，一点不做作。"[3]这涉及一种捕获"自然"的技术。周立波激赏古元此种隐没了的观察点，因其能完完全全地把握"自然"状态。

相比于延安时期，周立波在20世纪50年代中后期以后是以"回乡"的方式来重新摆放、调整他的"观察点"。这个观察点不再需要隐

---

[1]关于周立波与雪莱的关系，可参考邹理所著《周立波年谱》对于鲁艺时期周立波诵读雪莱的记录。而周立波对于高尔基早年浪漫主义阶段的分析，可参看周立波《周立波鲁艺讲稿》，上海文艺出版社，1984年版。从中可以清晰看到，周立波对于艾芜《南行记》的评论，在很大程度上相似于关于高尔基"浪漫主义"对峙结构的分析。
[2]比如有人就指出，从《牛》到《盖满爹》，有了摆脱欧化、凸显民族形式的变化。参看裘显生、张超《论周立波的短篇小说》，载《南京大学学报（人文科学版）》1963年第1期。
[3]《周立波选集》第6卷，湖南人民出版社，1984年版，第500页。

匿，而是如当时某位评论者所言，他所有的短篇小说——无论是否使用第一人称——都能体会出"作者在群众中"[1]。那种依靠主导情节来结构小说的方式并不是周立波短篇的形式原则，而是某种准"第一人称"观察点"担负着粘连或扭结细节的任务"[2]。进言之，"他把性格化的语言动作、典型化的日常生活的细节和那活动环境中的浓重氛围等，直接围绕主题，通过'我'的观察点，和谐、细密地交融起来，组成了一张张光芒四射、诗意浓郁的艺术之网。它们像生活本身一样朴素、自然，但被生活的自然色彩所点染出来的，却是强烈的时代精神、跳动着的人物性格和鲜明的生活断面"[3]。虽然已经能够与群众"呼吸相通"[4]，早已被认为是"大家中间的一个"[5]，然而作家却如同柳青所言不能完全变成所要表征的对象。这在周立波那里更有一层早已确信的理由。在《观察》（1935）一文的最后，周立波突然提起"一位十五岁起就开始了牛马的工作，直到六十岁还在做工的老人"[6]，四十几年中经历了乡村和都市二三十种不同的职业，"看到了民国以来上海劳动者的一切动态，参加了五卅大罢工，又坐过牢"[7]，活脱脱是"一部生动的职工生活斗争史"[8]。可是周立波震惊于："他却没有写一个字！就连他的口头的叙述，也没有一点艺术的意味。"[9]原因在于"社会没有让他有艺术修养的机会，他没有练就文学的观察的眼光，他只能让生活之流照原样的流

---

[1] 裴显生、张超：《论周立波的短篇小说》，载《南京大学学报（人文科学版）》1963年第1期。
[2] 裴显生、张超：《论周立波的短篇小说》，载《南京大学学报（人文科学版）》1963年第1期。
[3] 裴显生、张超：《论周立波的短篇小说》，载《南京大学学报（人文科学版）》1963年第1期。
[4] 见毛泽东：《关心群众生活，注意工作方法（1934年1月27日）》，中共中央文献编辑委员会编：《毛泽东选集》第1卷，人民出版社，1991年版，第137页。
[5] 套用《张满贞》里群众对张满贞的一句评价。见周立波《张满贞》，载《人民日报》1961年10月15日。
[6] 周立波《观察》（1935年），见《亭子间里》，上海文艺出版社，1963年版，第39页。
[7] 周立波《观察》（1935年），见《亭子间里》，上海文艺出版社，1963年版，第39—40页。
[8] 周立波《观察》（1935年），见《亭子间里》，上海文艺出版社，1963年版，第40页。
[9] 周立波《观察》（1935年），见《亭子间里》，上海文艺出版社，1963年版，第40页。

逝"[1]。劳动者的无言或言而无味不仅暗示着"自然历史"的阶级压迫，也给予了革命的艺术家一种表征的责任。而此种"文学的观察"在周立波看来，涉及对于"几微"的把握：

> 在现实中隐藏着多少人间的杰作；那杰作往往是一瞬即逝的，巴尔扎克已经提到这点了。同时，在现实中也隐藏了多少生活的几微；这几微，往往掩在现实的平凡里；只有抓住了这几微，才能在平凡的人物身上涂上典型的特色。[2]

周立波所理解的典型性格和典型环境具有一种"微妙的，很难捉摸的，若有若无的特征"[3]。这种对于"几微"的关注，证明了周立波五六十年代短篇小说的风格并非没有更早的美学起源。更让人吃惊的是，"几微"或许有着更为深厚的本土哲学支撑。戴震《孟子字义疏证》开篇言"理"为："理者，察之而几微必区以别之名也。"[4] 这是说"理"能够区分极其细微之差别，也可以使人联想到事物的最细微之处联通着真理。"几微"是行动者无法简单观察到并加以把握之处，但"几微"处蕴藏着"理"的要义，从而可以由此窥见转型过程中的真实痛苦与欢乐，文学书写从中亦获得了别样的认知与政治识别能力。这就是风格的政治成立的形式理由。

周立波五六十年代短篇小说"宇宙"的核心线索即在此处。相比于《山乡巨变》，这些短篇并不与重大题材直接对应，而是呈现出"放松"

---

[1] 周立波《观察》(1935年)，见《亭子间里》，上海文艺出版社，1963年版，第40页。
[2] 周立波《观察》(1935年)，见《亭子间里》，上海文艺出版社，1963年版，第38页。
[3] 周立波《观察》(1935年)，见《亭子间里》，上海文艺出版社，1963年版，第38页。
[4] 戴震：《孟子字义疏证》，中华书局，2000年版，第1页。

的状态[1]；以一个更长的酝酿与创作过程，携带着作者"回乡"后独特的身心状态，来描写宏大时势之中的"几微"现实。这就导致了这些短篇创作整体上呈现出两个特点。

首先，几乎所有作品都以湖南益阳乡间为基本环境，尽管侧重不同，语境各异，却能形成一种别样的互文性，乃至相互连缀的叙事性。正如某评论者指出的那样，"这些小说既是独立成篇的短篇，但不少作品，就其人物关系、小说主题、形式特点而言，又似乎是一个更大结构的构成要素。"[2] 而此种特点不仅仅体现在1964年创作的三篇"王桂香"系列当中，毋宁说所有短篇作品已然构成了一种松散的总体：虽然不是如《山乡巨变》那样有着前后相续的人物活动轨迹，但是随着20世纪50年代中期到60年代中期的时间推移，之后短篇里的人物不妨看作之前短篇里人物"成长"后的状态。这也是那几篇"儿童故事"不可或缺的原因。某种程度上，腊妹子长成为卜春秀；林桂生参军复原也可以变成张闰生；高小学生王大喜和初中毕业生吴菊英之间的感情发展，最终展示为邹伏生与胡桂花的故事；更不用提《北京来客》里精通养猪的大嫂子与爱（艾）嫂子，以及《桐花没有开》里的张三爹同《飘沙子》里的张老倌之间的相似性了。更进一步，无论是盛福元、杜清泉，还是王桂香身上，都有着刘雨生的影子，而又都折射着最初的现实原型曾五喜的一些特征。在这个意义上，所有短篇作品可以看作为一部正在展开而尚未完成的社会主义乡村"人间喜剧"，与结构相对严密、人物更为统一且压实得过紧的长篇小说形成了富有意味的增补关系。

其次，正因为这些短篇作品零星创作于五六十年代而又能保持某

---

[1] 何吉贤：《"小说回乡"的精神和美学转换——以周立波故乡题材短篇小说为中心》，载《文艺争鸣》2020年第5期。

[2] 何吉贤：《"小说回乡"的精神和美学转换——以周立波故乡题材短篇小说为中心》，载《文艺争鸣》2020年第5期。

种相对统一的人物塑造逻辑与风格特征，我们从中可以把握到文学与时势之间的能动关系。虽然看似"含蓄"，但每篇小说多少都呼应或对应着某种具体的时势，更具体地说，回应着某一时期的政策导向与政教要旨。且不用说或隐或显关涉大办"食堂"风潮的《北京来客》与《割麦插禾》，《禾场上》关系到从初级社到高级社的转变，《爱嫂子》呼应着20世纪50年代末至60年代"公私并举"养猪指示，从《张满贞》《在一个星期天里》中能清晰窥见"大跃进"之后"整风整社"的痕迹，而1963年夏以后社会主义教育的全面铺开更是决定了《翻古》里讲述革命"家史"，《新客》里为了农业现代化而推迟婚期，以及《胡桂花》中知识青年喊出"在农村里干一辈子"。从中可以察觉出"风格"与"时势"之间的往复拉锯：既有的外部的政策变换与时势迁移对于"风格"的修正[1]，但"风格"自身的政治同样也在应对、吸纳、改写、转化政策导向与政教要求。这样我们就能在周立波的短篇小说中至少找到两个相互叠合的层次，分辨出两种"时间性"与"变化节奏"，而那一处在底部决定着小说叙事最终表达状态的东西，则是我接下来的分析试图着力厘清的问题。

二、作为"生"之"态"的社会主义

（一）从风格政治到政治风格：关于"生"之"态"的初步思考

要想进一步破解此种"风格政治"，不得不提到周立波短篇小说所牵涉到的"政治风格"。在20世纪60年代公开发表的最后一篇小说《林冀生》中，周立波借那位生病却偏要"乱跑"——看一看湖南乡村现行风俗的——市领导之口，单拎出《毛泽东选集第一卷》里的一篇文

---

[1] 如冯健男论《张满贞》"含蓄"之改变，见冯健男：《从燕子筑巢说起——谈"张满贞"》，载《新港》1961年12月号。

章——《关心群众生活，注意工作方法》：

> [护士]小李说："你对于田里、土里、天气、鱼肉和花轿，为什么都有这样浓厚的兴趣？"
>
> 林冀生没有直接回答。他用右臂肘子支起身躯来，伸出左手，拉开床头小柜的抽屉，取出《毛泽东选集》第一卷。他坐起来，背靠床端，揭开书页，指着《关心群众生活，注意工作方法》那一篇，说道："……毛主席教导我们，'一切群众的实际生活问题，都是我们应当注意的问题。'……注意群众生活是关系社会主义革命和社会主义建设的成败的大事，断然不是小事啊，小李同志。"[1]

这种"小大之辩"虽然只在1964年学习毛主席著作的形势下第一次直接进入周立波的文本，却不能不说是他五六十年代短篇小说创作始终依赖的"政治风格"。追索一下就能发现，毛泽东为1934年第二次全国工农兵代表大会所作的报告中提及的"生活"几乎涵盖了群众身心的全部方面：

> 从土地、劳动问题，到柴米油盐问题。妇女群众要学习犁耙，找什么人去教她们呢？小孩子要读书，小学办起了没有呢？对面的木桥太小会跌倒行人，要不要修理一下呢？许多人生疮害病，想个什么办法呢？一切这些群众生活上的问题，都应该把它提到自己的议事日程上。应该讨论，应该决定，应该实行，应该检查。要使广大群众认识到我们是代表他们的利益的，是和他们呼吸相通的。[2]

---

[1]周立波：《林冀生》，载《北京文艺》1964年第10期。
[2]毛泽东：《关心群众生活，注意工作方法（1934年1月27日）》，中共中央文献编辑委员会编：《毛泽东选集》第1卷，第138页。着重号为笔者所加。

若从上述生活广度与深度出发，无疑就可理解周立波农村题材短篇小说的焦点所在。毛泽东所谓"采取实际的具体的""耐心说服的"工作方法，则为把握周立波笔下的基层干部形象提供了基本的政治依托。"风格"与此篇讲话精神的共振，引出了一个迄今为止尚未完全打开的维度，其精义正在于：中国革命的主体力量需要成为"群众生活的组织者"[1]，所要达到的状态是"和他们呼吸相通"[2]。"呼吸相通"不仅呼应了周立波早已谈及的"气质"问题[3]，而且提示我们，周立波五六十年代的短篇创作可以在一种广义的"政治生态学"视角下加以审读。挪用一下西方政治哲学与政治神学研究的新近研讨，这里涉及的基本问题是"家""家政"（economy）（群众再生产自身的诸方面——包含体制的改造），与"政治"（所有群众生成为政治主体，共同构造未来）之间的往复辩证。[4]同样，这也关系着集体化以后的"齐家"问题与"政治经济学"之间的繁复关系；关联着城乡之间具体的交换关系，以及人类生产、消费活动同外部自然之间的"物质变换"（metabolism）关系；关涉了家政与政治的矛盾结构中诸种气质、心性、惯习可加塑造与难以塑造的诸方面。当然，最终此种理想希望达成的是"家政"与"政治"之间的"相通"状态。因此，"几微"之处恰恰可能是整个"生"之"态"的关键环节，其意义在惯常的政教话语中则往往隐而不见。

---

[1]毛泽东：《关心群众生活，注意工作方法（1934年1月27日）》，中共中央文献编辑委员会编：《毛泽东选集》第1卷，第137页。着重号为笔者所加。

[2]毛泽东：《关心群众生活，注意工作方法（1934年1月27日）》，中共中央文献编辑委员会编：《毛泽东选集》第1卷，第138页。着重号为笔者所加。

[3]关于"气质"的分析，参看萨支山：《喜看稻菽千重浪，遍地英雄下夕阳》，载《文艺争鸣》2020年第5期。

[4]我尤其从姚云帆新书中受到启发，见姚云帆：《神圣人与神圣家政——阿甘本政治哲学研究》，上海人民出版社，2020年版。

（二）"以小见大"与伦理生态的难题

在这个"小大之辩"的脉络里，周立波在1964年8月中国作协全体会议上会奋起捍卫《扫盲志异》，也就合乎逻辑了。刘剑青称此篇小说没能"以小见大"，周完全不予认同，甚至与他发生了争执。[1]这篇初创于1963年春、定稿于1963年8月、发表于1964年秋的作品，写的是"四年以前"即1959年的"扫盲"故事。批评对象显然是新中国成立前卖豆腐出身、头脑里留有"封建"乃至"恐共"思想的何家阿公。若放在当时反修防修与社会主义教育的语境里，就算无视那一被误会的媳妇"偷人"事件，以及篇末何家二子对于新来的扫盲女教师之热络表现，题材与格局也依然显得十分"小"，甚至"旧"。

然而，此篇最值得琢磨的其实是公社党委书记的言行。他在接到何老倌"偷人"举报之后，——后者怀疑中学生扫盲教师与二媳妇待在房间里做出了见不得人的勾当，实际上那句"你睡哪一头"却是为了贴认字的纸。——虽然心里犹疑，但还是杀到了何家，"含笑"搜查了二媳妇的房间。有意思的是，就算抱有怀疑，书记还总是希望"缓和他们中间的紧张的气氛"[2]。真相大白之后，他以一笑置之，"从房间里退了出来，拍拍何大爷肩膀，'不要神经过敏了，老人家'。"[3]但二媳妇并不答应："你平白无故跑来冤枉人一顿，就走了？世界上没有这么便宜的事情。"[4]随即她喊出："你毁坏了我们的名誉，你几时看见我们偷人了，老远地跑来捉奸？"[5]照理说，二媳妇这一要求完全合情合理，可小说却写了这么一段对话：

---

[1]参看邹理：《周立波年谱》，上海人民出版社，2020年版，第221—222页。
[2]周立波：《扫盲志异》，载《湖南文学》1963年第10期。
[3]周立波：《扫盲志异》，载《湖南文学》1963年第10期。
[4]周立波：《扫盲志异》，载《湖南文学》1963年第10期。
[5]周立波：《扫盲志异》，载《湖南文学》1963年第10期。

公社书记本来要讲,"都是你家爷闹的。"但一想到这么一来,定会损害他们翁媳之间的关系,就改口说到:

"哎,算了吧,我们来看一看,有什么关系?又没有宣扬你们的什么。再说,冤枉一下也没揭掉你一块皮。'偷人','捉奸',这样难听话,亏你一个年纪轻轻的女人家也说得出口。"

听了这席话,何二媳妇满脸通红了。[1]

因为新中国的家庭与伦理革命,何老倌旧有的家长身份失势了,媳妇们相比从前更具有主体意识。然而公社党委书记却在某种程度上堪比整个集体的"大家长",他希望尽可能地维持何家翁媳两代人之间的和睦关系。另一方面,他动用看似陈旧的"名声"来抑制何二媳妇竟也发挥了效力——根源也在于"传播"通道的截断而未使之真正成为一个公共事件。个体、家和社的繁复关联,扩展出了一种远非现代个人道德可以容纳的伦理关系。公社党委书记的举动可谓一种从现实中"长"出来的"妥协"。

更让人诧异的是他后续的动作:请来"邓姓中学生",想要全面彻底地了解情况。这在叙事上就造成一种"错位"效果:读者早已知道中学生和二媳妇之间清清白白,因此倾向于肯定两人,但公社书记了解了实情还是盯着这个事儿不放,反而令人不解乃至不满。追根问底,恐怕症结就在于公社书记这一现实的身位。小说一再使他处在一种"中介""中间"的位置,他对于新旧缠绕有着颇为通透的把握。通过他的言说,"伦理"的现实生态呈现了出来:

"书记,你该了解我。"

---

[1] 周立波:《扫盲志异》,载《湖南文学》1963年第10期,第267—268页。

"我了解的。"

"当时,我心里眼里,只是把她当文盲,没有把她看做是女子。"

"我说你是书呆子,你还不服?她本来是个女的嘛,你不把她当女的还行?办任何事情,都得从客观的实际出发,不能单凭主观的热情。"[1]

邓姓中学生虽然主客观上都清清白白,但书记认为他的行为依然不妥,原因就在于他没有顾及到老一辈的眼光以及忽略了何二媳妇"客观"的性别身份。在这儿,单纯主观性的真诚是失效的,有效的是各个主体之间相互看待的眼光,这也是伦理问题超越单纯主观性与单纯事实性的要害所在。

但小说所表达的比这更多。公社书记顺势换了一个女教师去教何家媳妇,没想到结果是:"何家两兄弟,跟两妯娌一起,围坐在方桌的两边和下首,新来的教师端坐在上首,开始教课了。五个年轻人,用心做功课,有时也开一开玩笑,满屋里充满了快乐的空气。"[2] 这引发了老人更大的不安与不满,小说在他赌咒般的话语中富有余味地结束了:"'明天一早,就叫你们滚。'他咬着牙齿盯住他的儿子们。"[3] 父子之间是否会引发冲突,扫盲课是否能持续下去,公社书记如何既维持他孜孜以求的扫盲大计又平复何老倌与后辈之间的冲突,引人遐想。这种戛然而止的结尾,仿佛是对所有人的反讽。从何老倌、公社党委书记,何家儿子媳妇,到扫盲教师,没有一个人在此叙事收束中得到抚慰。考虑到写的是"四年以前",周立波如此设置结局更是让人觉得不可思议。但叙事

---

[1] 周立波:《扫盲志异》,载《湖南文学》1963年第10期,第270页。
[2] 周立波:《扫盲志异》,载《湖南文学》1963年第10期,第270页。
[3] 周立波:《扫盲志异》,载《湖南文学》1963年第10期,第270页。

上的悬置或许期待着更为通透有力的解决方式，而这一看似属于过往的难题，无疑依旧留存在1964年的"当下"之中。

（三）代际和解、代际抵牾，与"经验的辩证法"

总的来说，老辈人与后生子之间的代际抵牾是周立波此一时期短篇创作颇爱刻画的场景。但小说亦有表现代际之间虽有异但不隔的情形。其中令人印象尤为深刻的是《新客》里吴菊英看似过剩的"笑"所传递出的信息。

> "如今的姑娘多好呵，一来就做事。"郭嫂十分叹赏。
> 新客只是笑。
> "看着姑娘有味啵，不住停地笑？"郭嫂又说。"要晓得，你还是个没亲事的新客呵。"
> 听了这话，菊英使劲忍住笑。过了一会儿，等到郭嫂她们说些有趣的，或是略为有趣的言语，她又忘记了自己的身份，又发笑了，有时笑得举起她的冷水浸红的手背来遮住嘴角。[1]

吴菊英发笑绝非出于单纯的欢喜或满足，而是有所指的——"郭嫂她们"。引她发笑的正是这些老一辈讲"礼数"、谈"规矩"的老套话。但是这里的笑又没有一点点讽刺的意思；虽然也是针对某种"旧"而发，但没有"笑着向过去诀别"的厚重。毋宁说更符合李希凡评论《张满贞》时使用的"生活中新因素的内在幽默感"[2]一语。"幽默"恰到好处地抓住了此处笑的本质。在弗洛伊德看来，幽默意味着用温和的超我看待自我，自我会显得相对渺小琐碎。但这是一种不施加惩戒的超我，

---

[1]周立波：《新客》，载《人民文学》1964年第2期。
[2]李希凡：《题材思想艺术——谈谈1961年的几个短篇》，载《人民日报》1962年2月20日。

他允许自我的提升。[1]在政治的意义上，如果将集体里的人视为同一个"我"，那么吴菊英此时占据的位置就是温和的超我，而郭妈王妈则是被识别出"愚蠢"的自我。但这种"旧"的"愚蠢"显然是无害的，是被允许与所谓的"新"共存的。

与此种以"笑"为媒介来展开的代际和解相比，周立波短篇小说中出现频率更高的是一种"经验的辩证法"。此种辩证法表现为两个根本环节：其一，老一辈笃信老经验与新一代听从计划安排之间爆发矛盾，造成代际抵牾。其二，叙事对于生产难题的解决，往往又需要借力于另一个老辈人（往往是作田能手或养牛能人）的老经验。《桐花没有开》与《飘沙子》都充分展现了这一点。

"经验"传承维系着代与代之间的纽带，但由于社会主义革命与建设又必然带来"新"的要求，因此代际抵牾——尤其是农村生活世界中的代际冲突，实际上也是一种经验的危机。然而周立波以其书写清醒地点出了，新的生成无法抛却旧的肌体，各个环节、各代人之间呼吸相通才是社会主义的可欲面向。社会主义需要抵抗"经验的贫乏"，但又不能不"移风易俗"。相比于城市，乡村世界的"经验"需要重新被"组织起来"，而这亦是在组织"群众生活"。正是出于这种叙事动力，我们看到了《翻古》讲述"家史"的政教任务被放置在悠久的"传统"之中：

> 这种劳动是用手指一粒一粒拣，暂时没有机械化，将来也不一定急于机械化，因为它不占据正经的时间，总是在黄昏以后，临睡以前来进行；并且无需调用全劳力，这是老人家和小把戏们能干的工作；而这又是多么有趣的事情呵。按照传统，小把戏们喜欢要求

---
[1] See Simon Critchley, *On Humor* (New York: Routledge, 2002), p.103.

老年人翻古讲汉，用普通话来说，就是讲故事。[1]

其实，周立波关于集体"家政"中代际相通的思考，早已为"家史"讲述提供了一种更为深刻的精神肌体。其中，"老人"与"儿童"是自发地沉浸于"经验"，或者更确切地说，"地方性知识"之中的典型代表。因此，从经验的辩证法出发，我们也能自然而然地抵达更为宏阔的乡村生活世界与"生"之"状态"。这是一个包含了迷信、仪式、传说、药学、动植物、山水风景、乡间气息，总而言之，包含着所有人与非人的世界。

理解了经验、代际与"呼吸相通"之政治生态世界的可欲性，我们也就能够理解，为什么《下放的一夜》里"本来写到大家想办法，用鸡冠血治好伤痛，文章就可以结束了，但人们偏不肯走，'天南地北，闲扯起来'，从蜈蚣扯到蜈蚣虫精，差不多占了作品的一半"。[2]如果说《下放的一夜》是浓墨重彩地描绘了卜妈为代表的老一辈的"土办法"并未丧失其效能——虽然不得不夹杂着种种妄想。那么，《调皮角色》里那个肚子里装了好多新奇学问，"百样事情，他都晓得"[3]的贫农的儿子身上，则凸显了地方性知识与农民主体性之间无法剥离的关系。城市中心的现代知识体系以"分数"为标准，对调皮角色林仲鸣的自信心造成巨大打击，但他的语文老师罗淑清却积极地看待他的可塑性。叙事者以一种柔和的口吻展示了"调皮角色"那些有趣的"地方性知识"："山溜公就不害人。那家伙就躲在山里，藏在烂树叶子里，你要碰它一下子，它弹起来，把人都吓死。实在呢，并不咬人。山里还有青

---

[1]周立波:《翻古》，载《人民日报》1964年2月18日。
[2]艾彤:《三支社会主义颂歌——谈周立波同志的短篇小说》，载《光明日报》1960年10月19日。
[3]周立波:《调皮角色》，载《解放军文艺》1963年第3期。

竹飙，一见到人，飙起好高，你要赶紧捡一块石头，往天上撩去，跟它比高低，它输它死，它赢你死。"[1] 调皮角色最后跟上了功课，但他的奇异世界并没有同时被否定。或者这就是社会主义中国努力转化地方性知识的政治用心所在。比起改革时期作品《人生》中高加林对地方性知识的废弃——背后是以现代西方知识的霸权来取消任何地方性知识的合法性[2]，《调皮角色》不仅讲述了一个关于"知识"的故事，也讲述了一个关于"主体"的故事，更是描绘出一种新与旧、知识与政治、人与自然之间深刻的和解图景。

（四）"与他们呼吸相通"的当家人，或治家者的危与机

作为努力营造"呼吸相通"状态的行动者，公社、大队与生产队干部无疑担当起了"治家者"角色。其重要任务便是积极转化出地方性知识，同时使代际之间产生有效的互动。譬如《在一个星期天里》，公社党委书记杜清泉因鼓泥虫伤秧而求教于老倌李家大爹。"这些讲究，有的他也早知道，但还是虚心地听着。"[3] 随后更是提出让李家大爹向青年们讲一讲秧田之法。从杜清泉的房里休息日总是挤满了来"抽烟、谈话兼喝茶"[4] 的各色干部与社员来看，公社呈现出一种高度的有机性与相通性。

但1963年下半年以后，尤其是周立波参加了"四清"运动以后，短篇小说中的当家人、治家者开始遭遇到梗阻，此种障碍也转化为特定的叙事形式。"王桂香"系列中，除了《新客》一篇主要着墨于王大喜

---

[1]周立波：《调皮角色》，载《解放军文艺》1963年第3期。
[2]对于《人生》中"知识"问题的批判，参看倪伟：《平凡的超越：路遥与20世纪80年代文化征候》，倪伟：《主体的倒影——历史巨变的精神图景》，北京大学出版社，2019年版，第207—208页。
[3]周立波：《在一个星期天里》，载《红旗》1961年第24期。
[4]周立波：《在一个星期天里》，载《红旗》1961年第24期。

与吴菊英，《飘沙子》和《霜降前后》都是围绕枫桥公社红星二队队长用力。前者几乎沿用了《桐花没有开》的模式：王桂香听取养牛行家秦老倌喂牛吃泥鳅的方法，将一头"飘沙子"奇迹般地养成了一头能产仔的好牛，由此再次呈现了上述经验的辩证法。后一篇里，面对"社员受了别队单干风影响，大家只顾挑水去润自留地"[1]的困境，王桂香虽然生气，却没有"骂人"，而是"摸起扁担，挑担尿桶，立刻去泼队里红薯土"[2]。这走的是切近盛福元的路子。

然而值得注意的是，无论是《飘沙子》还是《霜降前后》，王桂香解决矛盾的方式总是诉诸自己或自己家庭来扛下一切。前一篇里，王队长以"家长"的身份安排儿子二喜自愿放弃工分为集体养牛。这一举动虽使自私的张老倌也不得不叹服其"克己"，但会计却以为"无私"会动摇"按劳分配"这一社会主义原则。《霜降前后》里，王桂香虽以"龙头动，龙尾摆"的方式鼓动了一大帮子青年积极分子，但"耐心说服"的工作却几乎隐去了。

之所以王桂香坚持要买一头"飘沙子"来养，关键还有一层支援受灾的邻近公社的意思。而在《霜降前后》的结尾处，叙述者"我"与运送粮谷的王桂香终于相遇，同伴王双喜当着队长的面帮着小说"点"了题："不送好谷，队长这一关，我们就闯不过去。他时常说，支援工业，支援城市，是我们的本分。我们把好东西送给城市，城里同志不会亏我们，也会把好东西送下乡来的。"[3]由此看来，"家政"需要不断地与"政治"建立更为紧密的关联，集体需要与其他集体建立更大的"家"的关系，农村公社需要与城市建立自觉的服务关系（虽然被许诺是一种双向的反馈关系）。但在周立波笔下，将"家"外扩，却会遭遇本有的

---

[1] 周立波：《霜降前后》，载《收获》1964年第3期。
[2] 周立波：《霜降前后》，载《收获》1964年第3期。
[3] 周立波：《霜降前后》，载《收获》1964年第3期。

集体之"家"离心的危机。这种离心性甚至不是回退到"单干",而是张老倌式的"集体"盘算——任何一种集体的损失会分摊到个人身上。同时,社会主义按劳分配原则——表现为认真评工记分,则使得任何无私的举动都会受到质疑:因为"无私"会破坏"等价交换"。这些都是20世纪60年代中国无法回避的政治经济矛盾,也必然影响到众生之"态"。作为个体作家,周立波只能以某种并不完美的叙事解决方式守住自然历史"接生员"的底线,但无疑王桂香的解决方式某种程度上是无法维持的。

(五)城乡物质变换关系的讽喻

若谈及集体与其"外部",创作于1961年10月的《张满贞》或可视为一部深刻的讽喻作品,也是激进时代到来之前关于城乡物质变换关系的隐微之作,或许也可以说彰显了周立波的某种"先见之明"。关于此篇小说,一种读法当然是以张满贞称呼的改变为标志来体会城市外来者变为农民"中间的一个"的改造过程。另一种读法可能会更加聚焦于张满贞的厂长身份以及接近篇末处"大办农业"的提示,将她的变化解读为政策思路的积极调整:从关注工业但忽视农业到重视农业乃至工农并重。这也都是寓意化解读,但我想扣住的是玻璃这一要素。

李希凡曾以为《张满贞》体现出一种"生活和人物性格中的内在的幽默感"[1],但我以为,整风工作组组长这一身份以及"脾气很冲的"武装部长对她"穷追猛打",是另一条隐伏而重要的线索,即一种从外部植入的整顿力量造成了张满贞与本乡本土群众之间一时难以抹消的紧张

---

[1] 李希凡:《题材思想艺术——谈谈1961年的几个短篇》,载《人民日报》1962年2月20日。

关系。[1]在此种政治张力的基础上,"玻璃"成了更为深层的冲突的具象化。小说一开篇,张满贞对于玻璃的鼓吹与其说是"幽默"不如说是"滑稽",不但与农村环境格格不入——或者说是"美好"但"超前"的,而且对于叙述者"我"也没有吸引力——因为她最初关心的是纯粹的经济性,原料成本不高,玻璃厂能替国家赚很多钱。就算她将话题转移到"日常生活"上——生活里不能没有玻璃,却依旧得不到农村人的认同:"你能拿玻璃来当饭吃吗?"[2]这句故意抬杠的气话,叙述者富有深意地以为是"一个尖锐的问题"[3]。小说里有一场周立波惯用的"闲谈"值得细细绎读。话题围绕"燕子"展开。大家看到公社堂屋里有一双燕子正在筑巢,就燕子一口口衔来的泥丸是如何粘连起来的问题展开了争论,张满贞十分渴望能够参与到当地人的闲谈之中,但是脾气很冲的后生子没有接她的话,而是暗带讽刺地顶了她一句:"它们不会用工具,单靠嘴壳子。"[4]张满贞随后的反应却有些造作。

> "建筑材料也太简陋了,除开泥巴,还是泥巴,不用竹木,也没得洋灰。"工作组长兴致很高,凑趣地数落着燕子的缺点。
> "也没得玻璃,是么?"脾气很冲的角色接口问一句,笑了。他十分得意,以为抓到张组长的话尾了。[5]

张满贞这里明显想与脾气很冲的角色拉近关系,因此顺着他说,竟

---

[1] 关于后"大跃进"时期整风整社的基本做法,可参考《中央工作会议关于农村整风整社和若干政策问题的讨论纪要》(1961年1月21日),中共中央文献研究室编:《建国以来重要文献选编》第13册,中央文献出版社,1997年版。
[2] 周立波:《张满贞》,载《人民日报》1961年10月15日。
[3] 周立波:《张满贞》,载《人民日报》1961年10月15日。
[4] 周立波:《张满贞》,载《人民日报》1961年10月15日。
[5] 周立波:《张满贞》,载《人民日报》1961年10月15日。

然没有听出后者前一句话本就藏着讥讽——暗示张满贞来到此地也就是个只懂动嘴巴却不干农活儿的角儿。更要命的是，张满贞数落燕子的话，太过"城市"了，特别是提及"洋灰"（即水泥），因此被武装部长自然地顺出了"玻璃"。虽然叙述者一直在突出张满贞的好脾气与好修养，但是这一场景无疑让人瞅见了这一人物的尴尬之态，仿佛隐含着叙述者更深一层的批评态度。

后续情节中，张满贞惊喜地在乡间发现了能制造玻璃的石英石，而此刻那个农村的后生子没有说话。张对于靠天吃饭的农业没有很大的兴趣，却意外发现了农村里可能有矿。然而叙事在此抵达了一个转折点。一位社员被玻璃划伤了脚板，而这片玻璃碎渣正是城市倾倒在农村的垃圾。张满贞对于此位受伤社员的关心十分戏剧化地改变了社员们对她的印象，接下来的一切都按照规定套路展开——张满贞的称呼变了：从组长到厂长，或老张或满姑娘，妇女们开始和她说私房话，觉得她是"大家中间的一个"。她也开始参加劳动——虽然是自上而下的任命，但在上述"拉近"的语境中亦显得自然而然。她甚至开始"发现"风景，主动赞赏"真山真水"。

非常有趣的是，周立波为张满贞所设计的"改造"之路，相似于一个来到延安的城市知识分子一步步与群众打成一片的过程。何吉贤认为张满贞"被乡村景致迷住了"[1]体现了风景与人的"相认"，"对于新的主体而言，产生的是一种新的归属感，这种归属感又归结于一种新的集体主体的确认"[2]。但在我看来，张满贞的被迷住，可能更类似于《朝阳沟》里银环入"沟"时被风景迷住的状态，远未达到周立波笔下"主体"与"风景"之间更内在的关联性。可能是想抑制住这种略显造作的

---

[1]周立波：《张满贞》，载《人民日报》1961年10月15日。
[2]何吉贤："小说回乡"的精神和美学转换——以周立波故乡题材短篇小说为中心》，载《文艺争鸣》2020年第5期。

抒情，叙述者马上把焦点转回到"玻璃"上："对于玻璃，这位从前的厂长还是保持了她的那种特具的职业的敏感。"[1]这种敏感是什么呢？隔壁屋的孩子失手打碎了她送的玻璃杯子。那种玻璃伤人的情形似乎又将上演，这一次的"敏感"是提前防止它伤人。小说是以此来结尾的：

"你放手，满姑娘，我来，我来，我自己来，叫你费力还要得？"

"这就扫完了。"张满贞把玻璃片子悉数扫进撮箕里，亲自端到屋后山肚里去了。她的用意一眼就看得出来：提防玻璃碎片落到水田里去，去伤害社员的脚板。[2]

这个结尾比较奇怪。翁妈子会不知道好好处理玻璃渣子？难道她看不出玻璃碎片会划伤人？张满贞这一"职业敏感"更像是反应过度或一种神经症。她最后将玻璃碎片特意倒入屋后山肚亦像是某种封存仪式。就算张满贞害怕翁妈子处理不当造成玻璃碴子落进水田，她也应耐心告知相关危害，而不是以此种孤零零的方式来处理。由此来看，《张满贞》是一部多重寓意叠加的小说。处在最深层的，正是对于一种极为不对等的、单向的城乡物质变换关系的揭示。正如玻璃在乡间毫无所用，仅仅只能带来隐藏的伤害，或仅仅是"装饰"，"城市"给予"乡村"的实在不多。城市尚有待被真正整合进社会主义政治生态世界。

（六）从"风景"到"景气"

张满贞式对于"风景"的赞赏在周立波笔下其实十分罕见。他十分自觉地根据看风景的主体身份来规定他们的视线。除了张满贞以外，

[1]周立波：《张满贞》，载《人民日报》1961年10月15日。
[2]周立波：《张满贞》，载《人民日报》1961年10月15日。

《新客》里的初中毕业生吴菊英在草垛子上"忽然看见"开满白色小花的茶籽树,也给出了评价:"你看这一树茶花,开得好漂亮。"[1]还有就是《胡桂花》篇末胡桂花和邹伏生给军属送柴火,在路上休息的时候看到了堤上美景,胡说了一句:"我从来没有注意,我们周围是这样的美丽。"[2]而邹伏生点一点头,没有作声。叙述者为他补白道:"他也沉浸在优美的自然景色和同样优美的情怀里。"[3]

吴菊英、胡桂花之所以会对"风景"加以评论,与其相对"外来"的身份有关——两人都不是本乡本土人,且都是初中毕业的知识青年。周立波的叙事传递出一种独特的聚焦意识与相当清醒的感觉分配意识,特别是《新客》里吴菊英"看花"进而想"摘花"的举动被王大喜阻止,"风景"生成机制在此遭到了中断。王恰恰是以本地集体经济的理由("折去一枝,明年社里就要少收好多的茶籽"[4])打断了吴菊英颇有些学生气的"审美"活动。然而周立波关于"风景"的看法显然并不停留于上述政治经济与美学的"形式"对立之上。在我看来,邹伏生看到了"风景"却没有作声更加耐人寻味。叙述者的这一处理提示我们,相比于看不到风景,看到而无言可能是更恰切的情状。

因此,若是一味局限在既有的风景—知识主体框架里来想问题,还

---

[1] 周立波:《新客》,载《人民文学》1964年第2期。值得注意的是,发表于《人民文学》的这一初版本与后来收入《周立波选集》第1卷(1983)中的版本就此处的描绘有很大的不同。初版中,吴菊英评价茶籽树花"漂亮"后紧跟了一句"我去折一枝来",但她的举动遭到了王大喜的阻止与教育:"不要折吧。折去一枝,明年社里就要少收好多的茶籽。"《选集》版则完全删去了茶籽树花相关内容,改为吴菊英坐在草垛子上无意间看见风景并给出评价:"这地方漂亮、幽静。"后续王大喜加以阻止地也变成了吴菊英因为怕地湿而扯队上的稻草(集体财产)来垫屁股这一行为。这一改动颇值得分析:《人民文学》版所呈现的看花—采花—被阻止,是一个"风景"生成却最终被中断的过程;而《选集》版则将吴菊英看风景与她无意间扯队上稻草的举动切了开来,"看风景"的状态在此被保持住了。
[2] 周立波:《胡桂花》,见《周立波选集》第1卷,湖南人民出版社,1983年版,第345页。
[3] 周立波:《胡桂花》,见《周立波选集》第1卷,湖南人民出版社,1983年版,第345页。
[4] 周立波:《新客》,载《人民文学》1964年第2期。

是无法妥善解释充斥在周立波短篇创作中的风景描写，特别是大量"人在景中"的场景。雷蒙·威廉斯曾以为欧洲尤其是英国"风景"概念的出现，暗示着分隔和观察。劳动者从未想到要看风景，这只不过意味着生产和消费之间的分离。换言之，以纯粹的审美的视觉态度来把握"喜人的风景"，掩盖了土地的阶级划分与占有。[1]周立波笔下的风景描写究竟是否无意中延续着这种审美意识形态？这是一个值得认真对待的质问。但至少从周立波对于评价风景者身份的审慎选择来看，他是具有反思意识的。我曾经讨论过《山乡巨变》续篇中亭面糊遭遇风景那一细节，认为亭面糊的功利性言说与美景显现之间的"隔"具有一种历史征候意味。但研读了周立波的短篇之后，我却发现完全可以置换一下视角：若从上述"生"之"态"的脉络出发，似乎不必将观看"风景"视为一种纯粹的视觉性机制，风景也不单纯是一种视觉对象。因为"风景的'风'字，是由气来的，故风景，又云风物、景气"。[2]以下一句话为我打开了重解周立波笔下风景的法门：

汉人因气言景，金木水火土与天地日月星辰都是景气，人则可以因气相感，此即构成一"情—景"关系的体察。[3]

如果解放了的农民携带着他们的解放感，充实地劳动于本乡本土，与山水相近，当然会时时看到风景，但与其说是静观式的"看"，毋宁

---

[1] 雷蒙·威廉斯：《乡村与城市》，韩子满、刘戈、徐珊珊译，商务印书馆，2013年版，第167—168页。
[2] 龚鹏程：《从〈吕氏春秋〉到〈文心雕龙〉——自然气感与抒情自我》，陈国球、王德威编：《抒情之现代性："抒情传统"论述与中国文学研究》，生活·读书·新知三联书店，2014年版，第605页。
[3] 龚鹏程：《从〈吕氏春秋〉到〈文心雕龙〉——自然气感与抒情自我》，陈国球、王德威编：《抒情之现代性："抒情传统"论述与中国文学研究》，生活·读书·新知三联书店，2014年版，第606页。

说是更富动态的"感",这里必有某种难以言传的感受乃至感动。人与环境之间的"相通"是这一宏大的政治生态学中的重要面向,也可以说是一种"呼吸相通","因气相感"。这样也就可以理解,杜清泉安排好农活、送走了爱妻,走回公社路上时的那一个举动:

> 田里到处是热闹的蛙鸣;山肚里,阳雀子悠徐地发出婉丽的啼声;而泥土的潮气,混和着野草和树叶的芳香,也许还夹杂了苗壮的秧苗的青气,弥漫在温暖的南方四月的夜空里,引得人要醉。杜清泉放肆吸了一口气,于是加快了脚步。[1]

从"景气"与"气感"角度来看"人在景中",亦能读出别样的味道:那不再是一个静止的画面,而是透出一种感人的气息。正如《霜降前后》里的那一幕:

> 我走上了一条通往公社的简易公路。晚稻收割了。晴空下远望,沿地平线,横拖一派淡青的柔嫩的轻绡,像是雾气,又像烟霭;平野四望,丛树一束束,乌黑乌黑的;而在近边,割了禾的田里,一把一把金黄的稻草,竖立在那里,间隔得很齐整;发了黄的芋头叶子,迎着小风,在轻微地晃动。我走上了一条通向省城的宽敞的公路。拐弯处,看见一群运送粮谷的农民,放下担子在路边歇气。……他们动身了,一行十七位,一色青皮后生子。背部微驼的中年队长王桂香同志走在他们正当中。在温暖的十月的阳光里,他们挑着一担担十粒五双的黄谷,劲板板地往粮仓走去。[2]

---

[1] 周立波:《在一个星期天里》,载《红旗》1961年第24期。着重号为笔者所加。
[2] 周立波:《霜降前后》,载《收获》1964年第3期。

（七）虚拟性与"文化革命"

作为周立波20世纪60年代短篇小说真正的收束之作，《胡桂花》这篇未能发表的作品既嵌入社会主义教育的大势，又传递出作者关于乡村之精神生态及其可塑性的深沉思考。周立波的用心非常直白地由动员胡桂花出来演戏的老卜说出："你爱人演的刘兰英，把冯老二的土地菩萨也打倒了，这不是革命，又是什么？这叫做文化革命。我们要用正当的、健康的、高尚的娱乐来革低级趣味的命，革菩萨的命，革牌赌的命。"[1]这涉及组织群众生活的关键一环：如何组织乡间的闲暇时间。也可以说是作为"生"之"态"的社会主义生活世界隐藏着最复杂、最微妙的危机的一个环节。随着1963年以后"千万不要忘记阶级斗争"的宣教，"旧习惯势力"的根深蒂固性与日常生活中"阶级斗争"的错综复杂性不断得到强调。然而在我看来，《胡桂花》展示的却是一种有效的虚拟与现实之间的相互生产。小说用大部分篇幅来写老卜动员胡桂花出演刘兰英以及演出过程中邹伏生负气而走，却也在剩下将近三分之一的内容里重点描绘了演出后人们对胡桂花的兴趣，"演员"胡桂花在群众的眼中好像无法和刘兰英相剥离了：

> 两个人正要谈些体己话，不料，大门外面人声嘈杂，脚步声越来越近了。夫妻两个同时朝外面一看，只见黑鸦鸦的一片，来了一大帮子人，有男有女，女的占多数，有老有小，小孩占多数。有几个调皮孩子已经飞进邹家的灶屋，站在桂花面前了。后续部队跟着进来了。到处站满坐满了；水缸架子上也坐好几个，有个年轻堂客首先开口说：

---

[1]周立波：《胡桂花》，《周立波选集》第1卷，湖南人民出版社，1983年版，第341—342页。

"我们是来看一看，你下了装是什么样子。"[1]

接下来"来客们"的"闲谈"既评论胡桂花演得好，也诉说着各自的心事。当一个翁妈子说起自己的媳妇不像刘兰英，以为自己出众而闹离婚时，"大家都叹息，议论，痛贬那个不爱农村，想要离婚的堂客，赞佩戏里的刘兰英，也就称许了生活里的刘兰英"。[2]

胡桂花因饰演刘兰英而获得了一种双重人生，而这人生的叠影不正是社会主义政教—模仿美学机制的具体实现吗？花鼓戏《补锅》里的刘兰英爱上了补锅匠，生活中的胡桂花愿意跟随邹桂生在农村干一辈子，通过在舞台上获得虚拟的身份，她同时被群众辨识为刘兰英（美的典型）与胡桂花（现实中的一个），她获得了肯定，也肯定了自己的选择。更关键的是，邹伏生也感受到了胡桂花身上已然无法剥离的虚拟性与更为完美的一面。这里包含着"社会主义现实主义"美学至为深刻的一面。

胡光凡曾认为此篇与《扫盲志异》是姐妹篇，从主题上来说确有相近性。但从内容设定与人物配置来看，其实也很接近《在一个星期天里》。首先，两篇作品都触及了文艺活动，但对于杜清泉来说，画画属于自己的兴趣爱好，是自己的"气质"问题；但对于胡桂花来说，演戏是一种"文化革命"，是自我的趣味、特长与"组织群众的生活"相统一，是塑造更普遍的"气质"的实践。其次，杜清泉与王俊兰在小说结尾处肩并肩地沿着山边的路径往城里走去的场景，与胡桂花、邹伏生为军属龙妈担柴禾而同行的样子也有着某种相近性。但后一幕更加充盈着新气息，包含着一种亲密无间的夫妻伦理实体向外部拓展其力量的意味，乃至成为一种真正意义上的"社会主义风景（气）"：

[1]周立波：《胡桂花》，《周立波选集》第1卷，湖南人民出版社，1983年版，第342页。
[2]周立波：《胡桂花》，《周立波选集》第1卷，湖南人民出版社，1983年版，第343页。

两人再度上路。他们挑起担子，踏着秋天早上的露水，浴着金黄色的太阳光，轻松、舒畅地往军属龙妈家走去。[1]

三、结语

　　今天来看，为何这一单纯的场景仍能传递出一种巨大的感染力？是因为在此，劳动、自然、博爱、爱情、家政、政治之间能够"呼吸相通"。这可能是对于周立波五六十年代农村题材短篇小说创作最恰切的审美收束，也是其风格政治的凝缩表达。那些活在"自然历史"向"真正的历史"转型中的平凡而伟岸的人们，因为周立波细腻的笔触而拥有了一种"回视"我们的机会。在"接生员"式的革命思路中，"以小见大"中折射的伦理难题，代际和解与代际抵牾，"经验的辩证法"，当家人治家的危与机，城乡物质变换关系的讽喻，"景气"范畴的激活以及别样"文化革命"思路，构成了作为"生"之"态"的社会主义生活世界及其难题的动人再现，勾描出一个从生产劳动、生活组织、伦理—政治关系，到知识转化、经验传承、感性重铸等诸方面贯通起来的总体世界。这些曾经努力生活着的灵魂也期待着我们在新的历史条件下，将作为"生"之"态"的社会主义生活世界的可能性去完全测绘与打开。

【题注】

　　本文系国家社科基金一般项目"批评史脉络中的十七年文学人物形象审美谱系研究"（编号：18BZW159）的阶段性成果。本文在写作过程中得到参与《20世纪中国文学案例与理论专题导读》课程的上海大

---

[1]周立波：《胡桂花》，《周立波选集》第1卷，湖南人民出版社，1983年版，第345页。

学中国现当代文学专业 2020 级硕士研究生的提示与帮助，尤其是卞文娅、聂长乐、丁玲等对于解读《桐花没有开》《禾场上》《张满贞》等篇目提供了不少洞见。本文发表于《中国现代文学研究丛刊》2021 年第 4 期。唐弢等曾认为周立波农村题材短篇小说那种新旧叠合、含蓄离题的"风格"就是政治。要理解这一政治，《禾场上》那句叙述者的评论——"鸟类没有接生员，难产的落沙婆无法减轻她的临盆的痛苦"——构成了基本线索，它对应着马克思所谓"一个社会即使探索到了本身运动的自然规律……它还是既不能跳过也不能用法令取消自然的发展阶段。但是它能缩短和减轻分娩的痛苦"。马克思将社会经济形态视为自然历史过程，而革命在某种意义上正是新世界的"接生员"。要想进一步破解此种"风格政治"，须回到周立波所认同且依赖的"政治风格"，即毛泽东《关心群众生活，注意工作方法》对于组织"群众生活"的重视以及对于"采取实际的具体的""耐心说服的"工作方法的强调，以期达成与群众"呼吸相通"的结果。因此，"以小见大"中折射的伦理难题，代际和解与代际抵牾，"经验的辩证法"，当家人治家的危与机，城乡物质变换关系的讽喻，"景气"范畴的激活以及别样"文化革命"思路，构成了作为"生"之"态"的社会主义生活世界的动人再现，其意义在惯常的政教话语中往往隐而不见，却成为重审中国社会主义更为完整而有力的经验的根本前提。

"信任感"与"心宽路远"
——《山乡巨变（上部）》的现实理解和生活感觉

◎程凯

《山乡巨变》上部、下部各自聚焦了农业合作化的两个阶段。上部写1955年下半年，毛泽东提出"中国农村的社会主义高潮"后，农村快速实现全面合作化的"运动"过程。下部表现1956年跨越到高级社后，农业生产合作社作为新的生产和社会组织形式在日常运行中遭遇的挑战。

关于农业合作化始终有一个说法——"成立容易巩固难"。由此产生出推动合作化的不同路线：一则认为，既然合作社相对农民的生产生活习惯是一种全新体制，必然存在磨合、适应过程，应在巩固试点社的基础上择取"有条件"者逐步推广方能"稳步发展"[1]；另一方则意识到

---

[1] 当时主持合作化工作的农村工作部部长邓子恢是"条件论"的代表。其1953年即提出过试办社的三条标准：生产需要，群众觉悟（根据切身经验认识到合作社的优越性），干部的领导能力。到1955年6月他与毛泽东产生争论后依然坚持审批合作社必备四条标准：现有社增产巩固程度；互助组发展规模大小；干部强弱；原有工作基础好坏。（薄一波：《若干重大决策与事件的回顾（上卷）》，中共中央党校出版社，1991年版，第351页）

巩固非一时之功，在周边"汪洋大海一样的个体农民的所有制"[1]的包围与竞争态势下，靠重点扶植树立起的合作社容易陷入孤立和依赖，如果没有一个自上而下大力推动合作化的总体态势很难实现多数农民自愿入社，由此必将迟滞农村社会主义改造的步伐。1955年在合作化问题上发生的急转可以看成后一种思路取代前一种的过程。不过，即便欢呼后一种观点者，也意识到在当时条件下，硬推全面合作化可能面临相当大的社会、经济、政治风险。换句话说，"巩固"固然难，全面"成立"也未必那么容易。这意味着，以群众运动方式快速合作化以及随后的"巩固"过程将遭遇不同挑战。《山乡巨变》较完整地书写了全面合作化在基层"落地"的两个关键阶段。它们之间的承续、断点以及重心转移传达着作者置身这一历史过程所理解、消化的政策指示、工作经验和生活感受。

全面合作化的"软着陆"

毛泽东在1955年中的特定状况下开始推动合作化加速时，须打消两种担心。担心一是来自苏联农业集体化初期的极端状况是否可能重演——由于强行推动集体化造成农民反抗、粮食减产、牲畜死亡。[2]二是来自1954年粮食统购统销政策实施后农村的不满情绪和干群紧张。后者也是邓子恢力主合作化工作收缩、放缓的原因之一。1955年元月后地方派出的调查组曾反映，由于上一年购粮任务重，基层产生严重的

---

[1]毛泽东：《关于农业合作化问题》(1955年7月31日)，中华人民共和国国家农业委员会办公厅编：《农业集体化重要文件汇编（上册）》，中共中央党校出版社，1982年版，第373页。
[2]肖洛霍夫《被开垦的处女地》上部对苏联农村集体化初期较为粗暴的工作方式与农民反映有所书写。这一周立波翻译的长篇小说很长时间内是中国作家、合作化干部学习的样本。但小说基于"写实"立场恰好记录了苏联集体化运动中的诸多弊端。某种程度上中国的合作化是在汲取苏联教训的基础上设计的。

命令主义作风。"农民（包括很多乡村干部）中对党与人民政府普遍地流露着一种不满情绪"，群众见了干部躲着走。"经过购粮，区干部和乡村干部的关系，乡村干部和群众的关系均起了变化，很多乡村干部反映干部不相信他们，动辄批判、戴帽子，因而不敢将农村真实的情况向上反映。"[1]邓子恢尤为忧心干部队伍的变化，特别是新老干部青黄不接造成群众路线工作作风衰退：

> 原来有群众工作经验的干部在领导岗位上只对任务做一般性的布置，深入不下去，取不到直接经验，因而心中无数。下边一批新干部，只顾完成数字任务，不懂得群众路线如何进行，想模仿又没有个好榜样，结果只能靠行政命令办事，因而把事情办坏。[2]

邓子恢力主合作化减速，目的之一在为培养足够的办社干部、积极分子和办社核心留出必要的时间和空间。但毛泽东的判断相反，在他看来，干部锻炼正要在运动中完成，没有总体的运动态势和由运动带动起的群众积极性，干部就不会受到触动、教育并成长。

> 这些同志还对于共产党在农村中的领导力量和广大农民对于共产党的热忱拥护这样一种情况，估计不足。他们认为我们的党对于几十万个小型合作社都难于巩固，大发展更不敢设想。他们悲观地描写党在领导农业合作化工作中的现时状况，认为"超过了干部的经验水平"。……但是怎样去取得这种经验呢？是用坐着不动的方

---

[1]《华南分局关于目前农村紧张情况与措施的报告》（1955年2月2日），《农业集体化重要文件汇编（上册）》，第292页。
[2]邓子恢：《在中国共产党全国代表会议上的发言》（1955年3月21日），《农业集体化重要文件汇编（上册）》，第305页。

法去取得呢，还是用走进社会主义革命的斗争中去、在斗争中学习的方法去取得呢？……我们不去领导农民在每乡每村都办起一个至几个农业生产合作社来，试问"干部的经验水平"从何处得来，又从何处提高呢？[1]

毛泽东坚信，掀起"新的社会主义群众运动的高潮"将使"干部和农民在自己的斗争经验中""改造他们自己"，"在做的中间得到教训，增长才干"[2]。这样能做得通的逻辑基点非植根于现实条件，它首先来自现实必要性，同时基于一种强烈的信心：

> 我们必须相信：（1）广大农民是愿意在党的领导下逐步地走上社会主义道路的；（2）党是能够领导农民走上社会主义道路的。这两点是事物的本质和主流。如果缺乏这种信心，我们就不可能在大约三个五年计划时期内基本上建成社会主义。[3]

而对于必要性的论证则高度关联于信任感，特别是政治信任：

> 在土地改革后，农民发生了分化。如果我们没有新的东西给农民，不能帮助农民提高生产力，增加收入，共同富裕起来，那些穷的就不相信我们，他们会觉得跟共产党走没有意思，分了土地还是穷，他们为什么要跟你走呀？那些富裕的，变成富农的或很富裕

---

[1] 毛泽东：《关于农业合作化问题》（1955年7月31日），《农业集体化重要文件汇编（上册）》，第368页。
[2] 毛泽东：《关于农业合作化问题》（1955年7月31日），《农业集体化重要文件汇编（上册）》，第360页。
[3] 毛泽东：《关于农业合作化问题》（1955年7月31日），《农业集体化重要文件汇编（上册）》，第369页。

的，他们也不相信我们，觉得共产党的政策总是不合自己的胃口。结果两下都不相信，穷的不相信，富的也不相信，那末工农联盟就很不巩固了。[1]

这样的陈述带着浓烈的政治主观色彩。它诉诸一种从革命政治的主观辐射出去的对农民意识现实的估计、认定。毛泽东在发动群众运动时常把运动必要性归结于群众自身的内在需求。1958年，毛泽东在北戴河会议上推动建人民公社时就声称，"办人民公社，是群众自发的，不是我们提倡的"；并且讲："共产党的话，过去讲的：抗日，打蒋介石，土改，合作化，都灵了，农民相信。这次提出办公社，农民会很快接受。"[2] 这里，由认定"农民相信"共产党的话"灵"推导出农民必将进一步接受共产党的号召，恰好道出了在农民信任和党的信心间彼此支撑的关系。

如果结合全面合作化后农村出现的种种不适应情况来看，所谓合作化的"灵"并非增产增收的许诺完全实现了，它更多体现为在建社、入社指标上超额、提前完成任务。这不能等同于合作社体制的成功，而是合作化"运动"的成功。这一成功的程度超出了毛泽东原来的预计。"几个月工夫，形势就完全不同了。站在那里看的广大群众，一批一批地站到合作化这边来了。……最顽固的，也不敢议论鸡毛能不能上天的问题了。"[3] 从1955年7月到10月，他一再修改合作化的速度指标。而很多农村工作干部曾担心的快而不稳、命令主义、消极抵抗、减产、宰杀牲口等消极现象并未广泛出现。这意味着，全面合作化最后基本实现

---

[1]毛泽东：《农业合作化的一场辩论和当前的阶级斗争》(1955年10月11日)，《农业集体化重要文件汇编（上册）》，第434页。
[2]薄一波：《若干重大决策与事件的回顾》，中共中央党校出版社，1993年版，第744页。
[3]毛泽东：《〈谁说鸡毛不能上天〉一文按语》，《农业集体化重要文件汇编（上册）》，第511页。

了"软着陆"。

在之前粮食问题引发农村紧张形势的条件下，为什么力推全面合作化可以实现"软着陆"？除了中央在粮食问题上采取调整政策给农村松绑，推行谨慎和较为实事求是的入社政策之外，恐怕要害处还在于中共多年积累下的群众工作经验：如何调动地方干部，怎样使用带头人、积极分子，确保通过细腻的、深入地方生产生活脉络的、反复互动的方式说服群众。正是在呈现这一"软着陆"过程的意义上，《山乡巨变》提供了全面合作化运动落实于一个基层乡村所展开的生活与现实图景。

"盖满爹"：乡贤式的农村干部

1954年年底，周立波刚回到益阳老家深入生活时正碰上农村形势紧张。[1]他在1955年2月21日写给刘少奇的报告中如实反映了益阳地区粮食问题的严重：口粮普遍不足，一天只吃两顿饭；农民喂不起猪、鸡、鸭，不愿多种田；农户手里活钱少，靠卖柴贩碳贴补，造成山林败坏；农家子弟愿读书不愿劳动等；粮食问题"损害了工农联盟和干群关系"，"干部因为吃了饱饭，仅仅是吃了饱饭，并没有奢华浪费，却成了好像站在群众头上"。[2]

从报告不难看出，下乡之初，周立波除作家身份，还承担着类似下

---

[1] 关于1954年年底到1955年春季农村形势严峻的成因，薄一波《若干重大决策与事件的回顾》中有所记述："1954年，长江中游、淮河流域和华北平原遭受百年不遇的大洪灾，……由于要以丰补歉，国家向非灾区多购了大约70亿斤粮食，不少地区购走了农民的口粮。其中两广和湘南部分地区，当年9月到1955年5月上旬又持续干旱，春季无法插秧，而且一场严重冻灾把原定春季收获的红薯冻死。因此，1955年春季全国农村形势比较紧张。……除了自然灾害以外，从工作上来说，固然首先是因为粮食征购任务过重，形成继1953年以来的第二次全国性的粮食大风潮，但与1954年秋季以来农业合作化步伐发展过快，也有密切的关系。"（薄一波：《若干重大决策与事件的回顾（上卷）》，中共中央党校出版社，1991年版，第370页）
[2] 邹理：《周立波年谱》，上海人民出版社，2020年版，第160—161页。

派干部或工作组的调查研究任务，因此尤为注意农村政策在群众生活层面产生的影响，乃至老百姓的负面情绪。他的报告中如实记录了这样一个场景：

> 有个七十多岁的老汉，戳着拐棍，从离城二十多里的九区到街上去，快到河边时，走得头眩了，在路边歇歇，跟我们交谈，他是到街上找他儿子要购粮证的。没有购粮证，有钱买不到米，而购粮证揣在他儿子身上，他儿子是驾船的，说到临了，老汉骂起来："咯号贼贪的世界啊！"[1]

这类触目现实是一旦深入基层就会随时随地看到的。不过，历历在目的现实矛盾对周立波而言很大程度上是政策层面的"现实问题"，是只能通过专门渠道去反映、建言的部分。而作为作家，他要努力把握另一重现实。因此，乡下一时的紧张局势及其背后的矛盾构造并未构成他在创作层面特别借重的线索。反之，另一重发觉乡村生活活力、包容性、生动性的触觉被唤醒、激发出来。

事实上，周立波在延安时期短暂的下乡经历（1941年3月）曾催生出一篇散文化而富诗意的短篇小说《牛》。那篇颇具灵气的小说以一个亲切的旁观者视角，努力去贴近农民的生活世界、情感体验，体会乡间普通男女的喜乐，在细腻的观察与描写中，观者与被观者的感受世界似乎渐渐融在了一起。但这篇小说在随后的整风运动中被作者立为自我批评的靶子，检讨只着眼描写生小牛这样的"小事"和采取"自然主义"笔法反映出不经意的"做客"心态[2]，是小资产阶级趣味的投

---

[1] 邹理：《周立波年谱》，上海人民出版社，2020年版，第160页。
[2] 周立波：《后悔与前瞻》，李华盛、胡光凡编：《周立波研究资料》，知识产权出版社，2010年版，第58页。

射,纠正的方向则是努力去写"大事"、写"革命历史上和现实生活里的真正的英雄"。在调整方向后所写的两部长篇小说《暴风骤雨》(1948年)、《铁水奔流》(1955年)中,周立波一方面找到了如何写"大历史"和"群众英雄"的方法;另一方面,由于在构造"史诗性"框架和叙述时非常依赖革命运动中政策表述、典型经验所带出的现实认知,造成其矛盾构造、情节展开多按照现成政策经验加工而成,人物几乎成为历史事件的棋子,生活空间和人物空间则被"历史""事件"挤压得厉害。这种写法发展到《铁水奔流》时,由于丧失了革命运动的波澜起伏对情节构造的带动、支撑而作者又难以深入工厂生活的内在机制,小说中的人和事均趋于干枯。周立波自己也对《铁水奔流》不满意。他是带着创作上的挫折感回到益阳老家,重新开始深入生活。值得惊异的是,他的创作感觉、灵气在老家几乎很快就苏醒了,迎来了与之前状态迥异的创作高峰。如果联系到他初下乡时接触的农村基层正是矛盾重重、举步维艰之时,这种感觉的复苏就越发耐人寻味。

周立波回乡后拿出的第一篇作品是短篇小说《盖满爹》(1955年6月)。再写农村,他所瞩目的不再是生活小品意义上的诗意乡村,也非被暴风骤雨的革命运动带着走的基本群众与英雄。他捕捉的第一个人物盖满爹是一个在基层政权中起着承上启下作用的脱产干部,同时是一个被乡土社会培养出来的、坚实而自尊的老农。这种形象的两重性构成人物展开的两个面向。小说开篇从盖满爹的木匠出身讲起,写他对木工的痴迷,记他对木材的喜爱,谈他对赐名先生的感激之心,笔法颇似古代笔记中的"异人传",由"痴"中见其心性淳厚、专注,由技精于艺显露其灵气、能力。其中,写他因喜欢先生的赐名,两次请酒,一见其爱子之心,二见其领悟力,三见乡风文化对他的熏染。一番出身交代,让人看到盖满爹虽扎根乡土,但身上有超出一般种地老农,而尤能浸润、受益于乡风文化的特质。以此为衬底,再交代他入党脱产后,将木工用具一并送人，声称往后"不修私人房屋，要盖社会主义大楼了"，可一旦见到乡政府门窗破烂仍不免手痒，重拾旧技，一片公心寄于洒脱性格之中。

小说主体部分写盖满爹处理各种工作——从统购统销到调解离婚诉求、解决学校与左邻右舍矛盾，整顿互助组发展农业社，治湖动员民工，帮电气工人修线路，鼓动春耕竞赛——一件一件纷至沓来。其中有长期工作有短期任务，有紧急状况有日常纠纷，有政治性强的动员也有生活矛盾，但无论放在工作层面衡量属于集体"大事"还是家户"小事"，堵到盖满爹面前都变成急茬，要马上处理、回应。作者着意刻画的不是这些大小工作、事务本身的难度，而是盖满爹处理这些涌到面前的工作时的沉稳、从容。其沉稳、从容首先源于他对"乡里情况了如指掌"——"他的脑壳就是一本活的户口册。不但人，他连好多人家的家务，心里也有数。"[1]；其次基于他的威望、能力，——"农民喜欢听他的话，他讲得简单、崩脆和生动，不用笔录，都记在心里"[2]；最后来自于他的责任心、公道心，能一碗水端平，令大家心服口服。从一个木匠到乡里的当家人，其间难免经历诸多历练、顿挫。小说中也讲盖满爹由于年纪大、文化低，有位置不上不下的尴尬。但作者更致力于捕捉、呈现其为人的稳重，工作上的驾轻就熟、不急不躁以及置身邻里乡亲间游刃有余所搭配出来的一种自然从容的感觉。因此，写各种繁杂工作的"急"变成了为写出人物的"不急"来服务。小说也涉及盖满爹处理问题时的手段方法，但点到即止，使得这个形象更多地以一种浑然整体、自然成熟的状态树立起来。

《盖满爹》中所写工作涵盖一时乡村基层的方方面面，可小说并未设计一个贯穿线索或矛盾，不费力交代彼此关系。因为作者固然写"事

---

[1]周立波：《盖满爹》，《周立波选集》第1卷，湖南人民出版社，1983年版，第107页。
[2]周立波：《盖满爹》，《周立波选集》第1卷，湖南人民出版社，1983年版，第111页。

儿"却并不从事儿本身写,而倾向于截取工作过程中的片段,集中写场景、场面中的各种人物状态与气氛。像写统销工作时的联组吵架,本是最棘手的一幕,可其主要篇幅没落在问题如何解决上,而重点描绘开会时的七嘴八舌。这个写实场面的认识价值不再呈现群众对粮食问题的意见,它真正展现的是在棘手语境中、在难免引发冲突的现场,群众与盖满爹这样的干部会形成什么样的互动方式:话得怎么说,理得怎么讲,情绪如何引导?盖满爹出面时以玩笑打头:"哪一个的喉咙大,我们叫哪一个多销一点米,吵得这样费力气,不多吃点还要得?"[1] 以此抛出一种不见外的批评、揶揄态度。而大家的回应——"盖满爹,不要怪我们,我们也不怨政府,是天老爷太不开恩了"——立刻呼应了,进而试图拉近彼此一致性和共同基础:在"我们"和"政府"之间,盖满爹是处在更能理解"我们",能向政府解释"我们"难处的位置上。这个说法背后潜在的意识、逻辑是:盖满爹,你是我们信得过的,你也该信得过我们,政府信你的话,你应该向政府说明我们的本意,(代表政府)理解我们的难处。随后,青年团员们与老农争执不下时也诉诸对盖满爹的信任:"我们听你的,盖满爹。"在看似凌乱的你言我语中,聚焦点是盖满爹的威望:无论老农还是青年都买他的面子、服他的话。这种"服"基于长期积累起来的信任感,此信任感使得盖满爹在表态之前,群众已达成了听从他的"意愿",愿把矛盾交付他仲裁。然而,盖满爹并不急于拿出解决方案。因为他清楚,所谓"不要怪我们""我们听你的"这类语义背后大家仍然心结未解,彼此尚不服气,如果直接端出解决办法,会再激起反对。于是,他的方式是借势抛出"重话"——"我们把公家粮食都吃光算了。台湾不要了,社会主义也不要搞了,好不好?""这几句话一说,课堂里鸦雀无声。"[2] 盖满爹所说看似官话,实

---

[1] 周立波:《盖满爹》,《周立波选集》第1卷,湖南人民出版社,1983年版,第112页。
[2] 周立波:《盖满爹》,《周立波选集》第1卷,湖南人民出版社,1983年版,第112页。

际是用大道理、大帽子突破久吵不决酿成的敌对和纠缠空气，压住双方跃跃欲试、气愤难平的气焰，为接下来缩小范围做工作铺路。后面，盖满爹如何召集党团员开会、说服党员缺粮户放弃名额、评议定案，作者就不再展开写，只介绍带过。因为那已经属于较为常规的工作流程。

如果对照《暴风骤雨》就会发现，周立波当年写土改时，其场景、场面描写常是按土改工作经验中框定的情节逻辑和情节需要去写，却写不出在特定情境、状态下人物应有的言语方式、行动逻辑。到写《盖满爹》时，吸引周立波的不再是如何参照工作经验的叙述来推动情节，而是着力捕捉工作过程中那些有意味、有质感、有表现力的场景，人物的言动方式，甚至声色、光影。像这个会议场面中，作者就特别点到盖满爹站在煤油灯下时"右首粉墙上映出了他的摇摇动动的放大了的影子"。而对一个工作片段能展开充满细节的、较为准确的想象与描写意味着作者对工作过程的熟悉，尤其是对农村基层工作要诉诸什么样的人的理解具备了自己的眼光和观察。他把盖满爹这样一位颇具乡贤气质的老干部塑造成理想干部的形象[1]，写乡民对他的信任、尊敬以及基于哪些品质他会获得从老农到青年普遍的信任与尊重；由此形成的干部与乡民间的互动方式在那样一个处于被改造状态的乡村社会中意味着什么，如何决定着"社会主义改造"运动落地的方式；站在革命的立场，抑或站在群众的立场，应怎样估价这种作用？这些难说是作者有意的"问题意识"，却是经由他所捕捉、塑造的这个形象而会引人去思考的方向。

盖满爹受人爱戴的另一支点来自他的"心宽"。他性格宽厚，经他一手培养出来的青年后来居上成了他的领导，他不以为意，心无芥蒂地听从其指挥。他还能体贴群众难处。贫农卜晓亭找他批条砍树，他一眼看破其谎话借口，知道他要去卖木材，但又"晓得他眼前指望山里的出

---

[1]据《周立波年谱》作者的采访，盖满爹的原型是周立波下乡不久即接触到的邓石桥乡农会主席黎盖均。(邹理：《周立波年谱》，第157页）

息",网开一面批了他两株。[1]农业社的张家翁妈要退社,他登门探底:

> ……和她扯一阵家常,就转到社上,婆婆子说:
> "我退出来了,盖满爹。"
> "何解要退呢?"
> "他们太没名堂了,我一条秧豆角子的田塍路,也要入社。"
> "可以不入,"盖满爹考虑一阵,负责告诉她,"我跟他们说说,还有么子?"
> "我屋门前的四斗丘,土质、风向、阳光,都是顶好的。"
> "我晓得。"盖满爹点一点头。
> "又是一丘自肥田,不怕天干,还不怕水淹。好年成打八九石谷子,平常年成顶少也是六七石,他们评产,给我只订得四石,我睁起眼睛吃这号亏,还跟他们来吗?"
> "我去查查看,要是真正订得偏低了,是好改的。"[2]

对话中盖满爹的言语简洁,他没有先入为主地去"劝"或者"教育"张家翁妈。以他对乡邻的熟悉,他是意识到这样一位带崽的贫农寡母突然提出退社必有难处、不平处,要令她回心转意,不能简单诉诸道理,而需了解她的难处、纠正不平,满足她的"迫切要求"。这或者意味着合作社对个人的某种让步,站在严格的工作立场有迁就之虞。不过,盖满爹显然认为这种让步是必要的,合情合理。这基于他对人情的理解和照顾。长远看,保持这种人情味才能使得合作社拢得住人,不至于"太没名堂"。

而在入社引起的家庭冲突中,被儿子"一堆牛都踩不烂的话"气得

---

[1] 周立波:《盖满爹》,《周立波选集》第1卷,湖南人民出版社,1983年版,第109页。
[2] 周立波:《盖满爹》,《周立波选集》第1卷,湖南人民出版社,1983年版,第116—117页。

离家的盖满爹，转过头却能超脱地看儿子的顽固：

"这回才晓得，崽大爷难做。"停了一阵儿，他又笑笑说，"农民都是撑了石头打浮湫，干稳当事的。"

生气的时候，他恨自己的儿子太忤逆，太丢人。等到气一消，他又看出他们讲究实在的特性了。[1]

这番不计较、宽心已不是出于本性宽厚，而是当了干部、接受过思想教育后学会了站高一层来回看农民，能把家人、自己相对化。有意思的是，乡亲们在这出家庭喜剧中的立场——无论老人、青年统统站在盖满爹这边："青年团员都说松森和楠森落后。老年人又说他们不孝顺。尤其是楠森，要跟爷老子算账，说小时候打过他，这是么子话？在旧社会，世界不好，哪一个脾气不躁？他说要算账，又如何算法？也拿楠竹丫枝抽爷老子一顿？"[2]经历这番家丑，盖满爹反增加了威望。而且大家也不约而同地站在了一个可以反观自己的立场上——"在旧社会，世界不好，哪一个脾气不躁？"这样一种达观的谅解，使得本来颇为激烈的家庭冲突向着喜剧化的方向展开。到了小说结尾，一度当面翻脸的儿子听说盖满爹生病后"就把吵架的事丢到了九霄，拿楠竹丫枝打他的公案也不提了"，急急忙忙赶到乡政府接父亲回家。这个和解的结局加强了整个事件的喜剧感，使得即将构成对盖满爹挑战和伤害的事件并不是通过什么教育转变，而是在自然感情的脉络上被顺理成章地化解了。这篇小说的特点之一就是它不构造什么真正的矛盾，所有工作、生活矛盾都可以被不那么费劲地化解。周立波是借盖满爹的"宽心"，借群众的通情达理写出一个有宽广包容度的乡村世界。盖满爹的宽厚、宽心正养

---

[1]周立波：《盖满爹》，《周立波选集》第1卷，湖南人民出版社，1983年版，第116页。
[2]周立波：《盖满爹》，《周立波选集》第1卷，湖南人民出版社，1983年版，第116页。

成于这个包容的世界，而他也在这个通情达理的环境中游刃有余，得到护持、信任与尊重。

从《盖满爹》开始，周立波找回了散文化的小说写法。这种散文化不是单纯回到《牛》的风俗画样态。它的情节主干依然紧扣乡村各种工作，写新事新人，带着"及时反映现实"的立意。但同时，他不再刻意追求事件、情节的逻辑发展，而采用一种连缀的、散点透视的结构方式。具体来说，是将"大事"分解、"小事化了"，把"任务""日常化"，让"工作过程""情景化"。这样一来，诸如互助合作工作这样的"大事"就变成了一个"壳"，作者的聚焦点不专集中于工作本身，而落到总体"任务"变成一件件日常工作的过程，再进一步变成一个个日常生活的片段所呈现的状态。换句话说，作者不再自上而下地设计现实框架，然后去填充生活场景，而是自下而上地从生活层面，从对生活感的开掘中去写工作。这种写法对一向不擅长结构的周立波来说尤为适合。由此带来的自由度使他能充分拓展自己的感觉触角，把乡村生活世界中的自然、活泼、泼辣、野性、蛮气等各种生活质感带入小说中。

如果对比《暴风骤雨》《铁水奔流》，《盖满爹》仅在人物语言层面就生动、准确得多。像，小说中写盖满爹两个儿子因入社争执说的"硬"话——"机器还是洞庭湖里吹喇叭，哪里哪里"，"你说社好，我说靠不住，我们比比看，我一根棍子一只碗，高低要藤死几个县官子"，"你手指脑往外边屈，一心想怂我们上当"[1]——其言语本身有种出人意料的泼辣，一下能让人直接感触到当地的乡风、民风的彪悍（颇带蛮气）。但这些"牛都踩不烂的话"是家庭争吵中的"气头话"，带着家人吵架时特有的不吝和扎心，及至楠森说出要清算盖满爹小时打他的旧账时已全然是赌气了。因此，这场争吵的起因固然涉及入社与否的"大

---

[1]周立波：《盖满爹》，《周立波选集》第1卷，湖南人民出版社，1983年版，第115页。

事",但经由对"吵嘴"场合的还原,松森和楠森的入社态度渐渐退居背景,父子矛盾成了前景。群众议论中,对盖满爹的同情和对松森、楠森的不满也集中在"不孝"上,而非入社的是非。待到小说结尾,写儿子听说父亲生病时,首先交代的一笔是"楠森年纪轻,感情重",才立马把吵架的事抛到了九霄云外,说服哥哥接父亲回家。之前为入社吵架伤了父子感情,之后感情的修复基于儿子的"重情",与入社立场是否变化几乎没什么关系,反倒是盖满爹这边,有心借父子和解再做儿子的思想、团结工作。

作者重新下乡后的写作力图突破一般化地写工作的瓶颈,而他尝试深入的方向首先是突破一般化地写生活,即致力于把握特定乡风、民风下人们带着生气与活气的形貌样态、言谈举止、生活习性以及生活环境和自然环境。他似乎特别敏感于这种乡间生活的新鲜与活力,努力贴近乡民的生活感觉,捕捉各种带着生气、活气感觉的人、事、情,将它们以速写形式放进小说里。像《盖满爹》里写一个常闹离婚的盛李氏:"她把棉紧身子的胸口扯破了一块,怀里的伢子也吓得哭了。闹了一阵子,她竟说出要吃水莽藤的话来了","半点钟后这位披头散发的年轻标致的女人抱着孩子,吊着脑壳,平平静静出了乡政府"[1]。着笔不多,但令人可见此地乡村生活中的一类典型。小说中不单人物语言摹写方言别具表现力,叙述语言也受方言影响活泼起来。

在《盖满爹》中周立波还试验一些更自由的笔法。他可以让行动性叙事暂停下来,给场景描写以充分空间。在动员修塘坝这个段落里,发动过程完全略过,只正面写间歇场景:

> 享堂里的地上烧着一堆丁块柴,烟焰飞腾。人们团团围住火,

---

[1] 周立波:《盖满爹》,《周立波选集》第1卷,湖南人民出版社,1983年版,第109—110页。

有的抽旱烟,有的抽纸烟。松脂油香气,混杂着草烟叶子的辣味,飘满了空间。老派农民头戴有绒球的各种颜色的绒绳子帽子,身穿大襟棉紧身子,腰上系一条围裙。较新的农民穿的是对襟棉袄。后生子们穿着有化学扣子的蓝制服,头上戴顶蓝咔叽布鸭舌帽,上衣的上口袋佩着钢笔,脚上是胶皮底球鞋。

农民谈起今年的雪凌比哪一年都大;资江结了冰;塘里冰块有丁板子厚;田里泥土凌得款散的;虫卵冻坏了;修塘坝的人,挖开塘基上泥土,看见蚂蚁子一堆一堆地冻死了;家家屋檐上,凌杠子有一两尺长,太阳一出,放出灿烂的、闪眼的光辉。凌杠子长,禾穗子长,冰天雪地的寒天,预告了来年稻谷的丰收。

盖满爹洗了脚,坐在火旁人堆里,一边听人家打讲,一边整他脚上的砖口。一到冬天,盖满爹的枯焦的手脚都要皴得开砖口,脚后跟上的,像刀砍的创口一样,又宽又深,口上结成硬皮子,里边露出一丝丝红肉。盖满爹在火上烤一块猪油,把烧融的滚烫的油液滴到砖口上,他痛得咬牙,但这样子涂一些猪油,到第二天,创伤就会好过些。[1]

整个段落像一个电影的扫视镜头,摄取的恰好是一般性地写工作会被剪去的镜头。在这个会余场景中,围坐烤火、农民的闲谈、盖满爹不经意的动作,仿佛都没什么特定的意思,不是那种被组合进"工作"的言行,而属于工作之余的放松状态,但正因为其不经意却流露着布置、动员这样的日常工作是如何与农民自己的"生活感"衔接起来的。整个描写从饶有意味地打量起空间、气味、穿戴入手,给出时空环境的独特韵味。而老农们的闲谈看似无心,实则紧扣乡民常常挂心的时令、天

---

[1] 周立波:《盖满爹》,《周立波选集》第1卷,湖南人民出版社,1983年版,第117—118页。

气，这既是对修塘坝的呼应，也是把所谓工作布置引到乡民自己的生产生活经验上。盖满爹一面治裂口，"一边听人家打讲"，留心的也是老乡们一番闲谈、议论中透露出的态度和心气儿。这个颇具灵感的平摇镜头把寒冷与温暖、样貌与感觉、自然与经验、无心与有心、群像与特写、干部与群众自然地融汇在一起，较为精准地捕捉并传达出"工作""生活"相交融的一种"现实"样态。

事实上，自从转向写"大事"、写史诗性作品后，很长一段时间，周立波努力按照革命政治所界定的正确立场和视野去观察、描写"正确"的人物和事件。其作品中的生活感觉、生活场景往往服务于为塑造正确的人物形象添加真实感。由此导致他只能写出人物身上符合"正确"的一面。无论《暴风骤雨》里的赵玉林、郭全海，或《铁水奔流》里的李大贵，除事迹之外，让人很难体会人物的质感和生活土壤。而从《盖满爹》开始，他固然还要写"正确"的人物，但更用力于把握人物的"生活的规律"[1]和生成了人物的"生活土壤"，并尽量写乡民和作者自己都"心喜"的人物，着力体会其言行让人喜爱、尊敬的侧面，并通过贴近乡民好恶的视角传达出来。这使得其"现实"把握中，"生活"的比例和分量越来越重。发展到《山那面人家》这类短篇时，已近于写"无事"的"现实"，或者说能够让"现实"的因素自然地融化在生活感里。这个生活感不是离开了现实视野的，而恰是借由现实视野透视出来的，因此，既有"新人新事"气，又充满了乡土生活的生机。

---

[1]周立波在《关于〈山乡巨变〉答记者问》中讲："塑造人物时，我的体会是作者必须在他所要描写的人物的同一环境中生活一个较长的时期，并且留心观察他们的言行、习惯和心理，以及其他的一切，摸着他的生活的规律，有了这种日积月累的包括生活细节和心理动态的素材，才能进入创造加工的过程，才能在现实的基础上驰骋自己的幻想，补充和发展没有看到，或是没有可能看到的部分。"（李华盛、胡光凡编：《周立波研究资料》，知识产权出版社，2010年版，第335页）

李月辉:"心宽路远"

周立波在《盖满爹》中找到的感觉和写法相当程度上决定了《山乡巨变》上部的写作方式。《山乡巨变》上部聚焦于一个月内的入社过程,不像《盖满爹》那么散,但它的构造也是串联式的,即通过入户串联将乡村生活世界的多个典型家庭一一呈现。不同的是,《盖满爹》是靠一个主人公贯穿,事情都围绕他展开。而《山乡巨变》上部是以运动过程贯穿,没有固定主角。它的人物可大致分为三组:第一组是以陈先晋、亭面糊为代表的老农及其家庭,还有盛佳秀、张桂贞等相对保守的妇女,包括菊咬筋、秋丝瓜、符癞子虽然是负面人物其实也属于这一组。因为无论善恶,这些人在"真实""写实"的意义上构成乡村社会的现实性与复杂性,属于合作化运动要去触动和翻转的对象。第二组是青年积极分子,像陈大春、盛淑君、盛清明、陈雪春。他们是工作的依靠对象,很大程度上是构造工作过程所引申出来的人物,几乎没有家庭负担,较为理想化和概念化。第三组是作为合作化工作主体的干部、带头人,如邓秀梅、李月辉、刘雨生。他们在办社工作上与第二组结为一体,但在具有较成熟的社会性上、较复杂的家庭关系上则与第一组相通。上部着墨不多,下部变得分量很重的谢庆元从身份上属于第三组,但气质上更偏于一组。至于作为"敌人"的龚子元夫妇则是相对游离的符号性人物。如果就乡村世界的现实感和生活感而言,第一组无疑是重心,这一系列人物也是周立波最下功夫去塑造的。但对于写"运动"的现实而言,只有第一层的丰满是不够的,而第二组人物又因其过强的"新人气"而显单薄,因此,作为合作化工作主体的干部形象就很吃重,尤其是本乡本土的两位当家人、带头人——李月辉和刘雨生。无论从理解、书写合作化运动而言,还是理解、书写彼时的乡村基层社会而言,两位当家人的形象都颇具认识价值。

不难看出,李月辉就是一个年轻版的盖满爹:一个岁数不大,深得乡亲喜爱、信任的"老干部"。不过,写盖满爹时,周立波是较为单纯地从他与乡民的关系上来把握这个干部形象,突出他在日常工作中调解、疏通的作用,类似一位"乡贤"。而这样一位"老干部"在日新月异的工作要求中会遭遇的挑战、不适在小说中只一笔带过:"他自己总觉得文化上不行,生怕别人看不起。"[1] 如果对比柳青的《狠透铁》就会意识到,基层老干部随着农村社会改造和政治运动的加速而日益显露局限性、被淘汰出局以及由此产生的社会、政治后果是个非常尖锐、要害的问题。《盖满爹》里虽然也写互助合作,但其时仍处于"稳步发展"时期,打消退社、鼓动入社还属于零碎处理的日常工作。而到了推动全面合作化的"运动"时期,对干部的组织、动员能力,政策理解水平都提出完全不一样的要求。因此,推"中国农村的社会主义高潮"首先意味着改造、淘汰旧干部。事实上,为运动开路的批判"小脚女人"、右倾保守思想,就是要打掉从上到下在合作化问题上的"实事求是"(求稳)心理,把从实际条件出发的路线判定为"右倾保守主义",刻意挖掘、塑造"群众的积极性"。所谓"从实际条件出发的实事求是"越到基层会越浓厚、越普遍,要冲击这种"保守",须依靠大量掌握新政策精神的下派干部做"督战队"。可是,由于合作化运动采用全面铺开的形式而不再是重点试办,过去那种干部集中投入样板的方式已不敷用,下派干部不能以工作组为单位而须独立行动。这使得下派干部如何看待、对待乡村干部,乡村干部的态度、能力以及两者能否顺利配合显得至关重要。毛泽东在《关于农业合作化问题》的指示中就强调:"不论建社和整社工作,都应当以乡村中当地的干部为主要力量,鼓励和责成

---

[1]周立波:《盖满爹》,《周立波选集》第1卷,湖南人民出版社,1983年版,第110页。

他们去做；以上面派去的干部为辅助力量，在那里起指导和帮助的作用，而不是去包办代替一切。"[1]

这样一来，在合作化运动推向高潮的阶段，李月辉这样的乡村干部会成为矛盾焦点并承担相当的压力。比如，首先要加以审查的就是这类干部在之前合作化工作中的立场与表现。李月辉这样的"老干部"，恰如盖满爹一样，之前能得到上级和群众信任的核心条件之一就是"稳重"，这导致他在"调整阶段"自觉自愿拥护"坚决收缩"政策，砍掉了陈大春的"自发社"。政策转向后，这成了他"右倾保守"的证明，首当其冲成为批评对象。就此而言，相对盖满爹，李月辉的出场形象本带有颇强的政治色彩。但周立波并未按照这个政治意味的线索去设计人物发展或构造情节、矛盾，反而刻意淡化他的犯错误、被批评，强调上级依然对他充分信任：

> 好在临走时，毛书记又个别找她谈了一回话，并且告诉她：清溪乡有个很老的支部，支部书记李月辉，脾气蛮好，容易打商量。他和群众关系也不错。他过去犯过右倾错误，检讨还好。邓秀梅又从许多知道李月辉的同志的口中打听了他的出身、能力和脾气，知道他是一个很好合作的同志。想起这些，她又安心落意了。[2]

邓秀梅是要支身赴清溪乡推动合作化的下派干部。动身前，县委一连气儿开了九天三级干部会，从吃透中央政策到详细交代"入乡的作法"，目的都是使这批主要来自区县机关的下派干部充分掌握政策、方法。像邓秀梅之前主要从事妇女和青年团工作，她虽是出身"山村角落

---

[1] 毛泽东：《关于农业合作化问题》（1955年7月31日），《农业集体化重要文件汇编（上册）》，第366页。
[2] 周立波：《山乡巨变》上部，《周立波选集》第3卷，湖南人民出版社，1983年版，第4页。

里的，没有见过世面的姑娘"，但短时间内已成长为一个"能记笔记，做总结，打汇报，写情书"，"政治水平不弱于一般县委"的新式干部。恰如群众口中议论的"如今上级净爱提拔年轻人"，邓秀梅这种负担轻、思想新、忠诚可靠、家庭单纯的青年干部眼见得越来越受器重。从出场时与其他干部、小伙子的打趣，能看出她惯于同青年、积极分子打交道，身上带着较强的妇女独立、解放意识。但这同时意味着，其思想、意识、价值感会渐渐拉开与一般乡土社会的距离。其面临的潜在缺欠、挑战是怎样同青年、积极分子之外的广大农民打交道，尤其如何与保守的老农打交道。全面合作化不同于搞试办社，会更普遍、广泛触及乡村社会的方方面面和形形色色的家庭、人物[1]，尤其要说服"落后""保守"分子入社时，单靠进步意识和积极、热情常常适得其反。但推合作化高潮又是运动式工作，需要配备能起鞭策作用的干部，促动那些陷于常规惯性的基层干部，因此邓秀梅身上的"新气""锐气"也是上级看重的——"县委知道她的工作作风是舍得干，不信邪，肯吃苦耐劳，能独当一面"[2]。

县委毛书记之所以个别嘱托邓秀梅，含着不够放心的意思，因为下派干部固然掌握着"正确"方向，但如果因此形成对基层干部的指手画脚或预存偏见则势必影响合作。恰如《盖满爹》中所捕捉到的，盖满爹这样的基层干部因其文化限制和不够"新"，在上级和青年干部面前有劣势与自卑，可同时，他的扎根乡里、了解实情、立身处世和群众拥护又令他有笃定的自信，所以尤为在意是否被尊重——"他自己总觉得文化上不行，生怕别人看不起。到这里来的干部，做么子事情，要是

[1] 小说中曾借区委书记朱明之口阐明合作化工作的挑战性："合作化运动是农村的一次深刻的革命，个体所有制和集体所有制，旧的生产关系和新的生产关系的这番激烈尖锐的矛盾，必然波及每一个家庭，深入每一个人的心底。"（周立波：《山乡巨变》上部，《周立波选集》第3卷，第134页）
[2] 周立波：《山乡巨变》上部，《周立波选集》第3卷，湖南人民出版社，1983年版，第5页。

不跟他联系，他就躲开说：'你们搞吧，我没探了。'要是跟他打了个招呼，还征求了他的意见，他就会像小孩子一样高兴，并且尽量地为你出力。"[1] 李月辉比盖满爹年轻，更有政治上进心，有主动学习提高的要求："我也要求去学习，好叫我的肚子里装几句马列；上级不答应，说就是学习，也要迟两年，叫我继续当支书。"[2] 他自己认为理论、认识上提高方算固本清源，可对上级而言，这种在地方把得住的干部做好当家人才是当务之急。从道理上讲，提高干部理论水平是"磨刀不误砍柴工"，但实际上基层干部的理论学习往往围绕政策、方针展开，而这些来自上级的政策、方针带着相当的摇摆性，忽左忽右。像导致李月辉犯错误的收缩政策，本是"调整阶段"从中央到省委一致的方针，可路线一旦变化，忠实贯彻这一方针者却会背上右倾的黑锅。因此，对于那些有经验的地方领导来说，他们心里有一种"实际"的衡量标准：什么样的基层干部是好干部，是值得信赖的干部。其要害恰如毛书记介绍李月辉时列举的几点："脾气蛮好""容易打商量""群众关系也不错""很好合作"[3]。甚至可以说，对于基层干部来说，政治意识无须那么灵敏，理论水平也不必那样高，但群众关系好，受群众拥护至关重要。因为一方面要靠其正面推动工作，同时，那些棘手任务、会激发怨言的工作只有这些人才摆得平，假如政策出了问题，造成了伤害，还要靠这些人的威望来帮政府疏解。当然，群众威望高的干部也会形成一种闹独立、不听话的倾向，严重的会发展到挟民自重或搞独立王国以谋私利的地步，所以，不霸道、谦虚和善、能与各级干部合作亦十分关键。正因为李月辉具备这方方面面品质，在毛书记看来，他就属于难得的、值得充分信赖的乡村干部。对这样的干部，作为有经验的领导，他一贯采取保护态

---

[1] 周立波：《盖满爹》，《周立波选集》第1卷，湖南人民出版社，1983年版，第110页。
[2] 周立波：《山乡巨变》上部，《周立波选集》第3卷，湖南人民出版社，1983年版，第29页。
[3] 周立波：《山乡巨变》上部，《周立波选集》第3卷，湖南人民出版社，1983年版，第4页。

度:"合作化初期,他跟区上的同志们一起,犯了右倾的错误,许多同志主张撤销他的支书的工作,县委不同意,毛书记认为他错误轻微,又作了认真的检讨。他联系群众,作风民主,可以继续担任这工作。"[1] 他向邓秀梅介绍李月辉意在交底:一是透露上级没有因李月辉曾犯右倾错误而失去对其信任,其政治上是可靠的;二是看出邓秀梅心里没底,要打消其顾虑,给她吃定心丸;三是害怕邓秀梅不懂得充分尊重地方干部的重要性,工作上碰钉子。

邓秀梅之前虽然学了一堆政策、方法,但实际上心里并不托底,直到听到毛书记对李月辉的介绍才真正"安心落意"。这意味着她在见到李月辉之前已预先建立起了信任。其实可以设想,如果按照六十年代之后的政治意识与写法,假如越来越强调政治思想、路线认识、阶级矛盾在人物设定和矛盾构造上的核心作用,那掌握着正确立场的下派干部和右倾的地方干部之间的遭遇就可能被设计成充满矛盾、斗争的情节,至少是要经过一番正面冲突、教育来达成思想路线上的统一。但在《山乡巨变》里,明晰的思想认识、政治水平、路线意识并不摆在前提性位置上,得到凸显和被置于前景的是以彼此信赖为支点搭建起的一种相互支撑、支持、帮衬的关系。在作者的现实感觉中,这个"信任的网络"的构造基础和构造方式及其运行奠定了乡村一切日常工作与运动运转的基石。盖满爹、李月辉这类干部就处于这个"信任的网络"的关节点上。下派干部只有通过他们才能与乡村社会的信任网络接上线,才能又快又稳地推行工作,否则,群众运动就容易走偏。

在小说描写中,邓秀梅于下乡、入村过程中不断侧面感受到李月辉的群众威望。她路上碰到第一个村里的青年盛淑君时打探她是否相信林木归公的传言,盛淑君的回答是:"信他个屁,李主席没讲过的话,我

---

[1] 周立波:《山乡巨变》上部,《周立波选集》第3卷,湖南人民出版社,1983年版,第22页。

通通不信。"[1]盛淑君的态度代表着村里的一般青年，透露出大家对李月辉这个"老干部"满怀信赖和爱戴。这个群体——以陈大春、盛清明、盛淑君、陈雪春为代表的青年干部、积极分子——是支持合作化的主力，但这个群体缺乏后顾之忧的激进，使得他们与在乡村生产生活中发挥中坚作用的老农群体存在不小的代沟。因此，除了大张旗鼓地宣传造势，他们在挨家挨户动员老农入社的工作上所起作用有限。那种到处贴标语、喊口号、逼家长表态的方式还招致老农们的反感，引发家庭冲突。从写合作化"高潮"的规定性上，小说势必要渲染他们的积极性。但细致体察作品效果后会发现，对这个群体的描写最具感染力的部分不在于表露其积极、先进，而在于写出这批年轻人的活气、活泼劲儿。他们身上的充盈活力、乐观精神构成《山乡巨变》特别浓墨重彩去铺陈的一层底色。这种活力一方面与新社会带来的解放感、自由感，与政治积极性调动起来的激情相关，另一方面，也与青春内在的生命勃发相关。这种生命感尤其集中在年轻女性身上。像小说里写盛淑君特别爱笑，古板的陈大春把这看成缺点，质疑她轻浮，一些落后妇女也对之侧目而视。但这种在旧时或显出格的举止在新环境下被自然地释放出来，成为一种配合着进步气息的风景：

> 只有那些红花姑娘们非常快乐和放肆，顶爱凑热闹。她们挤挤夹夹坐在一块，往往一条板凳上，坐五六个，凳上坐不下，有的坐在同伴的腿上。她们互相依偎着，瞎闹着，听到一句有趣的，或是新奇的话，就会吃吃地笑个不住气。[2]

这个笑的场面在短篇《山那面人家》中成为一个贯穿线索，并被赋

---

[1]周立波：《山乡巨变》上部，《周立波选集》第3卷，湖南人民出版社，1983年版，第17页。
[2]周立波：《山乡巨变》上部，《周立波选集》第3卷，湖南人民出版社，1983年版，第81页。

予一种时代意义:

> 姑娘成了堆,总是爱笑。她们嘻嘻哈哈地笑个不断纤。有一位索性蹲在路边上,一面含笑骂人家,一面用手揉着自己笑痛了的小肚子。她们为什么笑呢?我不晓得。……"她们笑,就是因为想要笑。"……但又有人告诉我:"姑娘们笑,虽说不明白具体的原因,总之,青春、康健,无挂无碍的农业社里的生活,她们劳动过的肥美、翠青的田野,和男子同工同酬的满意的工分,以及这迷离的月色,清淡的花香,朦胧的或者是确实的爱情的感觉,无一不是她们快活的源泉。"[1]

这里,"农业社里的幸福生活"这样的时代感说明是被嵌入一个"看着别人的幸福,增加自己的欢喜"的特定场景中,被青春气息、自然美和朦胧的情感所包裹、映衬、托举着。这使得作者不必做过多的解释、说明,只需专注地去写那个浑然的自然感觉,就能把意义感饱满地传达出来。如唐弢在其评论中所感知的,"整个农村沉浸在愉快的生活中"这样一种总体气氛里面就包含着政治:"这是政治,这是隐藏在作者世界观里最根本的东西:旧的沉下去,新的升上来,不过这回是偏重后者,因而不是采用'暴风骤雨'的形式,而是表现了风和日丽的风格。"[2]作为融入日常生活感觉的政治是无须甚至要避免多余的说明。而在《山乡巨变》时,那种混融、自然状态的前提——一个充分合理的,使人"无挂无碍"的社会制度——还没建立起来,"新"与"旧"还处于并存、争夺的状态。因此,盛淑君基于性格、青春特征的"笑"就还不是全然自在、自然的,不单遭到保守妇女的背后议论,连陈大春这样

---

[1] 周立波:《山那面人家》,《周立波选集》第3卷,湖南人民出版社,1983年版,第156页。
[2] 唐弢:《风格一例——试谈〈山那面人家〉》,《周立波研究资料》,第432—433页。

的团干部也流露出嫌弃。如果考虑到盛淑君对陈大春的朦胧感情，陈大春的偏见里既有旧道德的惯性，又有新社会男女关系中依然会延续的大男子主义，交织着无意识的政治、性别等级将带来的压抑。如此，在彻底解放的意义上，盛淑君和她伙伴们的笑仍处一种争夺关系中，需要得到公开的支持。这一有力的支持从内来自"婆婆子"李月辉，从外来自带着妇女解放意识的邓秀梅。

初次接触之下，邓秀梅就感受到了盛淑君洋溢的活力，也体察到她的曲折心思，给予欣赏跟认可。她嘲笑了陈大春说不清道不明的偏见，要求立即将盛淑君列入团员发展名单。邓秀梅对乡村新女性格外的关切、体贴源于工作意识，也基于她自己青年女性的身份、特质。由此，她能很快与盛淑君这样带着青春气息、解放感的姑娘建立起亲密的信任，其中还带着女性特有的亲昵。小说中甚至有一段专门写到她们共眠时的身体感觉：

> 她的两条黑浸浸的长长的粗辫子分离在两处，一条卷曲地躺在枕头边，一条随便地拖在被窝上。两个年轻的女子，体质都好，身上又盖了两铺被子，睡了一阵，都热醒了，盛淑君把她两条壮实的手臂搁在被窝外，一直到天光，一直到后山里的鸟雀啼噪着，青色的晨辉爬上了纸窗的时候。[1]

另一方面，李月辉作为乡里的"老干部"被写成一点儿不老气，反而在活泼性上、在新气儿上能与村里的年轻人打成一片——他好打趣开玩笑，喜欢打牌，还爱做媒，脾气随和，没有架子。这使得村里男女青年都喜欢他、亲近他，愿意同他玩在一起，当面叫他"婆婆子"。开妇

---

[1] 周立波：《山乡巨变》上部，《周立波选集》第3卷，湖南人民出版社，1983年版，第42页。

女会时，盛淑君故意拉他入会：

"欢迎李主席参加我们的会议。"李月辉不看也晓得，说这话的，是盛淑君。他回转身子，满脸春风地问道：

"要我参加？我有资格加入你们半边天？"

"你怎么没有资格？你不是婆婆子吗？"盛淑君笑嘻嘻地说。

"这个细妹子，敢在太岁头上动土，调起我的皮来了，好，好，我去告诉个人去。"

"告诉哪个，我也不怕。"盛淑君偏起脑壳回复他。

"我晓得你哪一个都不怕，只怕那个武高武大的蛮家伙，名字叫作……我不说出口，你也猜到了，看呵，颈根都红了，你调皮，是角色，就不要红脸，有什么怕羞的呢？从古到今，哪个姑娘都是要找婆家的。"

……

"细妹子，不要得罪我，总有一天，你会求到我的名下的。晓得吗，人家叫我做月老？月老是做什么的？"

"吃糠的。"盛淑君撅起嘴巴说。

"好，好，骂得好恶，我一定会帮你的忙，一定会的。妹子放心吧。"在一大群姑娘们的放怀的欢笑里，李月辉走了。[1]

当初盛淑君说"李主席没讲过的话，我通通不信"时，不只因为李月辉是乡领导，这个"信"里面包含的信赖感是多方面的，并且是在生活的多个层面上确立起来的，包括习性、爱好。像李月辉的好打牌就使他与小伙子们在工作之余能马上融在一起。小说中写村里第一次支部会

---

[1]周立波：《山乡巨变》上部，《周立波选集》第3卷，湖南人民出版社，1983年版，第79—80页。

时，大半篇幅用来写休息时的打牌，一则拉近距离，二则见各人性情，三则从玩笑间透露彼此的融洽。李月辉不但在青年人面前没架子，而且常常主动地在玩乐中穿针引线，显示出他在生活、娱乐场合也是个热心的组织者。作为青年带头人的刘雨生比起他来反显得严肃、拘谨——"他神态稳重，人家笑闹时，他从不高声，总是在眼角嘴边，显出微含沉郁的神态。"小说赋予刘雨生在工作上难得的素质、品质："他的记性非常好。开会时，他不记笔记，全靠心记。开完了会，他能把他听到的报告大致不差地传达给人家。许他发挥时，他就举些本地的例子，讲得具体而生动，非常投合群众的口味。"[1] 他作为本分庄稼人，在村里做了十六年的田，"村里的每一块山场，每一丘田，每一条田塍的过去几十年的历史，他都清楚。他是清溪乡的一本活的田亩册"[2]。无论从哪方面看，这都是个让人佩服和放心的带头人——"为人和睦，本真，心地纯良，又吃得亏，村里的人，全都拥护他"。[3] 而李月辉，似乎没有那么突出的工作、劳动能力，可大家不仅信任他，并且爱他。

他并非刘雨生那样"本真"的庄稼人，有颇为坎坷的身世：幼时"扎扎实实过了几年舒舒服服的日子"，"像大少爷一样"，父母早逝后被刻薄的伯伯收养，给人家看牛，分家另过后为糊口还"挑了几年杂货担子"。他曾讲述自己年少时是个"赖皮子"：

……解放前，我也算是一个赖皮子，解放后，才归正果的。那时节，伯伯和我分了家，还是住在一屋里，他一把嘴巴讨厌死了，家里存不住身子，只好往外跑。这一带地方，麻雀牌，纸叶子，竹脑壳，隆日隆夜，打得飞起来。旧社会是这个样子，没得法子

---

[1]周立波：《山乡巨变》上部，《周立波选集》第3卷，湖南人民出版社，1983年版，第55页。
[2]周立波：《山乡巨变》上部，《周立波选集》第3卷，湖南人民出版社，1983年版，第56页。
[3]周立波：《山乡巨变》上部，《周立波选集》第3卷，湖南人民出版社，1983年版，第56页。

想。……[1]

年少时的放荡使他身上不免沾染"社会气",但跌宕的人生经验也使他对人情物理多一重体会。作为一个地方干部、当家人,他的工作方式、经验、体会很大程度上以他的人生态度为基础与支撑。就此而言,这个人物的构造方式与刘雨生等颇为不同,更具生活厚度。比如,李月辉的一个人生底色是"重情"。他向邓秀梅谈起过少年丧父对自己情感的打击和造成的痴狂:

> 父亲一死,我好像癫子一样,一天到黑,只想在哪里,再见他一眼。那时候幼稚,也不晓得作不到。为了见见父亲的阴灵,我想到茅山学法,其实茅山在哪里,我也不晓得。我看《封神榜》,看《西游记》,一心只想有个姜太公,孙大圣,施展法力,引得见父亲一面,就是一面,也是好的。[2]

他自己的家庭处境并不理想,结发妻子和赡养的伯伯性格水火不容:"他的堂客却是一个油煎火辣的性子,嘴又不让人,顶爱吵场合,也爱发瓮肚子气。""为了报答他伯伯,他供养着他。这位伯伯是个犟脾气,跟李主席堂客时常吵场合,两个人都不信邪。吵得屋里神鬼都不安。这位自以为抚养有功的伯伯,有时也骂李主席。一听老驾骂自己的男人,堂客气得嘴巴皮子都发颤,总要接过来翻骂"[3],夹在暴脾气和倔脾气两者之间,李月辉的"气性平和""没火性"成了能维系家庭、调和矛盾必备的品质。对于妻子,他们彼此有种相濡以沫的感情基础,虽

---

[1]周立波:《山乡巨变》上部,《周立波选集》第3卷,湖南人民出版社,1983年版,第124页。
[2]周立波:《山乡巨变》上部,《周立波选集》第3卷,湖南人民出版社,1983年版,第121页。
[3]周立波:《山乡巨变》上部,《周立波选集》第3卷,湖南人民出版社,1983年版,第21页。

然脾气迥异，却"十多年间，没吵过架子"。与许多老农视妻子的操劳为理所当然、视而不见不同，李月辉尤能体会和同情妻子的处境与辛劳：

> "拍满三十，十四过门，接连生四胎，救了两个，走了两个，她在月里忧伤了，体子很坏，又有一个扯猪栏疯的老症候。"
>
> ……
>
> "……她有病在身，爱吵架，爱发翁肚子气，今年又添了肺炎。……我那位伯伯，明明晓得她体质不好，喜欢怄气，偏偏要激得他发火。"
>
> ……
>
> "我总怕她不是一个长命人。今年春上，给她扯了一点布料子，要她做件新衣裳。可怜她嫁过来十好几年了，从来没有添过一件新衣裳，总是捡了我的旧衣旧裤子，补补连连，改成她的。我那会扯的，是种茄色条子的花毕几，布料不算好，颜色倒是正配她这样年纪。……又过了几天，我要换衣，她从衣柜里，拿出一件崭新的茄色条子花毕几衬衣，我生了气了，问她：'这算是什么意思？'她捧住胸口，咳了一阵，笑一笑说道：'你要出客，要开会，我先给你缝了。'她就是这样一个固执的人。"[1]

小说里的几个妇女形象中，李月辉的妻子较少直接着墨，主要通过李月辉的口来介绍，但经由这层讲述也就尤能看出李月辉对亲人的理解、感情。即便是对那个刻薄、势利而顽固的伯伯，他的态度也相当包容：

---

[1]周立波：《山乡巨变》上部，《周立波选集》第3卷，湖南人民出版社，1983年版，第120—121页。

父亲过世，我伯伯勉强把我收养了，不久又叫我去给人家看牛。后来一亲事，我婆婆和这老驾过不得，分了家了，为了糊口，挑了几年杂货担子，解放军一来，马上参加了工作。看我有了些出息，伯伯火烧牛皮自己蜷，傍起拢来，又跟我们一起了。[1]

如今上年纪了，傍着我，吃碗安逸饭，不探闲事，不好过日子？他偏偏不，不要他管的，他单要管。平素爱占人家小便宜，又爱吵场合，一口黑屎腔。这回搞合作化运动，他舍不得我们那块茶子山，连政府也骂起来了。……[2]

对这样一位难相处且已分家的老人，只因他曾经勉强收养自己，李月辉就力尽赡养义务，为此，无论自己或妻子都付出很大牺牲。这不仅是一般地尽孝道，还含着义气。与伯伯的相处，尤其磨炼包容心。无论怕伯伯怎样恶言恶语，他总是抱着不与其一般计较的态度，淡然处之。而且，家庭中难以消弭的矛盾，或使其将磨炼出的心性、能力——包容、宽厚、豁达、感同身受、对人的理解等——更正面、积极地运用在公共事务上，以在集体事业上投入而收获的尊敬、爱戴来冲淡家庭死结带来的烦恼。邓秀梅曾抱怨他"太没得煞气"，为什么不发挥一下家长的威势。他的回应是："一边是伯伯，是长辈，一边是婆婆，是平辈，叫我如何拿得出煞气？"[3]而面对村里的晚辈时，他从不把这些"后生子们"视为应对自己俯首帖耳的部下："要人怕，做什么？我不是将军，

---

[1] 周立波：《山乡巨变》上部，《周立波选集》第3卷，湖南人民出版社，1983年版，第122页。
[2] 周立波：《山乡巨变》上部，《周立波选集》第3卷，湖南人民出版社，1983年版，第119页。
[3] 周立波：《山乡巨变》上部，《周立波选集》第3卷，湖南人民出版社，1983年版，第119页。

不要带兵,不要发号施令。我婆婆不畏惧我,对我还是一样好。"[1]他的"没得煞气"不是消极隐忍或气性消磨,而是骨子里的平等待人,是出于本性的不愿以势压人。所以,他不认可自己的"没得煞气"与亭面糊的"缓性子"是一回事。因为,别人不怕亭面糊是因为他的"面糊"劲儿,发火发不到点儿上,亭面糊自己是爱发火的,并且以为别人会怕他发火。而李月辉自己却是有意识地让别人不要、不必怕他,尤其在做了一方领导后,这种原本基于天性的脾气秉性变成了他结合于思想觉悟的工作意识:

> "我最怕的是人家怕我。你想想看,从土改起,我就做了乡农会主席,建党后,又兼党支书。党教育我:'共产党员一时一刻都不能脱离群众',我一逞性,发气,人家都会躲开我,还做什么工作呢?脱离群众,不要说工作没办法推动,连扑克牌也没得人跟我打了。"[2]

这可以看做一个基层干部基于自身经验、体会总结出的自己的"群众路线"原则。其要害在"不能脱离群众"。这个"不脱离"不单意味着在完成某种任务时能了解群众真实想法,避免提出过高、过快目标或强迫命令。对李月辉而言,"不脱离群众"是一个弥散于日常生活语境中,随时会发生的,随时应得到检验的状态——但凡产生了脱离群众的倾向,大家打牌都会躲着你。反之,只有日常保持与群众的亲密无间,任务来临时才能把准群众思想、意识的起伏脉搏;也只有将平等待人、民主作风、服务意识贯彻于日常方能积累起深厚的信任感,当困难的、需要说服与动员的任务压下来时抑或工作出现偏差时,这种累积的

---

[1] 周立波:《山乡巨变》上部,《周立波选集》第3卷,湖南人民出版社,1983年版,第119页。
[2] 周立波:《山乡巨变》上部,《周立波选集》第3卷,湖南人民出版社,1983年版,第124页。

信任感就是干部能做通群众工作的基础。所谓"李主席没说过的话，我通通不信"，并非轻易能达成的状态。这意味着要每时每刻去克服那种可能会不经意产生的"煞气"，需要一种"修养工夫"。对于李月辉这样的庶民干部，"修养工夫"不是借助读书、自省的一套方法去实现，而是融在日常人伦日用中加以磨炼。柳青当年给公社主任讲话时曾一再叮咛，做群众带头人、当家人必须学会不发火："当社主任不能发一次火，发两次火就不是好主任，发三次火就是烂脏主任。当一个好主任，一年三百六十天不能耍一次脾气。"[1] "不发火"是在日常工作中实践群众路线的基本要求和基本功夫。相比柳青的强调意识自觉、思想锤炼，周立波在塑造这个"婆婆子"李月辉时则是配合其性格基调，赋予其自然生成的色彩。

周立波相比柳青更进一步的是，他把李月辉混合着性格与认识的"趋缓不趋急"延伸到对合作化工作的看法上，针对自己的右倾错误讲出一番颇有挑战性的话：

"经验倒不算什么。我只有个总主意，社会主义是好路，也是长路，中央规定十五年，急什么呢？还有十二年。从容干好事，性急出岔子。三条路走中间一条，最稳当了。像我这样的人是檀木雕的菩萨，灵是不灵，就是稳。"

"你这是正正经经的右倾。"邓秀梅笑了。[2]

这是一种内化为个人感受的路线认识。虽然是带着回顾过去思想状况的语境，但此番表白也道出李月辉长期累积、总结出的体会——"从

---

[1]《王家斌谈柳青在皇甫的生活》，蒙万夫等著：《柳青传略》，陕西人民出版社，1988年版，第228页。

[2]周立波：《山乡巨变》上部，《周立波选集》第3卷，湖南人民出版社，1983年版，第123页。

容于好事，性急出岔子"，并且与合作化指导方针中一度占优势的稳健立场构成呼应。当李月辉坦陈其初衷时，语气中看不出多少后悔、反思的意思，而邓秀梅的调侃无意中更消解了对待这个"错误"认识似乎应持的严肃态度。李月辉说"像我这样的人是檀木雕的菩萨，灵是不灵，就是稳"时，与其说是检讨，不如说是一种颇为达观的自我认知，甚至带着自信自足。这样一来，那个本应随时予以警惕的、会滋生"右倾"意识的思想土壤不但没有被铲除，反而肯定性地保留下来。甚至，他还将其"理论化"，与警惕、克服"小资产阶级狂热"联系起来：

"……搭帮上级的培养，乡里的事，勉勉强强能够掌握了。有些干部，嫌我性缓，又没得脾气，有点不过瘾。我伯伯也说我没用，他说是'男儿无性，钝铁无钢'。我由他讲去。干革命不能光凭意气、火爆和冲动。有个北方同志教导过我说：'小资产阶级的急性病，对革命是害多益少。'革命的路是长远的，只有心宽，才会不怕路途长。"

"也不能过于心宽，毛书记说过，过犹不及。"邓秀梅笑着跟他说。

"我觉得我还不算'过'。"[1]

如此看来，李月辉对自己"心宽路远"的原则和尺度抱有一种不易动摇的自信，而这一融合着人生态度和革命认识的原则几乎变成对"左倾幼稚病"潜在的防范和自觉抵制。当然，李月辉不可能有意识地去挑战政策导向，他也时而表露自己力争工作上游的决心："这一回，我们定要赶到各乡的前头，叫朱政委看看，搞社会主义，哪个热心些？"[2]

---

[1] 周立波：《山乡巨变》上部，《周立波选集》第3卷，湖南人民出版社，1983年版，第122页。
[2] 周立波：《山乡巨变》上部，《周立波选集》第3卷，湖南人民出版社，1983年版，第121页。

但在具体的工作和行事方式中，他有一种"柔性的坚持"。换句话说，他并没有因为要跟上合作化运动急进的步伐，而轻易放弃自己的原则习性，反而一再在具体事务上坚持宁缓毋急。王菊生为躲避入社施苦肉计装病，李月辉识破后不仅不趁热打铁促其入社，反好言安慰，顾全其脸面："装装病也没得关系，我们不怪你，不要多心。"[1] 待王菊生又生二计，扮夫妻吵嘴来拒绝入社时，又是李月辉主动打退堂鼓：

"是真是假，不要管它了。"李月辉插口，"依我的意思，他这一户，先放一下子着。大家都正嫌他蛮攀五经，纠缠不清，迟一步进来也好，这样勉勉强强把他拉进来，将来在社里，不是个疤子，也是个瘤子。等社办好了，增了产，他看了眼红，自然会入的，急么子呢？"

"又是你的急么子，还有二十年，是吗？"邓秀梅学着这位从容惯了的李主席的平素的口气。

三个人都笑起来了。[2]

这两次，主导入社工作的邓秀梅都对李月辉的求稳报以善意的微讽，但接受了他的处理方式。等到第三次，李月辉又抛出他的"不急论"时，邓秀梅忍不住批评起他来：

"申请入社的户子，超过了全乡总农户的百分之五十。"

"应该停顿一下了。"李主席提议。

"为什么？我们离开区委的指标还很远，怎么好停顿？"邓秀梅问他。

---

[1]周立波：《山乡巨变》上部，《周立波选集》第3卷，湖南人民出版社，1983年版，第189页。
[2]周立波：《山乡巨变》上部，《周立波选集》第3卷，湖南人民出版社，1983年版，第196页。

"贪多嚼不烂。况且，饭里还加了谷壳、生米。"

"你说哪些是谷壳生米？"

"我们本家的那位活寡妇就是摆明摆白的生米。"

……

"这些都是极其个别的例子。趁高潮时节，我们再辛苦几天，说不定可以超过区委的指标，今年就能基本合作化。"

"切忌太冒，免得又纠偏。"李主席认真地说。

"又是你的不求有功，但求不冒吧？你真是有点右倾，李月辉同志。"邓秀梅严肃批评他。

李主席没有回应，也没有发气。……[1]

邓秀梅转为严肃似乎在从政治立场提示李月辉这个人物身上的右倾是真实存在的。然而，按小说行文，李月辉仍未表现出受触动的意思。以当时政治标准衡量，这个人物似已滑到了危险边缘。因为，只要他仍把"趋缓不趋急"看成一种有理有据的原则，则无法意识到在新形势下，其工作原则从思想土壤上已经与趋于激进的政治要求产生了对立。事实上，后来的"反右""农村社会主义教育"等一系列思想批判、改造运动均会特别针对这类基层干部、群众中不适于社会主义改造形势的思想残余和习性，试图通过思想批判清理这类"柔性坚持"。这势必导致社会主义改造以更激进和无阻碍的方式推进。在那样的形势下，李月辉这种思想状态就不能再被含糊地、一笑而过地看待和对待。类似李月辉式的人物就可能发生从正面形象向负面形象的逆转。

事实上，在这段对话中，李月辉的人物逻辑已经发生了微妙的偏移。之前，他在表述自己的立场时能够很自然地把自己的原则与中央精

---

[1] 周立波：《山乡巨变》上部，《周立波选集》第3卷，湖南人民出版社，1983年版，第258页。

神、革命理论联系起来，从而使它不单对自己的性气、脾气而言是正向的，放在革命立场上衡量也是正当、积极的。但这次李月辉拦阻的理由是"切忌太冒，免得又纠偏"，变成了像是基于算计心的畏缩。虽然都是"不急论"，但依托的"理"拉低了不止一个层次，人物的成色亦随之下降。由此可见，这个人物有一种潜在的不稳定性。也就是说，作者在把握、赋予这个人物以认识价值和意义上产生了微妙的犹豫和摇摆。作者一方面被现实中这样的人物吸引，充分意识到其在乡村社会中占据的关键位置与作用；另一方面，作者对于在一个不断激进化的运动状况和形势中究竟应如何定位、如何正确地塑造这样的人物仍不能完全确定。而作者的这种"暧昧"，使得批评者、读者在理解、认识这个人物时也产生了疑惑。

小说上部出版之初，持批评意见的读者就困惑于作者对李月辉的态度：

> 看了这些描写，人们自然而然地想到：这是一个右倾保守分子，也许作者是在讽刺他吧？——但又不像，看看代表正面意见的邓秀梅的态度"'又是你的不求有功，但求不冒吧？你真是个婆婆子，李月辉同志。'邓秀梅笑着说他"。一场本来是严峻的思想斗争就这样付之一笑。[1]

批评者把作者塑造人物上的"偏差"归结为过于注重性格：

> 几乎书中的每一个人物都有鲜明的、独一无二的性格特征。但是问题也就发生在这里，作者在不遗余力地渲染人物性格特征的时

---

[1] 肖云：《对〈山乡巨变〉的意见》，《周立波研究资料》，第349页。

候，忽略了文学作品中人物性格特征所应该赋有的社会意义，而流于为性格而性格为技巧而技巧了。[1]

在这位批评者眼里，李月辉"婆婆子"的特征只能有"性格"的意义，而不能引申出"立场"的价值。所谓"性格"意味着它限定在个人身上，只在构造一个特定人物（角色）的内在逻辑一致性上有意义，缺乏上升为具有普遍性和"社会意义"的"典型"的可能。这个质疑仅把李月辉看成一般"人物"（角色），而没有意识到李月辉同时构成小说里重要的叙述视角。在作品开篇，邓秀梅入乡了解情况时，村中各色人物的"底"都是经由李月辉之口交代出来的。从叙事者角度讲，李月辉属于"可靠的主人公"，而非有限的局部人物。他剖露自己的心迹而能得到代表正确立场的邓秀梅的同情、理解，他不回避其右倾错误的坦然，都加重其可信、可靠的正面色彩；他的被青年、群众爱戴，意味他占据着群众路线正面代表的位置。换句话说，他是小说的构造性人物，其工作方式、态度塑造着清溪乡合作化工作的基本形态。但另一方面，其正面性确不如邓秀梅、刘雨生那么充分。小说中偶尔会写到邓秀梅、陈大春谈起他的"慢慢来"时的微讽，点出他同合作化工作要求的不够合拍，表现他不如邓秀梅敏锐，在斗争性、警惕性上有欠缺，易被蒙蔽。于是，这个人物又成为一个受限定的主人公——一个从写法上、从作者态度上、从作品的生活环境中得到肯定，但从创作的前景意识上、从工作的正确性上却需要有所保留的人物。为此，当年的批评文章很少把他作为值得专论的典型人物予以分析，只能颇为"暧昧"、模糊地提及。

值得注意的是，上面一段批评文字里的引文与小说后来的版本存在差异。小说初版本中邓秀梅延续了之前一贯温和的打趣式批评——"你

---

[1] 肖云：《对〈山乡巨变〉的意见》，《周立波研究资料》，第348页。

真是个婆婆子","邓秀梅笑着说他"[1]。后来的修订本改成了"你真是有点右倾""邓秀梅严肃批评他"这样提高了调门的表达。这明显是在批评压力下，周立波做的修改。可即便改成"严肃的批评"，其效果离批评者设想的"严峻的思想斗争"还差得远。如前所述，李月辉没正面回应这样的"严肃"批评显出他并未受触动，也没有沿着"改正"的方向发展。事实上，真要写出那位读者所期待的"严峻的思想斗争"，不是局部的词句删改能实现的，需要对围绕李月辉这个人物的矛盾设计作出较为根本的调整：要进一步渲染他"局限性"的色彩，包括通过情节设计加重对其"局限"的认知，以及经过实质性的批判、斗争促其转变。而这显然将背离周立波塑造这个人物时的初衷。因为，在李月辉这个人物身上，周立波要突出的正是一个能促成团结性的干部，而非斗争性的干部。准确地说，通过李月辉这个"婆婆子"，周立波传达的现实感觉和态度是，在合作化运动会对农村千家万户造成冲击的形势下——围绕是否入社，将在干群之间、家户之间以及家庭内部产生一系列分歧、分裂、冲突乃至斗争——其间，李月辉这样稳重、有亲和力，能维系、加强团结的干部尤显珍贵，哪怕这种团结有时以和稀泥的方式出现，或带着"保守"意味。这种包含着理解、照顾、同情心和乡村共同体意识的"柔和的团结"，与毛泽东的"以斗争求团结"逻辑构成有意味的对照。

不过，在1955年合作化"高潮"之初，作为运动先导的政治性批判仍集中于干部层面，尤其上级领导层面，入社动员中尚未广泛诉诸批判式、斗争式的思想发动，其工作核心仍在打破群众种种疑虑，以合作社的"优越性"、可期的前景吸引大家入社。因此，《山乡巨变》中的干部对几个反映"激烈"和"顽固"抵抗的中农一致采取耐心说服的方式，给对方留足考虑空间。对于入社期间群众的反复（比如听信山林

---

[1]周立波：《山乡巨变》，作家出版社，1958年版，第238页。

归公谣言而纷纷要退出和砍伐林木等）和迟疑分子的保留态度——像盛佳秀所说"我有话在先，假如社里场合不正经，你们搞信河，我是不管三七二十一，还是要退的"[1]——干部们都予以谅解。只有陈大春这样的激进分子才不时想硬来，而即刻被李月辉喝止。在这种以说服和打消顾虑为主的工作方式中，信任感和团结能力发挥着远超斗争性的作用。之后，当合作社已普遍成立，但许诺的增产增收无法兑现，合作社管理出现种种问题时，尤其当退社潮对社会主义改造的政治工程形成冲击时，一般社员对合作社的态度——劳动积极与否，对集体是否认可，公私界限等——就被越来越从政治立场角度加以界定和审视，由此，所谓"严峻的思想斗争"才被越来越频繁地引入、应用于日常生产生活领域。但即便在写高级社的《山乡巨变》下部里，针对谢庆元这样一身毛病的社干，作者依然没有设置对他的"严峻的思想斗争"，而一再突出李月辉对他容忍前提下的耐心"争取"。相形之下，上级领导朱明对谢庆元的"严肃处理"反显得生硬、不近人情。于是，李月辉这个人物的斗争色彩不足——争取意识、团结意识总是大于斗争意识，甚至形成与斗争意识的潜在对抗——成了贯穿小说上下部的一个基调。另一方面，小说设计的龚子元这个"敌人"形象客观效果是使作品的"斗争"结构过于表面化、明晰化，反而使得中间地带、模糊地带的斗争因素可以不被深究。诸如山林入社这样涉及各家各户生计问题的政策，如果正面表现其引发的冲击和矛盾势必相当激烈、棘手，而小说中仅以"龚子元老婆挑唆—引发混乱—干部澄清"这样戏剧化、表面化的处理将其写成了一个小插曲。

李月辉的"宁缓毋急"挑战的另一重设定是，毛泽东推动"中国农村的社会主义高潮"时再三强调农村中蕴含着极大的走社会主义道路

---

[1] 周立波：《山乡巨变》上部，《周立波选集》第3卷，湖南人民出版社，1983年版，第311页。

的积极性，以及随合作化运动全面铺开必然在农村出现自发的、轰轰烈烈的群众运动高潮。在当年批评者眼中，《山乡巨变》最不让人满意的是："从小说中感觉不到那么一种轰轰烈烈蓬蓬勃勃的气象"[1]，"感觉不到那种农民从亲身体验中得出的'除了社会主义，再别无出路'的迫切要求"[2]，"看不出农村中广大农民群众、特别是贫农和下中农的自觉性和积极性"[3]"小说中写发动群众的过程，不是写群众自己教育自己，而只是几个干部、党员、团支书来来往往"[4]"仿佛农业合作化运动这场深刻的社会主义革命只是自上而下、自外而内地给带进了这个平静的山乡。"[5]这些批评显然在以中央政策所规定的现实认定来衡量小说的现实书写，质疑作者为什么把农民写得那么落后，干部又那么迁就落后。事实上，周立波在《山乡巨变》上部中也曾努力设计一些环节表现农民入社的积极性。比如，在"申请"一章中，通过老先生李槐卿对社会主义的认识、盛家大翁妈的身世故事、普通农民的捐犁入社试图勾勒出各具代表性的人物在入社上的主动、积极，但这部分描写所占比例在书中并不突出。小说还交代陈大春之前在村里搞过"自发社"，可这个人物的暴躁性格使其超常的积极性显得不那么有根底和缺乏说服力、感染力。因此，整个作品的重心和打动人心处几乎全落在老农和妇女入社过程中的挣扎心理、情感起伏上。这恐怕源于作者在现实中并没有看到所谓群众自发入社的轰轰烈烈，无意勉强按照后设的政策规定去设计小说。在两种不同的现实把握方式中——一是较多地从政治所认定、规定的"现实"标准去构造小说真实，另一种是从生活真实的脉络出发再结合政治规定性去构造现实书写——他更倾向后者。因此，周立波笔下的合作化

---

[1] 肖云：《对〈山乡巨变〉的意见》，《周立波研究资料》，第349页。
[2] 肖云：《对〈山乡巨变〉的意见》，《周立波研究资料》，第350页。
[3] 唐庶宜：《对〈山乡巨变〉的意见》，《周立波研究资料》，第351页。
[4] 唐庶宜：《对〈山乡巨变〉的意见》，《周立波研究资料》，第352页。
[5] 黄秋耘：《〈山乡巨变〉琐谈》，《周立波研究资料》，第370页。

的确更多表现为一个自上而下、自外而内的过程。其现实把握的焦点不是落在农民积极性这个虚假的"真实性"上，而着力于把握入社工作中那些起到真实作用的工作逻辑、生活逻辑和心理现实——包括怎样"一把钥匙开一把锁"，干部与群众的反复互动，农民在入社问题上的自我说服与心理纠结，家庭考虑在其中所起的作用，入社过程中如何利用、建立彼此的确认和信任关系等。朱寨在评论中曾指出，如陈先晋这样的在农村生活中格外有力量的老农形象，对其入社曲折的充分描写"使我们看到了新制度降生的艰难过程。从这诞生的艰难中，又看到了落生的踏实"[1]。换句话说，合作化不是将农民中已有的积极性直接组织起来的过程，而是通过积极的组织工作建立起、塑造出农民、群众与一个新制度的确认关系。这个确认关系既是建立在贫苦农民基于过去经验和所得对新政权信任的基础上，又经由入社工作的挑战、冲击而达成一种更高层级的再确认与相互确认。

比如，作为老农代表的陈先晋，入社过程中首先面对的"理"是共产党的"恩"："你一个贫农，入了社，会吃什么亏？共产党是回护贫农的，你还不晓得？解放以来，我们家里得了政府几多的好处，你数得清吗？"[2]其次是生产上被断了单干后路"一个人单干，这一份田，你做得出来？"他的妥协——"田入社""土留家"——基于"田"是政府分给的、"土"是自家开的，"田入社"意味不占公家便宜，"土留家"则暗含对集体生产不放心，要留后路。其担心的"烂了场合，我一家身口，指靠哪个"，显示合作化宣传的集体远景对他并无说服力和吸引力，他惦念的"远景"就是作为一家之长要给子女后代留一份踏实产业、一个"落脚的地点"。这份惦念在"进步"的子女们看来已没什么意义，因此，陈先晋是在一种灰心的心境下接受了现实："我老了，何必替他

---

[1] 朱寨：《〈山乡巨变〉的艺术成就》，《周立波研究资料》，第377页。
[2] 周立波：《山乡巨变》上部，《周立波选集》第3卷，湖南人民出版社，1983年版，第165页。

们操隔夜心呢？他们年轻人自有他们的衣饭碗。"老伴儿的劝慰更能说明他们最后接受入社的心理机制："大家都交，公众马，公众骑，我们免得操心淘气了，以后只认得做，只认得吃了。"[1]到此为止，陈先晋的入社挣扎似乎已完成，如果小说停留在这样的"完成"上，则陈先晋的入社就是消极的、随大流的。但周立波却补写了一大段陈先晋去报名入社时，李月辉对他是否真"自愿"的确认，从而把他的决心、自愿从一种消极状态提高到一种特定的"坚决性"上：

"你想通了吗？"李月辉没有接收土地证，先这样问。

"大家都入，也只好入了。"

"这不好，这叫随大流。要自己心里真正想通了，才能作数。"李月辉说："土地证倒不要急，我们现在还不收，你先带回去。"

"请收了吧，"陈先晋果断地说，"我说一是一，说二是二，做事从来不三心两意。"

"我晓得的，"李月辉伸手接了土地证："好，我暂时收了。不过，你要是还带点勉强，随时随刻，都好来拿。你真的通了？"

听到这问话，陈先晋满脸飞朱，额头上的青筋也暴露出来了。他本来就拙于言辞，现在一急，更说不成理，只好发赌了，他说：

"李主席，你要是信不过我，怕我缩脚，我来具个甘结，好不好？我去抱个雄鸡来斩了。"说完他转身就走，李主席连忙拦住，赔笑说道：

"你为什么要发急？到厢房里去坐一坐吧。"两个人走进厢房，坐在桌子边。李月辉笑道：

"我晓得你，先晋大爹，你一下了决心，就会一脚不移的，不

---

[1] 周立波：《山乡巨变》上部，《周立波选集》第3卷，湖南人民出版社，1983年版，第177页。

过按照政府的自愿政策,不能不尽你两句。你们家里,大春、雪春都积极。我怕他们对你来了一点点冒进,该没有吧?"

"我耳朵又不是棉花做的,光听他们的?"

"我晓得,你是有主张的人,土也入吗?"

"土也入算了。"

"不要算了,你要不愿意,土先不入,也行;不过,那你就是脚踏两边船,农忙时节,不晓得干哪一头好了。"

"都入了吧,免得淘气。"[1]

陈先晋这里表现出的"坚决"不是对入社本身的坚决,而是被李月辉怀疑其是否诚心、实心而激出的坚决。在陈先晋的意识中,自己心里对合作社如何看、是否完全信任是一回事,但经由思想挣扎已经在内心做了一番了断(体现于"恋土"时的告别),艰难地下了决心,这个决心不容置疑。其交入社申请前要换上素净衣服,恋恋不舍地端详土地证,都显示着递交申请之于自己的郑重。以他朴厚的性格,正式递交申请是足以代表自己诚意的仪式。因此,当李月辉一再追问其是否"真通了"时,在他看来这是"信不过"自己,是对自己为人上"说一是一,说二是二,做事从来不三心两意"的怀疑,所以急得非发愿赌咒不可。而在李月辉这边,基于其对老农心理和家庭的了解,以及老汉自己的语气中透露出其认识上有勉强,他没有出于方便直接接下先晋老汉的入社申请,却反复确认其是否真的自愿,哪怕老汉赌咒后,也还是要再问明其是否受到了家里的压力。这种仿佛过分的谨慎既是对工作原则的坚持(这一阶段政策中强调入社自愿),也是对社员的体贴。当家人的这种认真、体贴反而会令本来一直担心合作社"烂场合"的老汉能放下心来。

---

[1] 周立波:《山乡巨变》上部,《周立波选集》第3卷,湖南人民出版社,1983年版,第180页。

正因为合作社是合小家为大家，"把全家财产托付给不可靠的人，群众是绝对不会愿意的"[1]。可同时，合作社的优越性实际上是一种信用的预支，是一种理论上的、有待实现的优越，其实际组成方式并不真让人放心。对于讲求实际的农民来说，能信服这种预支的优越性，乃至把身家托付给合作社是很不同寻常的。因此，能安心入社的心理支撑很大程度来自于对带头人、当家人的信赖。刘雨生劝盛佳秀入社过程中，盛佳秀一再说的"我只信你"，也是要给这种公事意义上的"信"加一层个人情感上的保险，才能真正打消她的不安全感。陈先晋与李月辉的对话中，看似最后先晋老汉依然有所保留（"免得淘气"），但彼此的信任感却在这个反复确认中得到了深化，所以，它并非可有可无的，而是关键的、拧紧了螺丝的一步。

另一方面，李月辉之所以对陈先晋格外耐心，包括周立波之所以在陈先晋入社上描写最耐心细致，也是因为陈先晋这样的老农是否实心入社对合作社未来的成败至关重要。就当地情况而言，合作社要想兑现它的承诺，实现增产增收，理论上讲是通过推广双季稻、通过"技术革命"，但丘陵条件下，当地没有插双季稻的习惯，未经检验的新技术也不一定真能奏效，过快推广不成熟的新技术难免适得其反。因此，未来合作社要增产实际还得依托传统的精耕细作，这其中，起关键作用的就是陈先晋、亭面糊这批"老作家"。而且，恰如陈先晋入社时所表现的，其重然诺的性格意味着一旦入社就会实心实意，不再摇摆。从合作社长远的发展来看，只有陈先晋这样勤勉朴质老农作支柱，合作社才能让人放心，变成农民信得过、可依靠的新制度。

周立波当年的《暴风骤雨》曾着力写出群众运动的疾风骤雨，而

---

[1]《中央农村工作部关于曹县合作化运动情况的通报》（1955年4月13日），《农业集体化重要文件汇编（上册）》，第315页。

《山乡巨变》上部在书写被认为应该是"轰轰烈烈"的"新的社会主义群众运动的大风暴"[1]时，着重的却是这个运动"软着陆"的过程。其通过塑造李月辉、刘雨生、邓秀梅这一系列"理想"的当家人、带头人、下派干部的形象，试图表现一种春风化雨、和风细雨式的工作方法和群众运动状态。虽然这个运动本身是"自上而下，自外而内"的，并且构成对农民生活生产的强烈冲击，但在李月辉这样抱着"心宽路远"心态的干部的主持下，依托着在日常工作、生活中建立起来的信任感，靠着细致、细腻的说服和互动过程，这个"深刻的革命"最终以促进了团结的方式作用于山村。从"中国农村社会主义高潮"的政策设定来看，小说里的表现很多不符合政策中的现实规定性，但它们却是周立波在基层的生活土壤中捕捉到的现实底色和脉络。周立波坚持了他的体会和认识，从而使得这部小说具有了比《暴风骤雨》高出许多的现实主义品质与认识价值。

---

[1]现整理版的毛泽东《关于农业合作化问题》中的第一句是"在全国农村中，新的社会主义群众运动的高潮就要到来"。但当时的地方文件中引述的则是语气更重、更带鼓动性的："新的社会主义群众运动的大风暴就要到来。"（见《中共中央转发湖北省委关于农业生产合作社部署问题的报告给各地党委的指示》（1955年8月13日）,《农业集体化重要文件汇编（上册）》，第378页）

"视点变调"里的社会主义民主：对周立波《山乡巨变》(上部)叙事形式的审美政治解读[1]

◎谢俊

一、"着眼有远有近，落墨有淡有浓"：叙事的形式—内容辩证法

《山乡巨变》（上部）的形式风格引人注目，这一点在50年代后期的一些批评家那里就得到了确认，但当时批评家也提出该作品在写法上有缺陷，不符合主流的对合作化书写的要求。[2]而就这一作品与批评间的分歧，萨支山在2001年的一个文章里做过较准确的归纳：一方面小

---

[1]本文系2018年度教育部人文社会科学研究青年基金项目"新时期现实主义基本美学问题研究"（编号：18YJC751052）的阶段性成果。周立波的《山乡巨变》（上部）的风格特征一直引人瞩目，就叙事手段与布局方式来讲，作者自己也有"着眼有远有近，落墨有淡有浓"的说法，但到底这样一种形式手法从严格的叙事分析来讲意味着如何，它对展现社会主义风景、从审美上开拓社会主义民主政治又有怎样的效用？本文从这些审美政治上的关心入手，对小说如何通过叙事视角的变化引起审美氛围与节奏的变化，又如何以不同的话语模仿方式深入老农心下的风景，以及叙事视点的对抗、分心、融合如何关及到合作化运动里收拢人心的工作等展开讨论，由此，我们将看到该作品在探索现实主义美学方向上所达到的深度与广度。
[2]见黄秋耘：《〈山乡巨变〉琐谈》，载《文艺报》1961年第2期；对周立波这一时期其他创作中的风格问题的评述，还可见唐弢：《风格一例——谈谈〈山那面人家〉》，载《人民文学》1959年7月号。

说串珠式的结构不利于将人物部署在一个有序的意义结构里，另一方面小说的主要叙述人视点含混、叙事信心不足，这导致作品里有很多混杂的声音，也干扰了意义的生成。[1] 萨文旨在说明从当时批评家看来这个作品的问题，却并不认同当时批评家的批评，实际若从作者近文看，这种客观评述背后是暗藏着褒扬之意的。[2] 确实，这种分歧恰恰表明，美学在承担政治介入[3]的任务时可能会、也应当能保留形式上的余裕，反过来又恰是这种余裕能进一步触发我们对政治——比如合作化运动里的民主政治——的反思，而这正是本文要在今天再一次细致解剖《山乡巨变》（上部）的叙事形式的原因，当然这种必要性部分也由于，虽然萨支山等人已注意到小说形式的意义，但学界对这个小说复杂的叙事机制的认识还相当有限，而这实际上阻碍了我们对小说所呈现的社会主义风景和合作化政治的认知。

那么小说上部的叙事形式到底是怎样的？周立波自己做过一个明确的说明：

> 创作《山乡巨变》时，我着重地考虑了人物的创造，也想把农业合作化的整个过程编织在书里。我这样做了，不过是着眼有远有近，落墨有淡有浓，考虑到运动中的打通思想，个别串联，最适合于刻划各式各样的人物，我就着重地反映了这段，至于会议，算

---

[1] 萨支山：《试论五十年代至七十年代"农村题材"长篇小说——以〈三里湾〉〈山乡巨变〉〈创业史〉为中心》，载《文学评论》2001年第3期。
[2] 萨支山：《喜看稻菽千重浪，遍地英雄下夕烟——重读〈山乡巨变〉》，载《文艺争鸣》2020年第5期。
[3] 见拙文，谢俊：《艺术如何介入政治？——从钟诚的"政治鲁迅"谈开去》，载《现代中文学刊》2021年第4期。

账，以及处理耕牛农具等等具体问题，都写得简明一些。[1]

周立波在这里谈到形式和内容两个方面的问题，首先，他选取合作化运动中"打通思想，个别串联"这个环节的素材作为内容；然后，他谈到他处理素材的手法是"着眼有远有近，笔墨有淡有浓"。结合下文，我们知道他提出这个形式是针对另一形式，即批评家要求的"悬念或伏笔，衬托或波澜，以及高潮等等这些文学的章法"[2]。当时批评家要求作家塑造性格鲜明的典型人物，同时写合作化运动中两条路线的激烈斗争[3]，但周立波不大同意这种写法，他认为这种形式不符合他的素材，不"服从于现实事实的逻辑的发展"[4]。周立波这里虽然只谈了几句话，但暗含着对当时主流美学模式的抵抗，因而在形式—内容辩证法的层面上具有重要的探讨价值。

我们看到，周立波要处理的素材是合作化运动在打通农民思想环节上遇到的各种情况，这工作旨在收拢人心，它要求干部能耐心聆听农民的想法，帮他们排忧解难，然后再去说明合作化经济对他们的好处。这样的素材有自己的规定性，会向形式提出要求，如要求叙述人在讲合作化故事时和风细雨，而不是像讲土改故事那样"暴风骤雨"，叙述必须要有耐心，对农民的复杂心思要尊重，而这又进一步要求作家克制全知叙事对农民内心的过分干涉。由此周立波认为批评家要求的手法不合适，后者事实上是一种深受黑格尔美学影响的、以戏剧化为主要原则的美学方法。它的要点包括：第一，塑造典型人物；第二，通过人物的矛盾斗争推进情节发展。这种美学方法在当时影响很大，那么为何它不合

---

[1] 周立波:《关于〈山乡巨变〉答记者问》，载《人民文学》1958 年 7 月号。
[2] 周立波:《关于〈山乡巨变〉答记者问》，载《人民文学》1958 年 7 月号。
[3] 黄秋耘:《〈山乡巨变〉琐谈》。
[4] 周立波:《关于〈山乡巨变〉答记者问》，载《人民文学》1958 年 7 月号。

适《山乡巨变》(上部)呢？我下面简单说明一下。

黑格尔是以戏剧体诗为标准体裁来阐发他的美学思想的[1]，所以他所言的典型人物主要还是戏剧里的人物，而这样的人物的特点又可分出几个层次：人物在舞台上的行动、话语受心灵指挥；心灵被实体性伦理力量决定，所以人物行动间的矛盾本质上是不同伦理力量间的矛盾；而整个作品的人物体系及矛盾展开又是剧作家精心布局的结果。举个相关的例子，《创业史》可能就是受这种戏剧化原则影响很大的小说，小说里的人物如梁生宝、梁三老汉、郭振山、姚士杰都是典型人物，他们的行动由可被作者完全穿透的内心决定，然后决定他们内心的又是他们的阶级立场及相应的伦理情感，因而这些人物都具有坚定性和典型性。但正如斯丛狄谈到的[2]，从19世纪后期开始，戏剧领域就开始对话语的透明性、人物的坚定性等进行反思，而在后期易卜生或契诃夫的作品里，人物思想和行动的联系也已被阻断。同时期的小说家和批评家也对戏剧化的小说做了反思，如亨利·詹姆斯及他身后学派就提出叙述声音对人物的遮蔽的问题，要求小说被看到而不是被讲出[3]，或巴赫金在谈陀思妥耶夫斯基给人物带来解放及对他们复杂的内在进行探索时，也对戏剧式话语的假民主（假装让人物发言）真专制（实际上被剧作家牢牢控制）展开了攻击。[4]回到周立波，我们知道这位作家不仅有很好的中国古典小说和俄苏文学的修养，而且很早就对乔伊斯这样的现代主义作家

---

[1]黑格尔著：《美学》（第三卷下册），朱光潜译，商务印书馆，1997年版，第240—268页、282—335页。
[2]彼得·斯丛狄著：《现代戏剧理论（1880—1950）》，王建译，北京大学出版社，2006年版，第7—65页。
[3]参见 Percy Lubbock, *The Craft of Fiction*, New York: Viking, 1957.
[4]米哈伊尔·巴赫金著：《陀思妥耶夫斯基诗学问题》，刘虎译，中央编译出版社，2010年版，第17页。

有所了解[1]，所以他在面对合作化运动的素材对形式的要求时，准备上就比较充分，故而他能有意识地去放弃过度戏剧化、典型化地进行情节铺展和人物塑造的手段，我下文会通过具体分析进一步展开这个问题。

　　黑格尔美学的另一个要点是，强调通过人物的矛盾冲突推动情节发展，同时由于人物实质上是重要的伦理力量的代理人，所以真正的冲突是发生在实体性的伦理力量之间的。马克思主义美学基本上继承了这种美学思想，只是把伦理矛盾强化为政治矛盾，并强调矛盾双方的斗争而不是和解，而这正是要求把合作化运动写成两条路线斗争的美学基础。上面已谈到黑格尔要求人物具有性格的坚定性和伦理的典型性，现在这个原则又进一步要求人物命运与时代主线紧密结合。我们看到在 50 到 70 年代一些写重大题材的小说里，人物就不仅性格鲜明，而且要么是正面人物，要么是反面人物，要么是终将做出正确选择的中间人物，他们一定是与社会矛盾展开的诸环节相结合的，而不能是仅有个性但无法显现社会意义的面目不清的人物，更不应出现卢卡奇在《叙述和描写》里批判的情况——由于只注意自然主义式的细节描写，将社会矛盾的主线遮蔽了。[2] 五十年代那一批批评家，虽然未必读过卢卡奇的理论原文，但由于受到相似的美学原则的指导，基本上也都做出了和卢卡奇类似的批判，如指责《山乡巨变》（上部）的人物性格缺乏社会意义、反映现实的深度广度不够；指责作品过于关注落后农民和散碎细节，没能将合作化主要矛盾和社会真实本质呈现出来；批评作品缺乏时代精神、批评

---

[1]当然，和当时左翼的基本观点一致，周立波批评了乔伊斯的创作，见周立波：《周立波文集》第 3 卷，上海文艺出版社，1982 年版，第 195—198 页。
[2]Georg Lukács, edited and translated by. Arthur D. Kahn, *Writer and Critic: and Other Essays*, New York: Grosset & Dunlap, 1971, pp189-226.

作家缺乏全局意识，等等。[1]这些批评虽然在今天看来颇有些平庸陈腐的气息，但事实上却都有坚实的美学原则作为支撑。

周立波显然很熟悉这些批评意见，所以才会委婉但坚定地做出反击，但"着眼有远有近，落墨有淡有浓"这样一种说法毕竟是含混的，《山乡巨变》（上部）的形式特征若不经过严格考察，是很难凭印象做出准确概括的。如自五十年代以来就一直有一种说法，认为该作品有田园诗风格，但这种概括并不准确，小说前半部分所营造的美学氛围确实轻松自在，也有一些田园诗要素（如盛淑君和陈大春在山里恋爱、畅想社会主义明天的段落），而五六十年代也确有一波抒情风格浓郁的作品如《百合花》《铁木前传》等与这个作品一起出现[2]，但《山乡巨变（上）》却并未像田园诗那样回避重大社会矛盾，周立波对这一点明确坚持，他强调小说的中心主题是"新与旧，集体主义和私有制度的深刻尖锐、但不流血的矛盾"[3]，而这也并非虚言，我们马上会谈到，陈先晋、秋丝瓜、菊咬筋、盛佳秀等在面对合作化压力时的心情绝不是轻松的，周立波在一个短篇里甚至把群众感受到的这种痛苦称为分娩时的痛苦[4]，这何以会是"田园诗"呢？

但有一点至少是明确的，周立波并未用戏剧化的写法去写这个深刻尖锐但不流血的矛盾，相比于戏剧式的迅疾、紧张，周立波在叙事上放松了对情节的控制，他不再以关键事件、矛盾斗争的方式组织小说结构，相反他给予小说一个松散的形式。但这也不是无章法的"串珠"

---

[1]参见肖云：《对〈山乡巨变〉的意见》，《读书》1958年第13期；唐庶宜：《对〈山乡巨变〉的意见》，见李华胜、胡光凡编：《周立波研究资料》，知识产权出版社，2010年版，第351—353页；黄秋耘：《〈山乡巨变〉琐谈》。

[2]见贺桂梅：《书写"中国气派"：当代文学与民族形式建构》，北京大学出版社，2020年版，第204—208页。

[3]周立波：《关于〈山乡巨变〉答记者问》。

[4]朱羽：《自然历史的"接生员"：周立波1950—1960年代短篇小说"风格"的政治刍议》，载《中国现代文学研究丛刊》2021年第4期。

式，而是以几组乐章的形式缓慢呈现合作化运动在山乡的铺展：第一乐章主要表现党员干部和积极分子们的生活情态和对合作化与社会主义的乐观心绪，所以流露出自在的、卢卡奇所言的史诗般明朗的氛围；但到第二部分要处理陈先晋这样的顽固老农入社时的心结时，叙事就带有一种悲剧性的紧张、庄重感；但接下来要对付秋丝瓜、菊咬筋这些与合作社更离心的中农的小心思，小说的调子又带有一种喜剧式的戏谑，但随着他们杂乱的、分心的生活世界被放置在山乡风景里，叙事就又带上了反讽的调子，而这一直要到最后通过盛佳秀的浪漫情感故事才重新让小说回到一开始的明朗，而这也在情节上对应最后的合作社成立大会。下文我会细致地对这里每一个乐章的叙事机制、美学形态及政治问题做分析，到目前为止，我们则只需要简要说明周立波这个新形式的松散性和混杂性，这其实非常接近卢卡奇对浪漫派的"小说"形式的理解：将散碎的东西勉为其难地用一种松散的形式统一起来。[1]

这是在情节组织上的放松，但周立波摆脱戏剧式紧张还有另一方面，这就是叙述声音对人物控制的放松，它不再以典型化、性格坚定性这样的要求来控制人物，反而是试图充分发展人物个性的多样性和鲜活性，也加强了对人物内心深度的探索。而这又牵扯出另一个关键问题，即小说发明了一套复杂的观视机制用来取代单一的叙述声音，就这个问题朱羽已做了较成熟的讨论，即指出周立波叙事机制里"看"与"说"的分歧。[2]这位评论家谈到，一方面是因为周立波在审美经验上对巴尔扎克式"观察"的重视，另一方面也是由于这个作家的小资产阶级主体意识的强大，使这个作品里总被放置上各种内在的"看"的视点，从而

---

[1] 参见 Georg Lukács, translated by Anna Bostock, *The Theory of the Novel: a Historical-philosophical Essay on the Forms of Great Epic Literature,* The Merlin Press, pp70-83.
[2] 朱羽：《社会主义与"自然"——1950—1960年代中国美学论争与文艺实践研究》，北京大学出版社，2018年版，第60—82页。

干扰甚至阻断了外在的叙述声音。[1]而这在朱羽看来就不仅是一个形式问题，而且也触及到作家试图处理的审美政治的深层问题：周立波之所以在描写上停留，是因为他看到社会主义新生活的肌质里很多不可化约的、无法为主流声音所表述的东西，因而需要一种观察视点来呈现这些"生之态"里的丰富与暧昧。

朱羽的分析从创作意图谈到形式机制谈到审美政治，非常精彩，但缺点是对《山乡巨变》（上部）的"看"的机制的分析只是零碎举例，没有对这套复杂的观视机制做更系统、更科学的解剖。我下面将借用热奈特关于"语式"（mood）的系列技术讨论来完成这个解剖工作。热奈特的中文译者用"语式"译"mood"[2]，这不大贴切，或译成"语气""情态"更合适，这个词主要关心文本的叙事机制在对世界作呈现时有多大的确定性，更具体说就是我们能看到多大的范围（perspective），是远观还是近窥（distance），能看真切还是模糊（focalization），以及能看到人物内心还是只能听到声音[3]，而这其实正是周立波所言的"浓淡远近"的问题。热奈特和周立波都注意到同一个方向上的问题并不是巧合，因为两者都建立在对一种19世纪的旧美学的克服之上，这种旧美学假定人物具有透明性，主张对情节和人物完全控制（如以典型化的方式把人物的心灵、行动、意义确定下来），现在新

---

[1]朱羽提供了一个例子，小说一开始邓秀梅碰到亭面糊，老农也开始滔滔不绝地讲述，读者通过这个声音了解乡村的情况，但忽然亭面糊看到"一只竹鸡"，然后小说就顺着亭面糊视点去描摹这只竹鸡的形状。显然这里有了一个停顿，声音静下来，朱羽用查特曼的理论来解释这个问题，即一套叙事机制内会同时有"故事时间"和"话语时间"，从亭面糊眼光里分离出来的那个时间就是话语时间，它让叙述人的故事时间停顿了。参见朱羽：《社会主义与"自然"——1950—1960年代中国美学论争与文艺实践研究》，北京大学出版社，2018年版，第70页。

[2]见热拉尔·热奈特著：《叙事话语、新叙事话语》，王文融译，中国社会科学出版社，1990年版，第107—145页。

[3]Gérard Genette, *Narrative Discourse: an Essay in Method*, pp161-211.

的美学则试图以更复杂的方式处理现实主义的表征问题。进而言之，也正由于周立波用来呈现山乡的社会主义风景的叙事机制要更复杂，他对这个时期的美学和政治问题的处理也就更深入，我们下面就来耐心地一步步讨论这些机制。

二、"心宽不怕路途长"："新的同时也是熟悉的"

我们这部分要谈小说第1—11章的叙事调子、观视机制及审美效果，我们从"心宽不怕路途长"这个关键句子开始谈。这句话出现在第10章末尾，这是一个清晨，邓秀梅和本乡农会主席李月辉相伴去区上开会，他们边走边谈，氛围轻松愉快：

> 他们翻了一个小山坡，在一片梯田中间的一条田塍上走着。李月辉指着田里的翡青的小麦说：
> "如今这种田，一年也要收两季。解放前，这一带都是荒田，就是因为赌风重，地主老爷押大宝，穷人打小牌，像我们这样的人也卷进去了。解放好，不等政府禁，牌赌都绝了。心宽不怕路途长，我们边走边讲，不知不觉，赶了八里路。那个大瓦屋，就是区委会。[1]

这一路上李月辉同邓秀梅谈风景，谈风俗，谈自己年轻时的经历，他说"心宽不怕路途长"，字面意义是缓缓地走，不知不觉就走了八里，但它也暗示人物性格，程凯在他的近著里就指出，李月辉就是这样的"心宽路远"的乡贤式干部，他们做工作耐心，群众对他们也信任，在

---

[1]周立波：《周立波文集》第3卷，上海文艺出版社，1982年版，第130页。

合作化运动"软着陆"的过程里发挥了重要作用。[1]这是"心宽"在情节推进与人物塑造上的功能，但笔者现在想谈的是"心宽"作为观视机制和叙事调子的意味。

我们先看这里的场面，叙述人先让读者看到他们翻过一个小山坡，在一条田塍上走着，所以这是个鸟瞰的视点，视点和人物的距离是远的，但这种距离和国木田独步的小说里叙述人和渔人的距离又不一样，因为这里的叙述人能很快拉近读者和他们的距离，我们能听到李月辉和风细雨的说话声，并随即看到他眼里的田地、瓦屋，这时我们就是通过李月辉在看而不再是鸟瞰山乡了，于是我们不仅视野依然开阔，而且风光还变得切近和熟悉，这样就有了一种自在的氛围。[2]而造成这种"自在"的，除了风物的切近、熟悉外，还在于李月辉心灵的"透明性"，李月辉毫无保留地把自己内心的话都讲给邓秀梅听，两人间不再保有秘密——小说里类似的同志或恋人间的交心谈话还出现在盛淑君和陈大春间（《第18章》）及盛清明和邓秀梅间（《第23章》）。

所以一是视野宽广，二是风物切近，三是话语透明，三者共同促成"心宽"的调子和"自在"的美学氛围。不过第10章这个放松的调子是小说叙事机制调整后的结果，小说最开头写"荡到河心的横河划子"的五六个干部间谈话时也是宽松自在的，但马上邓秀梅就落单，叙事机制通过补叙邓秀梅个人经历及内心心理，很快让读者聚焦到这个人物身上，并把她视作前几章的一个稳定的观察视点，如在第1、2章，读者跟着邓秀梅看到土地庙、清溪乡及乡政府大院，并通过她的访问熟悉了亭面糊和盛淑君，也通过她的打听得知李月辉的基本面貌（这个视点对

---

[1]程凯：《"信任感"与"心宽路远"——〈山乡巨变〉（上部）的现实理解和生活感觉》，载《文艺争鸣》2021年第9期。
[2]对关于"自在"的审美氛围的讨论，见李娜：《在美学风格的背后——〈山乡巨变〉的成就与成就中的问题》，载《文艺理论与批评》2021年第6期。

犯过右倾错误的李月辉并不完全信任，她一面"好奇地偷眼看看他"，一面又总在"心里暗想"[1]），这时山乡对邓秀梅来说（也是对读者来说）是新鲜而陌生的，叙事的调子是谨慎、紧张的，而她能看到的山乡也只是视野受限的一部分。小说以这个方式开局，显得很现代，现代小说往往以未知的紧张开局，主人公或视点人物对环境不熟悉，所以一开始总会慌张，除非小说世界被足够宽广地展示出来。[2]但有意思的是传统小说开局的调子往往是放松的，这由于它们总选择无所不知的叙述人来开场，由此可见，紧张不紧张关系到的是视点聚焦问题，由于现代小说往往都会强调对视点的限制，而一旦视点人物是一个不熟悉环境的小说内人物，读者一开始能了解的情况就相当有限了，一些现代主义的小说，比如卡夫卡的小说，在视点限制方面贯彻得比较彻底，于是小说能产生强烈的异化和疏离感，但正如热奈特提出的，严格限制人物视角的企图很难在一个长篇小说里获得彻底贯彻，所以更常见的问题是焦点限制的收紧放松及观视距离的拉远拉近这些变化何时及如何产生的问题，这就是变调的问题，比如邓秀梅的视点由紧张变放松这个问题。

热奈特用变调这个词来讨论作品里观视模式的变化，他提出在《追忆似水年华》《包法利夫人》等很多经典著作里，变调都常常发生，如《包法利夫人》一开始聚焦在包法利身上，然后很长的篇幅以爱玛为视点，但在有些段落如对永镇做描写时又是巴尔扎克式的全知视点，而后来爱玛与莱昂著名的马车偷情片段则是完全看不到马车内部的纯外聚焦视点，显然每一次视点的选择和变调都有自己的审美理由，这里就不一一展开了。回到《山乡巨变》（上部），上面已经谈过，如果按照调子的总体变化来分析全书结构，那么以党员干部和积极分子视点为主调的第1—11章（还要加入大春、淑君恋爱的第18章这个插曲）就是第一

---

[1]周立波：《周立波文集》第3卷，上海文艺出版社，1982年版，第24—25页。
[2]Gérard Genette, *Narrative Discourse: an Essay in Method*, p191.

个乐章，而在第 12—16 章，在处理陈先晋入社问题时观视调子发生了重要变化，这个算为第二乐章。接下来在第 17—25 章解决王菊生、张桂秋、盛佳秀这些中农入社问题时，视点调子又发生了变化，直到最后一章重新回到欢快的主调并结束。

这部分讨论第一个乐章的问题。我已说明了《山乡巨变》（上部）头几章主要以邓秀梅视角为观视角度，并且周立波选择了对人物的限制视角，这和同时期很多小说的观视方式不同。但这种限制如果和卡夫卡的《城堡》里土地测量员的视角比起来，却又有不同。首先，邓秀梅的视角带有分析、观察的特点，虽然偶尔也能迸发一两处感觉，但她显然比总耽溺在感觉化的情绪里的土地测量员更有理解、介入和改造山村社会的决心与能力。其次，邓秀梅所面对的世界并非完全与她疏离，她首先碰到的是亭面糊和盛淑君，都是健谈而城府不深的人物，然后她在乡政府接触到李月辉，在当夜开会间隙和刘雨生、陈大春、盛清明打牌，这些人物全都成为邓秀梅开展合作化运动的助手，但同时他们也成为邓秀梅观看山乡世界的助手，虽然大体来说，读者通过邓秀梅的观察和调查看到这个乡村，但有时叙事视点也会离开邓秀梅，如第 7 章就以盛淑君的中心、第 9 章以一个能看到亭面糊家庭状况的鸟瞰视角为方式。这里的关键问题是，由于这一群同志朋友的存在，小说的视点逐步变开阔，这个山乡就不是《城堡》里那个完全陌生的山乡了——一个有意思的对比，《城堡》里土地测量员也有妻子和助手，但不要说两个助手完全离心，就算和自己的妻子，两人的心理距离也相当远；然而对于邓秀梅来说，就算路上碰到的陌生人也是一些总会熟悉起来的人，所以天然就是亲切的、可理解的，而面对同志则更会把心底敞开，这种心宽是让小说一开始紧张的限制视点放松下来的最关键原因。并且就像在第八章里盛淑君用高音喇叭宣传合作化运动一样，邓秀梅和这一簇人物的视点共同形成了观察整个乡村视点的穹顶，这使得前 11 章都有一种明朗的色彩。

所以在第10章李月辉和邓秀梅月下同行，邓秀梅的心情也是轻松自在的，她此时完全不像刚入乡时那样紧张，她和李月辉的关系也不再是下乡干部和本土干部，或人类学家和本土传信人的关系，而是共同为合作化做工作的同志关系。他们俩在这个乡村的晨曦里行路，这时如果在美学层面做一个比附，我们很容易想到卢卡奇在《小说理论》里谈到的史诗时代的状况，卢卡奇说：

> 快乐的时代是这样的时代，这个时候的星空是所有可能的道路的地图——这个时代，它的道路被星光所照亮。每一样东西在这样的时代里都是新的同时也是熟悉的，是充满冒险意味的，但也已是我们自己的。这个世界是宽广的，但它却像个家。[1]

而相比之下，他描述的小说所处理的散文世界的情况则是：

> 这对古希腊来说真的是荒唐啊！康德的星空的苍穹现在只在纯粹理性的暗夜里闪耀，它不再照亮任何孤独的旅人的前途（因为在新的世界里做一个旅人就注定是孤独的）。而内在的光，如果说还能提供安全的证据，或者幻觉的话，也只是对这个旅人的下一个脚步。没有内在的光再去照亮这个世界的事件了，没有光能再照进这个宽广的世界复杂体里了，在那里，心灵是一个陌生人。[2]

相当明显，第1—11章的这个明朗的世界，是比较符合古典史诗的美学气质的，卢卡奇在定义史诗时特别强调史诗对实体生活上的开拓，

---

[1] Georg Lukács, *The Theory of the Novel*, p29.
[2] Georg Lukács, *The Theory of the Novel*, p36.

以上的道路、冒险、世界这些词都和这种开拓性有关，而这放在周立波的小说里，就是同志们对社会主义新生活的建设。卢卡奇又提到史诗世界具有内在的总体性，这是说这个世界的每个角落都被赋予了意义，所以哪怕目前来看还未完成，哪怕似乎是陌生的、未知的挑战，它们也已是熟悉了的、是被内在地照亮了的。这样一种史诗的明朗恐怕就是李月辉和邓秀梅在晨曦里看乡村的明朗，也是他们内心自在的来源。到第11章为止，小说前半程通过邓秀梅及党员干部积极分子的视点，已共同搭建好了看待社会主义新山村的整体视点框架，这个观视体系既能照亮这一簇人物的内心，使他们单纯、快乐的形象成为新风景的一部分，同时又能为视点和声音继续深入山乡各个角落做好准备，他们就像卢卡奇所谈的史诗时代的星空里的光，能照亮所有的"可能的道路"，而从政治层面上来说，这种视点保证了合作化运动必将完成，这也正是李月辉和邓秀梅可以"心宽路远"的内在理由。

当然，这时也只是小说的半程，心虽宽但路依然远，合作化胜利的关键还在于运动的声音和叙事的视点能真正深入那些政治上并不先进的中农的心底，那么读者是否以及如何可能跟着邓秀梅等进入陈先晋、盛佳秀、菊咬筋、秋丝瓜这些人物的心底呢？这在叙事上和政治上都是棘手的问题。

三、"耶耶在土里哭呢"——叙事如何触及老农的"心下"阴影？

黄秋耘在1961年的文章里曾批评《山乡巨变》"没有充分写出农

村中基本群众（贫农和下中农）对农业合作化如饥似渴的要求"[1]，这确是事实，在《山乡巨变》（上部）里，对入社积极的主要是两拨人，一拨是有建设社会主义理想和较高觉悟的党团干部、阶级分子，这拨人以年轻人为主；另一拨则是需要被扶助的老弱，如盛家大翁妈。而对入社有抵触的人物则往往或者家庭劳力强，或者土地等生产资源富足，或者生产条件不弱且单干意识强。那么农村中基本群众是否对合作化如饥似渴？这个问题如从历史事实层面来讲会牵扯不清，所以我们这里想避开不谈，对本文来说重要的是，黄秋耘要求小说家去模仿基本群众的心理欲求，而且必须模仿他们是"如饥似渴"的，这会对人物施加叙事暴力。周立波早年参加革命时就以"立波—liberty"为笔名，他有一种坚持自由、民主的意志，所以他恐怕很难接受用叙述声音压制人物的写法[2]，事实上他也让《山乡巨变》（上部）的叙事机制尽可能给他的人物、特别是那些中农自己的话语和视点留有空间，这可称为叙事内部的社会主义民主。在我们第二部分的讨论中，叙事民主问题不突出，小说的叙述人事实上往往用人物视点来推展故事主线，和这些人物很亲近，同时这些人物也被认为心地单纯，较少"心下"的暗影。但一旦叙述人要讲陈先晋、菊咬筋、秋丝瓜、盛佳秀这些中农的故事，要呈现这些人物的"心""话""视点"，说和看的关系就紧张起来，而小说的叙事机制也要被重新调整，以便能找到较深触及社会主义生活世界的肌理的方法。就这些方法，我们先在本节讨论对话语模仿的问题，下一节谈论视点交锋、分心、融合的问题。

话语模仿是个老问题，柏拉图在谈荷马的叙述时就谈到，从讲述方式看人物的话语既可以被模仿也可以被叙述出来，并且柏拉图还发现，

---

[1]黄秋耘：《〈山乡巨变〉琐谈》。
[2]关于《山乡巨变》和民主问题的讨论，可参看邹理：《试析周立波小说蕴含的社会理想与人文精神——从〈暴风骤雨〉到〈山乡巨变〉》，载《湖南社会科学》2008年第3期。

叙述出来的话会比直接模仿的话更简洁，也更易被控制。[1]这个问题引起了后人很多讨论，这些讨论对我们理解《山乡巨变》（上卷）的叙事机制也有帮助，因为这个作品也是在模仿人物话语时碰到了棘手的问题，这个问题概括起来就是，要对不熟悉的、不和作者处于同一阶层的人物的话语和心理进行模仿，如何能避免僭越和专制？让我们先从亭面糊申请入社时由儿子代笔的事情谈起。

亭面糊这个人物在小说里很独特，他是所有人物中最类型化的一个，虽然周立波谈到这个人物的模特是他下乡时的一个邻居，但读者却更容易发现这个人物更像是用某种特定的语言风格和性格规定制作出来的，这样的类型化人物在经典小说或传统戏剧的次要人物那里总会频繁出现。正如热奈特反思到的[2]，当一个人的话语太具有某种风格，就会阻碍这个人物对自己真的内心做表达。如亭面糊被认为糊涂、易怒、善良、直率，但他会不会有世故，会不会有内心纠结或深刻的悲哀呢？只要小说以风格化的方式去塑造他，那后一种可能性就会被取消，但周立波有时候又会让另一个亭面糊有所闪现，如他知道说自己的女儿们是"赔钱货"会冒犯到女干部，在"晓得不妙"后"连忙装作不介意"[3]，而在涉及入不入社的问题时，作者也让我们观察到亭面糊和他家人入社的态度并不单纯，尽管入社申请书上写得很单纯：

> 邓同志，李主席：我们开了一个家庭会，全家五口，都愿入社，做到了口愿、心愿、人人愿、全家愿，兹特郑重申请，垦予登记为盼。清溪乡上村农户盛佑亭签署。[4]

---

[1]见柏拉图在《理想国》中关于"统治者的文学音乐教育"的对话，收入朱光潜：《朱光潜全集（第十二卷）》，安徽教育出版社，1991年版，第42—46页。
[2] Gérard Genette, *Narrative Discourse: an Essay in Method*, pp183-185.
[3]周立波：《周立波文集》第3卷，上海文艺出版社，1982年版，第13页。
[4]周立波：《周立波文集》第3卷，上海文艺出版社，1982年版，第110页。

这里"全家五口，都愿入社，做到了口愿，心愿，人人愿，全家愿"一句是典型的转述话语，话语被干净利落地转述，好像真有这么个会议，每个人都发言表示愿意，但叙述人在另外的场合又告诉我们情况远非如此，中学生儿子在代拟这个申请书时就省略了很多亭面糊的话，因为这个儿子是很有些世故的，在他听邓秀梅谈话时：

中学生听见邓秀梅这样地赞美农业，和他自己想要升学的意思显然有抵触，就稳住口，没有做声。[1]

小说这里补叙一笔，说明了中学生的心思，这就提示读者可按照人情常态去推断人物心理：比如既然亭面糊家劳力弱，中学生又想升学，那么中学生自然愿意他家入社，因为一则显得表现好，二则也能让他这个准劳力解放，这都对他升学有利。这个小说的叙事机制总会用这种温和的语调暗示出这些小心思，这就显得比柳青、赵树理的声音更世故，也更体贴。但上文这句里的这个声音显然又不是邓秀梅的，因为邓秀梅的视点受限制，她并不能轻易了解到农民的心思，这个时候周立波就会或者用另外的声音来做补叙，向读者交代信息，或者在必要的时候用省叙，不将人物的想法说透，从而给人物内心保留了一个暧昧的地带。

省叙的情况就出现在这个例子里，叙述人一方面告诉我们中学生写下了"口愿，心愿，人人愿，全家愿"的申请书，另一方面又在前面告诉读者亭面糊本想写啰啰唆唆一大段话，"我本人跟我的崽女都愿意入社，只有婆婆开头有点想不开"，为了入社的事，"我们两公婆，足足扯了一通宵""到天光时，她思想才通"[2]。但这里的交代也只是寥寥几句，

---

[1] 周立波：《周立波文集》第3卷，上海文艺出版社，1982年版，第54页。
[2] 周立波：《周立波文集》第3卷，上海文艺出版社，1982年版，第54页。

一宵的聊天怎会像亭面糊叙述出来的那样简单呢？所以叙述者让亭面糊自己省叙了，省掉他觉得不宜讲给崽女听的部分。没想到中学生还觉得父亲的话不妥当，又一次用省叙把真实话语叙述成一个口号"口愿，心愿，人人愿，全家愿"，结果邓同志、李主席只能看到一个干脆的表态。但周立波偏偏又将这个转述话语的制作过程也揭露出来，因而就加上了一点微弱的反讽。

不过读者也可认为这么一段不过是以一种喜剧性的方式画了一张新社会农民家庭的风俗画，亭面糊的啰唆和儿子删去父亲的话的小性子都可以被轻描淡写、一笔带过。但这种反应也是小说的叙事机制达成的一个效果，因为这个故事是关于亭面糊的，而对亭面糊的风格化刻画已假定了他心理层次较浅，所以读者很难对他的一夜没睡严肃对待。然而当周立波要用四个章节去写另一个性格更顽固的中农陈先晋在入社前的一宿未睡时，就肯定是想让读者能感觉入社问题的非同小可，为了呈现这个复杂性，作者调动了丰富的叙事手段去呈现陈先晋的心，尽量让我们看到新的社会制度在分娩时的痛苦。[1]

小说写陈先晋入社花的篇幅很多，但李娜在文章提出一个困惑，即陈先晋到底为何就转变了呢？小说似乎没有写清楚。[2]这个感受很准确，但恐怕不从事件入手写老农转变恰是周立波的本意，在上部周立波不以集体劳动、农业竞赛、与坏分子做斗争这些情节来结构山乡的"变"，小说标题上的"变"与其说是指时间轴上事件的发生，不如说是指空间层面生活的变化。这情况若按照罗兰·巴特在《叙事结构分析导论》[3]

---

[1] 关于周立波如何有意识地将农民思想转变的艰难和分娩时的痛苦联系起来，见朱羽：《自然历史的"接生员"：周立波1950—1960年代短篇小说"风格"的政治刍议》。
[2] 李娜：《在美学风格的背后——〈山乡巨变〉的成就与成就中的问题》。
[3] 见 Roland Barthes, *An Introduction to the Structural Analysis of Narrative, New Literary History*, Vol. 6, No. 2, On Narrative and Narratives. (Winter, 1975), pp. 237-272.

里的分类，就是说周立波主要不关注句法组合层面上行动的展开，而更关心聚合层面上意义的充实，作者在简单的情节连结点内放入风景、风物、人心，从而让山乡新貌能呈现出来，这才是他的意图所在。事实上从时间跨度看，从邓秀梅向陈先晋发动攻势到老农做出决定，前后不到三天，这个过程里除了一些争执外也没有激烈的外显的冲突，但周立波想写的却正是人心的艰难转变，所以这个破茧而出的过程就只能在较缓慢的叙事速度下才能被多层面地呈现，而也正由于速度放慢，读者才会感到陈先晋入社的滞缓，但也是在这样一种滞缓下，在我下面要谈的五次对先晋老农的话语和内心的刻画中，人物内心和山乡生活的肌体才显示出来，而不是只让一个叙述声音做粗暴而浮夸的代言。

  第一次突击陈先晋心灵的努力还是在外围。邓秀梅在去动员陈先晋之前做了大量调查工作，从先晋亲人和邻舍口里她晓得了这个老倌子好多事：作田的能力，勤劳的品行，顽固的性格，听到搞合作社后的反应，他的家庭成员及各人对入社的态度。最后，读者通过邓秀梅甚至还听到了陈先晋的原话，"积古以来，作田的都是各干各，如今才看见时新，么子互助、合作，还不都是乱弹琴！"[1]。然而这个话所反映的却不过是一个顽固老中农的一般心态，这话未必不是陈先晋亲口说出，但话语被邻人转述传到邓秀梅耳朵里，叙事视点和这个人物话语的距离就很远。于是如果邓秀梅想要更真切地听到陈先晋的话，就非安排第二次突击不可，这就是邓秀梅的家访，通过家访邓同志和读者贴近地看到了陈家的屋院、晚饭的菜食甚至每个家庭成员的身体姿态，但在邓秀梅试图与陈先晋攀上话之前，这个老中农就先发制人地对她讲：

    对不住，邓同志，我要出去有点事，你在这里打讲吧。[2]

---

[1] 周立波：《周立波文集》第3卷，上海文艺出版社，1982年版，第155页。
[2] 周立波：《周立波文集》第3卷，上海文艺出版社，1982年版，第162页。

这时小说有一个很细致的描写，说邓秀梅虽然脸上丝毫未露见怪的颜色，但"心里震动了一下"。李哲指出《山乡巨变》里的话可分"会上的话""私下的话"和"心下的话"三种[1]，那么陈先晋这个姿态就是断绝了与邓秀梅进行真诚的私人谈话的可能。下文紧接着的另一处，邓秀梅在和先晋婆婆（妻子）的闲聊中，自认为找到了一个机会想切入谈入社问题，但这在先晋婆婆听来却是"陡然的转折"，马上"笑容没有了，话也不说了"[2]。虽然在情节层面，邓秀梅没有因这两个打击而气馁，她调兵遣将，一方面发动盛清明做二儿子的工作，同时又请大儿子大春找来女婿詹继鸣，但从叙事机制讲，在随后几章里邓秀梅的视点就完全退出了，小说家必须强行用另一个能看到陈家家庭会议全貌的类全知视角来对陈先晋再做观察。但这个变化并不突兀，正如前文所述，此时邓秀梅的视角已不再是一开始的限制视角了，清溪乡干部和积极分子共同组成了一个穹顶式的观视体系，这个体系已经在向着全知视点发展了；但在另一方面，这个新视点又极克制，它虽然可以看到陈家人的神态，听到他们的话，甚至能进入他们浅层次的心理，但它同时也很安静，不会像邓秀梅一样发动攻势或做出评判，所以这个新视点是一个更纯粹的"看"的视点，它削弱了叙述声音，所以陈家夜会的情境才能不受声音干扰地被展示出来。

陈家夜会共两次，第一次一家人已劝服先晋入社，但第二天他和菊咬筋交谈后又反悔，所以第二天晚上一家人又再次劝说，结果吵散，陈先晋辗转反侧了一夜后，第三天一早去地里哭了一阵，终于下定决心入社。两次开会场景属于小说里保留的戏剧场景，前面说过，戏剧一般以人物话语交际的方式展开冲突，而对话与有限的舞台动作是戏剧矛盾得

---

[1] 李哲：《〈山乡巨变〉：革命"深处"的潜流》，载《中国现代文学研究丛刊》2021年第4期。
[2] 周立波：《周立波文集》第3卷，上海文艺出版社，1982年版，第167页。

以推进的直接动力。但现在这个戏剧场景被一个叙事文本写出来，叙事就又占得一些便宜，如现在小说的观视机制可以进入人物内心，于是就可以将人物如陈先晋的心里所想和口里所言放在一起对比着看，这就突破了戏剧式交际的窠臼。我们看到，一方面陈先晋在会上总是沉默寡言，在第一次夜会里他几乎默不作声——当时家庭成员纷纷表态入社，陈先晋除了骂他小女儿之外，正式的发言也尽是些表态，"都说入得，就先进去看看吧"，"好的，我们都入吧"，"都入都入"[1]，这就在提醒我们，这里戏剧式话语冲突已不是重点，"会"也不是真正的讨论会，仅靠话语交锋也已展开不了真实矛盾，这里根本之处在于，陈先晋即便在他亲人面前也无法表达自己。但另一方面通过对老汉心理独白的描述读者又可以很快得知，在这家人乱哄哄的声音里，最让老农心惊、丧气的是二儿子孟春和女婿詹继鸣的表态，因为这意味着他单干计划少了两个劳力。所以这场会议表面上是家庭成员讨论入社，实际上只是大家通过个人表态对陈先晋施压，李月辉预判了这种情形，他在先晋交申请时问，"你们家里，大春、雪春都积极。我怕他们对你来了一点点冒进，该没有吗？"[2]，这个问话带一些表演性，但也不是假惺惺的，实际上是提供了一种对陈先晋面临的压力的理解和关照，而陈先晋也马上发咒赌誓说没有，也有一种表演性，因为他需要用这种姿态来捍卫他作为家长的尊严，所以在这个层面上周立波呈现的是人情社会里人们发言的姿态，相比于评论家写群众"如饥似渴"的要求，周立波的笔墨要熨帖得多。

现在通过对心理独白的这个层次的模仿读者已对老农的盘算有了些了解，这也有助于读者理解他的反复，他和王菊生第二天的交谈一方面加深了他对合作社前景的疑虑，一方面也因劳力合作有了保证而增强了

---

[1] 周立波：《周立波文集》第3卷，上海文艺出版社，1982年版，第171、172页。
[2] 周立波：《周立波文集》第3卷，上海文艺出版社，1982年版，第187页。

他单干的信心，同时这次"私下的话"又揭示了更隐秘的内在动机：王菊生提出合作社扶贫弱会让中农利益受损，这一点深得陈先晋认同，土改后陈家多分了地，他家又劳力强、技术强，陈先晋早已动了发家的心思，而合作化运动却熄灭了他这个心思。但他又无法在第二天夜会里正面提他的发家想法，家庭会议的小氛围，以及当时伦理政治的大氛围都不允许他将这一心思做正面描述，所以先晋只能在开会时忍让、抵赖，但内心却又强烈抵抗。在相持不下的局面下，雪春、大春等人以分家为威胁，这击中了陈先晋苦干发家的最终立足点——家人的幸福，于是家庭瓦解的威胁让他无法再忍受，小说描摹了他大喊的声音，"你们都走，都滚，一个也不要留在这里。如今的崽女，有么子用啊？记名没绝代罢了"[1]，这场家庭会议随即陷入不可收拾的局面，而这同时也宣告第三次观察的失败，这次的叙事机制虽然暴露了老农内心想法与话语的不一致，但对陈先晋内心深处的无意识的焦虑和渴望的揭示还不够，现在需要再一次变调才能去触及更隐藏的、无意识的心下，于是家庭会议结束后小说的叙述声音几乎完全消失了，我们看到了一个极安静、油画般的画面：

> 卧室和客房，先后发出了年轻人的均匀细小的鼾声。这一家人，只剩老夫妻两个，还没有睡。一个睁着眼睛躺在床铺上，一个坐在火炉边。陈先晋又添了块干柴，把火烧得大大的。看着升腾的烟焰，他想起了女婿的言语："人多力量大，柴多火焰高。"顺手又添两块柴，火更加大了。陈妈睡在床铺上，看见从门缝里映射进来的火光闪亮闪亮的，怕老倌子出事，总睡不着。她爬起来，披上棉袄，走到房门边，从门缝里张望，只见老倌坐在火边上，低着脑

---

[1] 周立波：《周立波文集》第3卷，上海文艺出版社，1982年版，第177页。

壳,弓起身子,一动也不动,像石头一样。[1]

　　这里的视角有些奇特,按理说这里除了最后一个陈妈的视角外,主体上是一个全知视角,因这个视角能听到人物的心理语言:"他想起了女婿的言语:'人多力量大,柴多火焰高'",但具体这句话什么含义这个视角却又解释不了,读者还是被挡在心的外头。从隐喻意义讲,"人多力量大,柴多火焰高"是和"龙多旱,人多乱"这样的单干思想做辩论的话语,但此时陈先晋头脑疲乏,身体困倦,恰是意识最放松、无意识最活跃的时刻,所以他所理解的这句话含义就不大可能是在隐喻层面的含义,而更可能是在字面上的含义:陈先晋看到"升腾的烟焰"想到"火焰",又联想到刚刚别人说过"柴多火焰高",就立即想到要添柴,这个思维活动是纯直感、反射式的。其实作家早已营造好一个直感的氛围:烟焰、火光、"鼾声"——第一次夜会时周立波也渲染过一次炉边氛围,杉树木的噼啪声,松木丁块柴脂油的香气,沙罐子里开水的咕嘟,火炉里烟焰影子在板壁上的晃动——声音、气味、光影都以直感的物质状态被身体感知,这就强化了这时叙述声音在进行理性概括上的困难,所以"人多力量大,柴多火焰高"可能只是一句在耳边回响的噪声,但它也标志了两种意识状态的分隔,暗示着老农内心的无意识马上就要被唤起。

　　这样我们就看到了对陈先晋进行话语及心理模仿的第四次努力,小说在下一章触及陈先晋被扰乱的内心深处,这一章就语态来讲是补叙,从语式层来看是以心理独白的方式描摹陈先晋的恋土心结。这时老农已躺下,却翻来覆去睡不着,迷糊中出现一连串用弗洛伊德的话来说就是"凝聚"的画面:他和父亲兄弟扒土开荒,父亲临终遗言,土边的

---

[1] 周立波:《周立波文集》第3卷,上海文艺出版社,1982年版,第178页。

坟，封柴门仪式里的松木，革命者小舅子沾满血的尸体，待客放五样茶食的黑漆梅花盘子，一只被打死的麂子，梦里上梁的房屋及天火，两只壮猪，田塍上看着田地的自己。恐怕周立波并非要有意模仿现代主义的意识流写法，他只是认为这种方式更容易接近陈先晋的心绪，在这样凝聚的画面里积蓄了无法在话语层面（被转述的话语、与邓秀梅交涉的话语、家庭会上的对话）获得表达的巨大心理能量，它们被不断审查，所以只能断断续续地出现，但却是私有观念在老农心灵深处打下的最难以磨灭的印记。正如蔡翔谈到的[1]，这个深埋的"私"后来在新时期改革文学里获得了充分表征，所以它也并非天然不合法，只是在五十年代的文学表征里只能在主流声音完全退出的深夜、在一个老农的意识流深处才获得强度——直到它在夜半时分又被另一个强烈的梦语打断，这是雪春的梦话，"耶耶你快讲，到底入不入？不入算了！"女儿做梦都在想入社，这个梦话让先晋做了入社的决定，周立波这里用了新与旧两种梦意识的辩证法，罕见地把一个老农的无意识内心展现出来了。

但哪怕在这个层面上，周立波也没有让他的叙事视点完全穿透人物内心。在先晋打定入社的主意后，一清早就起来"打开耳门，捐起锄头，出门去了"[2]，这引起他婆婆的担心，赶忙让女儿追出去，这时候小说又变更了一次视角，现在是完全外聚焦，叙述者以相当简省的笔调写下女儿雪春的观察，"妈妈，耶耶在土里哭呢？"就不再赘言，从而维护了老农内心的不可穿透性，我们几乎可以说，在二十世纪中国文学书写中，几乎再没有一个在模仿农民内心时更耐心、更有敬畏感的叙述者了。在笔者看来，这正是周立波的高明之处，他不仅让读者看到陈大春、盛淑君眼里的历史远景，也让读者看到陈先晋心灵深处的自然风

---

[1]蔡翔：《〈创业史〉和"劳动"概念的变化——劳动或劳动乌托邦的叙述（之三）》，载《文艺理论与批评》2010年第1期。
[2]周立波：《周立波文集》第3卷，上海文艺出版社，1982年版，第184页。

景。[1]

四、对抗、分心与融合：观视机制如何处理散碎的人心？

所以关键问题不是陈先晋因何而变，而是读者能从陈先晋的变中看到什么？诸如我们已看到的院落、菜食、家庭成员的情态、动员会场面、老农单干的心思、内心深处的恋土、发家情结与家庭情感等。由于周立波将叙事重心从情节转到空间，并且尽可能抑制叙事干涉、坚持视点民主，他对散落各处的山乡生活的呈现就要比当时其他作家要做得丰富和深入。而从这个思路出发，读者易发现小说接下来的部分正是这个勘探工作的进一步展开，现在是菊咬筋、秋丝瓜、盛佳秀这些与合作社更离心的基层农民的世界，相比于这个开拓空间的叙事用心，情节上的要素反而不再重要，如第19章"追牛"涉及中农宰杀耕牛情节，这本可以处理成坏分子破坏农业生产的路线斗争问题，但邓秀梅却主张把它降调为人民内部矛盾，对秋丝瓜入社的恐慌有了难得的体谅，而从叙事机制上讲，这一情节要素马上转变为邓秀梅去秋丝瓜家家访的理由，于是就又转变成空间性要素，现在邓秀梅就能带着读者走到秋丝瓜家前的地坪里，这里迎接她的是"四十来只鸡鸭，其中还有三只大白鹅"，和懒心懒意的秋丝瓜。[2]

我们感到这个场面是轻松的，还有些滑稽，鸡、鸭、鹅、人堆在一起产生喜感，此外秋丝瓜这个绰号也带来放松。张桂秋被叫作秋丝瓜

---

[1]本雅明在《讲故事的人》里谈到过"自然"和"历史"的辩证法，并提出"故事"因为和自然接近，就往往具有难以言明的情感与氛围效果，这是因为自然本来就是这么层层叠叠组织起来的，它远没有"消息"或"历史事件"来得那么清晰，某种程度上讲，"山乡巨变"，也涉及一种新的历史时间对乡村自然的变革，而我以为周立波的写作技术最大限度地保留了"自然"在面对"历史"时的不可穷尽的丰富性，这是这个小说的美学魅力的重要源泉。
[2]周立波：《周立波文集》第3卷，上海文艺出版社，1982年版，第247页。

是因他身材瘦小，王菊生则因其一毛不拔有了菊咬筋这个绰号，使用绰号是一种古典的人物刻画手段，绰号往往会概括人物某一性格或生理特征，因而能一下子提供人物的漫画像，这时如果所描绘人物在叙事中处在次要或工具性位置，他就可能被"拍扁"，成为一个定型化的形象，而他的心理深度也会随即被取消。前面我们已谈过周立波是一个注意视点民主的作家，他会设法赋予人物自己的视点和世界，但当时现实主义的一些写作成规又要求他去塑造类型化的形象，于是两个叙事意图就会发生冲突，这有时候会对人物造成损害。比如对亭面糊的刻画就太类型化了，以至于在上部不少场合（这在下部有所好转），他总是被过于轻佻地作为笑点人物来点缀。但亭面糊毕竟被假定为心底单纯且与合作化无异心，这和张桂秋、王菊生等的情况又不同，对于这些中农来说，合作化运动的压力是巨大的，对他们的生活世界的挑战也是严肃的，但小说的叙述人还要用轻松的、喜剧式的调子讲他们的故事，这就产生了更严重的审美上的不一致，不过我们下面却还要就这些审美不一致做重点分析，因这里审美的不一致或败坏牵扯出了重要的政治问题。

我们还要再回到前一段对陈先晋的呈现，那一段具有浓郁的悲剧色彩，这不仅是因为两次夜会里有戏剧性场景，更因为陈先晋有一种亚里士多德—黑格尔意义上悲剧人物的高尚性。亚里士多德认为悲剧的高尚的行动者总是那些能承担苦难并做出伦理行动的人[1]，黑格尔在此基础上提出悲剧人物的坚定性及伦理实体性两个要求。[2] 先晋老农虽不是贵族，但他和俄狄浦斯王或安提戈涅一样，具有充分的伦理坚定性——他缄默不语，他的恋土情结深入骨髓，而支持他这种坚定性的又是上千年私有制度所孕育的自耕农的伦理理想（包括对劳动、个体尊严、家庭观

---

[1] 可参见陈明珠，《〈诗术〉译笺与通绎》，华夏出版社，2020 年版，第 156—157、163—166、217—219 页。

[2] 相关讨论见黑格尔：《美学》第 3 卷下，第 240—268 页。

念的信仰等)。这种伦理力量恰和大春、雪春这新一代人身上同样坚定的对社会主义的新的礼乐秩序的理想(其中也包含塾师李槐卿说出的儒家共产主义愿景)产生了激烈的对抗。而正由于双方的坚定性,才使这场对抗具有了黑格尔意义上的严肃性,成了"集体主义和私有制度的深刻尖锐、但不流血的矛盾"。虽然在这个小说里陈先晋未能将这种坚定性贯彻到底,但在新时期初的新语境里,在一系列自耕农、小生产者人物形象身上,及此时被矮化的合作化时期的旧人物身上(如《鲁班的子孙》里的小木匠和老木匠),我们还能看到同一个伦理矛盾的持续展开,而一直到《生死疲劳》这样的作品里,这一矛盾也依然存在,尽管由于以蓝脸为代表的自耕农的坚定性被抬得过高,他的对立面洪泰岳又被漫画化与喜剧化,矛盾的强度已经丢失了。

但现在是菊咬筋、秋丝瓜也被漫画化——还是从亚里士多德意义上说,他们被写成"比我们更不好的人"。在这个时期的写作制度里,反面人物总会被加上伦理污点予以矮化,如《创业史》里有姚士杰强奸素芳的情节在故事逻辑上就显得很突兀,但在人物塑造上却对丑化敌人有帮助。周立波并没有以这样极端的方式去塑造菊咬筋或秋丝瓜,但两人的出场同样不光彩:菊咬筋贪图伯伯财产,说动老人将自己过继,掌控家产后就虐待继父母;秋丝瓜暗中挑唆符贱庚揭刘雨生婚姻破裂的伤疤,显出更不光彩的奸猾面目。这样的行为不仅违背社会主义道德,也为农村日常伦理所不容,所以这两个人物在出场时就被矮化了。但如果叙事机制给菊咬筋或秋丝瓜自己的视点空间,让他们自己看待自己,他们又会怎么认识自己的"坏良心"呢?这正是杰姆逊在一篇谈乔治·艾略特的文章里[1]提出的心理叙事与伦理呈现的矛盾问题:如果一个小说家真诚地去写所谓坏人的心理,那么这个内在心理力量就必然要和外在

---

[1] Fredric Jameson, *The antinomies of Realism,* London and New York: Verso, 2013, pp114-137.

伦理力量发生冲突，由此作品就难免带上令读者不安的反讽色彩。

离人物越近，视点对他的世界也就看得越真切，读者也越容易共情，这从叙事学来讲不难理解。小说第17章从菊咬筋的心理写起，虽然叙事视点不和菊咬筋视点融合，因为这个视点会对他的心理做挖苦，如嘲讽两公婆为躲开合作化演装病、演吵架，但毕竟是从菊咬筋家内部出发的视点，依然能拉近读者和菊咬筋夫妇的心理、生活的距离，从而引导读者去共情菊咬筋家生活的自然面貌，如了解到菊咬筋的烦躁、恐惧、愤怒，如他对邓秀梅的谩骂，"怕她这个野杂种？"[1]；还有菊咬筋为了装病让老婆刮痧而在身上留下三条"绷红了一溜"的红印，及公婆间又吵又嚷的亲昵关系，这些读者也都看得很真切。这些描写的碎片溢出了那个轻松戏谑的叙述腔调对人物的控制，营造出一个同情家庭内部世界的视点，而这时突然闯入的邓秀梅、李月辉、陈雨生就反而会招致这个视点的反感，特别是邓秀梅刻薄、挑衅、怀疑的眼光，及她为揭穿菊咬筋突查他后背的行为，都显出令人厌烦的侵入性，而这样的内外视点的冲突对邓秀梅的形象也造成了损害。但反过来讲，也正因为这一个叙事段落观视机制的混杂，社会主义生活内的含混和冲突才得到了部分的呈现。

但小说叙事搁置了菊咬筋夫妻的入社问题及他们家的视点与生活，接下来小说很快将聚焦点转移到了秋丝瓜。第19章村干部扼杀了秋丝瓜杀牛的企图，第20章邓秀梅就去张家摸情况，读者也就看到了本节开头鸡鸭鹅盈门的场景。如果说在菊咬筋那里是一个漫画化的叙事调子和外来的视点受到家庭内部视点的抵抗，那么在对秋丝瓜及其家庭的观察中，视点倒是一直在邓秀梅的控制下，但由于邓秀梅想要更亲近这个中农的世界，她的观察就不断被这个中农家庭的芜杂世界所扰乱。本来

---

[1]周立波：《周立波文集》第3卷，上海文艺出版社，1982年版，第195页。

这一章情节线索很简单，即邓秀梅用算账的办法劝秋丝瓜入社，但这个情节动机总被延宕、打断，一开始迎面扑来的是鸡鸭鹅，然后是秋丝瓜喂养的两头壮猪及刷得干干净净的猪栏，然后秋丝瓜的离婚了的寄居在家的妹妹张桂贞又引起了同情和注意，然后是秋丝瓜堂客和桂贞、秋丝瓜与堂客冲突的扰乱，再然后是在后厨里屡次三番出现的、正在追求桂贞的符贱庚又让视点分神。所以这一章里的视点虽没有菊咬筋一章的紧张，却显得更纷乱，各种心和物纷至沓来，其中有些是邓秀梅有意观察的，有的则是突然扰乱她且她"没有猜透"的[1]。在内容层面上，这种杂声也干扰了算账逻辑：邓秀梅固然可证明秋丝瓜入社后农业收入增长，但无法回应秋丝瓜的担忧：土地、耕牛的损失，劳力在公分评定时的劣势，家庭人口对他的额外压力，及他对合作化历史、前景的担忧。然而似乎提供秋丝瓜这个纷乱的家政状况的周立波要比邓秀梅耐心得多，后者最后说了一句"吵烦了"就"飞快地消逝在清早的阳光照着的金灿灿的大塅里"[2]，再次把一个没有理清好的中农世界搁置在山乡风景里。但周立波的叙事机制的魅力正在于，它既让读者看到邓秀梅不能不被"分心"的心物世界，又让读者看到她轻盈摆脱这个世界的姿态。

但这个"飞快地消逝在清早的阳光照着的金灿灿的大塅里"的姿态确实给小说带来了明朗的色调，邓秀梅虽然泼辣、心急，但在更高层面上她认同了李月辉的"心宽路长"：对于王菊生、张桂秋这样的中农，合作社和单干户在生产上竞争是否有优势才是决定他们入社的关键因素，所以让他们在社外看看再说也不要紧。这在美学上意味着，上面谈到的叙事视点间的反讽是布斯谈的"稳定反讽"而非"不稳定反讽"[3]，

---

[1] 周立波：《周立波文集》第3卷，上海文艺出版社，1982年版，第252页。
[2] 周立波：《周立波文集》第3卷，上海文艺出版社，1982年版，第252页。
[3] Wayne Booth, *The Rhetoric of Fiction (2nd Edition),* Chicago and London: The University of Chicago Press, 1983, p211-242.

叙事机制在经历了观视陈先晋、王菊生、张桂秋的变调后并未改变小说整体的明朗主调。从这个意义上理解"反讽",我们可能会更准确地回到小施莱格尔谈的"反讽",即意味着作品通过对不一致的反思以渐近线方式无限趋向完善——世界是断片的,小说不得不将异质要素容纳进来,但随着主人公的成长和生活世界的完善,有机社群的理想终可趋近。[1]我们几乎完全可以用这个耶拿时期的主张来看《山乡巨变》(上部)的美学理想:合作社要建成自由人的联合体,这里自由是要坚持叙事视点的民主,联合则是要将邓秀梅、李月辉、盛淑君、陈大春、陈先晋、王菊生、秋桂贞,及我们要继续谈到的刘雨生和盛佳秀的视点,一个一个、一家一家地串联起来,在途中有欢乐也有痛苦,有同行也有分歧,有冲突、分心也有融合,但终要在小说(指上部)最后一章获得一个趋向理想的共同体,这就是以渐近线的方式趋向无限。

从这个思路来理解,小说以劝说盛佳秀不退社——从分心到回心——作为整个叙事的最后环节就显得妥当,这最后一段既深入最隐秘的人心,也最终获得了叙事上的和解,使小说调子重新由低沉、烦乱变得欢乐。盛佳秀正面出场很晚,一开始只作为沃洛克所说的神经末梢上的人物出现[2],这些人物像在普鲁斯特长长的叙事句子末端才出现的人物——一个拿着熨平了的衣服的女仆或一个正在修葺草坪的花匠,这些人物只偶然被注意到,在完成自己的叙事职责后就马上消失了。盛佳秀在前23章一直只偶然被提及,到了第24章,筹建中的合作社在土地报酬怎么算问题上起了争议,盛佳秀因不满报酬要退社。所以盛佳秀的声

---

[1]弗雷德里克·拜泽尔:《浪漫的律令——早期德国浪漫主义观念》,华夏出版社,2019年版,第153—187页。
[2]Alex Woloch, *The One vs. the Many,* Princeton and Oxford: Princeton University Press, 2003, 27-28.

音本来只是工作展开过程里一个群众的不谐和音,但邓秀梅却注意上了她,在"李月辉"讲出这个被丈夫抛弃的年轻妻子的悲苦身世后,邓秀梅动了感情,提出要帮着她过社会主义这一关。

在邓秀梅这个"感情用事"上面,我们看到女性主义政治和社会主义政治的交叉点。邓秀梅对女性的生活、情感总会格外关心,如提醒淑君在和大春交往时注意性生活方面的自我保护,屡次关心张桂贞离婚后的情感状况,现在盛佳秀让她挂心,考虑的是社会主义如何安顿这个女人的身心,而不再是动员菊咬筋、秋丝瓜时记挂的上级布置的70%的指标。从经济理性讲,确实如李会计给盛佳秀算明的,对她这样一个要拉扯孩子的独身女人来说,在入社后在互助经济里会得益更多。但盛佳秀焦虑的不仅是物的问题,也是心的问题,她被抛弃的状况加深了她的不安全感,所以她才会对新生的合作社格外不放心,并对能保障她孤儿寡母生计的土地格外看重,所以合作社要给予盛佳秀的就不仅是理性的明证,更是情感的信任。但此外邓秀梅还考虑到另一个问题,就是这个二十四岁的年轻女人的个人情感和欲望怎么办,而一旦这些问题被认真对待,盛佳秀就必定要成为叙事焦点,这时她生活世界和心灵深处的复杂矛盾才能被呈现出来,而小说关于盛佳秀的这最后一笔,也就成了山乡风景里的相当丰腴的一笔。

说起丰腴,我们要提醒注意这么个细节,邓秀梅派刘雨生去做工作,"务必使她回心转意",但还有另一层意思,"希望他们彼此由接近而产生的感情会消除彼此的心上的伤痛",而刘雨生虽然不好意思,但也领会了这个好意。[1]这里的丰腴在于,小说让公事和私情巧妙地结合起来——婚姻破裂的刘雨生成了一心扑在工作上的好干部,但这种压制私情的状态并不被认为圆满,这就触及《山乡巨变》(上部)叙事的另

---

[1]周立波:《周立波文集》第3卷,上海文艺出版社,1982年版,第313页。

一个有趣特点，即不将情欲与政治对立，反将情欲吸纳为新政治的合法部分。比如小说会描写大春和淑君"消魂夺魄的、浓浓密密的、狂情泛滥的"热吻[1]，会带着理解的善意去写符贱庚扶住张桂贞小手的亲昵行径，甚至让共产党员邓秀梅收到她干部丈夫浓情蜜意的情话，"我虽说忙，每到清早和黄昏，还是想你。有一回，我在山上，搞下一支带露的茶子花，不知为什么，闻着那洁白的花的温暖的香气，我好像是闻到了你的发上的香气一样。"[2] 此外，在菊咬堂客给丈夫刮痧时夫妻俩的吵嘴骂喊里，在秋丝瓜假装打她堂客又舍不得下手的爱惜里，我们又能感觉到另一种朴实自然的夫妇情义。而有了这些铺垫，小说最后一场将劝说入社的工作戏同时写成浓情蜜意的爱情戏就显得不突兀，而且也符合逻辑，盛佳秀对社会主义和合作社的信任来源于她对刘雨生个人的信任，这个信任包含着劳力的保证、情感的安全、情欲的满足及对新的社会主义幸福生活的信心。这里生活与政治、男女与合作、私情与公义以一种奇特的方式结合在一起，这种叙事一方面显得暧昧，另一方面也合情合理、令人满意。

而就本文所关心的叙事问题来说，我们也发现，与这样一种新的素材相契合，这时小说的观视机制又发生一次变调，将叙事调子从话语阴影和视点分心转变成一种互为主体的视点融合状态。小说里干部们为说服盛佳秀共四次探访了她的家院，一开始是会计李玉和，这时干部的视点和行动，从观察猪圈到算账，除了更加亲切些，与邓秀梅访问秋丝瓜家的方式很类似，但第二次就发生了改变，邓秀梅带刘雨生前来并且自己很快离开，剩下两人的交谈内容还和前一次一样，但视点聚焦在了刘雨生内心的紧张声音上。第三次是略写，一个外在的声音交代了两人享受这种夜话氛围的情况。而到了最后一次，叙事焦点又发生了一次微

---

[1] 周立波：《周立波文集》第3卷，上海文艺出版社，1982年版，第222页。
[2] 周立波：《周立波文集》第3卷，上海文艺出版社，1982年版，第307页。

妙变化，一方面视点似乎是从盛佳秀这边发出，因为她进攻性、挑逗性语言显出一种主动性——她从对合作社的询问出发，最后探寻到刘雨生生活、情感的深处；同时这个由话语显示的视点又有另一个更贴近她心理的视点配合，她每一次发言后都有对她的表情、情绪的描述，含情脉脉，浓情意远，淘气，高兴，羞臊，哭泣，欢乐，嫉妒，幸灾乐祸等等，这里盛佳秀活跃的情绪就发出另一种声音，与她还算克制的话语有了区分。但细心的读者还会发现，虽然这个段落只偶然给刘雨生回望的视点，他的心理动态也因为对他大致上的外聚焦而被遮蔽，但却出现了大量的只有刘雨生这个当事人才能感受到的感官体验，如茶里的香、辣、咸，盛佳秀至少五六次泛起的红晕，她的淘气样子，诱人风致，等等，这些都暗示另一个更隐蔽的欲望发出者的存在，这个视点只因为羞涩才没有被叙述人点出来，但最终叙述人还是让刘雨生回望了盛佳秀的脸蛋和体态，及她黑浸浸、潮润润、闪亮、迷人的眼睛。如果我们用一个电影学的隐喻，可以说这里叙事装置差不多提供了一组快速正反打的镜头，一方面是盛佳秀的话语和炽热的目光打向刘雨生，另一方面是刘雨生虽躲闪但偶尔回望的爱欲，而在这样的视点交流过程里，原本说服者和被说服者的斗争性关系慢慢转变成互为主体的视点相融的关系，而随着这样一种爱情关系的确立，盛佳秀对合作社的"回心"也得以完成。

这个傍晚在刘雨生离开盛佳秀家以后，这个二十四岁的小妇人无力地靠在木门框子上，好久不想动，随后她忽然对六岁的孩子大发脾气，又在孩子委屈的眼泪里放声大哭——这些外部情态都指向她内心的剧烈波动，在放生痛哭里除了她的委屈的宣泄外，也有一种终于可从生活压力得以解脱的放松，而这正是这次含情脉脉的、温暖舒心的夜间谈话的结果。同时也随着这个哭声，叙事视点慢慢抬高，从对一个妇人的人心的关照上升到对整个山村的关照，这么看的话这个时刻也正是社会主义乡村温暖人心的时刻。读者很容易在这个抬高的视点里思索，如果还是旧世界，她独自带孩子的生活会面临怎样的艰难与晦暗，但现在是雨生哥和合作社给了她希望、信任和爱。于是在盛佳秀从孤独个体转向有机社群的"回心"中，小说的叙事调子也回到了开始的"心宽路远"的明朗氛围，这正是卢卡奇谈到的群星闪耀的，生活里一切都亲切、整全、充满意义的史诗世界，在这样的世界里还有什么可以害怕的呢？于是在小说最后两章里，她个人的喜事和合作社的喜事也就接踵而至了。

"把群众的化为自己的"

——从《山乡巨变》续篇看周立波的"风格"[1]

◎全亚兰

《山乡巨变》续篇于1960年发表后，有许多评价。多数批评对小说选取重大即时的合作化题材表示肯定，认为小说在同类题材写作中的突出贡献是人物形象的塑造和优美风格的确立，以及对民族形式的追求。茅盾曾评价："从《暴风骤雨》到《山乡巨变》，周立波的创作沿着两条线交错发展，一条是民族形式，一条是个人风格；确切地说，他在追求民族形式的时候逐步地建立起他的个人风格。"[2] 黄秋耘指出《山乡

---

[1] 周立波的《山乡巨变》续篇发表后引发了许多评论。这些评论在肯定其人物塑造和艺术风格的同时，也对作品中缺乏重大的事件及矛盾斗争比较分散的问题提出批评。20世纪80年代以后，侧重肯定周立波创作中对新的生活领域的开拓和艺术上的自觉努力。本文以续篇中"奔丧""雨里"等章节为例，尝试探讨周立波选取什么样的人、什么故事来表现新的生活世界，在生活与政治相结合的叙事中如何构建其文学"风格"。所谓"山乡巨变"，不独意味着生产关系和生产力的巨变，也意味着人们思想、情感、生活上的巨变。对作家来说，生活与写作也同样在经历变化，在"把群众的化为自己的"过程中不断打造、选择、综合，继而产生新的生活与新的创作。

[2] 茅盾：《反映社会主义跃进的时代，推动社会主义时代的跃进！——一九六〇年七月二十四日在中国文学艺术工作者第三次代表大会上的报告》，原载《人民文学》1960年8月号。《茅盾全集》第二十六卷，人民文学出版社，1996年版，第66页。

巨变》采用纤细的笔墨，着重从侧面描写时代风貌，力求透过平凡的日常生活事件，"显示出它们所蕴藏的深刻的社会意义"，风格上区别于《暴风骤雨》的"阳刚之美"，更偏重于"阴柔之美"。[1]不过，不少批评往往又不约而同地指出小说表现合作化运动时缺少轰轰烈烈的场面，对广大农民迫切要求走合作化道路的热情表现不够，仿佛农业合作化运动"只是自上而下、自外而内地给带进了这个平静的山乡"，而不是"庄稼人从无数痛苦的教训中必然得出的结论和坚决要走的道路"[2]。

这类评价在20世纪50—70年代的中国当代文学中有一定的典型性，当用一部比较长的作品"必须有重大的矛盾和波澜"，"必须在重大的斗争关头完成自己的英雄形象"[3]做衡量标尺时，小说中的某些写法会显得不符合要求。比如《山乡巨变》续篇第十五章"奔丧"有一个侦察龚子元与杨泗庙关联的背景，亭面糊奔丧行为本身似乎不具备独立价值，只是小说展开敌我斗争线索的中间环节。但是实际书写在很大程度上离开上述红线，挖掘了另外一些东西，一些稍纵即逝的内心表达，引发了不少批评：有论者指出小说续篇以常青社和单干户的竞赛为主线，以敌我矛盾为副线来展开，主次分明的安排值得肯定，可是"奔丧"的写法存在冗余之处——

> 这一章的作用只在于侧面暗示出反革命分子龚子元与杨泗庙匪特的联系，而奔丧本身，却与书中描写的几条线索全无联系，可说

---

[1] 黄秋耘：《〈山乡巨变〉琐谈》，原载《文艺报》1961年2月26日本年第2期，《周立波研究资料》，湖南人民出版社，1983年版，第415、426页。

[2] 黄秋耘：《〈山乡巨变〉琐谈》，原载《文艺报》1961年2月26日本年第2期，《周立波研究资料》，湖南人民出版社，1983年版，第425页。

[3] 朱寨：《读〈山乡巨变〉续篇》，原载《文学评论》1960年第5期，《中国当代文学研究资料周立波专集》，华中师院中文系编辑，武汉师院咸宁分院发行，咸宁县印刷厂印刷，1979年版，第271页。

是节外生枝。另一方面，小说中没有把匪特的背后活动写出来，作者原意也许是要造成一种使读者扑朔迷离的气氛。但这样写对于揭露敌人的丑恶本质，是一个极大的限制。"[1]

因此，论者建议这一章可以大大压缩，把描写亭面糊奔丧的篇幅腾出来正面写匪特的阴谋活动，更能扣紧全书主题。黄秋耘认为"《续篇》枝蔓较多"，"龚子元的反革命活动写得不够真实"，小说缺少阶级矛盾和阶级斗争的鲜明图景[2]，这些与"奔丧"的写法也脱不了关系。

当然上述批评又是在充分肯定人物形象塑造的前提下展开的，"作家除了描写亭面糊的一些进步表现以外，仍然描写了他身上的许多旧意识。他十分信禁忌、看不惯男女自由恋爱，尤其是私有观念，还不时地通过各种形式曲折地流露出来。他那爱骂人、迷糊而又狡黠的个性，在续篇中有了更加生动的刻画。亭面糊是《山乡巨变》中塑造得具有相当典型性和个性高度鲜明的农民形象"[3]；"作者对他的缺点是有所批判的，可是在批判中又不无爱抚之情，满腔热情地来鼓励他每一点微小的进步，保护他每一点微小的积极性，只有对农民充满着真挚和亲切的感情的作者，才能这样着笔"[4]。对亭面糊形象的评价往往归纳出人物的两面性，积极性与缺点并存指向的是农民改造的艰巨性和长期性，用来说明"严重的问题是教育农民"。由此，如何评价"奔丧"会成为一个问题。这一章的描写与人物形象的"两面性"是什么关系呢？

[1]马焯荣：《读〈山乡巨变〉续篇》，原载《湖南文学》1960年8月号，李华盛、胡光凡编：《周立波研究资料》，湖南人民出版社，1983年版，第412—413页。
[2]黄秋耘：《〈山乡巨变〉琐谈》，原载《文艺报》1961年2月26日第2期，《周立波研究资料》，湖南人民出版社，1983年版，第425—426页。
[3]马焯荣：《读〈山乡巨变〉续篇》，原载《湖南文学》1960年8月号，《周立波研究资料》，湖南人民出版社，1983年版，第410页。
[4]黄秋耘：《〈山乡巨变〉琐谈》，原载《文艺报》1961年2月26日本年第2期，《周立波研究资料》，湖南人民出版社，1983年版，第417页。

20世纪80年代以来，在重新理解文学与政治关系的背景基础上，对"作品没有自然形成以重大社会斗争为中心的矛盾旋涡和高潮"[1]的批评在逐渐减少，《山乡巨变》更多地被看作是周立波"不断开拓新的生活领域，在艺术上作更加自觉的努力"[2]结出的硕果，评价侧重于发掘作品中乡村生活世界"水墨画""新牧歌"的审美价值。然而，用此种社会意义与审美意义一分为二的方式解读"奔丧"乃至《山乡巨变》正续篇，也会遇到困难，无法全面考察周立波创作的独特性。

那么是否有可能贴近小说本身，去触摸、理解周立波既内在于20世纪50—70年代文学规范，又艰难地探寻民族化、生活化的表达？尤其值得注意的是二者并不构成对立，毋宁说是互相纠缠、互为推进的关系。小说人物形象的塑造和生活气氛的构建，根植于周立波对群众的熟悉与理解，同时又是不断探寻自身与群众间共通性的结果。基于共同生活，作家获得了敏锐的洞察力和表达力所释放出的能量，使他有信心在书写政治过程的推进时常常于日常生活细节和情感涌动中延宕逗留。当周立波的身份既是作家、干部，又是群众中的普通一员时，他并不是通过个人视野与感受去观察呈现社会，而是一种包含了政治又不局限于政治的视野。这些使得他有自信、有能力去书写被合作化运动搅动的当下农村，观察政治对现实生活的打造，人们的反应与变化。因此某种程度上导致他的创作会出现与主流叙述并不一致的地方，一些无法被化约的部分，一些非常具有生活实感的细节。如此一来，对小说的解读本身也充满了挑战性：比如那些有关情感激荡的描写不是回收到个人，而是指向了更大的共同体；浓郁的日常生活气氛需要被纳入新社会的生成过程

---

[1]朱寨：《读〈山乡巨变〉续篇》，原载《文学评论》1960年第5期，《中国当代文学研究资料周立波专集》，华中师院中文系编辑，武汉师院咸宁分院发行，咸宁县印刷厂印刷，1979年版，第270页。
[2]朱寨：《〈山乡巨变〉的艺术成就》，原载《社会科学战线》1981年第2期，《周立波研究资料》，湖南人民出版社，1983年版，第449页。

来理解；作家与群众的心意相通如何具体地落实？本文将主要围绕《山乡巨变》续篇中"奔丧""雨里"等章节，试图对上述问题做出回答，并探求"把群众的化为自己的"过程与周立波"风格"形成的关系。

一

朱寨在一篇总结《山乡巨变》艺术成就的论文中这样评价亭面糊形象："在他踌躇摇摆的步伐上，可以看出他曲折前进的足迹；在他顾虑多端的思想波动中，可以看出他内心的变化。作者在亭面糊这个人物身上，表现出了合作化运动在人们的'心底'激起的微妙波澜。"[1] "踌躇摇摆""曲折前进""顾虑多端"似乎不难理解，"心底"的微妙波澜指向的是人的更为隐蔽的、私人化的情感，值得追问的是，合作化运动中农民的情感是怎样赋形的呢？

"奔丧"这一章开头写岳家派人来报信，岳母只剩一口幽气子，让亭面糊带着菊满赶紧去会会活口：

> 得到了这个口信，在别人看来，就是死信，病人可能落气了，但亭面糊还是不慌不忙，一点也没有震动。他心里想："人老了，总是要死的，正像油尽了，灯盏总要灭的一样。人死如灯灭，不管什么人，都要走这条路的。"他吩咐满姐招呼客人洗脸和吃饭。因为客人急，吃了饭，就带菊满先走了。"我还有点事。"亭面糊说。[2]

---

[1] 朱寨:《〈山乡巨变〉的艺术成就》，原载《社会科学战线》1981年第2期，《周立波研究资料》，湖南人民出版社，1983年版，第430页。
[2] 周立波:《山乡巨变》续篇，作家出版社，1960年版，第185页。

小说正篇里亭面糊一直给人做事不紧不慢的印象，为人啰唆，"话匣子一开了头，往往耽误了正事"[1]。续篇中，亭面糊形象发生了一些变化，他对家庭的感情被慢慢地唤起，发出了内心的声音，自己的世界逐渐立了起来，有所展开。此处的"不慌不忙"有两个具体原因，并非性格使然：一是他有一套"哲学""人死如灯灭"，一是"我还有点事"。之所以说是具体原因，是因为"人死如灯灭"这套"哲学"仍将继续发挥作用，用来指导行动；"我还有点事"也不是一般的托辞，亦与行动有关联：临走前他在猪栏看了一阵又亲自喂了饲料水、到社里支钱预备作人情、向社长刘雨生请假、跟盛清明交代一声；这些事既连着人伦常情、老作家（种田能手）的劳动习惯，又有履行合作社社员的义务和责任的意味。走到岳家以后，小说对亭面糊的描写用的是较为简洁的方式，但写他心里"想"和语言、行为之间的关系，其间的张力又透出了切肤之感：

> "外婆，我来了。"亭面糊走到床边，照他儿女的称呼，叫了一声。
>
> 老婆婆睁开眼睛，望了一下，又无力地闭上眼皮子。她脸块死白，呼吸短促而微弱。看了这光景，亭面糊想："只好在这里等了。"他脱下草鞋，自己走进灶屋里，打水洗了脚，穿起岳丈的一双旧布鞋。
>
> 岳丈请了一位郎中回来了，看见女婿，用衣袖擦擦眼睛，又抹抹胡子，然后问道：
>
> "你来得好，她正念你，怕看不到手了。"[2]

---

[1]周立波：《山乡巨变》，作家出版社，1959年版，第48页。
[2]周立波：《山乡巨变》续篇，作家出版社，1960年版，第186页。

在这里，亭面糊的"哲学"没有直接出现在"想"的内容中，"只好在这里等了"意味着"哲学"不起作用，之后他换鞋、招呼郎中，岳丈抓药回来后，二人便一起吃饭，亭面糊心里还想着田里的活儿急着要回去，但是病人的状况与岳丈说的话"这恐怕是你岳母给你准备的最后一罐子酒了"，又令他念起平素岳母的好处与慈爱，"眼睛不由得湿了"[1]，"哲学"又一时落败，作者在这里没有过多渲染，只是点到为止，继续缓慢推进：

> 这一通宵大家没上床。亭面糊靠在火炉边，打了好几回盹。到天亮时，房里说话了。亭面糊被婆婆叫醒。揉着眼睛走进房间里，看见病人脸上有一点光采，眼睛打开了。她叫亭面糊坐到床边上，谈了几句讲，又闭上眼睛。看样子，病人精神好多了，亭面糊起身，脱下鞋子，穿起草鞋。
>
> "你到哪里去？"岳母睁开眼睛问。
>
> "你老人家好一点，吉人天相，以后会慢慢好的，我要赶回去耖田，节气来了，我们社里快要插田了。"亭面糊详细说明。
>
> "你莫回去吧。"岳母说了一句，闭了眼睛，半晌，又睁开眼说："我还有话，跟你说。"喉咙里的痰响，时常打断她言语。
>
> "体老人家意，不要走吧。"婆婆劝他。
>
> 亭面糊只得留下。[2]

岳母弥留之际，女婿急于离开的行为本身似乎有点不近人情；可亭面糊又详细说明理由：节气来了社里快要插田了，他要赶回去耖田。离家向社长请假、跟盛清明作交代，到岳家又急着想离开，强化的是亭面

---

[1] 周立波：《山乡巨变》续篇，作家出版社，1960年版，第187页。
[2] 周立波：《山乡巨变》续篇，作家出版社，1960年版，第187页。

糊的社员身份，他承担着社里繁重的劳动和侦察龚子元的任务，而且他对这些也很在意、很看重。这一笔似乎快要摆开鲜明的主题思想了——公私之间产生摩擦时社员如何抉择；可是岳母很吃力地说出"你莫回去吧"，"我还有话，跟你说"，亭面糊又"只得留下"。

岳母去世后，婆婆哭得很伤心，亭面糊劝慰她："不要哭了吧，死了死了，死去就是了"；但"他一边劝，一边想起昨夜的镜面，也落泪了"[1]。"人死如灯灭"的"哲学"再次失效，亭面糊劝婆婆不要哭，可自己"也落泪了"。"镜面"酒是作家展开丰富复杂生活场景的物件，在试探劝说龚子元时，它是亭面糊贪杯误事的由头；这里却围绕它用极为简省的语言展示农民的风俗习性，既回顾了岳母对女婿的关爱体贴，又写出亭面糊一时间感情涌动，十分含蓄地提升了生活的饱满度。

这一章有很清晰的时间线索，岳母丧礼完成，第三天，亭面糊回家去了，一头扎进田间劳作。

"我们那一位哭得个死去活来，"他跟人说起岳母去世的情景，"我劝她不要那样，人死如灯灭，有么子哭的？"

面糊拿起牛鞭子，又去耖田了。

"人死如灯灭，有么子哭的，哭干了眼泪，也听不见了。"在田里，他跟陈先晋又说。[2]

亭面糊"跟人说""又说"的内容是他的那套"哲学"，"又去耖田了""在田里"表明讲说都穿插在繁重的劳动中。亡者头七过去了，亭面糊收工回家，发现饭没开锅，又发了脾气，骂孩子、骂猪，最后骂婆婆，骂的内容似乎与往日里重复了，可是正骂着婆婆却回来了。小说里

[1]周立波：《山乡巨变》续篇，作家出版社，1960年版，第187页。
[2]周立波：《山乡巨变》续篇，作家出版社，1960年版，第189页。

写面糊不骂了,跑去灶屋亲手舞夜饭去了,其间还念叨了一句"还有么子哭的呵"[1],这话是亭面糊"哲学"的组成部分,可是"哲学"并不完全起作用。婆婆回家后一直在向人哭泣诉说,亭面糊并未阻止。亲自弄饭、炒菠菜多放一调羹猪油、特意把菠菜移到婆婆面前,这些行为传递出的是对婆婆的关切和对她回家的欢喜。叙述用的是全知的视角,但过程中仿佛又有某种主观因素参与进来。细腻的情感表达没有用心理分析的方式来处理,仅仅从旁观的角度其实也很难体会。

紧接着,家事与社务之间如何取舍、协调的问题再次出现。一家人落座吃饭,盛淑君跑来慰问婶娘,提起第二天就恢复托儿站的事。"'后天好吧?'盛妈没有来得及作声,盛佑亭代她回答。"[2]此处有两个地方值得注意,一是前面已经提到的亭面糊对婆婆的关切和心疼,所以他抢着回答;一是这里称呼亭面糊用了"盛佑亭",在《周立波选集》《文集》等版本中,此处均使用"盛佑亭",而且这一章里用"盛佑亭"指称亭面糊是唯一的一次。也许这只是作家的随意一笔,并没有什么特殊的用意,"亭面糊"与"盛佑亭"两个称谓没有使用上的显著差异与区分。但似乎又提醒读者,这一章所涉及的生活场景和情感琐碎并不是闲笔,当日常生活与合作社联系着同一个空间、同一群农民的时候,周立波努力要做的是在"现实事实的逻辑发展"中写出合作化以来,"清溪乡的各个家庭,都被震动了"[3]。"奔丧"一章中的某些片段、某些时刻,从合作化进程的政治叙事角度来讲,并不够成一个"事件",甚至可以说不是必要环节,但假如把那些对亭面糊内心的萌动与生命内在的幽微表达放置在一个合作社社员的身份上来考察,我们又可以将之看作社员

---

[1]周立波:《山乡巨变》续篇,作家出版社,1960年版,第189页。
[2]周立波:《山乡巨变》续篇,作家出版社,1960年版,第191页。
[3]周立波:《关于〈山乡巨变〉答读者问》,原载《人民文学》1958年7月号,《周立波文集》第5卷,上海文艺出版社,1984年版,第663—664页。

盛佑亭一生中的重要时刻：当情与理、人伦与责任、日常生活与集体劳动之间发生摩擦，理又不能完全无条件说服情的前提下，情与理二者如何交错、协调、融合，继而疏通情理，这些内容汇聚了作为一个真实的人的具体情感和反应方式，并非可有可无。

这一章结尾写盛妈点点头无声地答应了第二天托儿站开张，盛清明悄声告诉亭面糊侦察龚子元的收获，然后起身出屋，他望着天上的星光大声说"你看这一天星子好密！星星密，雨滴滴，明朝怕有雨落呵"[1]，这些也未必是闲笔。至此，"人死如灯灭"的"哲学"似乎有了一个落脚：逝者已去，生者重归生活正轨。"奔丧"故事展开的不是典型的自下而上的群众政治，不是基于发动群众回应政策的政治方式，而是基于家庭内部继而有所发散的日常生活中那些难以把捉却又不可化约的部分[2]；与情感有关、与习俗有关，新风与旧俗没有截然分明的区隔，假如说有什么的话，也许是基于生活的结合。

"奔丧"故事给人一种含蓄而有余味的感觉，读后"仿佛嚼一枚橄榄，越嚼越有味"[3]。《山乡巨变》正续篇中亭面糊一直是一个出场率很

---

[1] 周立波：《山乡巨变》续篇，作家出版社，1960年版，第193页。

[2] 朱羽认为周立波小说的"唯美"倾向"关注的是生活世界自身的不可化约性、难以穿透性与必要的混杂性。换言之，它试图提示的是社会主义实践需要'看到''注意到'自身的这一部分"。"周立波笔下的'社会主义风景'之所以值得玩味，并不在于对社会主义疾风暴雨式的合作化道路持默默批判的立场，而是用'风景'与'声音'的不一致性，暗示出'无言'的客体领域的持存，正是它构成了社会主义生活自身的肌体，这一肌体无法被'历史'叙事完全渗透却随着历史一起生长。"参见朱羽：《"社会主义风景"的文学表征及其历史意味》，《文学评论》2014年第6期，第166页。

[3] 此说来源于艾彤：《三支社会主义颂歌 谈周立波同志的短篇小说》，原载《光明日报》1960年10月19日，《周立波研究资料》，湖南人民出版社，1983年版，第505页。该文选取《山那面人家》《北京来客》《下放的一夜》讨论周立波短篇小说创作的特点，认为"这些故事都很平淡，都是我们身边常发生的事，都是我们常见到的事。应该说，这样的故事是很难构成一篇小说的，写出来一定是枯燥无味的。可是读了这三篇小说后，才知道这样的想法全是错了。它们好像有一种魅力，紧紧地吸住我们，读了一遍，还想读两遍、三遍，仿佛嚼一枚橄榄，越嚼越有味，越有味便越想嚼"。

高的人物，他的显著性格特征是"面糊"、可爱、和善，小说中写他常常不停地唠叨、不停地骂猪、骂孩子，并不是一个长于思考的人。"奔丧"多次呈现亭面糊"想"的片段，经由这些"想"与实际行动之间具体且曲折地展开，亭面糊很难得与自己如此贴近，好像获得了某种神示般地先去领会、领悟周遭，避开了脱口而出的习性；更为难得的是，叙述者与读者也获得了走近亭面糊的机会，贴近他的心思，去触摸他的感受。内心世界的封闭性被打破之际，外部世界的一切似乎也可以微妙地被综合到讲述内心世界中来，小说的笔调也由对亭面糊一贯使用的幽默、直白和善意的调笑，变为夹杂着一丝忧伤、一点苦涩的意味，甚至有那么一瞬间仿佛给人的感觉是亭面糊进入失语状态，既不让人一览无余，又显露出本真。[1]对亭面糊心思的描写中，叙述者并未凌驾于人物之上，周立波似乎抵达了一种效果，即叙述者与亭面糊的心思和行动合一，情感的真实与生活的真实合一。此处的真实并不意味着描写的细节在生活中必然发生，而是周立波一再强调的，按照生活的逻辑来推演，具有逻辑上的真实性。"想象是很必要的，但必须从实际出发。没有细密的观察得来的事实的根据，没有对于人物的性格和事物规律的细心的考察和揣摸，凭空乱想，是不能算作想象的。"[2]之所以能推想人物的言行举止，是因为作家对笔下人物无比熟悉，并由此产生发自内心的理解。周立波曾多次提及亭面糊形象来源于一个姓邓的邻居，"在以他为模特儿进行创作的时候，他的音容笑貌，谈吐举止，甚至于他的性格

---

[1]"本真"一词在《山乡巨变》中主要用来说明刘雨生的性情，如正篇第十二章"离婚"中，刘雨生动手要写离婚申请时，伤心地哭了。张桂贞一时心软，"她想起男人平日的情意，他的没有花言巧语的本真的至性，她也想起他们的三岁的孩子，她的眼睛湿润了，心也微微波动了"。周立波：《山乡巨变》，作家出版社，1959年版，第152页。
[2]周立波：《现在想到的几点——〈暴风骤雨〉下卷的创作情形》，原载《生活报》1949年6月21日。《周立波文集》第5卷，上海文艺出版社，1985年版，第322页。

里的弱点,都自然而然地涌上了笔端"[1]。这种"从群众中来,到群众中去"的创作使作家自己的思想感情与人物的思想感情胶合在一起,难以拆分。

二

与"奔丧"相接的第十六章"雨里",同样没有涉及重大的矛盾与波澜,但由于"把集体抢田劳动与蒙蒙雨景交织在一起","人物和环境,环境和气氛,融汇在一起,制造了一个富有特色的生活境界"[2]而得到肯定。尤其是其中的雨景描写常常被人称道:

> 这一幅雅澹幽美的山村雨景图,真是可以媲美米芾的山水画。但,它和山水画又有所不同:一则,它不仅作静态的描写,而是静中有动,初写小雨,继写中雨,最后写大雨,一层深似一层,各有各的景色;二则,它不光是写景,而是情景交融,通过这几段对雨天气氛的描写,映衬出亭面糊那股慢腾腾的懒散劲力,恰到好处。[3]

朱羽认为这种解读似乎忽略了亭面糊"怕都不能出工了"的评价与山村雨景之间的关系,亭面糊形象的存在,恰有可能与"社会主义风

---

[1] 周立波:《深入生活,繁荣创作》,发表于1978年5月3日《红旗》第五期。《周立波文集》第5卷,上海文艺出版社,1984年版,第512页。
[2] 朱寨:《读〈山乡巨变〉续篇》,原载《文学评论》1960年第5期,《中国当代文学研究资料周立波专集》,华中师院中文系编辑,武汉师院咸宁分院发行,咸宁县印刷厂印刷,1979年版,第266页。
[3] 黄秋耘:《〈山乡巨变〉琐谈》,原载《文艺报》1961年2月26日本年第2期,《周立波研究资料》,湖南人民出版社,1983年版,第422页。

景"自身的暧昧性构成一种呼应，"社会主义风景不能单纯理解为知识分子趣味的投射，而是暗示着新旧交替过程中'意义'尚未真正落实的状态，以及生活世界里不能完全转化为语言的那部分实在的持留"[1]。小说并非全然借着亭面糊的视角来观看雨景进而评价雨景，当然也不是仅仅用知识分子视角来观察亭面糊或者以外来者的趣味对雨中山乡作一番审美关照；而是以亭面糊为中介去探索、去打开自然与人的关系表达的新形式与新的可能性。

不少研究都注意到在写《山乡巨变》正续篇的同时，周立波一直在进行短篇小说和散文创作，这些作品在题材内容、风格上与《山乡巨变》之间有着或多或少的关联。1958年5月25日《新湖南报》发表周立波的散文《雨里的人们》，开篇再现了一个春天的早晨，人们冒雨出工、干劲十足的场面：

> 春天里的一个清早，天落大雨，我的住处的窗外，屋檐水像小瀑布一样，铲得哗哗地大响。益阳市郊区桃花仑竹山队的队长邓佐廷冒雨走到塘基上，举起喇叭筒，高声地叫喊。催大家出工。一霎时间，人们一个个从各个屋场，走出来了。男子们披着蓑衣，戴着斗笠，拿着锄头、耙头，挑起箢板，往田塍上跑去。门前水田里，顿时显得很热闹。人们有的翻粪氹，有的帮田塍，有的挑着一担担牛粪和草皮，送到田里去。从远处看，灰蒙蒙的天底下，白茫茫的水田里，只见一些黑点子，不停地在动。从近处看，人们的蓑衣上滴着雨水，头上冒热气。[2]

---

[1]朱羽：《"社会主义风景"的文学表征及其历史意味》，《文学评论》2014年第6期，第167页。
[2]周立波：《雨里的人们》，原载《新湖南报》1958年5月25日，《周立波文集》第4卷，上海文艺出版社，1984年版，第674页。

散文随后提取了上述场面中的几个人物，用概括经历的方式写他们的变化：前年冬天被"我"撞见邓满姐在哭，哭泣的理由是没有一件新衣裳，现在的满姐仍然很爱花衣裳，但是更爱劳动，她劳动时花衣裳外面罩一件旧棉袄准备挡泥水；年轻的副队长李年保以前是个吃不得亏、放不得让的调皮角色，担任队干后变成做好事不拿工分、不计较的好队干了；神发二爹虽然还有点家爷架子，但他家除了翁妈四人出工，媳妇也下田了。以上对真实人物的描写虽然有一个合作化以后集体劳动的环境，但并不组织到更大的叙事中去，人物与环境之间的关系较为松散，突出的是"人们的脚踩在冷水田里，泥巴路上，但眼睛还是瞭望着明天"，"五年以后，整个桃花仑将要变成一座遍地繁花、果木成荫的、美丽的、巨大的花园"[1]。这篇散文与《山乡巨变》"雨里"一章大致可看作同一题材写作，将散文与小说对读，可以发现作者的用意更为深远，即用整体性叙事来构筑新生活的诗意。

"雨里"故事由亭面糊抽着旱烟袋，远远望去看"雨落着"开端——"雨不停地落着"，看到耙平的田、篱笆边的菜土、各种菜蔬——"雨越落越大，天都落黑了"，地坪里、小路上、园土间、山坡上都漫满积水——"隆隆的雷声从远而近，由隐而大"，最后一声落地雷引起亭面糊的一句自言自语"这一下子不晓得打到么子了。看这雨落得！今天怕都不能出工了"[2]。雨越下越大是顺着亭面糊的视线看到的，所见的都是熟悉之物，可以说与他打了一辈子交道的，虽然亭面糊说的话只是一句"这一下子不晓得打到么子了。看这雨落得！今天怕都不能出工了"，严格来说不是什么赞美之词，但是读者仍然可以体会到某种美好的意味，一方面亭面糊为不能出工有点忧心忡忡，另一方面他仍是"悠悠地

---

[1] 周立波：《雨里的人们》，原载《新湖南报》1958年5月25日，《周立波文集》第4卷，上海文艺出版社，1984年版，第677页。
[2] 周立波：《山乡巨变》续篇，作家出版社，1960年版，第194页。

望着外边"。人在观察熟悉之物,二者有距离又似乎很贴近,此处的风景不是落俗套的、无意义的客体,而是被披上了温情的美好的外衣,风景既是人熟知的又重新被赋予未知的尊严,具有某种无限性的延展。人与风景获得了生动的统一。

不过我们还可以对这一章的后半部分作解读。小说中对小雨、中雨、大雨的描述不仅在叙写"雨不停地落着"的平常生活,同时还被组织进"今天怕都不能出工了"这个主导性的叙述中来展开,因此"雨里"一节并没有在亭面糊近乎静止的审美状态中停留,而是顺着他的眼光又看到雨中那个撑着红油纸伞的盛淑君,接着读者便随着她的活动看到社管会会议室里的一幕:青年积极分子在讨论动员男男女女都出工,把雨天当晴天干。于是,雨中开始出现了人们的活动:

雨不停点,时大时小。盛淑君拿个喇叭筒,跑到山上,呼唤大家都出工。山上的召唤,加上各组组长的动员,人们从各屋场陆续出来了。不论男和女,都背起蓑衣,戴着斗笠,打发赤脚,有的牵条牛,有的背把锄头,挑担鸳箕。人们三五成群地走向自己劳作的地点。

青年男女们都扎脚勒手,用鸳箕把畜牧场的牛粪一担一担运到各丘田里去。泥深路滑,好多的人扮了交子。

"同志们,大跃进,我们大雨不停工,小雨打冲锋,冲啊!"盛淑君挑着满满的一担牛粪,走在塅里,这样大声向同伴们叫唤,唤声没落音,她的脚踩上滑溜的斜坡路,仰天一交,拍哒一响,连人带鸳箕,摔在地上,正在耙田和撒粪的男子们都大笑起来。

"当心呵,你把屁股摔成两瓣,大春会不答应的。"一个后生子仰脸逗笑,一不小心,自己也扮在地上,滚得一身泥。

妇女们也大笑起来。陈雪春连忙放下担子,去扶盛淑君,一边笑着对那摔交的后生子说道:"扮得好!这叫做现世现报。"

没等陈雪春伸手,盛淑君早已跳起,收拾鸳箕,挑着又走。[1]

热气腾腾的、欢乐的劳动场景打破了此前静谧雨景有如空镜头式的呈现,雨还在不停地下,人们却在雨里各自忙碌起来,叙述的主导性内容让位于人的活动,"人声压倒了雨声"。同时,对人的抽象描写开始穿插于对某一个个体的具体描写中,"雨不停地落着。雨水沿着人的斗笠和蓑衣的边缘,一点一点往下滴,汗水沿着人的脸也在往下淌"[2]。接着,赶牛耙田、担粪、撒粪、运石灰等等雨中零散的日常劳作被选择、组织、综合到一个整体性叙事中去,得到凸显的不是每一个参与其中的个人的具体性和独特性,而是几乎可以涵盖所有人的"雨里"空间和劳动赋予每个个体生存与生活的意义。作家的意图是用政治来整合人们的生活和劳动,用整体性意义的建构打造崭新的山乡现代叙事。《山乡巨变》书写的"现实"不是自然的、固化的生活,而是被合作化运动的推进不断渗透以至于打造的新生活,因此这种现实生活有别于通常意义上的日常生活,是具有新的政治意义的。

在政治视野的整合下,一组组人物关系与故事才得以展开。周立波并没有单列出对山乡雨里的自然景物描写,虽然雨景一段可以被看作独立的成熟的景物描写,也时常被评论者称赞。周立波的技巧在于,用叙事超越、涵盖了景物描写,将人与自然山乡、人的各类活动、人与人的关系通过关于雨中劳动的叙事组织起来,从而带来一种新的可能性,作者乃至读者也得以从参与者的角度进入文本:他先叙述从小雨到中雨、大雨的变化以及地坪、小路、园土、菜蔬等情况,叙述了亭面糊看雨听雷的悠然状态,然后对雨中人们劳动场景的叙述构成了这一天的

"把群众的化为自己的"

---

[1]周立波:《山乡巨变》续篇,作家出版社,1960年版,第198页。
[2]周立波:《山乡巨变》续篇,作家出版社,1960年版,第199页。

顶点；完成了"大雨小干，小雨大干，一刻不停工"[1]的叙事。雨里劳动在合作化以前的农村生活中未必不是经常会发生的事情，但周立波力图将"雨不停地落着"与合作化中的集体劳动、人们热火朝天的干劲紧密地结合起来，政治在生活世界的具体脉络中建构和展开，由此，"雨里"就不再是日常生活的一个偶然性碎片，而是被组织到关于整体性的叙事中来，表现出人们是怎样走向集体劳动、分工协作的，日常生活因此被开掘出意义，公共生活与私人生活都附着上光彩，得到了富有品质的提升。

周立波曾写文章评论罗贯中描写人物的高明手法，"他不只是正面地刻画人物本身，还从人物的行动、环境，以及他和社会的关联来描绘。他使他的人物生活在错综复杂的社会关系里，把他们安置在各种处境中和一定地位上。他的人物不是简单的，没有生气的肖像，而是活生生的行动中的人"。[2]可以说，《山乡巨变》中作者也在学习、发展这种手法，依托于对群众的熟悉和心意相通，多次反复地在不同事件中叠加描写行动中的人，在生活世界的具体脉络中展开多层次的交错的人际关系、家庭关系、社会关系。这种文学把握现实的创造性意义在于，既使书写政治时普通群众的生机得以激活，又令周立波自身的创作呈现出曲折有致的表达。

三

茅盾曾指出："从《暴风骤雨》到《山乡巨变》，周立波的创作沿着两条线交错发展，一条是民族形式，一条是个人风格；确切地说，他在

---

[1]周立波：《山乡巨变》续篇，作家出版社，1960年版，第198页。
[2]周立波：《论〈三国志演义〉》，发表于1955年9月8日、10月8日《文艺报》第9、第10期，《周立波选集》第5卷，上海文艺出版社，1985年版，第520页。

追求民族形式的时候逐步地建立起他的个人风格。"[1] 值得注意的是，一方面追求民族形式与建立个人风格有其同步性、互为表里，另一方面二者都不是在作家的个人意义上得到解释的。周立波在总结《暴风骤雨》的写作经验时说，"要写农民的悲喜，你自己的思想情绪就得和农民的思想情绪打成一片，换句话说，要有农民的气质"，"气质是你要表现的群众的思想感情，在你自己心里的潮涌和泛滥。"[2] 这里不仅是沿着《讲话》提出的"知识分子改造"问题在思考，同时也有周立波自己的理解与实践。作家有一个从观察主体、认识主体到创造主体的行进轨迹，在变化了的态度和情感介入文本的状况下，写作成为一个选择、综合、提升的过程。早有论者指出周立波作品的气质是"农民气质的流露"，具有其多样性，有时朴素得近于拙笨，有时却又散发出机智幽默的光辉；"不能把风格完全理解为作家的个性或气质的表现"，"气质是个人的，也是群众的——或者还不如说，是把群众的化为自己的"。[3]

怎么才能有农民的气质呢？需要长期地深入群众的生活，而且"深入群众生活，不光是去找材料，更重要的还要带着改造自己的任务"[4]。在给浩然等青年作家的公开信中，周立波说"为了突破自己的限制，你要用眼睛、耳朵，和一切可能调度的感官，尽力地把别人的经历，化为己有，来填补自己生活的不足"。另外，"作家必须有一个真正熟悉的地

---

[1] 茅盾：《反映社会主义跃进的时代，推动社会主义时代的跃进！——一九六〇年七月二十四日在中国文学艺术工作者第三次代表大会上的报告》，原载《人民文学》1960年8月号。《茅盾全集》第26卷，人民文学出版社，1996年版，第66页。

[2] 周立波：《〈暴风骤雨〉是怎样写的》，原载《东北日报》1948年5月29日，《周立波文集》第5卷，上海文艺出版社，1985年版，第316页。

[3] 细言：《谈〈山乡巨变〉续篇的人物创造》，原载《文艺报》1960年23期，《中国当代文学研究资料周立波专集》，华中师院中文系编辑，武汉师院咸宁分院发行，咸宁县印刷厂印刷，1979年版，第224页。

[4] 周立波：《纪念一个伟大文献诞生的二十年》，原载《湖南文学》1962年5月号，《周立波文集》第5卷，上海文艺出版社，1985年版，第495页。

区，真正熟悉的人群"[1]，之所以在"熟悉"前加上"真正"两个字，是为了强调"熟悉"不是单靠参观访问可以获得的，需要长期深入生活；这样才能让群众把心敞开，"他们的心不敞开，你又怎么能够深深地理解他们？"[2]周立波将生活中获取的文学材料分成两类："深深的感动了自己的亲身经历，是第一等的文学材料。这种材料往往是极为珍贵，又不易得的。占有这种材料的人，还得细细的回味和咀嚼，才能涌出文章来"；"所见所闻，是文学的第二位的材料，但要观察细致，体味深刻，从阶级观点上去周密的分析研究，这样也能把所得的材料转化为第一等材料"[3]。对作家来说，掌握第一等的文学材料，并不等于一劳永逸，"涌出"这个词指向的是创作之前有一个酝酿过程：深深感动——细细回味——反复咀嚼，而后产生情感发酵，也就是群众的思想感情"在你自己心里的潮涌和泛滥"，二者融汇，最后诉诸笔端。第一等材料得之不易，创作中往往还需要将第二等的材料打造成第一等的材料。打造时需要结合细致的观察和深刻的体味，通过周密的分析去发掘第二等材料的光彩和价值。《山乡巨变》续篇关于盛佳秀的描写，就是第二等材料变为第一等材料的好例子。盛佳秀的故事来源于周立波在写初稿时的一个见闻[4]，按照上述分类属于第二等的材料，需要在分析研究补充以后，才有可能出现在小说中。续篇中，刘雨生劝说盛佳秀出借肥猪的情节

---

[1]周立波：《读好两种书——答浩然同志》，原载《中国青年报》1962年5月26日，《周立波文集》第5卷，上海文艺出版社，1985年版，第635页。

[2]周立波：《素材积累及其他——在读书会上漫谈创作的一段》，原载《湖南文学》1963年1、2期合刊号，《周立波文集》第5卷，上海文艺出版社，1985年版，第628页。

[3]周立波：《〈暴风骤雨〉是怎样写的》，原载《东北日报》1948年5月29日，《周立波文集》第5卷，上海文艺出版社，1985年版，第317页。

[4]周立波：《关于〈山乡巨变〉答读者问》，原载《人民文学》1958年7月号，《周立波文集》第5卷，上海文艺出版社，1985年版，第664页。"记得一九五六年，我在乡下写这书的初稿时，我的满妹的一个邻舍妇女来找她。这位年轻的劳动妇女，身上穿着新婚时节的大红玻璃缎棉袄，还在打听她丈夫，但他已经和人结了婚，她不知道。她的遭遇和面容给我留下深刻的印象。从她身上，我发展了李盛氏的失恋和恋爱的故事。"

常常受到好评，被认为既细致生动地描写了矛盾冲突及其解决，又把爱情线索与合作化叙事有机地联系起来。在此，我更关注的是周立波如何将所见所闻转换成"深深的感动了"自己，又"深深地理解他们"的文字。小说里写刘雨生劝说成功后第二天，谢庆元自告奋勇来赶猪，接着有一段对盛佳秀非常动人的描写：

> 他把那只四百来斤重的滚壮、雪白的肥猪才赶出大门，盛佳秀从屋里跑出，站在阶砌上，朝着猪走的方向，拖长声音，逗了好久："猡猡猡，猡猡猡！"就像平凤日子，呼唤它回来吃饲一样。[1]

当天盛佳秀闷闷不乐没有去领猪肉，刘雨生代她取了送到家挂在木钩上，"盛佳秀眼睛朝里望了望空荡的猪栏，没有作声"[2]。这些与她前一天的念叨"你不晓得它好会吃呵"，"这只猪硬是我一端子一端子饲水喂大的"，"我喂猪就不是为了给人吃"，"猪、鸡、鸭、鹅，我喜欢喂。喂熟了，都不舍得丢手"，汇聚成浓浓的难以言表的感情，有沉甸甸的分量。细心的读者不难发现，在正篇中李永和去盛佳秀家劝她不要退社时曾问及猪有好大了，从中我们知道了这只猪大约重二百斤，到了续篇里这只猪已经长到了四百斤出头，其间包含着盛佳秀日复一日的辛劳，因此她的舍不得在小说中是能找到实际落脚点的，并不仅仅是想留着猪为婚礼办场面。刘雨生的话"你喂只猪，迟早是要给人家吃的"，代表的是大多数人的观念，养猪就是为了吃肉或卖钱，所以人比猪重要，鼓舞社员的生产情绪比婚礼办场面重要；盛佳秀同意刘雨生的说法，但是她心里还有一层别的意思，"人畜一般同"是亭面糊的口头禅，也能借用来体会盛佳秀的心思。周立波在这里的描写可以说透出了对人物发自

---

[1] 周立波：《山乡巨变》续篇，作家出版社，1960年版，第213页。
[2] 周立波：《山乡巨变》续篇，作家出版社，1960年版，第214页。

肺腑的认同与理解，闷闷不乐与自言自语触及了一个普通农民的情感世界。当作家站在农民的位置、从农民的内心感受出发去建构文本世界中的人与故事时，展开的是温暖的、充满人情味的、饱满的、有分量的生活。思想感情发生变化以后，美的观念，甚至道德标准也会发生变化，"生活里面有美有丑，到底哪样是美，哪样是丑，会因时、因地、因人而有所不同"[1]。站在农民的位置，从农民的内心感受出发，就会满含欣喜地看待张桂贞的变化："如今，她晒得黑皮黑草，手指粗粗大大的，像个劳动妇女了"；当然，这一番打量里也有一般人偏爱俏媳妇意味的留存，"她还是穿得比较地精致，身上的青衣特别地素净。她的额上垂一些短发，右边别出一小绺头发，扎个辫子，编进朝后梳的长发里，脑勺后面是个油光水滑的黑浸浸的粑粑头"[2]。在集体劳动的感召下走出自家小圈子的张桂贞，获得了他人的尊重。在单干户菊咬筋一家与常青社社员生产竞赛的故事中，我们也可以发现从农民的内心感受出发而产生的细腻微妙的表达：菊咬筋堂客累倒跌在泥塘里那一刻，小说中对她的称呼发生了变化：

  盛淑君抢先跑上，在泥水里，把王嫂扶起，随即用自己的衫袖揩擦病人嘴边的白沫和脸上的污泥。

  "哪个快去筛碗热茶来，越快越好！"盛淑君一边把王嫂挽上塘基，坐在草上，一边这样对旁边的人说。

  "是一个征候？要不要熬一点姜汤？"李永和跟了上来，关切地问。

  过了一阵，热茶来了，姜汤也到了，还有一个人从怀里挖出一

---

[1] 周立波：《纪念一个伟大文献诞生的二十年》，原载《湖南文学》1962年5月号，《周立波文集》第5卷，上海文艺出版社，1985年版，第496、497页。
[2] 周立波：《山乡巨变》续篇，作家出版社，1960年版，第80页。

包人丹。热茶、姜汤和人丹，王嫂都吃了一点，于是，不晓得是哪一样东西发生了作用，王嫂睁开了眼睛，元气恢复了。[1]

所有人眼中看到的都是病人王嫂，大家一下子涌过来，七手八脚地帮忙救治，乡里乡亲的热心取代了此前与老单生产竞赛中的怄气、嘲讽、挖苦的态度和话语，相互较量的紧张感让位于对王嫂病情的关注；读者的心也被揪了起来。

周立波曾说搞创作也要像做工作一样，"要讲究脚到、眼到、耳到和嘴到"，假如写花香，还要鼻子到。[2] 续篇"双抢"一章中，写李月辉、刘雨生、陈先晋、亭面糊、陈孟春跟李永和等人并排在割禾，由于做到了进入人物的内心、感觉经验的层面，叙述者似乎也与人物并排在割禾，读者也可以在文字的引导下一起用鼻子、眼睛、耳朵来感受来体验："镰刀割断禾秆的声音，嚓嚓地响着。在太阳下，禾苗的青气和泥土的气味，蒸发上来，冲人的鼻子。"[3]

人们不停歇地劳作了一上午，快乐、疲劳、乏力、渴睡，接踵而来：

> 将近中午，太阳如火，田里水都晒热了。人们的褂子和裤腰都被汗水浸得湿透了，妇女们的花衣自然也没有例外，都湿漉漉地贴在各人的背上。她们拖着草，又打打闹闹，快乐的精神传染给后生子们。他们也说笑不停。但是，上头太阳晒，下边热水蒸，人们头脸上，汗水像雨水一样地往下滴。不久，疲劳征服了大家，都不笑

---

[1] 周立波：《山乡巨变》续篇，作家出版社，1960年版，第76页。
[2] 周立波：《纪念一个伟大文献诞生的二十年》，原载《湖南文学》1962年5月号，《周立波文集》第5卷，上海文艺出版社，1985年版，第498页。
[3] 周立波：《山乡巨变》续篇，作家出版社，1960年版，第228页。

闹，也不竞赛了，田野里除了禾束扮得扮桶梆梆响，镰刀割得禾秆子的嚓嚓声音以外，没有别的声音了。"[1]

白天的劳动结束后，人们还在趁着月亮开夜车："晚饭以后，月亮上来了。小风吹动树枝和树尖轻轻地摇摆。田野里飘满了稻草和泥土的混杂的香气。一群精干后生子在塅里继续扮谷。包括受了伤的陈雪春在内的一群妇女又在拖草。他们把草一束一束顿在各条田塍上。在朦胧的月色里，收割了的水田边上的小路，好像筑起了一列一列的黑的围墙。"[2]亭面糊和陈先晋两位老人打了一天的禾，现在还在开夜车打布滚。人们从远处听到亭面糊在骂牛的声音，一直到半夜，扮桶和布滚的响声都没有停息，陈先晋、亭面糊和后生子们都还没收工，"还没有开镰的禾田里，落沙婆发出一声声幽凄的啼叫，和布滚的拖泥带水的哗哗的声响高低相应和"[3]。落沙婆幽凄的啼叫意味着什么呢？作者没有说，贴着文字可以体会到全天劳动异常辛苦，半夜了，老作家和后生子们还没收工，人们已经不太有力气说话了，劳动仍在继续。然而第二天，天还没亮，三眼铳响了三声，人们又纷纷下田，"连上床不久的赶夜工的人们也不例外"，这样持续了三天，小说里展开了一幅画面：

广阔的田野现出杂驳斑斓的颜色。没有收割的田里是一片金黄，耙平了的在太阳的照射下闪动着灿烂的水光，插了秧的又一片翡青。[4]

---

[1]周立波：《山乡巨变》续篇，作家出版社，1960年版，第230—231页。
[2]周立波：《山乡巨变》续篇，作家出版社，1960年版，第235页。
[3]周立波：《山乡巨变》续篇，作家出版社，1960年版，第235页。
[4]周立波：《山乡巨变》续篇，作家出版社，1960年版，第236页。

于是盛学文说"割了一片黄，又是一片青"，"农民都是会用颜色的画家"。假如不结合前文来读，这评价显得很普通，可是当读者在打通了内心与感觉的文字中得以一起经历三天的辛苦劳作，用眼睛去看、用鼻子去闻、用耳朵去听、用手去触碰、用脚去踩踏，就能体会眼前的广阔田野一片黄一片青的画面是硬硬扎扎劳动的成果，生活的意义感会油然而生。此刻，劳动主体不再是渺小的，可以被放置在自然中、改造自然并与自然一起生产的意义，同时获得认可、得到尊重，对新的生活和对生活中人们的抒情也由此生发。

唐弢认为产生风格的过程，就是铸冶思想感情的过程，其中"感情"尤其值得强调，因为作者灌注在作品中的感情，"根源于他的整个世界观——从思想到感情的全盘的变化"[1]。当说"风格是人"的时候，这个人是一个综合体，不断与外界产生关联与互动，铸冶思想和感情不是旧习惯、旧模式的重复，而是在过程中寻找新的素质和新的形式。联系全篇来看，小说在家庭经济纠纷、男女婚恋选择、乡里利益关系平衡等"小事"上多有流连，内容略显杂沓，涉及"中心事件"不多，由此导致批评家所谓叙事节奏缓慢、推进不足等问题，但假如把上述小事串联起来，恰恰可以看到一个乡里政治空间的逐渐形成，因此很难说流连小事不是周立波有意为之的结果。他笔下的山乡生活不是固化的、自然的，而是在丰富多样实践活动的推动下被政治不断打造、催生的：当村

---

[1] 唐弢指出："我们说'风格是人'，因为人的个性是组成风格的一个重要的条件，然而个性并不等于风格，风格不可能不求而得，也不可能一蹴即就。所谓成熟，指的是作者在思想上、艺术上、性格上，甚至趣味上都有一定的锻炼，主观世界的感情的真实，能够统一于客观世界的生活的真实。我在这里特别强调感情，因为由我看来，一个作家不仅要有正确的思想，还要进一步让这种思想渗透到感情里去，作者灌注在作品里的感情，爱什么，恨什么，往往不只是依靠单一的正确的思想，而是根源于他的整个世界观——从思想到感情的全盘的变化。从这点上说来，尽管组成风格的因素很多，然而，首先离不开在正确的世界观指导下，作者感情的真实与生活的真实的统一。"参见唐弢：《风格一例——试谈〈山那面人家〉》，原载《人民文学》1959年7月号，《周立波研究资料》，湖南人民出版社，1983年版，第496页。

民与社员的称谓叠加时，人们的政治身份得以确立与稳固，政治参与和日常生活才可达致彼此说明、互为支撑的程度，政治滑向生活各处，在保有其复杂性、丰富性的同时，体现在社会生活的方方面面，而这些正是周立波意义上的"巨变"。在一个日益被组织起来的政治空间中，农民的日常劳作与生活仍然可能是辛苦疲累的，也可以是轻松愉快的，人与人之间仍然保持原有的关系，但同时又增加了新的关系和政治上的连带感，他们的行为本身也具有政治的含义。同样，周立波的写作也需要被放置在这种思维中来考察，他也参与到被组织起来的政治空间中，对作家而言，生活和写作都不再是自然的、恒常的、固定不动的东西，而是在"把群众的化为自己的"过程中不断打造、选择、综合，继而产生新的生活和新的创作。

在美学风格的背后
——《山乡巨变》的成就与成就中的问题

◎李娜

一、阅读中被"闪了一下":"山乡巨变",到底怎么"变"的

读周立波写于1956—1959年之间、反映其故乡湖南益阳乡村合作化运动的长篇小说《山乡巨变》[1],自觉不自觉会把同时期柳青写关中平原乡村合作化的《创业史》、李准写河南乡村合作化的多篇小说在心里做个对照。相比柳青对合作化进程聚焦过紧、李准的作品都不是长篇,《山乡巨变》生活画轴一样徐徐打开的这"离城二十来里的丘陵乡"、在茶子花开时节(1955年初冬)迎来"合作社"这一新事物的乡村世界,无论人物形象、情感关系、劳动样态还是地方风土,都显得更加丰富。不过,认真跟着周立波进入乡村深处,特别是进入合作化运动带来的冲击在生活、在人心中形成的一个个坎儿的时候,常有一种被"闪了一

---

[1]《山乡巨变》正篇定稿于1957年12月,1958年出版;续篇定稿于1959年11月,1960年出版。本文所引用《山乡巨变》版本,为《周立波文集》第3卷(上海文艺出版社,1982年版)的版本,正篇、续篇改为"上""下"。

下"的感觉：铺垫了再三，千难万难，怎么忽然一句简单的好像为了交代的交代，或者坏分子的一句造谣引发一场闹剧，这些坎儿就被轻松越过去了呢。比如写正直而"顽固"的贫农陈先晋的入社过程，从"父子""一家""恋土"，到"决心"，笔墨很多，其间陈先晋松口入社的一个关键因素，是原本"跟耶娘一个鼻孔出气，只认得做田、不肯探闲事"[1]的二儿子孟春的转变，但孟春却是一句话就从落后到了先进。[2]而看起来写得诸多波折的陈先晋的转变——在干部们通过儿女、女婿做工作的"包围"之下，陈先晋从不理、观望、答应、反悔到"决心"入社，只是包围之下无路可走而已。在这一过程中，身为青年团乡支书、满怀理想但工作方法简单急躁的大儿子大春，和以"儿女、发家、土地"为生命价值所依的陈先晋，其实是谁也没有变的。

这样的细节一多，让我明了，山乡巨变，在关键的地方，到底是怎么"变"的？周立波的《山乡巨变》显然没有柳青的《创业史》和李准的相关小说开掘更深。不管是陈先晋对土地上父祖相承的劳作的眷恋、对合作社"龙多旱、人多乱"的担忧，还是山林归社、茶油分配引发的人心波动与公平问题，以及干部们在从初级社到高级社过快发展中的应对困境，在《山乡巨变》中，总是在各种生活喜剧的发生中悄然退场或被轻松越过。如果是柳青，显然不会放过这些，必定苦苦探究如何从认识到行为正面面对、解决这些问题；如果是李准，必定要调用他熟悉的各种乡村传统、道义伦理，以及新的制度、思想资源来探讨问题的出路和人的改变的可能。

1959年6月，唐弢就周立波1956—1959年发表的三篇与《山乡

---

[1]《周立波文集》第3卷，上海文艺出版社，1982年版，第159页。
[2]见《山乡巨变（上）》第十四节《一家》："'我看也是入了好，单干没意思。'孟春从盛清明家里刚回来不久，受了熏陶、说服和启发，也劝他耶耶入社。孟春的话使老倌子心里一惊。"《周立波文集》第3卷，第169—170页。

巨变》的构思、创作同步的短篇小说，赞美一种属于周立波也属于新中国政治与文化的、建立在"淳朴、轻松、愉快"的生活感觉上，将深厚的感情蕴于"绚烂后的平淡"的美学风格的形成。[1]确实，这一风格，在《山乡巨变》中得到贯通而酣畅的表现，成就一种富含美学自觉与历史意蕴的喜剧性，也成就一幅新中国政治进入一个南方乡村的生活画轴——其间的人们无论青壮老幼、鳏寡孤独、先进落后，无论带着何种历史问题、政治身份，都活得生气勃勃、有滋有味，敢于吵闹也敢于交出心来。就此可以说，《山乡巨变》之变，别有怀抱，周立波别有用心处、成就处。不过即使如此，周立波对如上"变"中问题何以不那么用心，仍值得追问。明了其"不用心处"，当更能帮助理解他的用心处、成就处。

从"孟春转变的不交代"这样一些问题追下去，结合小说外的有关材料，反复细思:《山乡巨变》中的这些不用心，和周立波对处于时代政治中心焦点的合作化的理解有关。也就是，要深入认识《山乡巨变》的美学风格，特别是其中的喜剧性处理风格，不能不认真审视使《山乡巨变》这些美学风格得以成立所依托的周立波的政治感、历史感。

二、返乡：周立波的政治感、历史感与双重"放松"的写作状态

从1954年开始的五六年间，周立波多次回故乡湖南益阳，1955年冬到1956年冬，更举家从北京迁往益阳县的桃花仑乡竹山湾村"深入

---

[1]唐弢:《风格一例——试谈〈山那面人家〉》，李华盛、胡光凡编:《周立波研究资料》，湖南人民出版社，1983年版，第434页。三个短篇为《禾场上》(1956)、《山那面人家》(1958)、《北京来客》(1959)。

生活"。[1]除了参与几个村的办社实际工作,他还下田劳作,事事关心,他的干部、名作家的身份和热切性格,也使得他成了一个常被找去调解纠纷、为人纾困的角色。这些都使得他对几年间合作化推动过程中遇到的各种问题,无论是1955年初下乡他就看到、写信给刘少奇反映的缺粮问题,以及缺粮、干部执行经购经销时的粗暴作风等问题对"中央威信""党群关系"的影响[2],还是在建社过程中眼见耳闻的各种困难波折,都有相当的了解。不过,他相信合作化是新中国极其重要的政治开展,而且,就目前可见的文章和材料来说,至少在1959年年底《山乡巨变》续篇完成之前,他对合作化未来的认识是乐观的。[3]在这一时期的他的意识里,只要按照党给出的合作化方向走在社会主义道路上,那么,当下一时所见的条件不理想,农民的迷信、短视、别扭、处理不好的公平乃至猝然与过去安身立命所在的价值割裂的痛苦,都是暂时的,终将在历史潮流中被融合、化解。因此,他的写作状态是放松的。孟春转变的不交代,陈先晋父子在入社前后并没有从各自固执的情感、思想

---

[1] 1954年11月,周立波回湖南益阳,参加了益阳县谢林港区发展互助组、建立初级农业社的工作,并回老家邓石桥清溪村生活了一段日子。1955年10月,举家从北京到益阳,住益阳市郊桃花仑乡竹山湾,兼任附近的大海塘乡互助合作委员会主任,帮助旦家村农民办起了凤鹤初级社。之间除往返北京等地参加作协等活动,皆在益阳生活、工作、写作。1956年年底返回北京。1957年10月重返桃花仑,兼任乡党委副书记,参加农村整党整社工作,并为《山乡巨变》续篇积累素材。以上经历参见李华盛、胡光凡编:《周立波研究资料》(湖南人民出版社,1983年版)中的《周立波生平年表》及《论创作》等文章中的自述。

[2] 邹理:《周立波年谱》,上海人民出版社,2020年版,第159—161页。

[3] 1959年6月,周立波发表小说《北京来客》,以"山乡巨变"式的轻喜剧风格,称赞"大跃进"中的公共食堂。1959年10月,益阳市花鼓剧团排演的花鼓戏《山乡巨变》正式公演;1959年年底,周立波完成了《山乡巨变》续篇,并于次年4月在作家出版社出版。而整个1960年,除了年底发表一篇论文《关于民族化和群众化》,未见创作发表。1961、1962年,则留下了诸多对合作化运动的具体政策与文艺创作的反思言论,可参见益阳花鼓剧团编剧陈启烈的回忆(《他深切关怀家乡》(益阳市政协文史资料研究委员会编印:《益阳市文史资料》第9辑,益阳市政协文史资料研究委员会,1987年版,第76页),以及中国作协在大连召开的"农村题材短篇小说创作讨论会"上的发言记录(周立波在大连会议上的发言记录,现存中国作协档案室。见邹理:《周立波年谱》,第205—209页)。

状态向前、向对方多走一步——一方面，或许就是他经历的更为普遍的生活现实；另一方面，在这种乐观的政治感之下，重要的是潮流的涌动向前，个人从"落后"到觉悟自在其中。孟春的兄长、妹妹、同伴都投入这个潮流，潮流已然成为年轻人的潮流，在这样的氛围和逻辑中，即便对他的性格缺少交代，他的"突然转变"有什么难？所以，缺粮的原因可以查找、可以反映给国家领导人，可以建议粮食提留标准调整——只要潮流保证着它自身的正确和活力，潮流中的人们不变亦变，相比而言，"如何变"则不是那么要紧了。

周立波相信合作化是新中国政治的重要开展且对合作化未来认识非常乐观——这一政治感，与一种革命胜利后凝望社会、凝望生活的历史感相连。这也是诸多同时代文艺工作者所共有的——唐弢《风格一例》热切的评论文字中透露了，他所感受的周立波新"风格"得以生成的土壤，除了文学修养与个性，显然与周立波对正在展开的社会主义建设不只是相信而且"倾心"，与他对益阳乡村生活不只是"谙熟"而且对包括物质性的生活细节由衷欢喜，被"旧的沉下去、新的升上来，不过这回是偏重后者"的"世界观"、历史感所充盈，高度相关。可以说，《禾场上》等短篇小说与《山乡巨变》中无数"安详舒适的小幅"一样，都"是生活的继续，是革命的进一步发展"，是对从"旧"中"升上来"的"新"的舒心描画。[1]

可以看到，不同于写作《暴风骤雨》时特别依托阶级论述以翻转乡村秩序、充满紧张感的历史感，写作《山乡巨变》时的周立波的历史感发生了很大的变化。表面看起来，《山乡巨变》还是以"贫农、中农、坏分子"等阶级概念来定位小说中的人物，且依据合作化此一阶段的政策来择取表现若干阶级的人物类型，甚至以有僵化倾向的阶级定义内涵

---

[1] 唐弢：《风格一例——试谈〈山那面人家〉》，李华盛、胡光凡编：《周立波研究资料》，第434页。

来设计某些人物的境况。比如，好的品质和能力要尽量地给予贫农。清溪乡最被称道的三位"作田里手"陈先晋、亭面糊、谢庆元，都是贫农；又正直又是"作田里手"的陈先晋，即便就小说给出的信息看，他在土改后分得了土地，有两个儿子一个姑娘皆已成为壮劳力，且一家人勤俭，无病无灾，小说却终不让他摆脱贫困，上升为中农；而新中农王菊生（菊咬筋）、秋丝瓜等，要么财产来得不让人尊重（用计谋把自己过继给叔父，得了他的房屋、田土和山场），要么曾是旧社会的兵痞、为人奸猾。概言之，既然在初级社的发展中政策认定"中农"是有自发倾向、不好配合的阶级，不能"依靠"，只能"团结"，而随着从初级社到高级社步伐的加快，在意自己的土地牲畜和人的勤懒等公平问题的"中农"更被视为自私、保守，成了合作化运动要与之争夺路线的阶级，那么自觉以小说反映合作化运动、要对现实工作起作用的作家周立波，便不能不如此设计——虽然如此，但他对菊咬筋、秋丝瓜和清溪乡诸多人物的家庭、劳作的书写，在让人愉悦的、喜剧性的书写中还是保留了超出阶级定性的丰富复杂的层次。也就是说，不同于《暴风骤雨》在阶级图谱中对人物做"斩钉截铁"的刻画，《山乡巨变》对乡村各色人物及其关系的书写富有一种弹性和活力。这背后，是以阶级斗争为指导的历史感，悄然挪移为更重视一个新时代的开启时"新"从"旧"中"升起来"（而不是断裂）的新旧更生的历史感。

依托于这样的政治感和历史感，周立波的写作状态是放松的；又是在革命成功后回到了他长大的、熟悉、喜欢的故乡，他的放松就是双重的。这样的"放松"成就了《山乡巨变》别开生面的喜剧性：对故乡与乡亲的熟悉与忧欢共鸣，成为小说喜剧性呈现的情感基底；对渗透着益阳风土的农民的幽默感的会心和各种趣味横生的生活细节的着迷，成为喜剧描写的无尽源泉，而农民当下的种种别扭与他对未来的信心满满映衬，更构成了一种特别的、喜剧所需的张力。这一喜剧的形式和呈现的美学风格，则来自放松让他的才能和积累得以发挥：他的乡村记忆、现实感受、美学修养和语言敏感，都在这种放松之下得到释放。鲁艺"关门提高"时期讲欧美与俄罗斯文学时的观念和美学探索，《在延安文艺座谈会上的讲话》（以下简称《讲话》）前后不同思想情感状态的下乡经验，乃至新中国成立初期对《红楼梦》《三国演义》作为新的"文学大众化"资源的学习，都在《山乡巨变》的写作中得到了一种惬意的、有机的安排。

依托于这样的政治感、历史感，周立波的"放松"状态也更深地打开了自己，打开了他与乡村的关系，他身上一直有的一种与传统文化相连的乡村文人感受，在合作化中的家乡有了一个重新落下来的、转化的空间。

周立波身上乡村文人的一面，特别表现在他的第一篇小说《牛》中。1941年周立波在延安鲁艺教书时，曾到延安附近的碾庄生活了五十余天，趴在土炕上写了《牛》。小说中，以房东刘起兰为原型的张启南是一个在革命文学中有点"异色"的农民形象：一个有点"躲懒"、不像别的农民那么苦干的，却对万物生灵多那么一点美的眼光、多那么一点细心和温情的农民；他的生活与劳作中，由此自有一种自在。这样一种农民，这样一种自在感，在中国的乡村是有着一脉悠远存在的。在延安的政治开展带来的新的人心活跃、舒展的乡村生活氛围里，周立波作为一个从乡村读过旧书出来，既为现代意识和革命生涯所塑造、又保留了某种乡村文人感受事物方式的作家，能特别感受到这个自在感如何因革命而得到安置和更生。小说写张启南用心照顾生产的母牛和小牛，他的责任感中别有一种细腻活泼；小说也写夜晚在窑洞中聚谈、翻看艺术画册的农民们，就窑洞之外的革命、艺术和世界时局，率性又正经地侃侃而谈……某种意义上，革命的目标、革命后的乡村生活，不应该包含这样一种与生命万物、与政治社会息息相关而不感悲苦、不感压迫的自在吗？这或许是当时延安的知识分子们对《牛》的称赞喜爱中，所共享的、却未必自觉的一种革命感觉。但这个自在，这样一种"躲懒"人物，很快就不见了；经历整风、《讲话》学习后的周立波，自我检讨写《牛》时的"思想感情"是"做客"，旁观者，是未能与农民打成一片，故"只能写写牛生小牛的事情，对于动人的生产运动，运盐和纳公粮的大事，我都不能写"。[1] 到了1946年，周立波到东北参加土改工作，再度提笔写农民，写《暴风骤雨》，写土改后的东北乡村努力生产的新局面——再不见张启南这样的人，如果有，恐怕也要被儿童团员们挂上"懒蛋牌子"的。[2] 但在《山乡巨变》里，张启南式在生活、劳动中的美的眼光和有担当的自在感，转化到了清溪乡的农会主席李月辉、老农亭面糊这样或与人心或与牲畜之心相通相善、在性格上有自在感，且让这种自在感有力推动了工作和生活的人身上；也转化到了盛淑君、盛佳秀这样为新的生活氛围养成或鼓动，而在社会空间和情感生活上获得某种（有限度、也因而有新旧更生的迷人的）自在感的女性身上。

三、"自在"带来的文学成就与成就中蕴含的问题

事实上，与其说1941年《牛》中张启南式的自在感，转化到了《山乡巨变》中李月辉、亭面糊、盛淑君、盛佳秀这些在各自的工作、生活、情感上透露、运用或生成着自在感的人身上，不如说，是返乡的周立波在放松中重新找到了写作的自在感——既与《牛》中为革命引动的乡村文人感受方式相联通，又不同。这一转化、更生的自在感，给《山乡巨变》带来了特别的文学成就，也在成就中折射出周立波相关认识、思考上的不足。以下试从三个层面分析。

---

[1] 周立波：《后悔与前瞻》，李华盛、胡光凡编：《周立波研究资料》，第65页。
[2] 周立波：《懒蛋牌子》，《周立波文集》第2卷，上海文艺出版社，1982年版。

第一，此时的周立波的写作与革命、与乡村的关系，已经经历了从亭子间的左翼文人到革命作家的磨砺和转变，其间，尤为关键的是《讲话》后他对文学写作如何真正进入革命内部反映现实、作用于现实的思考。周立波在多篇不同时期纪念《讲话》的文章中，一再举写《牛》的时候的"做客""旁观"状态为例，这诚然是个特别重要的自我剖析的出发点，但在某种层面上与"旁观"状态相连的乡村文人感受方式，既不曾被剖析出来，也不曾真的被否弃。在《山乡巨变》中，这个乡村文人的眼光和感受方式，已经是内化于一个革命主体的、更具现实指向与行动性的眼光和感受方式。从他着意塑造的清溪乡农会主席李月辉身上，特别能体现这样一个变化。"不急不缓、气性平和"的李月辉，出现在小说所描写的1955年年底到1956年年初合作化运动以全乡"70%"户数入社为目标、如火如荼推进的时刻，是有意味的。如此急骤的、让干部们在层层会议上严肃提醒"引起的矛盾会深入人心、波及所有的家庭……"[1]的合作化运动，在一个有特殊社会经济脉络和宗族文化遗留的地方能够在一个多月间完成，虽经波折却并没有引起大的动荡——究其因，在李月辉这样的地方干部身上，有许多可以追问的线索。如果比照写于1955年4月的短篇小说《盖满爹》——这是周立波在举家移居桃花仑乡之前，依据初次返乡见闻所写的第一篇小说，采用有点访问笔记的叙述方式——显然"盖满爹"这样一个木匠出身、人品好、性格好，"对乡里情况了如指掌"，[2]而又能依据每个人的处境和心性来处理问题，深得乡邻信任的地方干部，给周立波留下深刻印象。盖满爹的这些特点，都叠印在《山乡巨变》中李月辉的形象中。周立波或许敏感到，能否实在把握并体谅农民的处境和心情，不只是为了推进眼下紧迫的工作，更关系到合作化后的乡村的长远未来。他塑造了才

---

[1]周立波:《山乡巨变》上，《周立波文集》第3卷，上海文艺出版社，1982年版，第41页。
[2]周立波:《盖满爹》，《周立波文集》第2卷，上海文艺出版社，1982年版，第359页。

三十多岁、年富力强，却有着比盖满爹更突出的"婆婆子"性气的李月辉——他的从不与人生气，所谓"天性"，其实更来自他对各种处境下的人的温厚体察。而相比年纪大又没有读过书，有时会怕被人看不起或怕担不起责任的盖满爹，善说笑、爱读书的李月辉更能够"不急不缓"。1955年三月在湖南省的合作化收缩政策下，李月辉曾"坚决收缩"，撤销了陈大春发起的社，而半年后运动又被推向高潮时，他被陈大春笑是毛主席所讲的"小脚女人"，他答以"小脚女人还不也是人？"[1] 他和县里派来的下乡干部邓秀梅说："革命的路是长远的，只有心宽，才会不怕路途长。"[2] 又说："我只有个总主意，社会主义是好路，也是长路，中央规定十五年，急什么呢？还有十二年。从容干好事，性急出岔子。"[3]

也就是，周立波笔下的李月辉，与周立波一样，既有对革命的忠诚和责任感，也有一种从信心而来的自在。这自在不仅帮助李月辉面对合作化运动急速发展带来的各种矛盾风波，也帮助他更坦率、务实地面对政策的变动与要求，即便在任务的压力之下，也能以他的方式，保持对不同人的特性和处境的关照（比如为参加生产的女性提出劳动强度和生理期的保护，即使被急于完成增产任务的上级斥之为婆婆妈妈）。这一形象有意无意提示了：周立波所信仰的合作化运动要在乡村很好地落下来，特别需要李月辉这样的基层干部。但小说中，由于在本文开头所述的"关键的地方，如何变"的不用心，李月辉的工作作为并不突出。小说中的清溪乡，在两个互助组都没建好的情况下，一个多月就建成五个初级社，再过一个月就一跃成了九百多户的高级社，这听起来好像神话，周立波之所以放松地写出来，说明对合作化搅动乡村的挑战性，他是认识不够的。比如，"山林归公"这一对丘陵乡的农民显然是很重要

---

[1] 周立波：《山乡巨变》上，《周立波文集》第3卷，上海文艺出版社，1982年版，第128页。
[2] 周立波：《山乡巨变》上，《周立波文集》第3卷，上海文艺出版社，1982年版，第127页。
[3] 周立波：《山乡巨变》上，《周立波文集》第3卷，上海文艺出版社，1982年版，第128页。

的冲击，涉及怎么建立新的公私、"公平"意识的问题，小说用脸谱化的坏分子龚子元"造谣风"引发砍树风潮的情节设计，热热闹闹也因而偏离重心地带过去了；此前此后，村民们围绕"山林归公"、茶油分配引发的上下村人的心理波动和矛盾争论，则以退坡干部谢庆元为挽回威信而表演的一场闹剧来表现——身为社干部、下村人但威信不高的谢庆元，反对茶油归公分配，想赢得原本拥有茶山的下村人的好感，但因为他做人不好，下村人并不出声支持，他也就灰溜溜的"火烧牛皮自己连，缩了"，至于下村人的想法和意见究竟如何，不必多说，反正人们的社会主义"觉悟"是迟早的——原本是公平的问题，被"觉悟"取而代之，也就不须追究了。在这些场景中，李月辉的行为要么是一笔带过到处劝人不要砍树，要么因外出开会而干脆缺席。这些都反映了周立波对于合作化在乡村落实的挑战性、对于如何才能建成劳动和伦理关系更密切的共同体，缺乏具体的思考。但即便没有更具体明确的思考，李月辉这一形象中，自有经过将文艺与政治关系反复内化的实践后的某种自觉在。

第二，周立波写《山乡巨变》的自在感——与《牛》中为革命引动的乡村文人感受方式既相联通又不同，还体现在，在1941年的延安乡村他能感受、喜爱张启南那样一种农民，描摹他的身形情态，却写不出他身上承载的地方文化历史脉络；而在《山乡巨变》中，在他喜爱、亲近的诸多故乡人物身上，如上节所述，即便是依循着政治政策图谱来写，周立波还是在某些层面上如实地写出了多样的人的状态，这一如实，也便蕴藏了有关益阳地方社会的历史、经济、人文的丰富信息。

以周立波和许多读者、评论者都特别喜爱的角色"亭面糊"——五十多岁的老贫农盛佑亭为例，这个善良、会做田、会用牛，有小算计而无伤大雅，特别爱说话但似乎没什么主张，喜欢凶巴巴地骂小孩骂牲畜但没有人怕他的老汉，是下乡干部邓秀梅带着政治规划奔走在村庄时，一个常常以他的"面糊"和喜剧性插曲舒缓了节奏、也撑开了更多乡村生活层次与细节的人物。周立波说，"面糊是我们这带乡间极为普遍的性格"，[1]也就是说，这一性格来自地方风土。小说开始不久有一个场景：讨论合作化的夜间会场上出现了与落后分子的紧张的斗争，静场的一刻，从后房传来了鼾声。原来是亭面糊跑到后房沉酣地睡着了。之后互助组成员开小会，围着批评他，"一听办社，他去卖竹子"，"糊涂""火烧眉毛、只顾眼前"，[2]平素开会不来，来了却睡觉……邓秀梅担心大家过于为难他，就让"老盛自己说一说"。

……隔了一阵，他才慢慢地张口，口齿倒是清清楚楚的：
"各位对我的批评，都对。"亭面糊顿了一下，吧一口烟，才又接着补上一句道："我打张收条。"
人们都笑了。[3]

亭面糊自己是轻松的，让大家也放松。大家七嘴八舌地说他，没有顾忌，要说别人，比如陈先晋，心里就得掂量掂量。把亭面糊和陈先晋对比，在乡村生活里，这样两个人的生活态度、给周围人的感受的差异是什么？大家一提起亭面糊就会笑。他的生活态度是：我没有那么当真，反过来，你也不要用这个来要求我。这样一种个性在益阳乡村特别普遍的话，意味着什么？这种不愿意特别受压力的个性的形成，一方面可能与有些人的天性有关，一方面跟本地社会历史的特定结构有关。益阳山乡直到1949—1950年代初的典型状况是人口密度大，人地关系紧

---

[1] 周立波：《关于〈山乡巨变〉答记者问》，李华盛、胡光凡编：《周立波研究资料》，知识产权出版社，2010年版，第335页。
[2] 周立波：《山乡巨变》上，《周立波文集》第3卷，上海文艺出版社，1982年版，第69—70页。
[3] 周立波：《山乡巨变》上，《周立波文集》第3卷，上海文艺出版社，1982年版，第71页。

张，粮食产出少，外出及副业谋生的多[1]，也就是，生存的平衡很脆弱，特别容易被打破。这种状况下，一是改变贫穷很难，一般人很难进行某些自我要求，"面糊"的性格，某种程度上是对这种生存压力的自我排解；二是在宗族、祠堂、帮会等乡村组织繁多复杂，人和人的连接很紧密的环境中，"面糊"的性格，对可能和别人发生的冲突也会是一种排解。

陈先晋则是另一种形成对照的个性，拙于言辞、谨慎而认真，他的生活态度是非常沉重的，这样的人，面对任何事情，会用是不是做到、做好了来要求自己。陈先晋成为周立波着重描写的"入社困难户"，或许透露了在他的政治意识里，这样的人承载了农民和土地的关系中厚实、沉重的一面，承载了被普遍认同的乡土道德，是合作化运动特别需要面对的。但也如前所述，《山乡巨变》对陈先晋的把握是看起来热闹、内在却是"静止"的，既无心探问他生命经验的纵深，也不甚介意他如何能在一种更体谅、更触动其内心的政治工作中"转变"。陈先晋在小说中的作用也如同李月辉一样，是似重实轻的。相比较，亭面糊在小说中更具贯穿性与功能性。

亭面糊喜欢说话[2]，"他一碰到知心识意的朋友，就能混得好半天。他的知心朋友又容易找到。……他的话匣子一开了头，往往耽误了正事"[3]。这样的面糊和他的生活、家庭、劳作和交往，可以如他的话匣子一样打开绵绵不绝的乡村生活层次。比如，他人糊涂，但他是"做田

---

[1] 中央益阳地委：《益阳新市区箴言乡第十六保初步调查》，《新湖南报》编：《湖南农村情况调查》，新华书店中南总分店，1950年版。

[2] 周立波性格的某一面，与亭面糊的爱说而不分对象、忘记场合，颇有一种意趣相通。周立波孙女周仰之回忆，"文革"后期，周立波从被关押的地方转移到干校时，长子周健明鉴于他常常忍不住与人说话的欲望而招致的麻烦，而让周仰之暂时休学，专门陪着周立波。周立波也果然和这个十几岁的小姑娘每天都很有话说。周仰之：《人间事都付与流风：我的祖父周立波》，团结出版社，2015年版。

[3] 周立波：《山乡巨变》上，《周立波文集》第3卷，上海文艺出版社，1982年版，第49页。

的里手",即便得不到特别的尊重,在种田上是里手,在乡村中就立得住——不管是互助组、初级社,都需要他。小说通过他,能展开一个山乡的繁多的劳动样态、物的细节,以及乡村生活的活力和趣味。他和牛的互动穿插在紧张的斗争、生产中,他在落雨的清晨坐在庭院看远山落雨的笔触,写出了一方风土滋养的一种舒展的心性。从亭面糊的家庭情况,还能看到益阳山乡的宗族和土地的特殊形态。亭面糊名盛佑亭,盛、李是小说中清溪乡的两大姓,乡政府所在地就是"盛氏家庙",周立波细致描写了这个家庙的景致、殿宇和戏台,可见其曾经的气派。益阳地区的土地在民国、抗战中的特点是高度集中,但使用权分散,宗族、祠堂掌握着相当数量的族田、公田、学田,宗族的贫寒子弟可以拿"学谷"读书。因此,虽然盛佑亭是从旧时至今始终没有伸眉的贫农,他的二仔盛学文在小说开始时已经是中学生。而在学文继续读书还是回乡参加生产的问题上,盛佑亭的婆婆(妻子)更主张有天分的儿子继续读书,透露的是周立波所言的益阳乡村"文教发达"传统之下,盛佑亭婆婆这样比较有主意的家庭妇女,也会很自然地支持孩子读书。但作为新的政治价值代表的邓秀梅,则赞同亭面糊的意见——让学文回乡"住农业大学"(在《山乡巨变》下部,学文回乡担任了高级社的会计)。为什么后者是好的?小说在这里是含糊带过的。过去由宗族、祠堂把持的学校,在新中国成立后的几年内经历了改造,有天分的盛学文,有没可能既读好书,又不在情感、认识上脱离农村呢?这些,经由亭面糊的家庭透露了线索,但并不是周立波的用心处。

　　也就是说,如果把《山乡巨变》中的人物、关系放在地方社会史的脉络里仔细追究,当能撑开更多对此一时期合作化政治所要面对的地方生活的认识。这些地方生活的信息,因缘周立波的自在之笔,以各种形态溢出。正面的陈先晋、亭面糊之外,以"顽固分子""落后分子"刻画的人物和故事,则不时悄然游离于这些概念定性,袒露了更多面、更贴近乡村中人的感受的样貌。比如，中农"菊咬"，一方面是众人眼里"讨得媳妇，嫁不得女"的"心像钩子"一样自私的家伙，一方面简直是勤劳、能干与漂亮的楷模，周立波写他爱惜农具，经他手抹了桐油的农具"黄嫩嫩"的，读来喜人。老贫农陈先晋对菊咬的勤快感到亲近；社长刘雨生为菊咬对农具的责任心暗喜，想着农业社需要这样的人。就连更容易被坏分子勾搭的"秋丝瓜"，在解放后的稳定环境中，不善做田的他靠着"摸到养家畜的经验"，与婆娘发狠地勤俭苦干，成了新上中农——邓秀梅走进秋丝瓜的院子，满地鸡飞鸭叫，打过交道的黄牛偏过脑壳来鼓眼看人，写来一样趣致盎然。周立波把"勤俭"和劳动的美给了不同成分的人们。事实上，旧中农通常为乡村中勤俭能干，对道德、公义多如此，周立波依循的政治逻辑没有让他选择这样的中农，但被他作为"落后人物"描写的中农，仍在政治逻辑之下流露了他捕捉到的故乡的生活感觉："勤俭"是这土地与生存资源紧张的南方山乡的头一个美德和伦理。于是勤俭发家的人，不肯与人缴伙（入社），怕吵场合（吵架），怕遇到懒家伙，似乎也是可以理解的——干部们劝说游说时，每每有较强关切和回应动力的人，在新中国成立后安定的环境中能够上升为新中农的也遇到这样的提问，并不认真应对，而是答以一句又确定又渺渺的"那是互助组，社不一样"。

　　第三，从这儿看，周立波在"自在"中写出了每个人都有其节奏和要面对的生活问题、每个人的要求都有其合理性的乡村，这让处身其间的干部们，也在秉持原则、风风火火的同时，获得了一种并不那么斩钉截铁、真理在握的音容身影。李月辉的自在从容，便渐渐影响了在小说中一直把"数字"（入社比例）和阶级斗争的弦儿绷得很紧的邓秀梅。最初几个干部讨论分头包干去做顽固户的工作时，陈大春被分配了"奸猾"的"秋丝瓜"，邓秀梅觉得不妥，说大春这样的年轻人怕不是对手,李月辉说:"翻了船,也不过一脚背深的水。"[1]到了上部故事尾声,邓秀梅让亭面糊去做龚子元的入社工作时,李月辉说:"你这个将点错了……亭面糊敌得过他?"邓秀梅说:"敌不过,不要紧,翻了船,不过一脚背深的水……"[2]把这话还给李主席了。龚子元这个众人都不太清楚底细的外来户,被设置为国民党特务,暗戳戳地用谣言搞破坏,周立波的笔触每到龚子元夫妇,落不到实处,有流于油滑又刻板的危险,而邓秀梅的这句话,提升了这块书写的洼地。不无趣味的"不过一脚背深的水",透露的不仅是下乡干部邓秀梅更深进入清溪乡的风土,学得更从容、有谋略的工作,也透露着,一个认真对待乡村的干部,会更有现实感地把握"阶级斗争"在生活实际中的分量和位置。

回到小说开头,邓秀梅在县里开完三级干部会议,即将入乡,在过资江的横河划子上,一个调皮的后生子干部故意就她的"半边天"思想与她斗嘴。告别时,邓秀梅说:

"同志们,得了好经验,早些透个消息来,不要瞒了做私房。"

"我们会有什么经验呵?我们只有一脑壳的封建。"调皮后生子又还她一句。

邓秀梅没有回应,同在一起开了九天会,就要分别了,心里忽然有点舍不得大家,她有意地放一放让。看他们走了好远,她才转过身子来,沿着一条山边的村路,往清溪乡走去。[3]

这个小说开头出现的看似不经意的"心里忽然有点舍不得"和"有意地放一放让",为邓秀梅入乡后的工作步调、方式和成长,可谓奠定

---

[1]周立波:《山乡巨变》上,《周立波文集》第3卷,上海文艺出版社,1982年版,第143页。
[2]周立波:《山乡巨变》上,《周立波文集》第3卷,上海文艺出版社,1982年版,第267页。
[3]周立波:《山乡巨变》上,《周立波文集》第3卷,上海文艺出版社,1982年版,第6页。

了一个隐微而有力的情感基底。不过二十多岁的邓秀梅，不但对工作充满热情、"舍得干"，且可贵地拥有一种体谅、珍惜与人相处的机缘的感性。这也正是她能够为李月辉所感染、影响，而悄悄调整了斗争的弦儿的性格基础。这样的邓秀梅，入乡之后的脚步既匆匆、利落、直奔目标，又时时在一个人的生活与情感困境、在一个老妇人哪怕啰唆的诉苦中充满同情地凝神停驻。也就是，《山乡巨变》中，周立波不再像《暴风骤雨》里那样，急于用一套涤荡旧秩序、权力，涤荡旧文化、心理的政治观念来穿透并翻转乡村，而是更认真、更耐心地面对生活——我们可以设想，新中国政治会因这种面对而更有活力，更能从中国普通百姓的生活、文化与传统的深处，来把握推动中国社会演变的力道和感觉。但在这一层面，《山乡巨变》通过邓秀梅打开的生活的层次和深度又是远远不够的。

就是说，对合作化政治的信赖和回到故乡的双重放松，让周立波在"自在"中，如实写出了多样的人的状态，成就了一幅在生活、人性和风土的意味上有着可贵的丰富性的卷轴，但是，成也萧何，败也萧何，周立波依托政治给定的认识而获得的放松，不但使得他在关键的地方缺少柳青、李准那样的更深开掘，也使得他的生活感觉和文学视野在打开的同时，内涵了许多轻忽和遮蔽。就此，除了上文就几个层面所做的分析之外，还可以从周立波与故乡农人的情感连接方式来看：周立波在放松中，如实写出了人们各种各样的苦和羁绊，但是，他的放松和如实里，也包含着他不是能那么内在于乡村的人的痛苦，虽然他是熟悉的。这一熟悉但并不内在的写作状态，后果是两面的：一方面，这使得他笔下的人能成为立体的风景；另一方面，这使得他对造成这些痛苦的状况，更寄望于大的制度性改变，而不是更积极寻求当下改善的可能性。比如，他写了菊咬金那么浇薄地对待继母（却没有相应的乡村伦理或舆论来约束），陈先晋失去土地和价值所依的难受（崽女只知道怪其

295

落后），李月辉和多病的堂客随时承受伯伯恶言恶语的伤害（且伯伯是毫无可能改变的）……这些苦，他都知道，但他的心不能像李准写《不能走那条路》时对想买地的老农宋老定那样去共鸣。李月辉的伯伯被写成一种被某种偏执性格所笼罩、限定了的人，在乡土社会里这样一种偏执的人当然可能存在，生活本身也确实很多时候就是带着无解的难题前行，但这样的设置，就使得作家少了耐心观察这一人性形成的历史，以及调动相应的乡村资源或从政治工作上配合、改变的机会。

所以《山乡巨变》是一方面以一种放松、喜剧性的方式，把合作化搅动乡村社会的多方面状况，包括有问题的状况，给呈现出来了。另一方面，对那些有问题的地方，有些周立波认识到了——比如对于快速合作化凸显出来的下乡干部不够了解地方社会、急于完成任务而作风粗暴的问题，他敏感到一个更扎根风土人情的本地干部的重要性，所以写出了李月辉这样一个从乡土里生成的、念叨着"心宽路远"的干部形象；有些是他虽然认识到了，但对这些问题有可能产生的后果认识不够，比如对待中农的方式对乡村道德伦理可能产生的伤害，比如如何回应土地山林归公、资源的重新分配等内涵的新的"公平"问题，比如在"淳朴、轻松、愉快"的新生活感觉中暗自发酵的人心的新伤旧创……

四、余论

本文开头之所以以柳青、李准有关合作化的小说作为一个潜在的比照视野，有一个认识背景：《讲话》之后，对柳青、周立波、李准这样的作家，文艺和政治紧密关系的发生是相当自然的，他们都自觉以政治为中介展开创作、介入现实；但这一关系发生的具体过程，落在这些作家经过革命锻造或被乡村文化传统浸染的主体身上，又是非常多样的。他们与革命的关系、与乡村的关系可以作细致的区分，在此之下，他们

"深入生活"的时候去把握什么，认为哪些现实和问题具有基点性，就会展开不同的乡村生活图景。本文从《山乡巨变》的喜剧性能够成立所依托的政治感、历史感出发，对其文学成就的特别之处和不足之处的分析，便是沿着这样一个意识和途径而进行的初步尝试，其间还有许多尚待进一步探索的问题。比如，如何在周立波自身的生命经验、文学创作脉络里，探求《山乡巨变》所依托的周立波的政治感、历史感更纵深的由来？以及，要怎么认识此一政治感、历史感与1955—1959年的历史实际之间的张力？周立波刚下乡时，曾写信给刘少奇反映缺粮等问题，就是说，他所见的现实当然并非《山乡巨变》那般全然美好，但如果以此认定他的写作就是掩盖了许多事实的"配合政治"，认识也就停留于此了。事实上，在柳青、周立波、李准这样的作家中，这一区分现实情况和文学写作的做法是有一定代表性的，由此可以探问的是：其一，他们基于什么情境、认识、心理、情感，把现实情况和他们的文学写作做了分开处理？其二，即便按照政治给出的图谱写，艺术上是不是仍能开展出特别的认识价值？

概而言之，《山乡巨变》为20世纪50年代中国的乡村书写贡献了一种"问风俗"的有情的政治凝望眼光，一种即便历史纵深不够、却悠远迷人的新旧更生的风景，一种既依循政策图谱又如实写出了多样的人的状态、既不回避乡村变革中的关键问题又每每轻松越过，却依然给后人留下开掘其认识价值的诸多线索的有着内在复杂性的文本。某种意义上，这样的《山乡巨变》的成就与成就中蕴含的问题，也是中国革命和社会主义实践经验的复杂性给予的。因此，看到周立波认识上的不足之处，目的不在苛求他，而在于从这里出发，回应这样的挑战：如何更切实把握周立波、柳青、李准这样的作家创作与20世纪50年代急骤变动的历史实际、历史逻辑之间的张力关系，开掘其对于20世纪中国革命与文学的认识价值。

《山乡巨变》：革命"深处"的潜流[1]

◎李哲

导论 "发展"与"深入"

在长篇小说《山乡巨变》中，周立波试图描述他在1955—1956年深度介入的"合作化运动"。对这位充满激情的现实主义作家而言，"合作化运动"不仅仅是充满挑战性的小说题材，更构成了富有感召力的时代氛围和笼罩性的现实感觉。早在1955年7月，毛泽东就在《关于农业合作化问题》的报告中预估"新的社会主义群众运动的高潮就要到

---

[1]周立波力图反映的"合作化运动"可以从两重维度予以把握，一是将其理解为"革命"发展的"新阶段"，二是将其视为"革命"对中国乡村社会现实的进一步"深入"，正是通过对这两种维度整合调适，《山乡巨变》才产生了新的情感形态和美学意蕴。从空间层面来看，小说故事的推进包含了"入乡""入户"两个层级，从而呈现出"山乡"内部复杂的社会现实构造。就叙述形式而言，周立波着重表现了"人"与"话"互为媒介的状态，并由此链接出一条完整的"革命深入"脉络。在"革命深入"的临界处，周立波生动揭示了隐含在"山乡"生活世界中的"人人之心"层面，此一层面上"公意"和"私心"的对流、激荡更凸显了中国基层社会的结构性问题。《山乡巨变》标志着周立波超越了早期左翼文学"批判—反抗"的逻辑，其对现实的把握方式也能在充满"矛盾"的多重社会维度之间发挥再媒介、再链接的积极意义。

来"[1]，同年 10 月份召开的中共七届六中全会则做出了关于农业合作化问题的决议，随后，省、县各级的会议紧锣密鼓地召开，它们共同催生了"合作化运动"加速发展的强劲势头，也使"农村社会主义高潮"成为中国各级干部和群众普遍的心理感觉。但相比"农村社会主义高潮"及其激荡的时代氛围，作为小说文本的《山乡巨变》又存在某种微妙的游移。对中央、省、县各级密集召开的"合作化"会议，周立波要么略去不提，要么一笔带过，而小说的开头甚至由"散会"起笔：

> 一九五五年初冬，一个风和日暖的下午，资江下游一座县城里，成千的男女，背着被包和雨伞，从中共县委会的大门口挤挤夹夹拥出来，散到麻石铺成的长街上。他们三三五五地走着，抽烟、谈讲和笑闹。到了十字街口上，大家用握手、点头、好心的祝福或含笑的咒骂来互相告别。分手以后，他们有的往北，有的奔南，要过资江，到南面的各个区乡去。[2]

"初冬"和"风和日暖的下午"这类节令物候描写营造出安然、宁静的氛围，叙事者似乎在有意引导着读者从现实世界进入文本世界——"县委会的大门口"尚有一些"挤挤夹夹"的局促，麻石街"三三五五地走着"的人们却已经松弛下来，由此，令人亢奋又紧张的"运动"悄然化入小说明快、从容的故事节奏。同时代的批评家们敏锐洞察到《山乡巨变》和"合作化运动"的不契合之处，如青年批评家朱寨即认为，《山乡巨变》"对于合作化运动成为席卷全国农村的革命风潮的气势表

---

[1] 毛泽东：《关于农业合作化问题》，《建国以来重要文献选编》第 7 册，中央文献出版社，2011 年版，第 49 页。
[2] 周立波：《山乡巨变》上，人民文学出版社，1959 年版，第 1 页。

现不足"[1]，而黄秋耘也指出，"充沛在《暴风骤雨》中那样的'阳刚之美'，到了《山乡巨变》却显得逐渐减弱了"[2]。不过也要承认，"不足"和"减弱"之类的断语还是有些失之简单，它们难以涵容周立波在《山乡巨变》创作中极具突破性的探索，也遮蔽了"合作化运动"本身所内蕴的历史层次。

相比中央、省、县各级会议在宏观历史层面的构想和计划，周立波对"合作化运动"的叙述更多聚焦在"乡"这一更为基层的社会空间。从这个意义上说，《山乡巨变》既是一部"合作化小说"，也是一部"农村小说"——"合作化"与"农村"这两种描述自然存在千丝万缕的联系，但其背后牵涉的历史维度和"革命"感觉却需要深入辨析。在中共将"合作化"称之为"运动"的背后，是马克思主义理论构造的"革命"史观，它有崇高的理想性、明确的方向性和清晰的阶段性，在这样一种"运动"的历史进程中，"革命"连续不断地向前发展，并在特定"事件"标识的节点上向更高的阶段跃升。正是基于这一点，中共高层领导人才会将1955—1956年的"合作化运动"定位在两场"革命"之间的位置上，如七届六中全会决议所说："我党领导农民推翻帝国主义和封建主义，这是资产阶级民主主义性质的革命；但是工人阶级的目的，是要经过这个革命再进一步引导农民走进社会主义的革命。"[3]之于"民主主义革命"，"社会主义革命"处在了"新的阶段"上，而从"土地改革"到"合作化运动"正可视为"革命"从"新民主主义"向"社会主义"的"过渡"乃至"飞跃"。如果说作为"运动"的"合作化"

---

[1]朱寨：《读〈山乡巨变〉及其他》，李庚主编：《中国新文学大系（1949—1966）·评论集》，中国文联出版公司，1994年版，第200页。

[2]黄秋耘：《〈山乡巨变〉琐谈》，李华盛、胡广凡编：《周立波研究资料》，湖南人民出版社，1983年版，第416页。

[3]《中国共产党第七届中央委员会第六次全体会议（扩大）关于农业合作化问题的决议》，《建国以来重要文献选编》第7册，中央文献出版社，2011年版，第242页。

指涉着"革命"演进的时间维度，那么"农村"则意味着"革命"具体展开的空间情境。在从"苏区"到延安一系列的革命斗争经验中，中共越来越认识到把握中国社会（尤其是农村社会）状况的重要性和挑战性，基于此，他们也会把"革命"视为一个向社会现实"深入"的"认识—实践"过程。从这个意义上看，中共高层在1955—1956年期间对"合作化运动"的定位还存在另一重维度，它不仅居于"新的阶段"上，而且还比"土地革命"更为"深刻"，如有评论者所说，"合作化运动是一场比民主革命性质的土地改革运动更加深刻的社会主义革命。……它在表面上并不一定像'土改'表现得那样剧烈、尖锐、轰轰烈烈，但它比'土改'斗争更深刻和更深入。"[1]

在革命作家周立波的文学创作经验中，也贯穿着上述两重维度的起伏和交织。在20世纪30年代，左翼作家周立波受到国际共产主义运动和进步文学的强烈感召，因而更强调"运动""发展"的维度，他尤其重视"非常事变"作为历史节点的意义："九·一八、一·二八事变的发生，给予了我们的文学一种巨大的刺激，造成了1932年以后的一个飞跃的时期。"[2] 但在1942年延安文艺座谈会召开之后，周立波深受毛泽东"讲话"精神的影响，并开始身体力行地展开"深入生活"的系列实践。需要强调的是，"革命"的"深入"以及对"革命"更"深刻"的介入并不意味着周立波摒弃了对"革命"历史进程的动态想象，对他而言，20世纪30年代左翼文学时期生成的历史感觉不仅成为他接受"讲话"的"前理解"，也为他在"讲话"后"深入生活"的系列实践提供着强劲的精神动能。从这个意义上说，《山乡巨变》明快、从容的叙

---

[1] 朱寨：《读〈山乡巨变〉及其他》，李庚主编：《中国新文学大系（1949—1966）·评论集》，中国文联出版公司，1994年版，第195页。
[2] 周立波：《中国新文学的一个发展》，《周立波文集》第5卷，上海文艺出版社，1984年版，第115页。

述节奏不应视为革命气势的"不足"或革命激情的"减弱",它恰恰意味着周立波在调适两种不同的历史维度,也在这种调适中转换出新的情感形态。小说开篇第二段描绘了一段充满诗意的"过渡"场景,正可读作情感形态转换的隐喻:

> 节令是冬天,资江水落了。平静的河水清得发绿,清得可爱。一只横河划子装满了乘客,艄公左手挽桨,右手用篙子在水肚里一点,把船撑开,掉转船身,往对岸荡去。船头冲着河里的细浪,发出清脆的、激荡的声响,跟柔和的、节奏均匀的桨声相应和。无数木排和竹筏拥塞在江心,水流缓慢,排筏也好像没有动一样。南岸和北岸湾着千百艘木船,桅杆好像密密麻麻的、落了叶子的树林。水深船少的地方,几艘轻捷的渔船正在撒网。鸬鹚船在水上不停地划动,渔人用篙子把鸬鹚赶到水里去,停了一会儿,又敲着船舷,叫它们上来,缴纳嘴壳衔的俘获物:小鱼和大鱼。[1]

相比充满亢奋和紧张的"农村社会主义高潮",周立波似在着意书写"水落了"的资江,它"平静","清得发绿","可爱"。随后是艄公"过渡"时的一系列动作——挽,点,撑,转,荡,这些用词气息连贯、动势十足,"冲"的力道甚至更猛,且引出"清脆的激荡的声响"——相对于《暴风骤雨》的"阳刚之美",《山乡巨变》更为内敛、蕴藉,将"席卷全国农村的革命风潮"融入"柔和的、节奏均匀的桨声"。接下来的描写则更富意味:排筏"拥塞"于江心,"水流"变得"缓慢","过渡"仿佛戛然中止,以至"排筏也好像没有动一样"。而伴随"过渡"的中止,原本明确的方向感也消失了——"南岸与北岸"同时入目,"树

---

[1]周立波:《山乡巨变》上,人民文学出版社,1959年版,第1页。

林"被比喻成密密麻麻的"桅杆",又像是联成一圈的篱笆,将朝向远方流淌的资江围了起来。段落最后定格于"水深"之处的鸬鹚船:鸬鹚被"赶到水里",又衔着大鱼和小鱼"上来"——在这里,原本居于水平维度的"过渡"转换到垂直维度的"深入",后者是带反复性和日常性的动作,它标志着周立波对民众"生活世界"的发现。

对《山乡巨变》时期的周立波来说,"深入生活"[1]的实践工作已经在很大程度上构成了他文学创作活动的有机环节,甚至充满生活气息的"深入"过程本身也非常诗意地呈现在小说文本的字里行间。所以相比"暴风骤雨",《山乡巨变》中的"和风细雨"意味着更为充沛的历史能量——周立波不是把"山乡"裹挟于"巨变"的洪流,而是反过来,将"巨变"激荡的主体激情蕴蓄在"山乡"这个具有高度现实性和诗意化的空间情境之中。

一 "深入"的空间层级:"入乡"与"入户"

《山乡巨变》首章标题为"入乡","乡"也构成了"革命"深入的第一层空间。但相比1955年国家政治层面高度自信的表述,周立波笔下的"入乡者"却表现出某种心态上的犹疑:"邓秀梅有这个毛病,自己没有实际动手做过的事情,总觉得摸不着头路,心里没有底,不晓得会发生一些什么意料不到的事故。"对党和国家方针、政策的谙熟并不意味着她能直接把握"乡"的现实状况,而"乡"似乎成了令"入乡

---

[1]近些年来,中共"深入生活"实践及其与当代文学作家作品之间的关系已经有了很多重要的进展,如刘卓《不被"对象化",保持"独立性"——谈谈〈柳青随笔录〉的反思性》(《长安学术》2018年第1期),程凯《"深入生活"的难题——以〈徐光耀日记〉为中心的考察》(《中国现代文学研究丛刊》2020年第2期),萨支山《喜看稻菽千重浪,遍地英雄下夕烟——重读〈山乡巨变〉》(《文艺争鸣》2020年第5期),等。本文在论述上依托了上述先行研究的进展,而将讨论更多集中在小说文本叙事对"深入"过程的呈现方面。

者"感到不安的未知地带，两者的关系也需要进一步辨析。

在邓秀梅"入乡"的行程里，周立波插叙了一段关于土地庙的描写。这座妙趣横生的土地庙并非向壁虚造，传记材料提示，周立波"到大海塘乡工作时，天天要经过村头的西牛山土地庙"，他也曾"向许多老人打听土地菩萨的有关情况，得到了许多有趣的知识"[1]。在《山乡巨变》开篇处，周立波将现实中的西牛山土地庙"挪"至邓秀梅"入乡"的中途，甚至将其设定为所"入"之"乡"的界标。不过，与其把土地庙的界标意义定位于地理、行政或社会等实体范畴，倒不如将其放置在"认识"的环节中予以把握——土地庙既提示着"入乡者"已经抵达了自身"认识"的临界点，也意味着一个"再认识"的起点。对此，庙两边墙上那副"古老的楷书对联"构成了某种强烈的暗示：

天子入疆先问我
诸侯所保首推吾[2]

这副口气颇大的对联是土地菩萨所表征的"山乡"对"入乡者"提出的挑战。如果说邓秀梅这个人物关涉着"合作化运动"从宏观的历史运动向具体实践工作的落实，那么土地菩萨"先问我"的吁请则拉出了一个先于"实践"的"问"的环节。由此，看似在认识上明确清楚的"山乡"被问题化了，而邓秀梅这个"入乡者"推动"合作化运动"的种种实践过程必须伴随着对"山乡"的认识过程。在《山乡巨变》中，正是这个认识过程而非实践过程成为叙述的重心所在——一方面，邓秀梅在清溪乡的具体实践工作并不突出，她遇到了各种各样的挫折（在续编中，这个人物甚至消失了）；但另一方面，这个在行动层面缺乏力

---
[1] 胡光凡：《周立波评传》，湖南文艺出版社，1986年版，第275页。
[2] 周立波：《山乡巨变》上，人民文学出版社，1959年版，第6页。

量的人物，却是一个充满热情、好奇心和高度责任感的"观察者"。乡界上的土地庙是她"观察"的起点：

> 走到一座土地庙跟前，看看太阳还很高，她站住脚，取下背包，坐在一株柞树下边的石头上，歇了一阵气。等到呼吸从容了，她抬起眼睛，细细观察这座土地庙。[1]

"细细观察"几乎贯穿了邓秀梅"入乡"后的所有活动，她那双"全神贯注的闪闪有光的眼睛"被周立波不厌其烦、反反复复地书写。不过，邓秀梅并不是一个超越于"山乡"之上的特殊存在，她的眼睛也没有俯瞰众生的全景视野。她常常观察、打量人，但也常常被人观察和打量，她的目光更像一个引子，既引领着读者熟悉"山乡"内部农民的生活，也把读者置于一个人们彼此熟悉的"山乡"生活世界。在这里，邓秀梅的目光和"山乡"世界中的民众交织在一起，观察者和被观察者、打量者和被打量者的身份已经无法指认。由此可见，邓秀梅这个"入乡者"的"认识"过程并不存在一种稳定的"主客体关系"：一方面，"入乡者"作为"认识主体"的身份在不断地消散，邓秀梅非常自觉地涤荡着自己身上既有的观念和认识，然后如饥似渴地让"山乡"的生活世界充盈自己；另一方面，"山乡"从未安居在被动性的对象位置上，甚至在某种意义上说，"山乡"才是真正的主体，它在借助邓秀梅"细细观察"的眼睛纤毫毕现地呈现着自身。

接下来的问题是，周立波笔下的"乡"究竟意味着什么呢？这里不妨再回到土地庙那副妙趣横生的楷书对联上。所谓"天子入疆先问我"，究竟所"问"何事？对此，《高邮州志》中一段与"天子入疆"相关的

---

[1] 周立波：《山乡巨变》上，人民文学出版社，1959年版，第5页。

表述颇值得参考:"矧以江淮要冲,屡邀圣天子入疆问俗之盛典,专城攸寄,其曷以保障之哉?"[1]"天子入疆",其意乃在"问俗"。由此也可以联系到《礼记·曲礼》的说法:"入竟而问禁,入国而问俗,入门而问讳。"[2]这里不打算对典籍本身的意义展开讨论,只是传统文献中这些习见的表述提示我们,周立波首章标题所用的"入乡"与中共自身时常号召的"下乡"存在微妙的语义区别,其中至关重要的点即在于"入乡"之后所接续的"问俗"二字。

土地庙自然关联着民俗,在湖南益阳地区,土地菩萨崇拜是颇为流行的民间信仰:"地方上习惯于每年春秋两社日及新谷登场时,用鸡豚祭祀。也有举办'庙会'的,合伙上演木偶戏或皮影戏酬谢'土地'保佑。"[3]不过,从"中国革命"的历史脉络来审视,"民俗"在《山乡巨变》中的出现并不是自然而然的。在"大革命"时期的湖南地区,令周立波兴味盎然的土地菩萨乃"封建社会"的"神权"象征,更是"革命"欲除之而后快的"迷信",毛泽东的《湖南农民运动考察报告》即描述了20世纪20年代湖南地区"禁迷信、打菩萨"的风潮。[4]20世纪30年代的左翼文艺运动实际上共享了"大革命"的感觉和认识,左翼作家笔下包括土地菩萨在内的民俗信仰总是和农民的不觉醒状态关联在一起(如周立波的益阳老乡叶紫即在小说《懒捐》中有相关描述)。周立波本人自然也不例外,直到1939年湘西之行时,他还在按照马克思主义关于"宗教"的论述将鸦溪天王庙归之于"神权统治"[5]。从这个意

---

[1]《嘉庆高邮州志·舆地志》,《中国地方志集成·江苏府县志辑》,凤凰出版社,2008年版,第56页。

[2]《礼记·曲礼(上)》,孙希旦撰:《礼记集解》,中华书局,1989年版,第91页。

[3]臧筱春:《略述益阳县民间多种崇拜习俗》,中国人民政治协商会议益阳县委员会文史资料研究委员会编:《益阳文史资料》第十辑,1994年版,第114页。

[4]毛泽东:《湖南农民运动考察报告》,《毛泽东选集》第一卷,人民出版社,1991年版,第32页。

[5]周立波:《湘西行》,《周立波选集》第5卷,湖南人民出版社,1983年版,第329—331页。

义上说，周立波在《山乡巨变》中对土地菩萨的正面叙述必然要依托某种感觉和认识上的转换，而这一转换的前提则是对20世纪20年代"大革命"时期激进政治及左翼文化"批判—反抗"逻辑的突破。对周立波而言，新的感觉和认识可追溯至延安时期毛泽东在《在延安文艺座谈会上的讲话》中提出的"深入生活"主张。正是在此之后，周立波开始将那些原本视为"封建"的东西转入"民间"这一崭新的认识范畴，而随着"深入生活"实践的不断展开，周立波对"民间"的理解也越发宽泛，在1962年关于"讲话"的文章中，他甚至认为"毛泽东同志讲的一切生活形式，包括很广，做道场也算在里面"[1]。对大海塘乡西牛山土地庙的民俗学兴趣也可以在"讲话"所开启的"深入生活"的脉络中予以审视，正是依托毛泽东"讲话"中有关"生活形式"的表述，他才将1949年后已经"列入迷信，庙毁祀止"[2]的土地菩萨视为别有意味的"民俗"。

需要进一步指出的是，土地菩萨所指涉的"民俗"不仅仅是文化层面的民间信仰，更关联着中国以及湖南地方社会基层的"乡治"传统。据益阳地区文史资料所载："民国时期，按阴阳对口的逻辑，各地照保甲制配备庙王、土地，故土地神属基层官，级别低，与民最亲近。"[3]《山乡巨变》提及的土地庙对联中也有"诸侯所保首推吾"的说法，正如"与民最亲近"的土地菩萨掌管百姓家户里的大事小情，与之对应的保甲制度也与"家户"有密不可分的关联。在中国社会的基层结构中，"户"构成了"乡治"的基本面，国民党在湖南等地推行的保甲制

---

[1] 周立波：《纪念一个伟大文献诞生的二十周年》，《周立波文集》第5卷，上海文艺出版社，1984年版，第498页。

[2] 臧筱春：《略述益阳县民间多种崇拜习俗》，中国人民政治协商会议益阳县委员会文史资料研究委员会编：《益阳文史资料》第十辑，1994年版，第115页。

[3] 臧筱春：《略述益阳县民间多种崇拜习俗》，中国人民政治协商会议益阳县委员会文史资料研究委员会编：《益阳文史资料》第十辑，1994年版，第114页。

度也多"以户为单位,而不以人身为单位"[1]。但在近代中国革命的视野中来看,作为保甲基本单位的"家户"也关联着毛泽东所说的"封建的宗法的思想和制度",它常常成为桎梏乡土社会活力并导致社会劣质化的重要原因。如在国民党治下的湖南等地,现代国家的政治权力就在地方宗族势力面前止步,与政治问题伴随的文化困境则表现在,国民党在推行"新生活运动"时只能征用僵化的儒家伦理,而无法触及更具生命力的"新文化"。与国民党不同,中共所领导的革命在更大程度上继承了"五四新文化"的精神脉络,青年运动、妇女运动和农民运动直接对"封建的宗法的制度和思想"予以攻击,这恰恰意味着中共的革命实践突破了国民党政治未能穿透的"家户"壁垒,而获得了重建中国基层"乡治"的契机。作为革命作家的周立波显然内在于这一革命的脉络,正因为此,《山乡巨变》中"深入生活"的过程并未止步于"入乡",周立波也大量写到"建社"时由"串联"主导的"入户"过程。由此可以说,复数的"户"实际上构成了"乡"之内部更为复杂的空间层次。

与对"民俗"的态度一样,《山乡巨变》文本中对"入户"的描写也并不是自然出现的,其中关联着周立波在观念认识和身心感觉层面的变化。在20世纪20年代的"大革命"时期,"家户"常常被新生的青年群体视为"封建的宗法的制度和思想",也常常成为民众运动激烈冲击的对象,在这种情形之下,作为革命主体的小资产阶级知识分子尚无意识也无能力从实践层面深入农民的"家户"内部。对周立波而言,这种状况甚至持续到延安"整风运动"前夕。周立波在后来的回忆中提及,自己在延安鲁艺任教时曾和农民"比邻而居",但整整四年间"没有到农民的窑洞里去过一回"。[2] 直到"讲话"后展开的"深入生

---

[1]西北研究社:《保甲制度研究》,1941年版,第41页。
[2]周立波:《纪念、回顾和展望》,《周立波文集》第5卷,上海文艺出版社,1984年版,第489页。

活"系列实践中,周立波才逐渐习得了"入户"的能力,到写作《山乡巨变》时,他不仅能够"走乡串户",还能与农民"同屋共居",更开始"直接研究农民的日常家庭生活,了解他们的心理,学习生产知识"[1]。正是以这些"深入生活"的实践经验为基础,《山乡巨变》才能在文学层面将"革命"推至更为"深入"的空间层次,由此,读者才能看到"山乡"民众最为切身的生活情境,也看到了他们在这切身情境中充满烟火气息的生活本身。

二 "深入"的环节:互为媒介的"人"与"话"

就《山乡巨变》力图呈现的"深入"过程来说,各个层级的干部起着非常重要的作用,其中有区委书记朱明、"入乡"干部邓秀梅、乡党支部书记李月辉,也包括村、社级的刘雨生、陈大春等,以及盛淑君这类更加外围的积极分子。由于在"深入"过程中所处的层次不同,周立波的着墨也轻重各异,如乡级干部李月辉和入乡干部邓秀梅所占篇幅较多,区级干部朱明的描述则非常少。这其实表明,周立波的叙述聚焦于干部与群众直接互动、博弈的层面,基于这一点,还须在"入乡"和"入户"之后加入一个"入人心"的环节,只有这三者一起,才能串联出一个完整、连贯的"深入"过程。对干部与群众的互动、博弈,周立波尤其擅长使用"生动活泼的语言",通观《山乡巨变》的整体叙述,可把其中与人物相关的"语言"分为三种类型:相对官方和正式的"会上的话",新鲜活泼的"口头的话",以及表现内心活动的"心里的话"。需要说明的是,周立波笔下的各种"话"并不与"人物"形成直接的对应性,两者实质上拉开了一个微妙的幅度。具体来说,"话"与"人"

---

[1]邹理:《周立波年谱》,上海人民出版社,2020年版,第168页。

两者彼此交叠又互为媒介，它们在"入乡—入户—入人心"的"深入"过程中排列成一个"插花的阵势"[1]，也共同推进着"合作化"的故事向"现实深处"层层推进。

首先来看"会上的话"。所谓"会上的话"，关联着中共之于"合作化运动"的政策、方针，它们由"上面"而来，也会通过文件、报告、广播等具体的形式"下达"，因而带有较为浓厚的官方色彩甚至意识形态属性。在《山乡巨变》中，"会上的话"大多是以间接引语呈现，如小说首章关于省区书会议和县三级干部会议的描述：

> 省委开过区书会议后，县委又开了九天三级干部会，讨论了毛主席的文章和党中央的决议，听了毛书记的报告，理论、政策，都比以前透彻了；入乡的做法，县委也有详细的交代。[2]

另一个例子是第七章所写妇女工作会议，周立波写到妇女主任"做了一个简短的报告，号召大家支持合作化"：

> 她说：做妈妈的要鼓励儿子报名参加，堂客们要规劝男人申请入社，老老少少，都不作兴扯后腿。她又说：姑娘们除开动员自己家里人，还要出来做宣传工作。[3]

这里虽然使用了"她说""她又说"之类的表述，但对所说的话未加引号，内容也只涉及一般性的交代、说明。在这种"会上的话"前

---

[1] 这一说法借鉴自《山乡巨变》中李月辉对陈先晋一家政治情况的描述："他们家里，先进和落后，摆了一个插花的阵势。"
[2] 周立波：《山乡巨变》上，人民文学出版社，1959年版，第4页。
[3] 周立波：《山乡巨变》上，人民文学出版社，1959年版，第80页。

后，周立波常常会插叙一些更具生活气息和喜剧意味的文字，如周立波写妇女主任报告之前"把那屁股上有块浅蓝胎记的她的孩子，按照惯例，放在长长的会议桌子上，由他乱爬"，这个并置的场景令那些乏味的"会上的话"略带反讽性。在某些时候，周立波甚至对"会上的话"流露出一些负面的态度，如小说第八章末尾写道：

这时候，从王家村的山顶上，喇叭筒传来一个女子的嘶喉咙。她告诉大家，乡政府今天登记入社的农户，大家赶快去申请。[1]

"话"的内容颇为明确，但包含着迫切的催促语气（"赶快去申请"），而"喇叭筒"和"嘶喉咙"所形成的声音感觉略显刺耳，也渲染出某种令人反感的情绪。

从上述特点可以看出，"会上的话"与"山乡"社会生活并不贴合，只有将其与更具日常性的"口头的话"结合，才能被基层民众更顺畅地理解和接受。在《山乡巨变》中，"口头的话"数量更多，新鲜活泼的程度也更高，它们大多是人物之间妙趣横生的对话，在形式上则以直接引语的方式呈现。就"深入"的环节层次来说，邓秀梅正处在这两种"话"之间，并在相当程度上承担了链接两者的媒介角色。

这里不妨举出两个例子。

第一个例子是邓秀梅在"入乡"路上与亭面糊初逢时的对话。总体来看，这段占了大量篇幅的对话是一系列的"问答"，邓秀梅是发问者，而亭面糊则是回答者。最初的发问是相互的，系两个陌生人在初逢时的寒暄，亭面糊问邓秀梅"同志你进村去吗？"，邓秀梅则问老倌子"你是清溪乡哪一个村的？""贵姓？""台甫是？"[2] 而当邓秀梅的目光

---

[1]周立波:《山乡巨变》上，人民文学出版社，1959年版，第102页。
[2]周立波:《山乡巨变》上，人民文学出版社，1959年版，第7页。

"落在路边的三根楠竹上"[1]时,"对话"的性质则发生了变化。由于砍竹子卖的行为涉及"合作化运动"引发的现实状况,邓秀梅的发问也带有明确的目的性,甚至变成"调查研究"性质的"追问"。而当邓秀梅问及亭面糊的成分问题("你是贫农吧?")时,亭面糊却误以为对方轻看自己的家境,并滔滔不绝地讲起了自己并未实现的"发家史"。在这个时候,"对话"几乎变成了亭面糊一发不可收拾的"自说自话"。亭面糊所说的正是新鲜活泼的"群众语言",即与"会上的话"截然不同的"口头的话"。这种"话"有如下几个值得注意的特点:第一,"口头的话"虽然新鲜活泼、生动形象,但常常失之于啰唆。例如,亭面糊对自己"发家史"的讲述占了太多篇幅,或许是由于担心"话"太多令读者厌倦,周立波甚至会在中间插叙与谈话内容毫不相关的枝节文字。如在亭面糊讲到婆婆要算命的关节时突然停顿,然后便没来由说了句"一只竹鸡"。在读者愣神的片刻,周立波才补叙到:

> 盛佑亭眼睛看着路那边的山上的刺蓬里,扑扑地飞起一只麻灰色的肥大的竹鸡,眼睛盯着它说道:"好家伙,好壮,飞都飞不动。"[2]

这段文字旁逸斜出,与亭面糊"话"的内容毫不相关,其目的不过为博读者会心一笑,让他们能在啰唆的"话"暂停时歇一歇气。第二,"口头的话"缺乏意识形态的规定性,而民众对那些表述为规范化语言的方针、政策常常是懵懂和迟钝的。如前文所提及的,亭面糊畅谈自己"发家史"的契机是邓秀梅问到的"成分"问题,而在言谈话语之间,他对政治上落后乃至反动的富农、地主身份仍有毫不掩饰的欣羡。第

---

[1] 周立波:《山乡巨变》上,人民文学出版社,1959年版,第7页。
[2] 周立波:《山乡巨变》上,人民文学出版社,1959年版,第10页。

三,"口头的话"不会限定于特定的主题,所以有意或无意的"扯"便成了习见的现象:"正经话"常常被"扯"成"闲话","大事"常常被扯到"小事儿"。

邓秀梅本人并不擅长"口头的话",面对包括亭面糊在内的"山乡"民众,她更多扮演着"倾听者"的角色。这种倾听自然带有高度的自觉意识,而以此为目的的"发问"既是对民众的邀请,也是带着目的性的引导,对民众口头出现的政治偏向,她也会予以坚决而委婉地矫正,如亭面糊得意地吹嘘自己"只争一点,成了地主"时,邓秀梅便会"笑着插断他的话":"做了地主,斗得你好看!"在政治层面把握方向性的同时,邓秀梅也在叙述层面调整着对话的节奏,这使得她与亭面糊的对话带有一点民间曲艺的形式感——她的"插话""搭话"和"问话"类似相声中的捧哏,句子都很短促,而错落在亭面糊的"自说自话"中,却能使那些啰唆的语言变得张弛有度。在这种话语方式的背后,是"入乡者"邓秀梅对民众高度的耐心和对"山乡"生活世界充分认知的渴望——正是通过亭面糊的啰唆,他的家世历史、社会关系以及村里人对合作化的态度才能被邓秀梅了解。

第二个例子出现在小说第三章,周立波描写了邓秀梅在乡支部会上的报告。相比"倾听者"的角色而言,邓秀梅在"说话"的方面远没有那么擅长,《山乡巨变》的首章即写到她生平第一次在会上"当人暴众"讲话时的失败经历:"站在讲桌前,她的两脚直打战,那是在冬天,她出了一身老麻汗。"[1]而在第三章所写的乡支部会上,周立波又写到了邓秀梅报告的失败,这几乎是她对自己生平第一次"在会上讲话"时失败经历的重演:"她又好像是第一回发言,脚杆子有些发颤,眼前也好像蒙了一层薄雾。"[2]从"深入"的过程来看,这次失败的报告显然属于

---

[1]周立波:《山乡巨变》上,人民文学出版社,1959年版,第5页。
[2]周立波:《山乡巨变》上,人民文学出版社,1959年版,第32页。

"会上的话",它无法令"山乡"里的干部群众顺畅接受。周立波对它的描写同样使用了间接引语的侧写方式:

> 邓秀梅看看笔记,开始报告了。初到一个新地方,不管怎样老练的人,也有点怯生。邓秀梅脸有点热,心有点慌了。眼望着本子,讲得不流利,有几段是照本宣科,干枯而又不连贯,没有生动的发挥和实例。[1]

不过,邓秀梅在短暂间歇后的第二次报告时却取得了成功,"她竟举出了本乡的实例,这使李主席惊奇,也引起了大家的兴致"。当涉及"本乡的实例"时,间接引语消失了,邓秀梅的话变成了一系列以直接引语表达的问句,这又引来现场其他人热闹的应答。在这里,更为活泼的、与参会人形成顺畅交流的"口头的话"被激活了。

事实上,这场支部会议标识出一个"深入"的节点,处于"会上的话"和"口头的话"之间的邓秀梅抵达了自己的临界位置。"山乡"出身的干部邓秀梅在周立波笔下总是带有挥之不去的知识分子气,她似乎从未娴熟掌握新鲜活泼的"群众语言",而她虚心的、带有"调查研究"性质的"发问"也常常在山乡民众的家户之内遭到冷遇乃至反弹。例如,在到陈先晋家做入社工作时,邓秀梅只能跟陈妈谈话,而"老倌子一句话不说,低着脑壳,只顾吃饭",且在饭后便"弦也不弹,自己走了"。[2]而在菊咬筋夫妇这类抵触"合作化"的中农那里,带有明显干部口吻的发问更招来背后的恶骂:"晓得哪里来的野杂种?穿得男不男,女不女的,是样的东西都要瞅一瞅,不停地盘根究底:'仓里有好多谷呀?猪有好重?牛的口嫩不嫩?'问个不住嘴,是来盘老子的家底子的

---

[1]周立波:《山乡巨变》上,人民文学出版社,1959年版,第32页。
[2]周立波:《山乡巨变》上,人民文学出版社,1959年版,第155页。

么？婊子痫的鬼婆子！"[1]正是在邓秀梅"深入"的临界点上，李月辉这个人物才会出现。在小说第三章邓秀梅报告的"失败"和"成功"之间，乡党支部书记李月辉起到了至关重要的媒介作用。当邓秀梅陷入窘迫状态时，正是他"宣布休息"，这使得"大家就一哄而散，好像是下了课的小学生，各人寻找各人喜爱的娱乐"。[2]这些休息时的"娱乐"真正结束了邓秀梅失败报告带来的沉闷和尴尬，也营造出了令邓秀梅第二次报告时感到轻松的热闹氛围："打了一场牌，跟几个人混熟了一些，她不像从前，由于人地生疏，心里感到那么紧张了。"[3]

从"深入"的层级来看，乡党支部书记李月辉处于比邓秀梅更"低"的位置上，这首先即意味着他离"国家"更"远"，对包括"合作化运动"在内的大政方针缺乏明确的理解和方向性的把握，他会为乡里的"小事"跟区委书记朱明争辩，也时常遭到朱明的申斥。但相比邓秀梅，县级领导对李月辉的倚重程度更高：犯"右倾"错误时，县委毛书记即认为他"错误轻微"，并力保其"继续担任这工作"，而在邓秀梅准备"入乡"时，"毛书记又个别找她谈了一回话，并且告诉她：清溪乡有个很老的支部，支部书记李月辉，脾气蛮好，容易打商量"。[4]事实上，李月辉也是令邓秀梅本人高度倚重的重要人物："邓秀梅又从许多知道李月辉的同志的口中打听了他的出身、能力和脾气，知道他是一个很好合作的同志。想起这些，她又安心落意了。"[5]有趣的是，在李月辉令邓秀梅"安心落意"之后，周立波紧接着便写到了土地庙，其对土地菩萨的具体描写极富意味：

---

[1]周立波:《山乡巨变》上，人民文学出版社，1959年版，第78页。
[2]周立波:《山乡巨变》上，人民文学出版社，1959年版，第33页。
[3]周立波:《山乡巨变》上，人民文学出版社，1959年版，第36页。
[4]周立波:《山乡巨变》上，人民文学出版社，1959年版，第4页。
[5]周立波:《山乡巨变》上，人民文学出版社，1959年版，第4页。

正面，在小小的神龛子里，一对泥塑的菩萨，还端端正正，站在那里。他们就是土地公公和他的夫人，相传他们没有养儿女，一家子只有两公婆。土地菩萨掌管五谷六米的丰歉和猪牛鸡鸭的安危，那些危害猪牛鸡鸭的野物：黄竹筒、黄豺狗、野猫子，都归他们管。农民和地主都要来求他们保佑。[1]

细细比对，能够发现李月辉这个基层干部的形象正与土地菩萨形成高度的互文性。周立波对李月辉和堂客之间感情的描写神似土地公公和土地婆婆，他们也都是慈眉善目、温和亲切的人物；也像土地菩萨一样，李月辉始终关心各个家户中的"小事"和"闲事"。相比邓秀梅这个"外来者"，他与乡里的干部群众更无隔阂，也更了解他们的所思所想。如邓秀梅需要通过盛家翁妈自己的讲述了解她令人同情的辛酸史，但李月辉则能洞察到她最迫切的生活需求并予以解决："大姆妈，你还需要什么？柴有烧的吗？"[2]邓秀梅对陈先晋不愿入社的原因不明就里，甚至在入户串联时遭到冷遇，而李月辉却心知肚明，老倌"倒不怕别人看不起，他是怕社搞不好，又舍不得那几块土"。[3]在这里，邓秀梅和李月辉在认识深浅程度上是有巨大差别的，其根本原因即在于，前者的认识状况介于"会上的话"和"口头的话"之间，而后者却突破了"口头的话"的层次，而切近了山乡干部群众"心里的话"。

相比"口头的话"，"心里的话"并不具有直观的声音形态，它很难被外来者，尤其是那些带着特定政治诉求的"入乡者"所把握。如在第十二章写"离婚"时，刘雨生问张桂贞孩子归谁，张桂贞回答："归你，

---

[1]周立波：《山乡巨变》上，人民文学出版社，1959年版，第5—6页。
[2]周立波：《山乡巨变》上，人民文学出版社，1959年版，第112页。
[3]周立波：《山乡巨变》上，人民文学出版社，1959年版，第159页。

你不是喜欢他吗？"[1] 但在这个明确的回答之后，周立波又补述了一段：

> 在清溪乡一带，有"搭头"的女子，找对象要为难得多。张桂贞为了自己，想把孩子摔给刘雨生。[2]

周立波把这段话放在了双引号之外，这意味着它并未出之于口头，只是张桂贞在"离婚"时关乎自己未来生计的一点盘算。所以对包括张桂贞在内的"山乡"民众而言，"心里的话"是他们不愿说、不敢说乃至觉得不必说的心思、念头。不过，"心里的话"并非隐藏于深不可测的个体"内面"，它们总会通过各种可见的形式流露出来，或是表情，或是动作，甚至可能是"口头的话"携带的言外之意、弦外之音。作为外来的"入乡者"，邓秀梅更多通过"发问—倾听"的方式展开工作，她常常借助出之于口头的"话"才能理解那些她原本陌生的人，但与民众朝夕相处的李月辉却能够直接体察到人的种种心思、念头，也能洞悉"口头的话"并非全然可靠的媒介。

回顾这样一个"人"与"话"互为媒介的"深入"过程，能够看出中国革命以及与之匹配的革命文学在把握社会现实状况时遭遇的种种挑战。由于在"深入"过程中所处的层级位置不同，需要面对和回应的问题也不同，三种不同的"话"也自然会在形态上差异巨大——在某种意义上，它们几乎可以理解为三个不同的"语种"。基于此，或许有人会把《山乡巨变》中"人"与"话"互为媒介展开的"深入"过程视为一场"跨语际实践"，在这个过程中，处于不同层级的干部似乎扮演着翻译者的角色——他们要把"会上的话"翻译成"口头的话"，把"口头的话"再翻译成"心里的话"，这种"翻译"也对应着"合作化运动"

---

[1] 周立波：《山乡巨变》上，人民文学出版社，1959年版，第142页。
[2] 周立波：《山乡巨变》上，人民文学出版社，1959年版，第142页。

自上而下、层层落实的整体机制。当然，这种逐层的"翻译"也常常发生问题，比如语义的流失和扭曲，或者"话语"之间关系的松动、偏移乃至抵牾，在某些情况下，甚至会引发"翻译"链条整体的断裂。不过，《山乡巨变》和它所提供的"历史"可能存在着更为复杂的层次，而对周立波来说，"深入"的过程不是单向度的，他的努力毋宁是要建立不同"话"之间、不同"人"之间的链接，从而在各个环节上形成双向的互动。相比"翻译"来说，这更类似文献学意义上的"校勘"：或许会确定一个"底本"，但"底本"也并不意味着绝对正确的"定本"。在这个意义上，各种"话"之间的层级并非等级，它们能够在共时性的结构中相互参照、彼此矫正，"汇校"出一种带有兼容性的"杂语"。更重要的是，"对勘"和"汇校"并不仅仅是语言之间的关系，更意味着以语言为媒介对各个层面"现实"状况本身的激活与连接。也就是说，所谓"跨语际实践"并不仅仅要跨越"语种"，更要跨越"语言"本身，进而重建"语言"和"现实"之间的有机联系。

三 "人人之心"与"公""私"对流

在对《山乡巨变》的整体构思中，人物形象的塑造占据着至关重要的位置，周立波坦言："我着重地考虑了人物的创造，也想把农业合作化的整个过程编织在书里。"[1] 在这里，"农业合作化的整个过程"组成了长篇小说情节的叙事架构，而人物则是这个过程的驱动者，也是"入乡""入户"等各个环节的衔接者，更是其"深入"过程最终抵达的核心层面。也正因为此，《山乡巨变》力图描写的"深入"过程呈现为某种"发散"状态："合作化运动"伴随着邓秀梅"入乡"的脚步从县城

---

[1] 周立波：《关于〈山乡巨变〉答读者问》，李华盛、胡广凡编：《周立波研究资料》，湖南人民出版社，1983年版，第385页。

散入"山乡",再随着干部和积极分子们的"串联"工作散入各个"家户",最后落实在每一个人物的具体生活和身心状态上。不过,周立波这种叙事方式招致了读者对《山乡巨变》颇为复杂的态度:一方面,他们对周立波刻画人物的功力赞誉有加:"作品中写了好多个人物,个个生动逼真,活灵活现,一出场就很自然地吸引了读者。"[1]但另一方面,他们又会认为这种围绕"人物"展开的叙述导致了故事情节的松散:"虽然整个作品的中心是围绕'建社'问题,但在具体的故事情节方面,缺乏一个中心线索贯穿全篇。"[2]对这一批评,周立波本人的回应显得别有意味:"新与旧,集体主义和私有制度的深刻尖锐、但不流血的矛盾,就是贯穿全篇的一个中心的线索。"[3]周立波将"矛盾"视为"贯穿全篇的一个中心的线索"不仅仅是艺术层面的构思,还必须以特定历史情境中对人与社会关系的认知方式为基本前提。揆诸20世纪50年代创作《山乡巨变》时的语境,至少有两个方面值得重视:

第一,周立波笔下的人物虽然面目不同、性格各异,所思所想也千差万别,但不能据今天通行理解将其指认为有"个性"的独立"个体"。《山乡巨变》的叙述中当然不乏"个体"的痕迹,如邓秀梅在划子上"低着脑壳"的"自言自语"(第一章),盛淑君被暗恋对象陈大春训斥后的"出神"(第七章),乃至刘雨生在妻子离婚后陷入的"沉思"(第十二章),等等。但对这些"孤独时刻",周立波不会有太多渲染,甚至会采用各种叙述方式予以消解。在邓秀梅这里,"孤独时刻"的消解常

---

[1] 周立波:《关于〈山乡巨变〉答读者问》,李华盛、胡光凡编:《周立波研究资料》,湖南人民出版社,1983年版,第103页。
[2] 周立波:《关于〈山乡巨变〉答读者问》,李华盛、胡光凡编:《周立波研究资料》,湖南人民出版社,1983年版,第385页。
[3] 周立波:《关于〈山乡巨变〉答读者问》,李华盛、胡光凡编:《周立波研究资料》,湖南人民出版社,1983年版,第385页。

常显得生硬,她特别爱用"全力以赴地、顽强坚韧地工作"[1]祛除自身的烦恼,甚至还曾用"全心全意,投身到工作里边"的话去"安慰"因离婚而"思前想后,心绪如麻"的刘雨生。相比邓秀梅而言,"婆婆子"李月辉对"孤独时刻"的消解显得更加妥帖,当盛淑君"出神"或者刘雨生"沉思"时,他会适时地出现,窥破并"治理"他们"心上的创伤"[2]——尽管排遣烦恼的方法仍然是"工作",却有更具生活化的内容(如请刘雨生去动员同样被爱人抛弃的盛佳秀入社)。在很多时候,周立波对"孤独时刻"的消解本常常是通过巧妙的艺术手法实现的。如周立波在写盛淑君与陈大春月夜幽会一节时个人情感恣肆,其欧化的语言甚至有违"全部作品明朗朴素的风格"[3]。但是,这浪漫而令人迷醉的"山里"一章却接续着惊心动魄的"追牛",而大春和淑君的柔情蜜意也被治安主任极具喜剧性的出场"撞破"了:"村里这样子紧张,你们躲在山里,讲私房话,好不自在。"[4]这半是责备半是调侃的语气,再加上随后"不是偷牛的,是偷情的"的嘲笑令盛淑君"又羞又恼",也使她和大春沉浸在爱情中的"自我"化入山乡生活的烟火气息。在周立波笔下,"撞破"几乎是一种高频度的"偶然",而"窥探"和"偷听"也并不全然是刻意和恶意,那些诙谐的文字也在提示我们,周立波笔下的人物虽然面目不同且心思各异,但在"山乡"朝夕相处的共同生活中,他们又形成了深度交织的关联性。对周立波而言,"山乡"中人与人之间的关联性正是通过"矛盾"得到了最为生动的展现。那些千差万别的人物常常处在彼此的"矛盾"关系中——夫妻、恋人之间的矛盾,父子、兄弟(兄妹)之间的矛盾,干部与群众之间的矛盾,乃至干部自身和群

---

[1] 周立波:《山乡巨变》上,人民文学出版社,1959年版,第3页。
[2] 周立波:《山乡巨变》上,人民文学出版社,1959年版,第144页。
[3] 王西彦:《读〈山乡巨变〉》,李华盛、胡广凡编:《周立波研究资料》,湖南人民出版社,1983年版,第396页。
[4] 周立波:《山乡巨变》上,人民文学出版社,1959年版,第216页。

众内部的矛盾，等等。这些纷繁复杂的"矛盾"弥散在小说叙述的各个段落中，它们导致"运动"不断阻滞、停顿、偏移、岔开，难以串联出一个完整的、不断向前推进的"历史进程"；但当这些"矛盾"被周立波描述为吵嘴、顶撞、置气、"闹场合"或者"相里手骂"的生动场景时，它们又散发出"火性"十足的生活气息。可以说，"矛盾"使得"矛盾"中的人物彼此关联，也使他们焕发着充沛淋漓的生命能量，如周立波本人所说的那样，"人物在矛盾中，自然会活起来的"[1]。

第二，将"矛盾"视为"贯穿全篇的一个中心的线索"，还必须以中共在"合作化运动"时期对"斗争"认识的复杂变化为前提。在1955年七届六中全会的决议中，"土地改革"被界定为"农村阶级斗争"和"农民同地主阶级斗争"，而正在兴起的"合作化运动"是"农民同富农和其他资本主义因素的斗争"和"关于发展社会主义或发展资本主义的两条道路的斗争"[2]。与"土地改革"时期范畴明晰的"农民"相比，"合作化"时期"农民同富农"的表述显得有些含混，同样，与"土地改革"时期"地主阶级"相对应的也不是"合作化时期"的"资产阶级"，而是难以直观的"资本主义因素"。这种文件表达层面的变化意味着"合作化运动"的"斗争"蕴含着比"土地改革"更为复杂的矛盾。这种变化自然也会影响到《山乡巨变》的创作，周立波曾在后来的回顾中表示："写《暴风骤雨》是阶级斗争，斗争单纯而激烈，就得金刚怒目，环境也是很尖锐激烈的。写《山乡巨变》，是内部矛盾，斗争复杂了，但表现比较温和，环境也不同。"[3] 相比后来的回顾，《山乡巨

---

[1] 周立波：《周立波在大连会议上的发言记录》，转引自邹理《周立波年谱》，上海人民出版社，2020年版，第206页。
[2]《中国共产党第七届中央委员会第六次全体会议（扩大）关于农业合作化问题的决议》，《建国以来重要文献选编》第七册，中央文献出版社，2011年版，第242页。
[3] 周立波：《周立波在青年作家学习会上的讲话》，转引自邹理《周立波年谱》，上海人民出版社，2020年版，第328页。

变》的文本叙述则有更多历史现场的参差性：如小说中的区委书记朱明在讲话中宣称"合作化运动是农村的一次深刻的革命，个体所有制和集体所有制，旧的生产关系和新的生产关系的这番剧烈尖锐的矛盾"，而邓秀梅则说"合作化运动是一场严重、复杂和微妙的斗争"。结合小说叙事来看，区级干部朱明的表达有更强的理论性，也更强调"矛盾"的"剧烈尖锐"，而入乡干部邓秀梅虽未忽略"斗争"的"严重"，但其所遭遇的种种挑战则更多偏向"复杂"的一面。尤其要注意的是，在"严重"和"复杂"之外，邓秀梅还为"斗争"前缀了"微妙"这个极富意味的限定词。对此，周立波在1963年的讲话中也有类似的表述："《暴风骤雨》矛盾显明一些，《山乡巨变》矛盾则微妙一些。"[1] 如果说"严重"和"复杂"更多对应着我党高层在政治层面对"斗争"的认识，那么"微妙"则有更多的周立波特色，也关联着他在"深入生活"时文艺工作者的身份和文学创作的主体性。

　　"微妙的斗争"发生在具体的人之间，涉及他们所处的生活情境，也包括其"心里和身外"的种种思虑。"微妙的斗争"更标志着"合作化运动"对中国基层社会"深入"的程度，如周立波所说，它"必然波及每一个家庭，深入每一个人的心底"。需要强调的是，周立波所说的"每一个人"既不是今天流俗意义上的"个人"，也不能简单等同于"民众""群众"这类抽象的集体名词。从《山乡巨变》具体的叙事来看，"每一个人"高度关联着周立波所意识到的"微妙的斗争"，它指涉着某种内蕴"矛盾"又以"矛盾"彼此连带的社会人际网络——这里不妨将其称之为"人人"。从这个意义上说，周立波力图表现的"入人心"环节并不是深入"个人"的"内面"，而是深入一个"群己交织"的"人人之心"层面。在《山乡巨变》中，"公意"与"私心"交织纠缠的

---

[1] 周立波：《周立波在青年作家学习会上的讲话》，转引自邹理《周立波年谱》，上海人民出版社，2020年版，第329页。

"人人之心"成为蕴含丰富经验的社会现实,如小说第七章所写的清溪乡青年对陈大春的印象:

> 村里的年轻人,青年团员们,都敬重他,但也畏惧他。自然,谁人背后无人说?就是他这样的人,也是有人议论的。有个追求盛淑君的后生子说他实行家长制,动不动骂人。后生子发问:"哪一个是该他骂的呀?"[1]

陈大春年轻气盛、脾气暴躁,"动不动骂人"更是他令人侧目的"毛病",所以后生子的议论和"发问"都是有道理的。但问题在于,后生子对大春的意见隐藏着"追求盛淑君"的"私心",这就使得"公意"挟带了几分对"情敌"的嫉妒,也出现了"实行家长制"这类上纲上线的字眼。另外,后生子的发问虽然也部分契合着年轻人群体对大春的态度,但这种"公意"并未在"公开"场合表达,而只能在大春并不全然知情的"背后"散播。由此可见,周立波笔下的"人人"关系并无"群己权界"的截然判分,而"公意"和"私心"的交叠、互渗也全面塑造了"山乡"生活世界的形态。

随着"深入"程度的加深,"合作化运动"终会抵达这个充满复杂层次的"人人"层面,而"公意"和"私心"交叠、互渗的状况也会从生活世界蔓延至政治工作层面,更增加了干群关系的不确定性。在"合作化工作"具体展开的实践环节上,"人人之心"的社会关系网络提供了必要的契机。小说第十一章"区上"写了天字村召开的各乡碰头会,区委书记朱明提及农业社的发动工作应采用"一把钥匙开一把锁"的方法,即干部不必亲自出马动员落后分子,而是要"找跟他合适的人

---

[1] 周立波:《山乡巨变》上,人民文学出版社,1959年版,第91页。

去"。[1]这种方法也被邓秀梅和李月辉借鉴至本村的贫农陈先晋身上,他们请来老倌信任的外甥詹继鸣,进而做通了他入社的工作。在这里,工作的成效来自干部们摒弃了抽象理论、空洞说辞和强制性命令,而借助"山乡"社会"人人之心"自有的人情网络找到工作的突破口。当然,"人人之心"层面对"合作化运动"的挑战也是难以回避的。如上村互助组组长刘雨生在与张桂贞闹离婚时,就很难再去做大舅哥秋丝瓜的动员工作,而由于父子之间紧张的关系,陈大春对父亲的说服工作也无从展开。

在《山乡巨变》续编里,"人人之心"内蕴的冲突得到更为充分的凸显。相比第一部所写的"建社"过程,续编则写到了常青农业社成立后的"内部矛盾"[2]。在农业社最初发动时,"人人之心"中的"私"并无太大的破坏力,所谓落后分子最多不过表现为对干部的躲避、抵触,而其后果也只是暂时拖延办社的进度或拉低入社的数字比率。但当"人人之心"所内蕴的矛盾成为"社"的"内部矛盾"时,"公意"与"私心"之间调和、回旋的余地大大缩小了,于此,那些原可被宽容以待的"私",以及那些看似幽微的盘算、心思都可能成为引动"内部矛盾"公开爆发的导火索。续编开篇即从常青社"无人调摆"的乱局起笔,行文至第四章,"分歧"就公开化了。冲突的起因在于常青社统一分配茶油的会议,没有茶子山的上村人一致赞同,而产油的下村人则"没有一个

---

[1]周立波:《山乡巨变》上,人民文学出版社,1959年版,第131页。
[2]1957年2月,毛泽东在最高国务会议上做了《关于正确处理人民内部矛盾的问题》的讲话,该讲话记录的整理稿发表于同年6月的《人民日报》。毛泽东关于"内部矛盾"的认识从整体上影响了"续篇"的构思,据《周立波年谱》,周立波在1957年3月撰写十年创作规划时,即谈及自己要在1961—1963年"创作反映农业社内部矛盾的长篇小说(就是反映农村合作化高潮的长篇小说的续编)"。同时"内部矛盾"的说法也直接进入小说文本的叙述,续篇第三十四、三十五、三十七章,皆有关于"内部矛盾"的直接表达,如"内部矛盾绝对不能够动粗"等。

作声的","两村对垒,空气一时紧张"。[1] 正是在"社"的"内部矛盾"中,常青社干部、副社长谢庆元掺杂着"私心"的"公意"产生了巨大的破坏性:

> 谢庆元发动这一次吵架,并不完全是为了茶油,他自己的茶油是非常少的。他起来说话,为的是笼络下村的人心。他想把他们连成一气,结成一体,作为对抗社长的基本的力量。他心里明白,办互助组以来,由于账目手续不清楚,自己欠了好多人的钱,又不克己,他在下村的威信是成问题的,借这个茶油问题,他想把自己在下村的地位巩固一下子。[2]

就《山乡巨变》续编的整体叙述而言,第四章的"分歧"既不是开始也不是结束,大大小小的"内部矛盾"贯穿着常青社工作推进的整个过程,更时时将其推至危机之中。随着小说情节的推进,谢庆元身上种种"毛病"渐次凸显,而他与整个常青社的矛盾也在不断加剧,吞水莽藤自杀这一恶性事件标志着冲突所达至的白热化程度。区委书记朱明曾对谢庆元的"自杀"做了明确的政治定性:"这是叛党的行为,就是死了,也是个叛徒,要开除党籍。"[3] 就党性政治原则而言,朱明的定性没有任何问题,但从对"山乡"现实状况的认识和把握来说,这一定性的有效性却非常可疑,它意味着朱明只看到了明处的"事件",却无从洞悉"事件"背后错综复杂的"人人之心"。事实上,"自杀"事件的渊源可以追溯至谢庆元引动"私心"将秧苗偷偷卖给单干户秋丝瓜的举动。尽管这个举动被社长刘雨生等人发现并"压"服,但谢庆元在取消与秋

---

[1] 周立波:《山乡巨变》下,人民文学出版社,1979年版,第41页。
[2] 周立波:《山乡巨变》下,人民文学出版社,1979年版,第44—45页。
[3] 周立波:《山乡巨变》下,人民文学出版社,1979年版,第178页。

丝瓜的交易时依然对他心存愧怍："米账清了，还吃了人家的腊肉；吃了茶，巴了牙，秧没分成，害得秋丝瓜没得法想。"[1]这时候，他不得不尝试通过秋丝瓜的妹妹张桂贞与之套近乎，更附和别有用心的龚子元堂客给张桂贞多评工分——在这里，幽微的"私心"窜入"公意"之中。需要强调的是，"私心"并不集中于谢庆元一人，它弥散于"人人之心"的整体关系中——给张桂贞多评分的提议也得到了积极分子陈雪春的应和妇女主任盛淑君的默许，前者是出于天真的"维护妇女的立场"，而后者则不愿反对"自己的朋友兼小姑"。[2]除了窜入"公意"的"私心"，"公意"本身的"非公共性"也构成谢庆元"自杀"的催化剂。评工分的会议本是一个公共性的空间，但因张桂贞多得工分引发的不满却没有通过"讲公道"的方式出现在公开场合，相反，人们大多是通过"私下"的议论表达对谢庆元的不满，并将矛头指向了他与张桂贞之间并不存在的"男女私情"上。这段子虚乌有的"私情"作为谣言散播开来，它先是引起了谢庆元堂客桂满姑娘的误会，继而引发了桂满姑娘与发小与张桂贞的冲突，最终引出了谢庆元夫妻自身的家庭矛盾。而"牛伤"事件成为压垮骆驼的最后一根稻草，令陷入内外交困的谢庆元吞水莽藤自杀。

与区委书记朱明不同，乡党支部书记李月辉和常青社社长刘雨生更明了"人人之心"层面上"公意"和"私心"对流、激荡的复杂状况，而在具体的工作中，他们不得不以"为公之私"的方式去应对谢庆元"入公之私"的问题。面对时常犯"冷热病"的谢庆元，李月辉常常给予特殊的"照顾"，这既包括情绪上的安抚，也包括经济上的接济。相比李月辉，常青社社长刘雨生与谢庆元在工作上有更多的交集，他也会更直接地面对谢庆元的种种问题。刘雨生在生产上的能力并不太强，但

---

[1]周立波：《山乡巨变》下，人民文学出版社，1979年版，第136页。
[2]周立波：《山乡巨变》下，人民文学出版社，1979年版，第140页。

他"舍得干，又没有私心"，所以在面对谢庆元不断发作的毛病时，他能够宽容、忍让，也不时予以安抚和鼓励。两人之所以采取这种"灵活"的工作方式，是因为谢庆元是合作社在组织生产时必须倚重的干部，高超的"作田"技术令他在陈先晋、亭面糊等好农民那里有威信，也只有他的种种"调摆"才能够使得常青社的"生产"过程保持连贯性。但问题在于，李月辉和刘雨生"无私"的"公意"并不是万能的：一方面，出之于"公意"而转化为人情的宽容、忍让不仅无法根除谢庆元自得、自满的心态，反而会令他变本加厉；另一方面，当谢庆元的问题触犯到原则时，"公意"也只能出之以冷酷无情的党纪国法，这又使会使"婆婆子"性格的李月辉和温和的刘雨生不得不亮出与朱明同样严厉的态度。

在《山乡巨变》生动呈现的合作社里，充满期待的"共同生活"总会伴随着不断滋生的"内部矛盾"，因此，不能把"人人之心"视为"革命深入"的终点。事实上，"革命"对社会的"深入"以及作家依托于此的"深入生活"实践都应视为不断往复的历史过程——不断"深入"的革命经由"认识—实践"完成了对中国社会现实的改造，但被改造过的现实本身又会成为"再认识—再实践"的对象。从这个意义上说，周立波在抵达"革命深处"时所揭示的"人人之心"层面，正是"革命来处"即已出现、也将在"革命远处"反复遭遇的结构性问题。

结语

就当代作家"深入生活"的实践方式及其生成的文学形态而言，《山乡巨变》表现出诸多独属于周立波的特色。这里不妨将其与柳青的《创业史》作一个横向的类比。《创业史》和《山乡巨变》都表现了"合作化运动"在乡村社会中展开的"矛盾"，但无论是对待"矛盾"的态度,还是表现"矛盾"的方式,两部作品又存在诸多明显的差异。柳青对"合作化运动"的理解远不只是对某种政治情势的把握,而是上升为带有伦理维度的精神信仰,基于信仰的真诚与炽烈,柳青所理解的"矛盾"乃"理想"与"现实"之间难以调和的结构性矛盾。在"理想"之光的烛照下,柳青笔下的"现实"成为一种坚硬的、充满困境和难题的对象物,而小说叙述也充满着高度的紧张感和未完成性。而周立波则坦言,自己在"深入生活"的程度上"不如赵树理、柳青",而他所理解的"现实"也呈现出与柳青截然不同的形态。早在20世纪30年代接受"社会主义现实主义"的过程中,周立波就尤其强调其中"浪漫主义"的层面,在他的意识中,"浪漫主义"关联着某种主体能动性,而"现实"也能够被"理想"带动、打开乃至构造。[1] 所以对周立波来说,"现实"本身就内蕴着"理想性",这种"理想的现实"固然会超出主体的认知、把握能力,但作为有待认知、有待把握的对象,它也在不断激发主体无穷的求知渴望和盎然的探索兴味。不可否认,《山乡巨变》常常把最尖锐、最具挑战性的"矛盾"处理成充满"喜剧性"的"微妙的斗争",这使得周立波的叙述很难具有《创业史》的现实穿透力。但从革命文学自身的脉络来看,周立波的《山乡巨变》提供了一种不同于政治、又可与政治互为参照的"现实"构造方式,而那种看似回避问题的"喜剧性"也不乏对早期左翼文学"批判—反抗"逻辑的突破——在以独特方式激活的"生活世界"中,周立波获得了反观"革命"和"政治"的眼光。回到20世纪50年代末不断趋于激进的中国政治情势来看,《山乡巨变》也确实荡开了一个可供历史中人缓冲、回旋的余裕空间,而在充满"矛盾"的各种现实维度之间,其"喜剧性"的品格也发挥着再媒介、再链接的积极意义。

---

[1] 参见周立波:《艺术的幻想》,《周立波文集》第5卷,上海文艺出版社,1984年版,第11—13页。

喜看稻菽千重浪，遍地英雄下夕烟
——重读《山乡巨变》

◎萨支山

《山乡巨变》在发表、出版后，有许多的评价。大致上这些评价都肯定小说题材的重要性，既表现了农业合作化运动的这一时代的重要主题，也赞扬了人物的形象生动、风格的优美、民族形式的追求等。不过，这些评论也大致认为小说在表现合作化运动方面，"对农业社会主义改造这一历史阶段中复杂、剧烈而又艰巨的斗争，似乎还反映得不够充分，不够深刻，"比之稍后柳青的《创业史》，会认为没有反映出农民对农业合作化"如饥似渴"的要求，仿佛这一运动是"自上而下、由外而内地给带进了这个平静的山乡，而不是这些经历过土地改革的风暴和受到过党的教育和启发的庄稼人从无数痛苦的教训中必然得出的结论和坚决要走的道路"[1]。

这种评价在50—70年代的中国当代文学中具有典型性。它以50—70年代逐渐形成的文学规范和评价体系来引导和要求文学写作。就

---
[1] 黄秋芸:《〈山乡巨变〉琐谈》，原载《文艺报》1961年第2期，收入李华盛、胡光凡编:《周立波研究资料》，湖南人民出版社，1983年版，第424—425页。

50—70年代的农村题材长篇小说来看，我们可以看到从赵树理的《三里湾》到周立波的《山乡巨变》，再到柳青《创业史》以及浩然《艳阳天》可以看出一条"一体化"的文学规范形成的轨迹。在这样的评价体系中来定位、评价《山乡巨变》，既无法完全体认《山乡巨变》的认识价值和审美价值，也使得这样的评价体系日益走向封闭而衰亡。

同样，80年代之后，周立波创作中对50—70年代文学规范的"疏离"反而被强调，更多从"乡土"或"精神还乡"的角度来评价《山乡巨变》，侧重于"日常生活""山水画"的"诗意"等等。这种强调隐含着将《山乡巨变》从50—70年代评价体系中抽离出来的意图，这当然同80年代重新理解文学和政治关系社会背景有关。这种抽离，看似是对周立波的褒扬，却也忽视了周立波的写作与这一时期政治、社会变革的巨大关联，同样也无法全面地理解《山乡巨变》所蕴含的认识价值和审美价值。

因此，如何能贴切地理解周立波的文学创作，既不以50—70年代形成的那种评价体系来框限他的创作，同时又能不脱历史地理解《山乡巨变》所具有的那种特别的美学价值，就成为重读《山乡巨变》的一个出发点。

一、"心"和"气"

80年代以后的研究者，在谈论周立波的时候，很少会提到毛泽东的《在延安文艺座谈会上的讲话》对他的影响。曾经是周立波在延安鲁艺的学生朱寨在1981年写过一篇讨论《山乡巨变》艺术成就的文章，文章中论及周立波的创作养成，先是提到外国文学的滋养，比如上海"左联"时期的翻译和文论，延安鲁艺时期的"名著选读"课，继而提及对中国文学传统的继承。[1]这篇文章其实是由作者1959年的旧文略加增删而成，而在那篇旧文中，除了谈到中外文学的滋养外，朱寨更提及毛泽东《在延安文艺座谈会上的讲话》：

> 把作者在长期学习努力、摸索试炼过程中的经验和教训，凝练起来，进而把作者的艺术才能引向光明的康庄大道、无限正确而广阔前程的，是毛主席《在延安文艺座谈会上的讲话》。作者亲身参加了毛主席召集的这个座谈会。从他整风后直到目前，他写的所有谈文学和创作的文章中，都能听得到《讲话》的思想影响在他身上产生的由衷的回音。[2]

不过，这些文字在作者1981年的文章中都被删除了。而同样是周立波在延安鲁艺时的学生，陈涌在1979年的追忆文章中也认为"决定立波同志以后整个发展道路的，显然是毛泽东同志召开的延安文艺座谈会"。事实上，正如朱寨所说，周立波整风之后几乎所有谈文学和创作的文字，差不多都与《讲话》有关。像《思想、生活和形式》《后悔与前瞻》《谈思想感情的变化》《纪念回顾与展望》《纪念一个伟大文献诞生的二十年》《深入生活，繁荣创作》等，都是专门的文字，这在当代作家中，并不多见；一直到去世前的文字，也仍然在强调要"终生坚持"毛泽东的"为工农兵服务"的文艺方向。[3]1959年人文社出版《周立波选集》，选辑作者自1938年起20年来的"短文"，颇有阶段性总结的意味。在序言中周立波自言：

---

[1]参见朱寨：《〈山乡巨变〉的艺术成就》，原载《社会科学战线》1981年第2期，收入李华盛、胡光凡编：《周立波研究资料》，湖南人民出版社，1983年版，第447—448页。
[2]朱寨：《谈〈山乡巨变〉及其他》，载《文学评论》1959年第4期。
[3]周立波：《关于小说创作的一些问题》，载《人民文学》1977年第12期。

在创作上，我是走过一段弯路的。有这么几年，我经常地接触书本，终于有些迷信它们了。向古今中外的名家们进行学习，原本是应该的，但如果一味迷信，对于创作就会有害。那几年里，我的作品非常少，就是迷信有害的明证。

一九四二年是中国文学的值得纪念的一年，因为那一年，毛泽东同志发表了他的《在延安文艺座谈会上的讲话》。自从这个文件发表后，中国文学进到了一个崭新的阶段，许多作者从这文献里获得了珍贵的启示，受到了重大的教益，我是这些作者中的一个。[1]

在一般的文学史分期叙述中，会把1949年看成"当代文学"的起点，但同时也会把1942年的延安文艺座谈会看成"当代文学"的源头。因此，像"自这个文件发表后，中国文学进入一个崭新的阶段"这样的说法也可以说在当时是一种普遍的论述，特别是对于30年代从上海等地来到延安的"左翼"作家，强调延安文艺座谈会对他们创作道路的影响，也几乎是一种标准化的论述。因此，这种过于普遍性和一般性的论述，有时候会让人觉得这只不过是一种"政治正确"的说法，就像老生常谈，耳朵磨出了茧，反而不容易去细察其中的微言大义，去体会《讲话》对具体作家精神状态和创作状态的具体的影响。而且，在"当代文学"具体的实践展开过程中，延安文艺座谈会的精神往往又被抽象和窄化为口号式的"文学为政治服务""文学为工农兵服务"，因而，80年代以后，人们不愿多谈细谈延安文艺座谈会对周立波的影响也不难理解。

但无论怎样，那些文字俱在，我们不能否认延安文艺座谈会对

---

[1]周立波：《〈周立波选集〉序言》，人民文学出版社，1959年版，收入李华盛、胡光凡编：《周立波研究资料》，湖南人民出版社，1983年版，第197页。

周立波的影响,并且还要在那些诸如"为什么人""如何为""转变立场""情感变化""深入生活"等习焉不察的一般性的对《讲话》解读中,寻找到真正融入周立波精神和创作中的"珍贵的启示"和"重大的教益"。陈涌在悼念文章中有过进一步的阐述,"毛泽东文艺思想使周立波同志本来的革命本能,本来的单纯、真挚的性格提到一个新的高度,使他的可贵的品质有了明确的发展方向,成为一种自觉的认识和力量"。[1]在陈涌看来,《讲话》对于周立波来说,最关键的并不是文艺创作方面的具体问题,而是由质朴的"革命本能"向"自觉"的革命者的提升,从而养成一个自觉的革命的主体。程凯在讨论如何理解《讲话》中的"文艺服从于政治"时,就准确地指出,"文艺服从于政治"中的"政治",是"一个自我改造中的革命政治","是要求革命的文艺工作者突破惯性的自我状态,投入到革命政治的自我改造实践中,经由参与革命政治的改造而打造新的革命者主体,再由此产生新的文艺"[2]。

那么,这样自觉的革命主体是如何养成的呢?周立波在延安整顿三风运动中,思考最多的是"思想和生活"的辩证问题,即改造思想和改变生活二者密不分,思想的光辉照亮生活,而生活又对思想赋形,从而形成浑圆饱满的精神状态。用周立波的话说,这是"心"的问题。改造思想,就是要"把心扶正","就是要把自己的心的愿望,与广大工农群众的利益,连结在一起"。所谓改变生活,并不是去"参观""人家的生活",而是"亲自去参加生活"。"深入群众生活,不光是去找材料,更重要的还是要带着改造自己的任务"[3],那些"参观"生活的人,"他们带了铅笔,带了本子去,把一些碰到的景象,听来的故事,记在本子

---

[1]陈涌:《我的悼念》,载《人民文学》1979年第11期。
[2]程凯:《政治与文艺的再理解》,载《文学评论》2017年第5期。
[3]周立波:《纪念一个伟大文献诞生的二十年》,原载《湖南文学》1962年5月号,《周立波选集》第6卷,湖南人民出版社,1984年版,第392页。

上，还抄了许多方言和谚语。但是他们忘记把一件重要的东西带去，忘记把自己的心带去"。"带了自己的心去，去参加工作和斗争。把工作的地方当作家庭，把群众当作亲人，和他们一同进退，一同悲喜，一同爱憎。要这样做，将来才能写出好作品。"[1]对此，周立波是有特别的体会的，他在几篇文章中都提到1941年他曾在延安乡下住过一个多月，不过他主要是在那里写"过去的东西"，"不接近农民，不注意环境"，所以，回到延安，有人要他写乡下的时候，他"只能写写牛生小牛的事情，对丁动人的生产运动，运盐和纳公粮的人事"，都不能写。[2]

这种革命者主体的精神状态，是否饱满浑圆，端看思想和生活的结合程度，而呈现、贯彻在文学创作中，则是作家和写作对象之间的交融程度。周立波用一个富有中国传统文论的词汇"气"来阐释。他在谈论《暴风骤雨》时说在写作中存在"三不够"的问题，首先就是"气不够"，"气"包括气魄和气质，"气魄是脑力体力和毅力的总和"，而"气质是你要表现的群众的思想感情，在你自己心里的潮涌和泛滥"，"一个创作要有说服力（感染力），要感情饱满，要使读者跟着你的笔尖一同跳动和悲喜，你的心，你的感情，就得首先跳动和悲喜。要写农民的悲喜，你自己的思想情绪就得和农民的思想情绪打成一片，换句话说，要有农民的气质"[3]。

关于"气"，这是中国传统哲学、文学中的一个基本性的概念。曹丕的"文以气为主"中的"气"，历来阐释者众，一般而言，这里的气

---

[1]周立波：《思想、生活和形式》，原载《解放日报》1942年6月12日，《周立波选集》第6卷，湖南人民出版社，1984年版，第214—220页。
[2]周立波：《后悔与前瞻》，原载《解放日报》1943年4月3日，收入李华盛、胡光凡编：《周立波研究资料》，湖南人民出版社，1983年版，第65页。
[3]周立波：《〈暴风骤雨〉是怎样写的？》《东北日报》1948年5月29日，收入李华盛、胡光凡编：《周立波研究资料》，湖南人民出版社，1983年版，第282页。

可以解释为一种感情气势或者力量[1]，和孟子所谓"我善养吾浩然之气"的气所指向的精神状态是一致的；而它们行诸文字，则形成作品的风格。如果说，这里的"气"，来源于对中国传统士大夫精神的汲取，而中国传统中士大夫"浩然之气"的养成有赖于"配义与道""集义所生"的不间断的自我修养，那么，在周立波那里，这"义"与"道"则来源于现实的革命政治目标的召唤以及实践过程中对作家革命主体的自我打造，这也正是周立波所说的"改造思想与改变生活"。上文说到周立波强调改造思想是要"把心扶正"，这正类似于传统儒家的"物格而后知至，知至而后意诚，意诚而后心正，心正而后身修"（《礼记·大学》），是要"致良知"乃至"明心见性"，而这修身的途径是"知行合一"，不过这"知行合一"却是要下沉到革命实践中，在具体的革命工作中同农民同甘共苦才能够真正地"配义与道"，养成革命主体。如果说，周立波早年的革命本能可能与儒家传统有关（他的父亲周仙梯是不第秀才，教过私塾，是《山乡巨变》中李槐卿的原型），但显然，是毛泽东《在延安文艺座谈会上的讲话》给周立波人生和创作道路带来的最重要的转折。也只有在这个意义上，我们才能理解周立波为什么将"气质"解释成"群众的思想感情，在你自己心里的潮涌和泛滥"。80年代之后，一些研究开始挖掘周立波与儒家传统的关系[2]，会注意到《山乡巨变》中合作社带头人李月清和刘雨生身上具有一种"儒者气息"，并溯源到他们早年所受的"儒家文化教育"，引出一个作者着墨不多却又很有意思的人物塾师李槐卿，他申请加入合作社，对社会主义的拥护是因为他用儒家经典来解释社会主义，"这才真是社会主义了，孟子曰：'老吾老以及人之老'，我们的先人早就主张泽及老人的"，对此邓秀梅却评论道，

---

[1]参见罗宗强《魏晋南北朝文学思想史》，中华书局，1996年版，第36—42页。
[2]参见罗执廷：《论〈山乡巨变〉的儒家政治思想底蕴》，邹理主编：《周立波评说》，长江文艺出版社，2013年版，第165—175页。

"这个老驾有意思,但他拿孟子的话来衡量社会主义,未免有点胡扯。"邓秀梅的评论也适合于对周立波的理解,在周立波的创作养成中,当然有中国传统的滋养,不过,这种滋养却是以一种特别的方式融入周立波对延安《讲话》的体认中来实现的。因此,当我们在谈论周立波对中国古代传统接受的时候,无论是其人格的养成还是创作中对民族形式的追求,都不能忽视或遮蔽延安《讲话》对它们的影响。

二、抒情风格

《暴风骤雨》气不够,《山乡巨变》够不够呢? 1954年周立波开始准备,先到石岭村农业社考察,1955年合作化高潮的时候,先后在桃花仑的主山湾和瓦窑村,以及邓石桥的清溪村居住,参加这里乡党委的建社工作,到1956年6月开始执笔,1958年先在《人民文学》连载,同年7月,单行本《山乡巨变》正篇由作家出版社出版。

与稍后出版的柳青的《创业史》不同,柳青的《创业史》写得极有气势,被评论界誉为史诗性的作品,这是因为它以文学的方式回答了中国农村为什么要走社会主义道路以及如何走的问题,呈现出中国农民对走合作化道路的如饥似渴的追求。而这些,是《山乡巨变》所不具备的,尽管小说也贡献了刘雨生、陈大春这样的积极分子。《山乡巨变》不是史诗,它的章节更像串珠般连缀而成的抒情诗和风俗画,这样的风格差异,是很多研究者早就指出的。那么,我们该如何理解这种差异呢?

《山乡巨变》正续篇包含的时间很短,从1955年初冬到1956年夏,不到一年的时间。《创业史》也很短,从1953年春写到1953年冬,只有几个月,不过,如果算上"题序"的话,就长了,从1929年写起,有几十年。"题序"很重要,是《创业史》具有"史诗"品格的一个重要原因。而《三里湾》的创作时间更短，不到一个月。《三里湾》1955年就出版了，《创业史》最晚，1959年发表，1960年出版。

  《三里湾》《山乡巨变》从写作时间和发表时间上看，可以说是即时反映时事，和现实贴得更近，最大限度地反映当时的社会氛围。而《创业史》不一样，写作和思考的时间跨度很大，1952年到1959年，中国农村形势的变化非常大，其间包含着非常多的争论和转折，因而1959年的柳青写1953年的互助组或多或少会有"向后看"的历史感觉。中国农村合作化的进程，1955—1956年是一个重要的时间节点，此前几年一直在发展和反冒进中摇摆，"一九五二年冬季有一个发展，一九五三年春季就来了个反冒进；一九五四年冬季有了一个发展，一九五五春季又来了一个反冒进"[1]，到了1955年夏，毛泽东在省市自治区党委书记会议上做《关于农业合作化问题》报告，预言"在中国农村中，新的社会主义群众运动的高潮就要到来"，开始批判"小脚女人走路"，会议后各省也都重新研究修订合作化运动的发展规划，落实具体数字。同年秋中共七届六中全会通过《关于农业合作化的决议》，以及1956年1月《中国农村的社会主义高潮》一书的出版，推动了农业合作化的极速前进，一个全国范围的农村合作化运动的高潮正在形成。如果说向《三里湾》《创业史》中的互助组合作社还属于重点试办和自发社阶段，那么，《山乡巨变》中的初级社就完全是"自上而下""全面规划，加强领导"的运动式的推广了。这种由各级党政部门积极规划领导的运动式推进会产生强大的势能和社会氛围，能够快速扫清障碍，原本办社过程中一些棘手的问题和矛盾，在这种势能的推动下，往往会得到迅速解决。河北作家徐光耀当年在家乡河北雄县"深入生活"，协助办社，遇到很多困难，非常沮丧，可是，当他听到1954年秋上级决定

---

[1] 毛泽东：《中国农村的社会主义高潮》的序言。

"大规模地发展合作社"时,他感到无比兴奋,"只要采取进攻,便可解决很多问题,进攻乃最好的防御。只要一进攻,旧社中的问题也会随之取消。我欢呼这一运动的到来。——柳暗花明又一村啊!""这一下好了,资本主义思想该退却了,掌握政权的国家机关——上层建筑,将充分发挥它的作用,他将从上而下地一系列地解决我问题,完全主动地推进革命业绩。这个力量显得多么强大呀。"[1]

"柳暗花明又一村"——兴奋、轻松,又有些跃跃欲试,徐光耀这样的心情想必周立波也一样体会到,并在《山乡巨变》的开篇"入乡"中呈现出来。开篇最重要,它给整部小说定下基调。"入乡"写的正是1955年冬三级干部会议在学习、讨论毛主席的《关于农业合作化问题》和中央《关于农业合作化决议》后,干部们从县里分头赶到各个区乡领导办社,用"含笑的咒骂来互相告别"。小说叙述节奏舒缓轻松,和南方"风和日暖"的冬日下午以及平静清绿的资江很匹配,干部们坐在横河筏子上,互相开着玩笑。作者还有闲笔写艄公如何轻巧地滑过轮船激起的浪头,只是在要分别了,才点出工作的正题,"同志们,得了好经验,早些透个消息来,不要瞒了做私房"。接下来是一段土地庙的描写,"庙顶的瓦片散落好多了,屋脊上,几棵枯黄的稗子,在微风里轻轻地摆动。墙上的石灰大都剥落了,露出了焦黄的土砖","香火冷落了,神龛里长满了枯黄的野草",写的是土地庙的破败,不过,其心态却不似鲁迅看到"萧索"的故乡后的"悲凉",在《故乡》里,鲁迅怀疑所谓的希望,不过是"自己手制的偶像";在《山乡巨变》中,却是充满了去旧迎新的自信,"天子、诸侯,都早进了历史博物馆了"。

《山乡巨变》以写人物为主,结构是串珠式的,一个一个地带出人物,很难说哪个是最主要的人物,这是它和《创业史》不一样的地方,

---

[1] 徐光耀:《徐光耀日记》第7卷,河北教育出版社,2015年版,第24—25页。

《创业史》集中写梁生宝，人物有历史的穿透性，因而具有一种史诗风格，而《山乡巨变》则更多的是平面展开的一幅幅的人物画像。事实上，周立波在写《山乡巨变》的前后，写了众多的短篇小说，这些短篇小说或侧重于人物，或侧重于场景，它们在内容和风格上都和《山乡巨变》有某种呼应关系，或者说《山乡巨变》就是这些短篇小说的有机集合。对这些人物的行动和内心的展示，就构成了《山乡巨变》在艺术上最具魅力的地方。第一个出场的人物是亭面糊，选择他第一个出场，一是因为他几乎可以算是周立波最熟悉的人物，周立波不止一次谈到在桃花仑竹山湾和他"打邻居"，"那一年里，我们天天在一起，闲谈的时候非常多。他每天劳动回来，总是显出气势汹汹的样子，骂小孩，骂鸡又骂猪。其实，他的心地倒是善良的。他又和我谈起他的旧社会里想要发财的故事，以及他抬新轿的轶事。他说，因为他和老婆是原配，娶亲的人家，非常高兴请他抬轿子。他还谈了许多都关于他自己和他的亲戚的逸事。这些琐谈，如果不是人很熟，又长年相处，是不会有的"[1]；一是因为这样的人物最能呈现出《山乡巨变》那种幽默谐趣、舒缓轻松的散文风格。将这个有点糊涂又善良的人物放在开篇出场，也奠定了全书的叙述基调。再往回看，就会发现小说一开始，邓秀梅在横河筏子上与那个后生子的打趣，显然也不是闲笔。以往的研究在讨论亭面糊这样的人物时，多从"中间人物"这个角度切入，所谓"两头小、中间大"，"中间状态的人物是大多数"，"写英雄是树立典范，但也应该注意写中间状态的人物"[2]。这样的视角是将亭面糊放在先进/落后的政治光谱序列中进行考察，尽管评论会认为写"中间人物"很重要，因为矛盾点都集中在他们身上，但其中暗含的等级序列还是会认为英雄典范的价值要高于

---

[1]周立波：《谈创作》，《周立波写作生涯》，百花文艺出版社，1986年版，第153—154页。
[2]邵荃麟：《在大连"农村题材短篇小说创作座谈会"上的讲话》，洪子诚编：《二十世纪中国小说理论资料（第五卷）1949—1976》，北京大学出版社，1997年版，第429页。

中间人物。对《创业史》中有关梁生宝和梁三老汉的争论，柳青对梁生宝的捍卫，就是一个典型的例子。柳青当然也喜欢梁三老汉，但他仍然无法容忍评论将赞美的声音都聚焦在梁三老汉那而忽视了梁生宝，毕竟那是他花费了更多心血的人物。但《山乡巨变》与《创业史》完全不同，如果说《创业史》的整个主题的展开必须依靠梁生宝来支撑的话，那么《山乡巨变》完全不需要某个特殊的英雄。因为整个中国农村社会主义的高潮此时已然至上而下地在全国铺开。此前徐光耀的沮丧和苦恼，工作局面打不开，很大程度是因为在现实中缺少像梁生宝这样的人，[1]但现在，在这种运动式的高潮的势能下，梁生宝这样的人物，虽然也重要，但更关键的却是党的全面规划和领导，所以《山乡巨变》正篇中，会是邓秀梅主导叙述。在《山乡巨变》中，人物重要性的排序事实上并不是按照先进/落后这样的序列，这是因为尽管小说也具体写了建社的过程，但其结构却不是以两条道路的二元对立冲突的模式展开，所以会有读者觉得"结构显得凌乱，虽然整个作品的中心是围绕'建社'问题，但在具体的故事情节方面，缺乏一个中心线索贯穿全篇"，而周立波对此的回答是，他"着重地考虑了人物的创造，也想把农业合作化的整个过程编织在书里"，"不过着眼有远有近，落墨有淡有浓"，"没有勉强地去生造一个整个的故事"，他想表现的是在"上至毛泽东同志，下至乡的党支部，各级党委，全国农民都在领导和参加的这个历史性的大变动"中，"清溪乡的各个家庭"，"青年和壮年男女的喜和悲，恋爱和失恋"[2]。

正因为周立波有这样的考虑，所以他才会选择将亭面糊作为小说第

---

[1]徐光耀日记有这样的记载："我的最大的痛苦，是这个段岗社没有搞好的希望。真的想把它搞好，又不知方法在哪里，人才在哪里。假如有人能给我们这方面的希望，是我最为感激不尽的。"《徐光耀日记》第7卷，河北教育出版社，2015年版，第40页。
[2]周立波：《关于〈山乡巨变〉答读者问》，原载《人民文学》1958年7月号，引自李华盛、胡光凡编：《周立波研究资料》，第385—386页。

一个出场的清溪乡人物。其原因并不在于"中间人物"论者所认为的，他们身上汇聚了新与旧、进步与落后的诸多矛盾，因而更有教育意义。事实上亭面糊身上的那些"糊涂"，那些可以被"教育"的地方，恰恰被周立波认为是"可爱的心性"[1]，他的各种"诨"、吹牛和不靠谱都难掩心性中的本真和善良，这样的认知，只有在作者对他笔下的人物无比熟悉并且还充满爱意的情境下才可能产生。周立波在谈到法捷耶夫《毁灭》里的农民摩罗斯卡，说他"死了一匹马，就十分伤感，夫妻关系很不妙，可是，他对敌斗争英勇顽强，最后牺牲在前线"，将他和知识分子出身的美蒂克相比，认为他"显得无比崇高而可爱"[2]。作者如果没有将全部的情感投注在他的人物身上，与他们一同欢乐，一同悲伤，不是对他们表现出由衷的喜爱，是没办法得出"可爱"这个结论的。不但是亭面糊，《山乡巨变》中的其他人物，像李月辉、刘雨生、陈大春、盛淑君、盛清明、陈先晋、盛佳秀……作者在写他们的时候，哪一个不是笔下饱含着情感呢？像李月辉这样的"小脚女人走路"的乡支书，是很容易被处理成合作化运动中的保守分子的，但周立波在他身上发现的，却是"婆婆子"这个外号背后那种踏实、细心和接地气，就像短篇小说《盖满爹》中的黎盖平。事实上，《山乡巨变》所呈现出来的抒情风格，从根本上说，正是由作者对他故乡人物的爱带出来的。有评论将此归纳为是周立波"浪漫情怀"的"释放"，认为这是他"回到家乡，心情有了特别的放松和解放"，"家乡的新气象让周立波感到了由衷的喜悦"，

---

[1]《山乡巨变》中作者甚至抑制不住自己对亭面糊的喜爱，直接从叙述中跳出来发声："这位亭面糊的出身和心性，我们已经略加介绍了。在他的可爱的心性里，还有几点，值得提提。"周立波：《山乡巨变》，人民文学出版社，1958年版，第40页。
[2]周立波：《回答青年写作者》，刘景青编：《周立波写作生涯》，百花文艺出版社，1986年版，第137页。

他是把"《山乡巨变》当成抒发自己情感的散文来写的"[1]。

再回到周立波关于气质的定义,所谓"你要表现的群众的思想感情,在你自己心里的潮涌和泛滥","你的心,你的感情就得首先跳动和悲喜",从这点上看,《山乡巨变》的气,是够了。显然,情感的饱满带来了《山乡巨变》的抒情风格。日常生活的情趣,乡间的风俗乃至风景的描写,都在这情感的调配下融汇成一个饱满的整体。不过,周立波的抒情风格却绝不是那种传统士大夫的田园抒情。唐弢在《风格一例——试谈〈山那面人家〉》中,谈到周立波的风格的形成,谈到周立波"淳朴、简练、平实、隽永"的风格。某种程度上唐弢的这篇评论是对当时评论界对周立波批评的一种反驳。他首先说到所谓成熟的风格,是"主观世界的情感的真实,能够统一于客观世界的生活的真实。我在这里特别强调情感,因为由我看来,一个作者不仅要有正确的思想,还要进一步让这种思想渗透进情感里去,作者灌注在作品里的感情,爱什么,恨什么,往往不只是依靠单一的正确的思想,而是根源于他的整个世界观——从思想到感情的全盘变化。从这点上来说,尽管组成风格的因素很多,然而,首先离不开在正确的世界观指导下,作者感情的真实与生活的真实的统一"。唐弢所说的"成熟的风格",不就是周立波所说的"气质"么。以这样的高度来谈风格,就可以发现,周立波小说中的那种平实,甚至平淡,其实处处都跳跃着发自作者内心的对生活的喜悦。事实上,这正是这次重读《山乡巨变》时我最大的阅读感受。唐弢在谈到周立波《山那面人家》时,反驳有评论认为作者没有写农村的剧烈斗争,却去写一对青年人的婚礼,是游离于阶级社会之外,脱离了政治,他坚定地说:"不!这是政治,这是隐藏在作者世界观里最根本的东西:旧的沉下去,新的升上来,不过这回是偏重后者,因而不是采用暴风骤

---

[1]贺绍俊:《被压抑的浪漫主义——重读〈山乡巨变〉的一点体会》,邹理主编:《周立波评说》,长江文艺出版社,2013年版,第129页。

雨的形式,而是表现了风和日丽的风格。"[1]唐弢的话,也再次印证了无法将政治,将毛泽东延安《讲话》的影响从周立波的创作中剥离。令人印象深刻的是,《山乡巨变》中多处描写了夕烟,这不由让人想起同是湖南人的毛泽东1959年在阔别32年后回到韶山时的感触:"喜看稻菽千重浪,遍地英雄下夕烟。"那些清溪乡充满了趣味的、平平凡凡的、融入湖南美丽山水间的农民,不就是毛泽东所说的英雄么。我觉得周立波的《山乡巨变》同这首诗的意境有异曲同工之处。

---

[1]唐弢:《风格一例——试谈〈山那面人家〉》,原载《人民文学》1959年7月号,李华盛、胡光凡编:《周立波研究资料》,湖南人民出版社,1983年版,第496—499页。

当中间人物遇到"经济主义"

——谈《山乡巨变》中的集体劳动过程和中间人物塑造[1]

◎高明

社会主义的价值理念如何内化成为每个人的社会主义觉悟,从而锻造出新中国的"社会主义新人"这一历史主体,是十七年文学研究的核心议题之一。[2]很多以农村土改、合作化和集体化事业为题材的文学作品,成功塑造了诸多具有高度自觉性的理想人物。《创业史》中的梁生宝就是其中的典型。然而,同样值得深入理解与辨析的是,在书写农村合作化、集体化的作品中,那些觉悟不高、摇摆不定的中间人物是如何生成的?他们原本较为落后与驳杂的情感是如何转变并提升为较高

---

[1]本文试图引入劳动社会学中"劳动过程"这一概念,着重分析周立波小说《山乡巨变》中的谢庆元和王菊生(外号菊咬筋)这两位中间人物的形象,回应关于《山乡巨变》人物塑造利弊得失的问题,也尝试回应社会主义新人的塑造问题。本文认为,当周立波以浓重的笔墨描绘壮丽的集体劳动过程与细致的劳动组织方式时,未能将书中个别重要人物的塑造与其所处的劳动过程紧密结合,导致该人物的塑造没能跟上劳动过程书写的节拍。以满足中间人物经济利益诉求的方式来争取、团结中间人物,不展开描写中间人物的思想变化,既造成了人物塑造上的不足,也隐含着《山乡巨变》这一文本在回应中间人物的觉悟问题上的态度和指向。

[2]蔡翔:《革命/叙事》,北京大学出版社,2018年版。

的思想觉悟的？为何有些人物的情感和思想直到作品完结也没有转变？如果情感无法转变，思想觉悟无法被激发，那么，作品中的这些中间人物的塑造对于回应"社会主义新人"的主体形成来说，又有着怎样的意义？[1]

一、《山乡巨变》人物塑造上的争议

周立波在以家乡湖南益阳为原型描写集体化进程的长篇小说《山乡巨变》中塑造了几位颇有争议的中间人物。就小说整体的人物塑造而言，1958年作品刚问世不久，周立波在被问及为什么作品的结构比较松散的时候，他回答说："在创作《山乡巨变》时，我着重考虑了人物的创造……结构显得零散是因为在描画人的肖像和再现运动行程两个方面，想得多些，没有勉强去造一个整个的故事。"[2] 从周立波的回答来看，相比于小说的结构，他自己恐怕对小说的人物塑造更为满意。然而，如今来看，无论在小说问世的当时还是现在，《山乡巨变》的人物塑造也未必如周立波自己所预想的那样只获得毫无异议的认可。一方面，周立波借鉴中国古典章回小说塑造人物的笔法，让读者在读到李大春等人物的时候强烈地感受到"未见其人先闻其声"的艺术效果[3]；但另一方面，正如贺桂梅所指出的，以人物带动"政治情况"和集体化进程的这种脸谱化写法，使得小说很容易落入为性格而性格的窠臼[4]；再

---

[1] 余荣虎：《"范登高现象"的启示——论〈三里湾〉〈山乡巨变〉〈创业史〉的内在矛盾性》，载《中国现代文学研究丛刊》2013第12期，第118—128页。
[2] 华中师范学院中文系：《关于〈山乡巨变〉答读者问》，《中国当代文学研究资料——周立波专集》，武汉师院咸宁分院，1979年，第105—106页。
[3] 华中师范学院中文系：《中国当代文学研究资料——周立波专集》，武汉师院咸宁分院，1979年。
[4] 贺桂梅：《政治·生活·形式：周立波与〈山乡巨变〉》，载《文艺争鸣》2017第2期，第70—87页。

一方面，却也有学者指出，在《山乡巨变》中，诸如犯过右倾错误却颇受老百姓爱戴的李月辉等人物并不脸谱化，反而具有着复杂性，还原了生活的真实，突显了人性的光辉。[1]

那么，究竟该如何看待《山乡巨变》人物塑造上的古典小说脸谱化风格与性格颇具复杂性、真实性之间的矛盾呢？这一矛盾的笔触，对其集体化进程中中间人物的塑造究竟有怎样的影响？

中间人物是否觉悟以及如何觉悟关系着社会主义实践的推进方式，关系着自上而下革命先锋队式样的推动模式与自下而上的群众自主自觉模式之间的关系，对于社会主义新人主体塑造的经验得失有着非常重要的意义。本文试图引入劳动社会学中"劳动过程"这一概念，着重分析周立波小说《山乡巨变》中的谢庆元和王菊生（外号菊咬筋）这两个人物的形象，回应关于《山乡巨变》人物塑造利弊得失的问题，也尝试回应中间人物的成长与塑造社会主义新人之间的关系问题。

《山乡巨变》的下部虽然伴随着邓秀梅这一人物的离场而减弱了对"社会主义风景"的书写，但相较于上部更为零散的结构，下部小说叙事的结构性更强，以集体化的方式展开农业生产耕作的这条主线也更加清晰。整个下部的情节和笔墨几乎都围绕着集体化劳作这一崭新的社会主义劳动过程而展开。比如，"竞赛""烂秧""牛伤""插田""双枪""欢庆"这几个贯穿于下部始末的章节标题，正勾勒出了集体生产的完整过程。这一劳动过程展现了慷慨激昂、气势恢宏，颇具浪漫主义色彩的集体劳动景象。然而，也正因为周立波在下部中集中展现了较为完整的农业集体化的劳动过程，所以，他在人物塑造上的成功之处并非简单地因为他在一些细微之处含蓄地提示了人物性格的复杂性、矛盾

---

[1] 余荣虎：《"范登高现象"的启示——论〈三里湾〉〈山乡巨变〉〈创业史〉的内在矛盾性》，载《中国现代文学研究丛刊》2013第12期，第118—128页。贺绍俊：《被压抑的浪漫主义——重读周立波〈山乡巨变〉》，载《中国现代文学研究丛刊》2014年第2期，第66—76页。

性，而是由于他实际上无法完全照搬古代章回小说模式化脸谱化的写作方式，必须在集体性的生产实践中安排人物的所思所想、所作所为。同样，《山乡巨变》人物塑造上被人诟病的脸谱化问题，也并非能依靠诸如在细微处提示一两句"婆婆子"李月辉虽犯过右倾错误却比朱明这种满身"左"气的激进干部更受群众爱戴，就能化解的了的。脱离了小说所描写、展现的集体化劳动过程而刻意加入的人物性格的"复杂性"，并不能使人物的"复杂性"或"真实性"真正得以树立。所以，笔者认为，《山乡巨变》在人物塑造上的问题主要源自周立波对人物的塑造和对劳动过程的描写和展现之间出现了脱节，两个方面并不完全匹配。换句话说，当周立波在以浓重的笔墨描绘波澜壮阔的集体劳动过程和细致的劳动组织方式时，他未能将书中个别重要人物与其所身处的劳动过程紧密结合，导致该人物的塑造没能跟上劳动过程书写的节拍。以满足中间人物经济利益诉求的方式来争取、团结中间人物，不展开描写中间人物的思想变化，既造成了人物塑造上的不足，也隐含着《山乡巨变》这一文本在回应中间人物的觉悟问题上的态度和指向。

二、阶级意识在劳动过程中产生

事实上，研究十七年文学的学者们并非没有注意到"劳动过程"这个层面。蔡翔在《革命/叙事》一书中专门探讨了新中国成立后工业发展上的技术革新、劳动竞赛、技术传授对于国家迈向社会主义现代化的重要意义，以及知识与技术赋权对于塑造工人阶级国家主人翁精神的政治意义。[1] 朱羽在分析李准《没有拉满的弓》的时候，注意到了主人公陈进才有着一套驭人理事的"管理术"，只注重经济利益的计算，而不

---

[1] 蔡翔：《第六章 "技术革新"和工人阶级的主体性叙事》，《革命/叙事》，北京大学出版社，2018年版。

追求社会主义精神。[1]程凯则在分析梁生宝这一理想人物的时候指出：

> 就此而言，一个"新人"典型的背后对应着一套新的社会构成原理。所谓社会主义改造不仅意味着改造所有制形式，不仅是建立、巩固一套生产关系、生产制度或政治体制，它还需确立一套社会制度，一套新的人与人的关系以及思想意识状态。……在这套新的社会制度中，什么样的人被放置在结构性的、组织性的位置上决定着这套生产制度和社会制度的运行状态，最终作用于集体关系和群众日常生活中的情理、气性。[2]

这几位学者分别论及生产技术、管理方式以及与生产制度休戚相关、彼此形成一个整体的社会制度、集体关系。这三个方面实为劳动过程这一概念内在的构成部分，几位学者没有从完整的意义上使用劳动过程这一概念，但实际上都从不同的角度分析到了有关劳动过程的内容。那么是否还有必要借用劳动过程这个概念来分析《山乡巨变》中的人物情感和思想呢？笔者认为，劳动过程这一概念仍具有参考意义。

布雷弗曼和布洛维是20世纪70年代之后劳动过程理论的主要贡献者。布雷弗曼从经典马克思主义理论出发，考察了在美国资本主义发展的同时，美国劳工的职业和结构的变化趋势。简言之，美国这一资本主义国家的劳动过程越发显示出死劳动支配活劳动的趋势[3]：原本统一在人类劳动上的"概念"与"执行"日益分离——劳动者仅仅作为机器的延伸或机器的一部分而存在，不需要拥有独立创设的思考能力，只需在

---

[1]朱羽：《字里行间的"时势"——研读李准》，载《文艺理论与批评》2020年第5期，第118—135页。

[2]程凯：《"理想人物"的历史生成与文学生成——"梁生宝"形象的再审视》，载《文艺理论与批评》2018年第3期，第60页。

[3]哈里·布雷弗曼：《劳动与垄断资本》，商务印书馆，1978年版。

资本的生产指令和框架下，拥有相应的脑体劳动的能力即可[1]，而生产的目的、意义、过程等环节完全由资产阶级垄断。资本主义的管理学为的是控制劳动过程，让劳动者的每一分每一秒都为产生剩余价值出力，而不是被浪费或为自己休息。

工人阶级的情感和觉悟问题并非布雷弗曼的主要研究问题，但他仍简要且极具启发性地指出[2]：在绝对意义上，阶级觉悟指"一个阶级对其社会地位的一种普遍而持久的态度"。可以从长期和短期两个方面考察阶级觉悟的内涵，在一个阶级的"传统、经验、教育和组织"中蕴藏着这个阶级的阶级觉悟的长期表现，而阶级觉悟的短期表现则体现为每天随着环境变化的各种心情和情绪的能动复合体。变化的环境包括生产生活的各个方面，无论在蓝领职业还是在白领职业中，无产阶级在"概念与执行"日趋分离的劳动过程中形成了自己的阶级形态，并在自己的意识上"盖上无产阶级的印记"。简而言之，布雷弗曼的这番提示明确地将阶级意识和觉悟的形成根植于具体的劳动过程之中，既区别于将阶级意识和觉悟直接一一对应于生产关系、政治制度的僵化处理，也避免了后马克思主义式的对阶级意识去政治化的随意阐释。

布洛维[3]不满足于布雷弗曼对劳动过程的研究挖掘，他分别对资本主义阵营里的国家和社会主义阵营中的国家进行了劳动过程的跨国比较，回答为什么资本主义国度中的工人阶级在具体的劳动过程中会部分地认同管理者乃至资本家，以积极快乐的态度参与到了对自己的剥削中去，与管理者和资本家形成共谋，最终巩固了资本主义生产关系。布洛维的这个问题意识既来源于他曾经作为工人的劳动经验，同时也深受葛

---

[1] 布雷弗曼的研究结论并非认为资本主义让劳动者都不再拥有脑力劳动的能力，而是尽量将劳动者的脑力劳动限定在资本规定的框架内，方便资本对劳动的控制，减少劳动者对资本主义生产关系进行突破性反思和实践的可能性。

[2] 哈里·布雷弗曼：《劳动与垄断资本》，商务印书馆，1978年版，第31—32、362—363页。

[3] Michael Burawoy: *The Politics of Production*, Verso, 1985.

兰西、波兰尼、卢卡奇、阿尔都塞、拉克劳等理论的影响。布洛维在对劳动过程这一概念进行研究推进的过程中，提出了生产中的关系这一概念，丰富了布雷弗曼"劳动过程"概念的内涵。

生产中的关系指的是在劳动过程中产生的社会关系，它围绕着对具体的劳动任务的规划、组织、安排、实施而形成，区别于宏观意义上的生产关系。于是，布洛维在细致地提出生产中的关系这一概念的同时将劳动过程更加明确地界定在了中观层面，向上对接宏观的经典马克思主义政治经济学意义上的生产关系，向下也对接人文研究领域尤为关注的"生活世界"[1]。另一方面，生产中的关系包括了工人和工人之间的社会关系，以及直接参与劳动过程的管理阶层与工人之间的社会关系。其性质首先体现为社会性的，而非政治性的，但其社会性并不排斥政治性，而与政治性形成了相互衔接、转化的关系。换句话说，宏观层面的生产关系通过政治和意识形态生产机器／机制（political and ideological apparatuses of production）作用于劳动过程和生产中的关系上，而劳动过程中的各个能动者——管理层、工人，又有着相对的自主性。根植于劳动过程之中的阶级情感、意识和觉悟在生产中的关系里获得形构。

程凯在提出"社会制度"这一层面的时候，实际将其放置在了与生产制度相互分离、相互对应的位置上，以社会制度指称人们社会生活的机制、人与人的关系以及思想意识状态，相对立地，以生产制度指称生产的制度安排和组织过程。但经由布洛维打磨的劳动过程这个概念并未将生产与社会分开处理，人与人之间的社会关系首先体现在生产性的劳动过程中。

布雷弗曼和布洛维相继提出的劳动过程以及生产中的关系这两个概念针对分析的虽然主要是中国之外的西方资本主义和社会主义国家，但

---

[1] 张炼红：《历炼精魂——新中国戏曲改造考论》，上海书店出版社，2019年版。

其视野值得借鉴。事实上，20世纪60年代在中国推行的"鞍钢宪法"正是在中观的劳动过程层面落实无产阶级当家作主原则，形成了与社会主义生产关系相匹配的生产中的关系。[1] 鞍钢宪法"两参一改三结合"的原则，正是在生产资料公有制的基础上通过使工人直接参与具体的工厂管理、决策和监督，创造新的社会主义性质的领导、管理者与工人之间的社会关系。这一新型的社会关系中隐含着社会主义性质的政治潜能。那么，诞生于工业领域的劳动过程视野又可对农业集体化时期的人物塑造带来怎样的分析上的启发？

三、对"菊咬筋"和谢庆元人物形象的"经济主义"处理

周立波这一小说的题目"山乡巨变"充满了社会主义战天斗地的气势，但我们纵观整篇小说，山乡的劳动氛围变了，山乡的劳动组织形式变了，山乡的劳动性质变了，山乡的劳动收获有了质的提高，但山乡的顽固派中间人物王菊生也即菊咬筋的思想至始至终也没有迎来"巨变"，甚至连剧烈的思想斗争都没有发生，菊咬筋的思想真的只咬住了个人利益的一根筋不放松。农业社对菊咬筋的包容和帮助不少，但群众对菊咬筋想要斗争的意图却每每都被党员干部以带有"经济主义"嫌疑的理由挡开。"经济主义"的方法似乎也用在了中间人物谢庆元的身上。谢庆元是常青农业高级合作社的副社长，然而，他这个副社长是"勉强"当上的。作为党员他在思想上对党员带头推动高级社的发展似乎没有什么深刻的思考。他出身贫农，种田是一把好手，可是缺乏大局观，轻易不为公社出力。总希望通过显摆自己种田的本领获得别人的尊重和佩服，可事实上他的群众基础很差。清溪乡的书记李明辉与社长刘雨生总

---

[1] 崔之元、杨涛：《鞍钢宪法——后福特主义和产业转型升级》，载《清华管理评论》2019年第11期，第93—98页。

是包容他的情绪，以经济帮扶的方式鼓励他发挥自己的种田能力，带领社员种田、评工分。在分油、分秧苗、牛受伤这几轮农业生产风波中，谢庆元也的确发生了改变，可是作者并没有对他的思想转变做展开描写。

如果说《创业史》下部的核心命题是如何在农村合作化的实际进程中落实"依靠贫农、团结中农"的问题，那么《山乡巨变》下卷的核心命题则是在常青高级社成立的初期，在发动实施农业集体劳动的同时，如何面对、处理单干户的问题。在这个意义上，《山乡巨变》小说情节发展的主线是人民内部矛盾，是党员干部、群众中的积极分子与落后分子之间的关系问题。

《山乡巨变》对清溪乡常青高级社集体劳动的描写非常丰富立体。首先，《山乡巨变》的下部向我们展现出了农业集体劳动的社会主义性质：农业生产与劳动力再生产的有机结合。在情节推进上，《女将》《奔丧》等章节虽然看似破坏了描述呈现生产劳动的连贯性，但却与描写生产劳动的篇目交织成一个整体。只有解决农村妇女育儿的后顾之忧，在劳动力稀缺的社会主义建设初期[1]，更多妇女才能参与到农业集体生产中来，壮大集体生产的力量，这恰恰体现了社会主义制度的优越性。

《山乡巨变》在《竞赛》《雨里》《插田》《双抢》这几个章节中描写沤肥、插秧、收获等生产步骤的时候多次写道："农业社的优越性就在这里了，人多力量大，柴多火焰高。"常青高级社超越了小农经济和资本主义的单打独斗，以集体性的劳动组织方式在生产中形成了农民社员之间新的平等的社会关系。在这个社会关系中，李月辉、刘雨生等领导干部也同样参加劳动，盛淑君、李永和等青年积极分子充分发挥创造力，在田里搭桥方便生产，组织青年突击队作为新的生产组织方式，开

---

[1] 温铁军：《八次危机：中国的真实经验》，东方出版社，2013年版。

展互帮互助和劳动竞赛，布雷弗曼意义上的"概念和执行"重新统一在一起。身体上劳累但精神上愉悦，集体劳作的氛围热火朝天。

当集体所有制和集体劳动过程在农村中占据主导地位的时候，虽然单干户这类劳动生产方式仍会在一个时期内存在，但它终会不可避免地被挤压乃至消亡。然而，在这个过程中，作为中间人物的单干户们的主观思想，是只能按照"不到黄河心不死"的逻辑，不得不接受现实，还是有着产生思想变化和觉悟的可能？从《竞赛》这章开始，单干户菊咬筋就主动展开了他与初生的农业高级社之间的劳动竞赛。但从一开始，这就是一个虽不成熟但已然占据了主导地位的集体所有制及集体劳动过程对单干劳动的包容和帮扶。菊咬筋与《创业史》中同为中间人物的梁大老汉有着很大的不同。梁大老汉是在年轻时冒着自己的生命危险靠替地主运输不义之货，分得了地主的一杯羹而起家的，他身上既有勤劳勇敢的品质，也有为了发家致富不要命地接受剥削和自我剥削的小农意识。菊咬筋身上也有勤劳到不惜力的特点，但他身上更多的则是连乡村传统道德都认同不了的巧取豪夺——他作为继子阴险地夺取了继父继母的家业，对继父继母只有虐待而没有孝顺。他身上颇有《寻乌调查》所记载的20世纪20年代江南农村"新发户子"无情毒辣的影子。[1]但就是这样一个中间人物，在竞赛的初期就获得了首先是领导干部而后是公社集体的宽容。

作为初生的高级社，常青公社只具有半社会主义性质，仍保留了私有财产的部分——如果从这点出发，允许菊咬筋挑走池塘里的淤泥用于沤肥，凌晨上工时熄灭自家的灯火，借合作社点起来的灯照明劳动，在"理"上是成立的，那么，对菊咬筋砍树卖钱的包容，则在道理上就有了站不稳脚跟的危险，因为封山的要求出现在他砍树的行为之前。退一

---

[1] 毛泽东：《寻乌调查》，1931年。https://www.876p.cn/henan/zk/113204.html 2022年3月28日登入。

步说，我们可以将李月辉等领导干部的处理方式理解为从处理人民内部矛盾的角度出发，弱化政治刚性，采取宽容灵活的管理与组织手法在生产中处理与菊咬筋的关系，争取他心服口服地加入公社，未来成为公社集体生产的一把好手。小说字里行间也的确写出了领导干部们的这一考量。[1] 这间接地表征出，在高级社办社初期，农村基层干部并没有现成的可供参照的工作模板，他们是在实践摸索中总结提炼组织集体劳动的工作方法的。但，即便这一理解成立，李月辉等人每每宽容处理之后，换来的总是菊咬筋"满心欢喜"更加信心十足地投入单干。菊咬筋这一中间人物在劳动过程中以及被帮助的过程中没有显现出思想斗争。

《创业史》中也有这样灵活处理并总结工作方法的情节，比如，当中农嘲笑初级社的牲口房太小，夏天容易臭味重，卫生情况差，不容易养好牲口的时候，梁生宝劝说高增福，要把批评转化为更好的工作方法，最后，只用增加清理次数这个方法就化解了中农恶言恶语带有的潜在的政治威胁性，不仅将这个问题限制在社会关系、生产方法的层面进行处理，也具有教育引导高增福的积极意义。然而，《山乡巨变》中常青社对菊咬筋近乎"七擒七纵孟获"的包容，似乎没有换来菊咬筋思想上一丝一毫的触动。

菊咬筋人物思想的发展滞后于生产推进的现象在菊咬筋的妻子王嫂累垮晕倒在地里被公社社员救起，以及菊咬筋夫妇在接受公社的双抢帮助之后不得不入社，这两个情节发展上表现得最为突出。可是，王嫂在被社员救起之后，作者笔锋就跳脱到了劳动过程中的妇女地位问题以及妇女参与生产劳动的强度问题了，没有顺着这一情节展开书写王嫂的情感与思想情况。直至最后的《认输》这一章，菊咬筋和王嫂才不得不再次接受合作社的帮助，完成了双抢：

---

[1] 周立波：《山乡巨变》，人民文学出版社，2018年版，第309、336—337页。

>王菊生这回深深感动了，也真正地认识了集体的力量。
>
>"真是人多力量大，柴多火焰高。"他堂客也说。
>
>两公婆都对农业社发生了好感。由于事实的教训，王菊生的思想里有些变化了。他想入社，又还有顾虑……[1]

菊咬筋夫妇到底对什么产生了感动呢？只有"真是人多力量大，柴多火焰高"这句曾经在前几章中频繁出现，用以描写沤肥、插秧等集体劳动氛围的话。在这里，作者并没有着墨于菊咬筋夫妻个人化的表达，哪怕只是因自己的被救而单纯表达感谢情绪的词句也没有。夫妻俩对合作社的好感是什么？思想到底产生了什么变化？顾虑又是什么呢？在后文的对话和行动中，王菊生惦记的仍旧是入社之后是否会在个人利益上吃亏。这样看来，王菊生所谓的思想转变，其实仍是迫于合作社占据主导地位的情势，不得不做出的经济理性人式的选择。

这种跳脱出集体生产进程，采取"经济主义"方式处理单干户的问题，也体现在李月辉代表公社宽容菊咬筋各种揩油做法的理由上。每当李月辉采取宽容的处理方法时，他总会说，不要把关系搞得太僵，他看重的是菊咬筋是一把种田的好手，包容菊咬筋的不良行为是为公社留一个未来的种田能手。看上去，李月辉既通过不那么政治性的方法维护了生产中的社会关系，又有着发展公社的远见，但这种只有包容没有斗争教育的处理方式实在显得太单薄了。思想觉悟仅靠包容宽恕就可达成么？

身为常青公社副社长而实际同为中间分子的谢庆元也得到了干部们"经济主义"的包容。他在上卷出场的时候[2]，有三个特点尤为引人

---

[1]周立波：《山乡巨变》，人民文学出版社，2018年版，第501—502页。
[2]周立波：《山乡巨变》，人民文学出版社，2018年版，第99—100页。

注意。身为党员的他既是"田里功夫"的"行角",同时也曾在旧社会入过帮会,而他本人对农村集体化工作则总是犯冷热病。在下卷旋即到来的常青公社春耕的劳动过程中,作者围绕这三个方面对谢庆元进行了人物塑造。其中,春耕开始时的分茶油,以及春耕过程中的分秧护苗是两个突出人物矛盾和人物情感性格的关键情节。和菊咬筋的待遇相似,当谢庆元懒于带头劳动,一边惦记着用赊账的方式多换一些主副食品改善伙食,一边却又对自己"副社长"的声望斤斤计较的时候,李明辉和刘雨生代表的党组织和公社集体用"哲学"和"经济学"包容了他的短处。无论是挖社会主义墙角的菊咬筋、秋丝瓜,还是总是摇摆不定的谢庆元等,在作者的笔下,都属于人民内部矛盾[1],不是"对抗性"的。唯一的对抗性关系只有受反动势力唆使,机关算尽破坏春耕的龚子元夫妇。于是,在塑造谢庆元的过程中,作者安排李明辉、刘雨生用看到中间人物长处的"哲学"和予以赊账照顾其贫困处境的"经济学"[2]软磨硬泡地激发出了谢庆元的劳动积极性。

然而,仔细辨析,我们会发现,用以争取谢庆元的"经济主义"和用以争取菊咬筋的"经济主义"有不同之处。首先,争取谢庆元的"经济主义"方法蕴含了更多的生产组织工作层面的智慧,将"理"和"情"结合在了一起。李月辉从谢庆元一家的贫农境况出发,选择较为"经济主义"的帮扶鼓励方式的同时也考虑到了应该对他有所约束,所以在批准谢庆元赊账的条子上写上了"分四次付清"[3],避免谢庆元一下子用完。这个有着喜剧幽默色彩的情节设置结合了工作的原则性和灵活性。类似的,在春耕伊始,在清溪乡分茶油的争论中,刘雨生一眼就看

---

[1]周立波:《山乡巨变》,人民文学出版社,2018年版,第347页。对于这点,并非所有村民社员都认同,有人质疑道:"他一个单干户,算得什么群众。"支书李明辉喝止,认为菊咬筋是搬泥块出身,也只拥有扁担这个生产资料,属于劳动人民。
[2]周立波:《山乡巨变》,人民文学出版社,2018年版,第369页。
[3]周立波:《山乡巨变》,人民文学出版社,2018年版,第399页。

穿了谢庆元表面上为产茶油的下村争取利益,实际上是想为自己多留茶油的意图。但刘雨生不急不躁,暂停争论不休的大会,组织党员开小会,引导党员们以大局为重,统一认识,接受不产茶油的上村得四成茶油,产茶油的下村留六成茶油的方式,解决纷争。这一方法既形成了党员模范带头作用,也从实际出发,在尊重下村劳动的同时,保证了上村下村皆为公社共同体一员的完整性,部分满足了谢庆元的合理诉求,约束了不合理的部分。

其次,除了"经济主义"的包容方式,公社干部和集体也对谢庆元的问题开展了辩论会,允许群众对他进行揭发批评。当公社调查发现谢庆元不愿将自己多出来的秧苗分给上村的原因是他受经济利益诱惑,只想把秧苗分给秋丝瓜用以换取米和腊肉的时候,公社干部们毫不犹豫地认为谢庆元"比单干还不如"[1],因为他这一利己行为损害了公社利益,妨碍了集体生产。然而,当晚就举办的辩论会在群众争相发言开展到最激烈的时候被反动分子龚子元妻子破坏,最后不了了之,使辩论会的群众教育效果没能完全发挥出来。在群众批评了谢庆元之后,以李明辉为代表的党组织和公社集体依旧以"经济主义"的包容善待并鼓励谢庆元,于是才有了上文提及的"分四次付清"的赊账条子。

这也引出了谢庆元和菊咬筋"经济主义待遇"之间的第三处不同。菊咬筋直到春耕结束才不得不加入公社,而谢庆元则在群众辩论会后就真正发挥他作为副社长的劳动带头和劳动组织作用了。李明辉和刘雨生面对谢庆元,既依据"理"也融入"情"更设置"边界"和"斗争"的方式成功调动起他的劳动积极性。谢庆元积极投入并带领集体劳动的情况在下卷的《纠葛》一章中有充分的展现。然而,和菊咬筋人物塑造的问题相似的是,书中并未对谢庆元的思想变化展开详细深入的描写。

---

[1] 周立波:《山乡巨变》,人民文学出版社,2018年版,第384页。

我们只能从《纠葛》这章对他劳动行为的叙述上间接理解他的思想变化,但却无从判断,他的变化究竟是已经彻底完成,还是只是冷热病中"热"的阶段。群众辩论会后,刘雨生不忘趁热打铁安抚鼓励受了群众批评的谢庆元:

"他就是脾气躁点,工作能力倒是很强的,田里功夫门门都来得,这回秧苗也是他管得好。"[1]

谢庆元重新燃起的劳动斗志正来源于刘雨生对他能力的这番肯定,而非基于他对自己个人主义错误的认识与反省。《牛伤》和《短见》这两个下卷的后续章节揭示出,谢庆元的积极性恐怕的确只是一时的。而小说情节的展开似乎有意无意地将谢庆元的错误主要归咎到了"对抗性"的反动势力的破坏上了,谢庆元自己的思想问题这一本该作为主要矛盾的内因,在反动势力破坏集体劳动的情节中悄然退为次要矛盾。龚子元妻子挑拨离间无中生有,使谢庆元的妻子桂满误以为丈夫移情别恋。在夫妻俩大吵大闹的时候,龚子元趁乱偷偷刺伤由谢庆元负责照料的牛。谢庆元因自己失职而大受刺激,稀里糊涂地吞毒自杀未果。小说仍然没有展开描写被救下来的谢庆元在思想层面的波折,只写道:

"你们不必讲了,"谢庆元抬抬头说,"我晓得是我自己太糊涂。"

"晓得就好。"李月辉随即接口,"晓得就要改。这回的事,你应该对党对群众有个交代。"

"是应该检讨。"谢庆元只要想通了,却不很固执,"我只求把

---

[1] 周立波:《山乡巨变》,人民文学出版社,2018年版,第393页。

我留在党里面。"

"组织处理以后再说吧。……"[1]

第二天黑早,谢庆元背着犁,赶起一条小黄牯,走到山边的路上,碰见一群背着书包上学的孩子,为首一位是李支书的儿子李小辉。

……

民兵后生子和几个过身的人都哈哈大笑,谢庆元说:

"你不要取笑。"

说不出别的话来,不好意思地牵着牛走了。[2]

谢庆元究竟糊涂在哪里?从李明辉和刘雨生对谢庆元的开导来看,是谢庆元不该因为夫妻不合,连带着没能看好牛就想不开。牛是谁伤的?夫妻关系是谁挑拨的?都是龚子元夫妇。这将谢庆元真正的思想问题搁置在了一旁。这些情节安排体现出小说面对中间人物问题所具有的暧昧态度。于是,即便谢庆元在行动上开始积极投入集体劳动,但却总免不了被人嘲笑、揶揄的后续情节,也变得顺理成章了——他的思想并未彻底改造,他的精气神不足以服众。经过这些波折,谢庆元不再吹牛骄傲了,劳动也更自觉了,但与这一行为改变相呼应的思想转变的层次并不高。这一人物形象到小说的最后一章更是被明显地定位在了"丑角"的位置上。当然,我们可以认为,对谢庆元较为幽默化的处理显示出作者生活化的轻松状态和小说的民族风格。但是,小说对劳动过程中的矛盾张力做细腻叙述的同时却并未使之对人物性格发展起推动作用,不能不说是一个人物塑造上的遗憾。

"经济主义"的处理方式和敌我矛盾之间的关系还在另一处重要情

---

[1] 周立波:《山乡巨变》,人民文学出版社,2018年版,第436页。
[2] 周立波:《山乡巨变》,人民文学出版社,2018年版,第441—442页。

节中展现。敌我矛盾的情节内容和人物设置在《山乡巨变》中并不占主要篇幅，只有龚子元夫妇是来自于敌对势力的破坏者，破坏的方法也只是通过伤害耕牛、散布谣言、起哄挑拨等方式离间中间分子与党员干部、群众积极分子之间的关系。但敌对分子的破坏也可以渗入公社的劳动过程中，以不那么政治性的生产中的社会关系为掩盖。比如，在《插田》这章中，公社没能在生产前杀猪吃肉鼓舞士气成了龚子元拿菊咬筋当枪攻击公社的由头。龚子元说，没有猪肉吃的公社丧失了公社的优越性，只是画饼充饥而已。他的这一挑唆性言辞居然起了作用，原本士气高涨的社员们一下子像泄了气的皮球，什么活儿也干不下去了。最后，作为党员干部的刘雨生不得不劝说自己的爱人贡献出一头猪来，给社员们鼓舞劳动生产士气。小说花了很多笔墨描写刘雨生做自己爱人的思想工作，但却没有展开描写社员们吃猪肉的具体感受。似乎吃猪肉是天经地义的，没有猪肉吃不仅不符合当地的民俗，也损害了公社的理与情。

结语：中间人物必须超越"经济主义"？

综合来看，《山乡巨变》对菊咬筋和谢庆元这两位中间人物的处理，有以下几个方面的特点。作者对常青社集体春耕的劳动过程展开了详细的描写。在气势恢宏的集体劳动过程中，不免遭遇困难和波折，有些是单干户带来的困难阻碍，有些是反动分子制造的破坏。在回应农业集体生产所遭遇的挑战时，常青社的干部群众本着推动合作化和争取中间分子入社的目的，既采取了"经济主义"的手法，也创造了原则性、灵活性相结合的工作方法，更在必要时采取了群众辩论会和教育鼓励的方法。然而，美中不足的是，经历这些过程的中间人物菊咬筋和谢庆元的思想变化比较平面，小说只对其思想变化做了概括性、结论性的描写而没有对其思想变化的过程进行描述；他们两人的思想觉悟直至小说结束也不够彻底。

这一遗憾引出一个问题：阶级情感和阶级觉悟固然植根于劳动过程，但这是否意味着，所有经历集体化时期的人们都必须完成且必然能完成彻底的思想改造？十七年文学的创作是否必须做到让中间人物在小说情节的发展过程中毫无保留地展现出思想变化的复杂曲折？恐怕，要求经历集体劳动过程而必须发生思想变化反而是不切实际的僵化要求吧。然而，《山乡巨变》真正的遗憾在于，小说实已在收尾处明确点出了这两位中间人物的思想的确起了变化，但没能具体展现出他们思想转变的过程。小说在描写集体劳动过程时充分展现了阶段性、推进性和驳杂性，这就让相对来说较为程式化的人物塑造显得有些突兀了。小说的这一内在悖论其实打开了一个窗口，可以让我们从表征的角度理解小说的指向。

周立波自 1956 年开始创作《山乡巨变》，1957 年年底完成上卷，1959 年开始创作下卷，1960 年完成全书。这本书的创作和出版历时四年，正与中国农村迈入集体化进行社会主义改造这一时期同步。[1] 可以说，小说是对当时正在发生着的农村变革做即时的书写。于是，其中也必然蕴含了作者自身对正在发生着的农村合作化运动的观察和理解，而这些观察和理解由于和书写的对象同步发生，而不可避免地具有更多探索、讨论的性质，未必非常成熟。这一情况和柳青得以在 1972 年精心修改《创业史》的状态是不同的。一方面，《山乡巨变》将中间人物

---

[1] 由毛泽东亲自参与并推动，中共中央办公厅编纂出版的《中国农村的社会主义高潮》于 1956 年由人民出版社出版，成为各地农村合作化运动的指导性文件。如果说 20 世纪 40 年代中期至 50 年代中期主要是由农村基层自下而上地发起各种层级的互助合作运动，那么这套书的出版则标志着中国自上而下地揭开了中国农村社会主义改造的高潮。

的一些过线举动都框定在人民内部矛盾的性质之内[1]，透露出作者较为宽松的政治倾向。另一方面，作者将"哲学"和"经济学"结合在一起运用于小说的情节发展，对"经济主义"采取正面的态度进行描写，或许折射出彼时的政治氛围较为松弛。在《关于〈山乡巨变〉答读者问》中，周立波说道：

> 新与旧，集体主义和私有制度的深刻尖锐、但不流血的矛盾，就是贯穿全篇的一个中心线索。……在章与章间，我注意了衔接的问题，悬念或伏笔，衬托和波澜，以及高潮等等这些文学的章法，我都懂，而且有时也使用。但根据人物的发展和事件的起落的情况，这些技巧能用则用，不能用时，没有勉强。我以为文学的技巧必须服从于现实事实的逻辑发展。[2]

在答问中，围绕文学技巧的使用和现实之间的关系，周立波指出，文学技巧必须服从于现实事实的逻辑发展。如果将这一原则稍作扩大，那么，文学书写是否也应服从于现实事实的逻辑发展呢？从《山乡巨变》中间人物的思想觉悟"不彻底、未完成"的状态来看，小说并不只是让文学技巧服膺于现实事实的发展，小说的人物发展或许也服从了现实事实的逻辑发展——在农业合作化高潮的彼时，恐怕也并非所有的中间人物都完成了彻底的思想改造吧。小说的人物塑造对当时人们现实的思想状况，可能构成了表征关系。

如今，我们从后摄的视角来看，在农村集体化进程中，追求个人与

---

[1]群众辩论会中，谢庆元差点被以盛清明为代表的盛怒的青年社员们捆绑起来。李明辉和刘雨生安抚谢庆元的时候，三个人物的对话明显将捆绑人的行为联系为旧社会贫农受欺负的往事。这或多或少地折射出作者也不认同暴力相向的方法。
[2]华中师范学院中文系：《关于〈山乡巨变〉答读者问》，《中国当代文学研究资料——周立波专集》，武汉师院咸宁分院，1979年，第106页。

集体的经济利益未尝不可被放置在合法、合理与合情的范畴中。但问题是，追求经济利益与提升政治觉悟之间的关系究竟是什么呢？按照《山乡巨变》下卷中的情节处理和对人物塑造的逻辑，如果合作社无法在短期内显现出生产劳动的优势和成果，就无法要求社员们提高觉悟吗？如果合作社无力为像谢庆元那样的贫农中间分子提供赊账支持，这类中间人物就无法被争取吗？像菊咬筋这样的单干户是不是只有在客观的生产逻辑上，被逼到"不到黄河心不死"的程度上，才有可能发生客观转变？《山乡巨变》缺乏对经济主义向社会主义精神提升转化的摸索性书写。

谁是社会主义农村的好干部

——从《山乡巨变》与《被开垦的处女地》的关系谈起[1]

◎夏天

周立波的《山乡巨变》与肖洛霍夫的《被开垦的处女地》是20世纪社会主义阵营中两部描写农村社会主义制度巩固历史的小说。先前的研究者注意到了中国农业合作化题材小说在文学语言、人物形象以及作品结构上都有《被开垦的处女地》的影子，从而认为周立波、柳青以及丁玲的小说都受到了肖洛霍夫的影响。这种中苏文学作品的比较更深的问题意识在于指出苏联作品对中国当代文学影响之深，当代文学的资源之贫乏。

如仅从文学形式切入社会主义阵营的文学作品，很大程度上只能

---

[1] 周立波的《山乡巨变》与肖洛霍夫的《被开垦的处女地》是20世纪社会主义阵营的重要文学作品。两部作品都描绘了革命成功后农村如何进一步进行改革的历史图景，都关注于社会主义农村的干部问题。《被开垦的处女地》对中国当代文学产生了深远的影响，小说的上下两部之间的时间差体现了不同历史阶段的历史经验，第二部结束时所展示的基于本土的农村干部问题产生恰好在周立波的《山乡巨变》中进行了探讨。周立波对外国文学的理解经历了从知识化的信任到放弃以外国文学为认识媒介的过程，他的苏联参访经验给予了他面对社会主义道路的笃定感。他的《山乡巨变》中对好干部的书写打开了如何重新理解革命与地方生活世界关系的经验与审美空间。

把握到两者的浅层的相似性。但以作品的文学形式、人物塑造以及作品结构为媒介，以社会主义阵营共同面对的问题为指向——共产革命所拥抱的信念必然会遭到代表着传统生产方式、生活世界、价值诉求的农村世界，如何与这个世界相处、斗争并进而改造这个世界是所有希望建立一个更好世界的革命者所需要面对的问题。因此也必然会出现革命如何在农村地区生根发芽、农村世界不同人群的生活与价值分化等问题。当关注到这些问题时，我们会发现不同作家在不同的历史阶段与社会氛围中，他们的作品往往能与革命理论、实践经验，以及被革命打造的社会形成相互审视观察视角——作家以自身不同的经验呈现革命实践的过程、成果与局限，并为他们倾向的特定经验革命的应然方向赋形；革命实践也提供更为宽广的历史、社会视野来让我们看到作家作品的独特之处。

周立波是《被开垦的处女地》（第一部）的译者，他写于20世纪60年代的小说《山乡巨变》与《被开垦的处女地》除了在题材上相近外，亦有共同关心的问题——社会主义农村的干部问题。作为革命与农村社会之间的交界点，农村干部问题集中体现了20世纪共产革命中重大的理论与实践的难点。在这两部小说中的人物塑造上，最为出色的人物也是形形色色的农村干部，如《山乡巨变》中的邓秀梅、刘雨生、李月辉，《被开垦的处女地》中的达维尔多夫、拉古尔洛夫、拉兹米推洛夫夫等人。他们不同的领导方式往往也体现出革命历史过程中不同的理论样态与实践偏向。"谁是社会主义农村的好干部"这个问题是理解两部小说及小说所依托的社会历史经验最重要的抓手之一。

一、《被开垦的处女地》中的经验差异

革命经验的差异不仅体现在不同的作家作品间，在一部重要的小说

中,也往往会呈现出不同的革命经验维度。因此将小说各组成部分拆解为有分析价值的单元是重读社会主义时期小说的必要前提。苏联批评家在评论《被开垦的处女地》时,认为需要将小说的上下两部视为一部完整的作品来看待。正因为上下两部无论从写作年代、关注问题、人物塑造方式甚至故事展开的节奏都有明显的差异,评论者才会尤其强调需要将上下两部作品视为一部。而从中国作家的接受来说,对《被开垦的处女地》的关注往往集中于小说第一部,因此往往忽视了小说第一部与第二部之间的张力。上下两部写作时间跨度二十多年,无论国内政治、社会语境还是作家的创作心态及所关注的问题,都已有了很大的差别。除了小说人物与空间具有连续性之外,上下两部几乎采用了完全不同的结构方式。

从小说的结构来看,《被开垦的处女地》的第一部创作于苏联集体农庄推进的高潮期,以农业集体化政策的推进作为小说结构的主轴。小说第一章、第十四章、第二十六章、第二十八章、第三十七章都在章节开头就写出了本章发生的时间,这些时间线索也与集体化政策推进进度以及农业生产的节律相配合,斯大林的《胜利冲昏了头脑》成为小说情节的关键,因此可以说第一部是时间性的长篇小说。卢卡奇认为"肖洛霍夫的小说的主题正是这一具有决定意义的历史变迁,所以我们相信,如果我们将他的主题称为'一个新阶级的诞生',不会引起任何误解"这里新阶级的诞生的历史进程也意味着小说将以历史进程以及这一进程对社会与人心的影响作为小说叙述的中心。

创作于 20 世纪 50 年代的第二部,没有以政策的推进作为主干线索,在小说叙述过程中甚至没有出现影响小说情节的政策文件与历史事件。因此在第二部,干部达维尔多夫与不同人的交往成为小说所铺展的主体部分,他在集体农庄中的遭遇以及与其他农民的互动得以细致展开,小说的重点也从阶级斗争的历史进程转到了心理道德层面。与达维尔多夫互动的路西卡、西奚卡大爷、涅斯捷连科、铁匠沙利、雷卡林、瓦丽娅等也分别代表了农庄中的不同层次的人群。撇去第一、二章以及最后一章，完全可以视为一幅集体农庄的干部的道德人情世界风俗画。因此第二部可视作以集体农庄的空间与达维尔多夫的心理空间为布局的小说。

第一部以时间为线索，以"阶级斗争"作为小说情节推进的动力。因此无论人物的内心冲突还是故事情节始终在极为紧张的氛围之中。而第二部中，虽然仍然伴随着诸多冲突，但各矛盾冲突并不像第一部那样不断上升，在第二部中"肖洛霍夫最大的特点是，不惧怕表现激烈的和痛苦的冲突场面，而且最终还能将局面扭转到一场愉快和人道的方面来"，"转向愉快与人道"正表明作家心境已有明确变化，整体节奏趋于舒缓。在《静静的顿河》的结尾，格里高利最终迷惘地站在鞑靼村的河中看着自己的孩子，此时的肖洛霍夫还无法给那么激烈的冲突安排一场和解，在《被开垦的处女地》第一部结尾，洛济支在面对波洛夫则夫的回归，同样也面临着自己心灵的撕裂，仿佛预见了下一部中更激烈的斗争。但到了第二部，肖洛霍夫能够从容展开集体农庄中的各种问题了，主人公达维尔多夫一旦陷入农庄中各种矛盾时，总会有人以善意但直接的方式提醒他工作改进的空间，由此也将集体农庄中的干部问题正面提出。

在第一部中表现出工作态度粗暴，具有强烈教条主义倾向的干部拉古尔洛夫，在第二部中有了很大变化，他甚至和西奚卡大爷一起成为喜剧式的人物，原本与现实生活脱节的激烈信念，并没有像在第一部中那样，让读者感到震惊。反而在舒缓的集体农庄日常生活画卷中变得好笑。他的好笑之处在于他夸张的言行在已常规化的集体农庄生活中显得怪异与不符合常理。西奚卡大爷的角色，在第一部中仅仅作为残酷斗争中幽默的点缀，第二部中他占据了更大的比例。他的在场表明了革命事业也同样能与嬉笑的农民日常携手，正如第二部中拉古尔洛夫与西奚卡大爷成为最好的朋友。

主人公达维尔多夫是贯穿一、二部的中心人物，肖洛霍夫将他的背景设定为当过水兵的工人。他之所以重要，是因为他代表了俄国革命如何进入传统的顿河农业地区，代表先进的生产力与集体主义精神。如果《静静的顿河》讲述了积极行动的哥萨克人是否及如何参与革命的故事，那么在《被开垦的处女地》中，肖洛霍夫关注的问题转为自上而下的革命如何能够在哥萨克农村生根。聚焦于达维尔多夫这样的干部恰好是这个问题的最重要的方面。什么样的干部是好干部？他们如何与农村社会互动？如果当政策明显与地方社会产生冲突的时候，他们该怎么办？就这个问题来说，《被开垦的处女地》的上下两部的处理有显著的不同。在第一部中，派到顿河地区推行集体化的达维尔多夫的力量来源是对革命的信念，在集体化政策推行之初，他甚至和拉古尔洛夫一样粗暴。第一部集中呈现了革命的力量感，而到了第二部，达维尔多夫同样充满力量与信念，但他每次改变都来自于与不同的人的互动，集体化推动的内在动因发生了位移。

二、肖洛霍夫与中国

从20世纪30年代肖洛霍夫以来一直影响着中国文学，但干部问题并非从一开始就受到中国读者的关注。对《被开垦的处女地》的学习从20世纪30年代到20世纪50年代都落在学习"社会主义现实主义"的写作手法上，并将小说视为"生活与斗争的教科书"。到了1956年，由于中苏两国的国内政治都有所变化，肖洛霍夫开始写作连载《被开垦的处女地》第二部。甫一发表，便同步连载在《译文》杂志上。小说还没连载完就与《拖拉机站站长与总农艺师》《区里的日常生活》一起，作为中国作家的学习对象。此时《被开垦的处女地》连载还只到前三章，这一部分是洛济支为了不败露窝藏的波洛夫则夫，残忍将自己母亲饿死的故事。情节异常紧张，表现了洛济支反对集体农庄的意志强烈到了能够泯灭亲情的地步。第三章小则开始写达维尔多夫面对路希卡的情感困惑。在双百方针的语境中，这几章的写作恰好被归入"勇敢揭示矛盾"的创作观念中。这些高度紧张感的情节，也成为这一时段作家写作技巧提高的模版。在中国作协组织对三部苏联作品的学习中，大部分作家的感受都集中在对《拖拉机站站长与总农艺师》，涉及《被开垦的处女地》第二部的发言非常少。刘白羽主要将小说的优点放在对尖锐矛盾和冲突方面的学习上"肖洛霍夫很忠实于生活的真实，忠实于生活中最本质的东西——斗争，他没有走最省力的路。第二部一开头，就描写富农洛济支把自己的母亲饿死，于是矛盾又重新展开，吸引人要看下去"。令刘白羽印象深刻的小说细节，在小说后半部分没有充分地展开，小说的矛盾也没有被叠加与推高。

斯大林逝世后，在20世纪50年代初集体农庄合并高潮后积压的种种问题也开始在文学作品中体现。这些问题包括为了照顾工业牺牲农业发展，因此集体农庄的发展滞后；某些农业部门违反"物质利益"原则，拖拉机站没有很好利用；农村中政治教育工作缺失，劳动纪律松懈；农场公共财产流失等种种问题。在苏联也出现了一批抨击官僚主义、关注集体农庄问题的文学作品，如在中国号召学习的三部作品（《被开垦的处女地》（第二部）、《区里的日常生活》《拖拉机站站长和总农艺师》）。与另外两部作品相比，《被开垦的处女地》所塑造的矛盾也并不显得尖锐。在《区里的日常生活》及奥维奇金其他的特写作品中，提出来的核心问题也是集体农庄中的干部，但奥维奇金更关心的是在更宏观的制度性安排中如何激发特定岗位上干部的积极性，并在这个前提下讨论干部需要何种素质。他视角是自上而下的制度制定者，关心的是政策与生产计划在下达的过程中，干部如何能够根据本地的情况进行有效的工作。因此奥维奇金对干部的透视很少涉及干部本人的道德、情感以及心理世界，农庄主席与庄员的互动则更少在作品中体现出来。由此可见《被开垦的处女地》对干部问题关注的特别之处。

谁是《被开垦的处女地》中的好干部？在中国读者看来，格米内雅其村的干部中，最需要学习的是主人公达维尔多夫。在《被开垦的处女地》第二部中多次涉及达维尔多夫工作中出现的问题，如批评他私人情感问题、批评他不积极发动群众入党来充实干部队伍、批评他放弃了领导，让洛济支管理大小事务。涅斯捷连科对达维尔多夫的批评更具体指向了农村干部的行为的影响问题。在他看来干部的言行是会直接与农村世界产生各种微妙复杂的互动的，因此作为一名农村干部在自己威信建立过程中，需要注意方方面面的与庄员的互动可能对集体农庄产生的影响。作为领导需要时刻主动发挥自己的带动作用，这些因素被达维尔多夫所忽略。在听取意见后，他积极调整自己的工作状态，小说突出了他的成长，因此能够通过与地方的互动不断成长，他是肖洛霍夫眼里的好干部。

《被开垦的处女地》（第二部）在《译文》（在1959年改名为《世界文学》）杂志上进行了完整的连载，到出单行本则到了1961—1962年。此时中苏交恶，《被开垦的处女地》的下部不可能在中国产生直接的影响，直至"文革"中将肖洛霍夫作为头号的修正主义敌人批判，他的小说更不可能在70年代成为正面学习的榜样。直到20世纪80年代，草婴翻译的《被开垦的处女地》上下两部，才以《新垦地》为名重新出版。因此在首次出版的20世纪60年代，小说第二部实际影响的范围就相当有限了。

斗转星移，到了20世纪80年代，达维尔多夫不再被认为是好干部了，无论中国还是苏联的文学研究者，都因为对苏联农业集体化运动以及随后肃反的否定，从而对肖洛霍夫的解读和情感倾向作出了与之前历史定论相异的评价。蓝英年和奥西波夫都全盘否定了20世纪50年代正面肯定的农业集体化历史的正面方向，因此他们也不再认同肖洛霍夫对农村干部问题探索的正面意义。肖洛霍夫直到晚年也没有否认农业集体化的正当性，但他认为集体化工作如果要真的做好，那么在这个过程中干部的作用至关重要"将由什么来决定，他们能建成某种有益的东西，或者仅仅是留下旧东西的一堆破烂残余呢？首先将决定于在他们当中能否找到在行的专家。同时这个专家还要能够让各种不同的人、完全不一样的人跟着他走，而且是心甘情愿地跟他走。总之，是需要一个带头人，而不仅仅是专家。如果人们自己一窍不通，不明就里，还不把专家当做带头人，那就糟糕了"。可见肖洛霍夫始终坚信，农村需要的不只是专业的农业工作者，他更是一个能够将大家团结起来的当家人。

从屠格涅夫开始，俄苏文学传统中的新人和领导革命的干部或从外国或是外省来到地方，在《静静地顿河》中最初来到顿河地区的革命者也来自顿河以外的世界。到了《被开垦的处女地》第二部，顿河农村地区终于自己成长起了一批既来自当地，又在与革命紧密互动后产生的当家人。这些从地方上自己成长起来的干部将如何带领当地的集体化事业？肖洛霍夫没有继续将格米内雅其村的故事写下去，最终，历史停留在了肃反与卫国战争之前。

而肖洛霍夫所留下的问题空间，周立波通过《山乡巨变》探索了本地当家人如何面对中国农村问题的图景。我们的观察也从肖洛霍夫转向了周立波，转移到了他笔下的生长于本地的社会主义农村当家人的故事。

三、周立波的俄苏经验

作为《被开垦的处女地》的译者,周立波对肖洛霍夫的作品深有体会,他在《被开垦的处女地》(第一部)的译者附记中写到:

读这本书的时候,翻译它的时候,常常感到它有一种温和的和谐的微笑。显然,俄国文学的传统的"含泪的微笑",传到这本书,已经变了质,微笑是一种尽心尽力的生活的欢愉,不再是无可奈何的强笑了,而眼泪只属于过去。十月革命前俄罗斯人民的生活是悲惨的,这本书里每一个重要人物,差不多都有一段悲惨的过去的插话。但是现在,他们都开始欢喜他们的生活了,而且还在尽力地开拓着人类的将来,他们能够笑,能够像达维多夫一样,胜利的,很有自信地说着:"一切都属于我们,一切都在我们的掌握。"但是我们不能够,我们还生活在他们的"含泪"的"过去"。

到什么时候,我们才能够像他们一样的欢愉地笑?[1]

周立波20世纪30年代的外国文学的评论中,常常将最让他感动的故事情节或者人物命运直接与中国的现实状况进行类比。他在鲁艺讲稿中,谈到《安娜·卡列尼娜》"为了他的永久的宗教真理,他要创造永久的人性。然而永久的人性是没有的,延安的女孩们,少妇们,没有安娜的悲剧。"即是从他的文学趣味及阅读感受出发,认可延安的革命氛围。

延安讲话后,周立波数次反省他对外国文学的理解方式以及文学

---

[1]周立波:《周立波选集》第7卷,湖南人民出版社,1983年版,第464页。

创作与革命实践的关系。他谈到自己"中了书本子的毒。读了一些所谓的古典的名著,不知不觉地成了上层阶级的文学俘虏。在这些开明的地主和资产阶级的精致的书里,工农兵是很少出现的,有时出现,也多半是只写了消极的一面,而那些寄生虫,大都被美化了"。他的反思起步于强调思想认识和倾向性。随后他认为"我当时读着一些西洋的古典作品,却漠视了比古典作品所反映的内容要雄伟得多的眼前的工农兵斗争的现实,这就不是借鉴,而是替代了"他意识到自己先前认识工农兵生活的方式是被所阅读外国文学的形式所中介过的,因此无论这些外国小说来自何处,都不能替代自己直接对农村现实的认识。随后他的创作论中就不再强调外国文学作品的影响,而更多的是直接讨论搜集素材与写作中的经验。

除了精通俄苏文学,周立波在1950年随团访问苏联,并写下《苏联札记》。他参观了各类苏联的纪念馆以及能够体现苏联建设成就的地方工厂与集体农庄。在参观列宁的陵寝、斯大林寿辰的礼物馆时,他表达了对苏联领袖的热爱,这是社会主义革命氛围中表达对社会主义道路的坚定信念和热情的方式。

在参观苏联的工厂和集体农庄的过程中,周立波感受到最多的是工厂与集体农庄的物质保障和制度建设。他在莫斯科工具工厂感受到苏联工厂与资本主义工厂非常不同,工厂与公园不分,在敞亮干净的工作空间中,他感受到了苏联工厂对人的尊重,这同时也表现在工厂为工人提供了足够的物质保障这一点上——包括休闲设施以及职工宿舍、幼儿园、休养所等工厂配套设施。他还注意到了工厂中的劳动竞赛和对劳动竞赛的三十万卢布的奖励,以及学校不脱离实际而与工厂紧密结合的制度设计。这都让长期在积贫积弱的旧中国生活的周立波感受到了社会主义制度的强大。

这种对社会主义道路的信心使他在参观工厂流水线中看到的不是

马克思主义对现代流水线的异化的批判，而看到了所有人之间的连带关系。他也注意到苏联现代工厂与过去的工厂的差异在于工厂中英雄画像经常更换以劳动榜样的方式来激励人，工人之间不像传统的工厂对劳动技术垄断，而是乐于分享技术，注重工人爱好修养的培养。

除了工厂中的各种现代工业设备之外，周立波特别感受到苏联工厂中对"人"的重视，首先，工厂干部做了很多工作，设立了专科学校和职业学校；其次，政治教育对工厂生产的促进；最后，工厂给工人安排了优美的生活环境。在参观了苏联的台尔曼集体农庄时，周立波尤其看重苏联集体农庄中重视"人"的正面的经验。

周立波叹服集体农庄的现代技术与物质保证外，他尤其将集体农庄的成功经验归结为党领导的强化——"农庄中的一切工作都贯穿着党的领导。党和共青团不断地通过墙报、小报和会议，指导各个工作对的耕种工作。党也领导着农民遵照斯大林的指示，更好地使用机器和拖拉机，更好地改良土地的耕种。"周立波看到的党的强化的重点在于自上而下的计划和组织，在生产的每个阶段都有党的介入。

在参观中，周立波更多看到的是苏联物质上进步的方面。但由于没有长期在苏联的集体农庄中生产与生活，国外参观者很难见到在具体的集体农庄组织工作中的干部与群众的关系，更难看到普通的农庄如果需要获得这样好的工作和生产状态，如果没有集中和大量的资金投入是不可能的。因此其他因资金和技术投入比较少的集体农场所遭遇到的问题也不在他的视野之中。在战后恢复时期苏联集体农庄经济中，除了技术支持之外，经济的恢复还来自对自留地以及传统小农经济的默许。更大问题在于苏联已经全面推广了集体农场制度，并且在 1950 年又推出集体农庄的合并扩大的政策，在这一过程中，生产和领导的诸多问题就更被凸显了出来，这些矛盾就不仅仅是周立波所注意到的生产工具的普及和发展的问题，而是在集体农场制度下如何进一步完善组织以及发展生产的问题。因此匆匆参观苏联集体农庄的周立波及其他的外国参观者，自然很难看到这个层次的困难。周立波比较快的将集体农庄所取得的成绩归结为"主要的是工业方面的建设和合作化的建设，来创造农业集体化的必要的条件"，他将社会主义制度规划中，以工业为主，工农业相互合作的经济发展模式作为他对苏联模式的总结。但恰恰在中国的现实经济状况中不存在这样的工业化基础。

他对苏联集体农庄经验的理解中，没有包含当时苏联集体农庄组织和管理的具体问题，而更多关注于苏联集体农庄物质性保障的层面。集体农庄和社会建设的经验给周立波一种笃定感——"一切集体农庄的庄员都已变成生活丰裕的人了"这样的感慨自然是来自苏联方面的宣传，但同时这种笃定感对于生产发展还不成熟的中国来说，毋宁是一种强烈的鼓励。周立波所以在之后的小说中没有表现出如此尖锐的冲突，一部分原因在于他亲历斗争的新中国已然成立，土改时期酷烈斗争已经翻页；另一方面的原因则在于他看到苏联物质上的富裕让他对未来要走的道路产生了巨大的信心。

新中国成立初期，周立波对苏联的理解在其他同样有过访苏经验的作家身上并不特殊——正确的道路选择和丰富的建设成果与物质保证，成了他们回过头看待自身经验的重要参照。综合周立波眼中的苏联，可以看到他对苏联的理解，仍是出自对苏联的正面想象。他的参观体验中没有涉及集体农庄中的当家人如何具体工作的层面。当他构思塑造中国本土的干部时，必然不可能直接借用苏联集体农庄作品中的当家人形象。

周立波所翻译的《肖洛霍夫论》中，强调《被开垦的处女地》表现了随着社会主义制度的建立，在哥萨克土地上产生了新的共产主义的劳动观。对制度与世界观确立的强调，成为初期《被开垦的处女地》在中国接受的基调。在新中国建立的氛围中，则更关注对历史方向必然性的肯定、私有制的扬弃、社会主义制度的建立以及相应的情感培养等因素上，并未聚焦于干部问题。随着新中国各项事业的发展，在理解肖洛霍夫的时候，也逐渐注意到干部是理解小说的关键问题，这一问题也日益占据中心位置。在对干部问题的解读中，中国的研究者最为看重的是达维尔多夫，并通过他与拉兹米推洛夫夫与拉古尔洛夫的对比，指出具有成长性的达维尔多夫是农村的好干部。

在创作《山乡巨变》前，周立波的创作也关注到工人如何成长为干部的主题。他的《铁水奔流》也在尝试采用不同于《暴风骤雨》那样的依赖政策快速推进的写作方式，周立波要表现的是李大贵这样的工人如何成为工厂中的主人和干部。但他的尝试并不成功，李大贵本人的意识转变的过程没有给出比较充分与深度的展开。对政策与人的变化关系的理解过于直接，对社会变化所依赖的社会生活状况与特定的人的状态挖掘不够。

意图转型的周立波在下一部小说《山乡巨变》则在人物与社会生活状况的关系中尽力打开新的视野，他像《暴风骤雨》那样，依然选择了外来干部的视野作为起始点，但邓秀梅和肖队长已经跨越了一个时代了。

四、谁是社会主义农村的好干部？

《山乡巨变》上部中的好干部毋庸置疑是邓秀梅。她是合作化运动的推动者。小说中一开始就没有把她的出场放到政治严峻的场景中，她在和同行后生聊天时还有来有回，虽然尖锐但马上又以轻松幽默的方式化解。她在与乡里人交往过程也充分表现了这股巧劲，这表明她不是作为一个绝对自信的政策代表空降到清溪的，她也很快成为当地群众的"知心人"。而本地干部李月辉与刘雨生则更多作为邓秀梅的参照出现，自身性格没有得到充分展开，几位年轻干部的形象则更为模糊。

小说的下部在上部的基础上也有所发展，最大的改变是第一部中的邓秀梅、陈大春以及符贱庚因为支援工业建设而暂时离开了清溪，本来由邓秀梅代表的自上而下的叙述视角就变成了整个清溪乡了，这一小说视角的转变也颇似《被开垦的处女地》上下两部的转变。群像描写由于缺少了自上而下的视角，因此小说从政策推进——克服困难——继续推进的方式，转为日常生产活动中不断解决遇到的新困难的呈现。本地干部李月辉与刘雨生也得到了更充分的描写。

在下部发表后，也有评论者认为小说的缺点在"时代气息似乎不够十分强烈。这表现在没有十分充分地写出农村广大农民群众、特别是贫农和下中农对农业合作化如饥如渴的要求"群众对农业合作化的期待既有来自中国历史真实经验的依托，也有农业政策制定中对农民积极性的预设，第二部缺少了邓秀梅所代表的政策的视角，缺少了本地最积极于革命的陈大春来推进小说的节奏与制造情节上的冲突作为主要角色，也让小说更加能够呈现在本地农村干部领导下的合作化运动实际展开的状况。

在写新的合作化运动时，周立波更温和从容地看待这场运动，不像柳青那样，将合作化运动的矛盾与冲突作为结构作品的中心线索。对《山乡巨变》小说风格的评价中常见"阴柔之美"既是一种美学风格体现，同时也表明小说看待现实矛盾的舒缓。即便是上面派来的干部邓秀梅，也没有让清溪的整体氛围和人际关系变得紧张。政策好像总是在不急不缓的氛围中就完成了。

周立波的下部的逻辑起点开始于《被开垦的处女地》完结时，本地农村干部本身是否能够成为合作化运动的核心力量？他们需要哪些品格？如果肖洛霍夫思考的仍然是外来的社会主义思想如何推动苏联的农村走向集体化道路的话，那么周立波所面对的基本问题则是特定地方的干部与社会风貌如何本身与合作化的结合点是什么？有哪些基于当地的力量是革命政治可以借助的，与政治不直接相关的干部品格与文化氛围如何可以是合作化运动中能够依靠的？

《山乡巨变》中唯一让人感到有压力的干部就是强烈要求数字的朱明，对他对数字需要精确到小数点后的执着这一点描写已经近乎夸张，在小说中体现政策要求不灵活和僵硬的一面。周立波在写朱明的时候带着温和的怀疑的态度，他让邓秀梅和李月辉感到自己工作还不够，有需要更进一步掌握地方情况的方面，但同时他对数字的偏执与地方干部对合作化推进进度的感受是不贴合的。在周立波看来对社会主义道路的笃定不在于数字上的精确，而在于对地方人心的掌握。地方干部感受到本地有积极往合作化发展的趋势，人心向着合作社是很难用数字精确计算的。

谢庆元是来自本地的党员，曾加入本地洪帮，在革命还没有进入清溪之前，是组织地方的重要力量，又具有地方上农人最为欣赏的本领——农业技术高超。这本来能够作为成为好干部的基础，但用李月辉的说法，他是"冷热病""爱计较"与"贪口腹"，他工作没有恒心，又贪图小利爱争权，对组内的成员也多采用强迫命令的方式。因此他不太能够担任起地方当家人的角色。因此可见，周立波看来，干部是否适任不仅在出身。对他这样革命意志衰退的党员干部，在肖洛霍夫的《被开垦的处女地》中，一开始就驱逐了原本红军的铁推克，将他们作为敌人首先割除。表现出一种决绝的自我清理的意识。周立波却没有将有问题的干部谢庆元视为敌人，合作社在处理他的问题的时候淡定从容，在农业生产中甚至委以重任，因为周立波深知，谢庆元是无论如何都无法撼动合作社的。

合作社的从容淡定源自李月辉，他遇到事情总觉得"没什么大不了的"，甚至觉得情况乱了也没有关系。小说一开始对他的介绍是"他心机灵巧，人却厚道，脾气非常好，但斗争性差。右倾机会主义者砍合作社时，他也跟着犯了错误"。李月辉在 1955 年的时候，曾经因为收缩合作社犯了错误。在邓子恢对这一时段中国农业合作化运动的特点分析中，他将中国与苏联、匈牙利进行比较，认为中国与苏联、匈牙利相同的条件在于依靠贫农以及合作社作为基本的组织基础。但是与苏联、匈牙利相比，有两个条件是缺少的，首先是中国的却缺少重工业支持下的拖拉机站以及化学肥料。其次是苏联和匈牙利通过对富农的剥夺，积累了集体农庄的一系列基础。但对中国来说，富农经济在新中国成立前发展得就不充分，而对待富农的政策也不像苏联。而毛泽东的《关于农业合作化运动》中，则强调了"全面规划，加强领导"的方式，在强调中国和苏联历史和现实条件不同的基础上，认为可以通过自下而上的积极性和自上而下的全面领导和规划方案来克服这样的问题。这样的条件就注定了中国的农业合作化运动和苏联的农村集体化将会呈现出不一样的形态，对领导这场运动的干部的要求也就和主张"消灭富农"的苏联不同了。在邓子恢看来如何团结中农，并且稳定发展就是领导干部的最重要的任务，李月辉恰好是这样的要求中最好的执行者。这也从人物的设置中看到了两种不同的政策在合作社的不同阶段所应该发生不同作用的理解。

李月辉与邓秀梅的张力则可以看作两种推动合作化的方式的张力。这两种方式之间的关系也并不是简单的非此即彼的关系。李月辉经常提醒邓秀梅各种她来之前没有注意到的情况，而邓秀梅也的确让李月辉在推动合作化方面更加积极进取，李月辉非但没有成为邓秀梅工作上的阻碍，反而是她工作推行更顺畅的保证。由此可见，稳定发展与加强领导之间有相互促进的可能。

在第二部中，当农村合作化已初步建立，李月辉也将发挥更大的作用。好像从来没觉得农村社会的婚丧嫁娶、公序良俗和革命活动有什么冲突，他乐见盛淑君在宣传工作中收获自己的婆家。对农村自然秩序的尊重在他眼中是革命得以顺利的基础。这种自然秩序的欢乐与活泼一并被带入小说中。但同时他也不是传统家庭秩序的维护者，刘雨生离婚的时候是他最热心帮助他们合好，但在看到关系已经无法挽回，他便态度非常坚决地想让刘雨生能够振作"一个共产党员，要随时随刻想到党和人民的事业。现在，党在领导合作化，你在这里闹个人的事，这不大好，叫别人看见，不像样子。先不先，老邓就很看不起。刚才我在路上碰到她，邀她同来劝劝你，她说：'对不起，我没得工夫。'听听这口气。"在劝慰的时候还强调事业的重要性，足见他的工作方式在寄革命事业于乡俗日常之中。在周立波构造的文学世界里，我们才清晰地看到乡俗日常与革命事业和乐共处的画面。这一面也理应成为"创业史"式文学的补充。

他面对群众一直是笑嘻嘻的态度，性格"不急躁"，但同时遇到原则性的问题也从来不迁就，他还批评刘雨生在面对谢庆元的时候过分迁就。"是的。搭帮上级的培养，乡里的事，勉勉强强能够掌握了。有些干部，嫌我性缓，又没得脾气，有点不过瘾。我伯伯也说我没用，他说是'男儿无性，钝铁无钢'。我由他讲去。干革命不能光凭意气、火爆和冲动。有个北方同志教导过我说：'小资产阶级的急性病，对革命是害多益少。'革命的路是长远的，只有心宽，才会不怕路途长。"[1]心宽才能在革命道路上走得长远，心宽既是李月辉对自己性格的描述，同时也是看待现实的方式，他不怕乱、不怕出问题，正如周立波看到苏联建设成果时的笃定，他明白即便出了些许问题也不至于以雷厉风行的方式压下去的地步，从而对农村的人情关系造成紧张的氛围，所以大家都喜欢他。他成为传统农村当家人转化为革命干部的范例。但他对政策的领

---

[1] 周立波：《周立波文集》第3卷，上海文艺出版社，1982年版，第127页。

悟毕竟还是不够深，容易成为群众的"尾巴"，因此也总需要邓秀梅或更年轻的干部配合。

刘雨生是新培养起来的干部，"解放前，刘雨生家里顶穷。他只读得两年私塾。他是一个大公无私的现贫农；或者用亭面糊的话来说：'是一个角色。'他的记性非常好。开会时，他不记笔记，全靠心记。开完了会，他能把他听到的报告大致不差地传达给人家。许他发挥时，他就举些本地的例子，讲得具体而生动，非常投合群众的口味……他为人和睦，本真，心地纯良，又吃得亏，村里的人，全都拥护他"[1]。温和而又能吃亏是他最重要的品性，当邓秀梅说开贫农会不利于团结，先开互助组的会议，也可以看到他温和并非没有原则，而是领悟政策后的心思缜密。他对思想落后的符贱庚以及谢庆元都很温和。在邓秀梅去支援工业建设后，村里的各种事物都需要刘雨生来解决。在解决家庭问题后，很快就担负起了组织合作社的职责，他既能够像邓秀梅那样推动工作的进行，同时又像李月辉，能够照顾到各方面的情况。这也是为什么如此需要在地的干部的原因，对外来干部来说，他们并不熟悉当地的情况，主要依赖统计数字和革命理论来理解农村现实。但是本地成长起来的干部不同，他们天生对当地的农民的情感、生活节奏以及生命需求有着直接和深切的体会。在处理农村问题的时候，也不能光靠开会，而需要个别沟通。邓子恢认为在做农民工作的时候"我们在这方面要学习那个一贯道、天主教、耶稣教、青红帮的做法"这里虽是有些玩笑性质的类比，但却指出了一个重要的问题，即农村基层的组织方式除了组织的刚性要求外，还要通过个别的沟通来形成凝聚力。民众的生活世界纷繁复杂需要组织来凝聚成形，如果先锋党不组织群众的话，就会有别的有其他诉求的力量（宗教、会党）去组织。但民众天然的生产、生活节律以

---

[1] 周立波：《周立波文集》第3卷，上海文艺出版社，1982年版，第59页。

及对生活意义的需求与组织化的生产的节奏是不同的，因此使得革命秩序与自然秩序保持一种良性的关系也是干部能力的重要体现。这不仅仅是中国特有的问题，在苏联集体农庄也遇到了农民日常的生活节奏和节庆假日休息的节奏与社会主义生产节奏冲突的例子。

最后，从李月辉到刘雨生，再到村庄中新生的青年干部们，周立波对清溪本地人形象谱系的描绘较为完整。正如《被开垦的处女地》第二部中，肖洛霍夫将他最美好的祝愿给了格米内亚齐村的少女瓦丽娅，周立波也发现了像盛淑君这样的青年积极分子，这也是周立波与肖洛霍夫最大的不同之处。在肖洛霍夫的小说中，青年们在叙事结构中的重要性不大，瓦丽娅也仅仅在和达维尔多夫的关系中进行描写，主要强调的是她少女纯真与爱情的觉醒。但盛淑君从小说一开始就非常自觉地想要参与到集体化的运作中去，后来当了妇女宣传队的队长。在《山乡巨变》中，农村地方上成长起来的青年人终于自觉做起了地方上的当家人。

从《暴风骤雨》到《山乡巨变》，周立波对人的描写逐渐丰富，这个过程是怎么发生的？通过肖洛霍夫的小说《被开垦的处女地》作为参照点，我们看到周立波，在依托政策视野给予的信心基础上，增加出一个新的视野，即中国农村的生活世界，这个生活世界是他所熟悉的。他在下乡后从语言习惯到生活习惯，几乎熟悉了农民生活的方方面面，他对合作化道路感到笃定充满信心，这才能够使他从容地安排小说的情节和人物。他知道小说中的这些人在愉悦的氛围中是不会出什么大问题的，因为他们都是走共同道路的自己人，虽然觉悟有快有慢，但在那么熟悉本地干部和道路坚定的情况下，即便出现了不如意的人与事，又有什么关系呢。在开会的聚在一起的时候，大家一起打牌，连邓秀梅这样严肃的干部也加入到他们的娱乐活动中。亭面糊在大家吵架的时候打呼，激烈的斗争马上就缓和下来，这和《被开垦的处女地》中西奚卡一样。但在肖洛霍夫的小说中主要由西奚卡调节轻松的氛围，但在《山乡巨变》中，这样的欢乐气氛几乎充满了整部小说。这也是周立波在世界范围内的社会主义文学上做出的独特美学贡献。

小　结

通过《被开垦的处女地》和《山乡巨变》的关系视角，还有很多悬而未决的问题，我们仍然需要发问，了解农民心理的干部，并在很大程度上尊重地方利益的干部就够了么？他们是社会主义制度下的好干部吗？不同时期对干部的要求也不同，如果到了"四清"时期，对农村干部的要求尤其尖锐严苛的时候，李月辉的命运将会如何，青年团员们成长起来后，他们又将如何调整自上而下的政策与生养自己的本地之间的关系？

从小说叙事上来说，如果缺少了时间性的政策引导的线索将小说空间化后，如何才能平衡小说空间性和时间性之间的关系？无论周立波的《暴风骤雨》还是《山乡巨变》都有认为小说的下部比上部逊色的评论意见。地方性的故事与生活感受如何与总体性的历史叙述相勾连仍然是一个值得探讨的问题。地方上的当家人与革命干部身份之间的相互对勘，是周立波小说在农村干部这一问题上给我们留下的最重要的视角与遗产。

"小说还乡"中的精神和美学转换

——从周立波晚期短篇小说谈起[1]

◎何吉贤

1954年11月，周立波首次回湖南益阳老家，参加家乡发展互助组、建立初级社的工作。1955年10月，周立波将全家从北京迁回家乡，住在湖南益阳市郊桃花仑乡竹山湾。一直到他1979年在北京去世，25年间，周立波一直居住奔波于湘京两地间，而湖南却是他生活和创作的唯一"根据地"。期间，除了创作出代表作《山乡巨变》外，还写了20

---

[1] 周立波20世纪50年代中期至20世纪60年代中期创作的大量短篇小说在人物塑造、故事铺陈和氛围渲染等方面，都与其同时期的长篇《山乡巨变》和"形成中的"新长篇形成了补充、互文和呼应的关系，也是周立波独特文学风格的组成部分。这种"风格"中，"风景"是令人瞩目的现象。无论是自然风景及其意义的呈现，还是作为"第二自然"的风俗世界的建构，都与由鲁迅开创的现代"乡土小说"，到由《铁流》发展而来的"社会主义现实主义"中的风景描写一脉构成了紧张的关系。周立波"淳朴、简练、平实、隽永"的"新的风格"中内含的"安详、舒畅的情调"，叙述上的适当的"游离"和"间接烘染"，细节上的"风土人情"，笔调上的"淡远抒情"，不仅提示我们去探寻周立波"风景"描写的传统勾连，"小说回家"意义上的主客体关系，"抒情"在社会主义美学中的位置，也提示我们在肯定周立波这一独特的"风格"意义的同时，去探寻在历史急剧变化的过程中，这一"风格"及其构成要素面临的挑战。

余篇短篇小说。[1]这些短篇小说，不仅在创作上与其本人的长篇创作构成了某种呼应、补充的关系，在艺术风格上，也如一串串凝成的珍珠，闪烁着独特的魅力。写作《山乡巨变》尤其是1957年年底正篇定稿到1960年年初续篇发表前后所创作的短篇，无论是人物的速写，故事的铺陈，还是一些氛围、情调的渲染，都以不同的方式镶嵌进了这一长篇中，并构成了《山乡巨变》的基本艺术特色。1960年后创作的数量不少的短篇小说，则不仅在题材、人物上为新的长篇创作奠定了基础，而且在艺术风格上进一步强化了已有的特色。用茅盾的话说："从《暴风骤雨》到《山乡巨变》，周立波的创作沿着两条线交错发展：一条是民族形式，一条是个人风格；确切地说，他在追求民族形式的时候逐步地建立起他的个人风格。"[2]而按照唐弢的解读，周立波通过短篇小说创作逐步强化的"淳朴、简练、平实、隽永"的新的"个人风格"是非常独特的，它内含了"安详、舒畅的情调"，叙述上的适当的"游离"和"间接烘染"，细节上的"风土人情"，笔调上的"淡远抒情"，以及不时出现的风景点染。[3]

研究界和评论界虽然有如唐弢等人对周立波较早的短篇小说颇予好评，但进入60年代后，在政治运动频仍的大环境下，周立波没有再能写出新的长篇小说，周立波的短篇小说，尤其是《山乡巨变》后写作的短篇小说，并没能引起评论者和后来研究者的重视。从而，关于周立波短篇与长篇创作的关系，他的整体创作的艺术特色，尤其是弥漫在他作

---

[1] 1982年上海文艺出版社出版的《周立波文集》第二卷收录的35篇短篇小说中，除《牛大贵观礼》《湘江一夜》等少数几篇城市和战争题材外，1949年后创作的小说多是关于湖南故乡题材的，计有23篇。2006年，湖南人民出版社将这23篇小说辑为一书，以《周立波故乡生活短篇小说集》为题出版。
[2] 茅盾：《反映社会主义跃进的时代，推动社会主义时代的跃进》，载《人民文学》1960年8月号。
[3] 见唐弢：《风格一例——试谈〈山那面人家〉》，载《人民文学》1959年7月号。

品中的风景描写、抒情氛围的烘托以及作为创作主体，作为50—60年代深入生活的典型之一，周立波的创作与生活的关系等问题，都缺乏更为完整和合适的讨论平台，当然也缺乏深刻和到位的理解。本文将主要围绕周立波1955—1965年间创作的以故乡生活为题材的短篇小说，试图对上述问题做出回答。

对上述这些问题的回答，当然也不仅仅是为了解答有关周立波个人的文学"风格"问题，而主要是通过对周立波短篇小说创作形式和美学的分析，探求"周立波式的写作"在"民族形式与个人风格的融合"过程中，在"深入生活"，处理生活经验与创作关系中形成的独特的"小说回乡"式的美学特色对中国当代文学的普遍意义。

一、"长卷"与"小幅"：长、短篇小说之间的人物和表现形式

如果以创作于1959年9月的《下放的一夜》为界，将周立波返回故乡后的短篇创作分为两个时期，那么，从创作于1955年4月的《盖满爹》到《下放的一夜》的9篇，可以看作一组；创作于1961年5月的《艾嫂子》到1965年改定的《胡桂花》的10余篇，可看作另一组。两者以《山乡巨变》续篇的发表为界。

前期的短篇创作与《山乡巨变》紧密相连，无论是小说中的人物，还是小说中所涉及的主题，以及小说艺术风格中所渲染的或淡远、或优美、或欢乐、或疏朗的情绪和氛围，都可在《山乡巨变》中找到对应关系。

《盖满爹》是周立波回乡后创作的第一篇短篇小说。小说塑造了一个人称"盖满爹"的乡党支部书记和农会主席。人物的塑造通过日常生活和工作中的小事和细节来展现，如盖满爹对木匠活计的熟稔、自信，儿子起名中的小插曲，盖满爹给乡政府祠堂修理门窗板壁，处理一

件件乡民事务中展现的方法和能力，与家人的隔阂和无奈，生病回家的情形，等等。盖满爹没有文化，不会讲大道理，也从不直接进行政策宣讲，但盖满爹是一个受人尊敬的熟练的木匠，熟悉乡村里每家每户的情况，工作全身心投入。"盖满爹对乡里情况了如指掌。楠木乡的八个联组，五百来户，他人人熟悉，家家清楚。他脑壳就是一本活的户口册。不但人，他连好多人家的家务，心里也有数。哪家喂了几口猪？牛有好大？谷有多少？今年捡多少茶子？山里有多少出息？他大抵明白。哪个要想在他面前扯个谎，那是空的。"[1]他的"婆婆"和两个儿子松森和楠森对合作化不理解，与他有隔阂，他无能为力，双方谁也说服不了谁。但也不直接冲突，只是顺其自然，用时间来化解。最后因为盖满爹生了一场病，与家人间的隔阂才得到了缓解。这样一个"使人觉得这一切都是旧的，然后又不完全是旧的，时时反射出一种新的光彩"[2]的人物，不能不使人想到《山乡巨变》中那个脸上总是带着笑、从来没有脾气，恋家却又一心扑在工作上，对清溪乡家家户户事无巨细都了然于心的"婆婆子"书记李月辉。像李月辉年轻受苦时当过槽房司务，也挑过杂货担子一样，盖满爹是一位木匠，如走村串巷的临工和小商贩一样，熟练的匠人在农村中有相当的流动性，在乡却又常常离家，吃的是"百家饭"，做的是"百家事"，有一定程度创生某种"公共性"的经验和生活基础。有意思的是，盖满爹这种性格和经验都与传统联系紧密的人物，怎么转变成了新人物？短篇小说这种文体当然不是展示性格发展的合适形式——不过周立波在《山乡巨变》中也没有将李月辉的性格发展呈现出来，似乎他生来就是这么一个"婆婆子"的性格。《盖满爹》里，主人公经历了旧社会给地主修屋时出事受伤，用光了家里积蓄的苦难，新社会一来，由于"成分好，历史又清白"，与新政治一拍即合，在新政

---

[1]周立波：《盖满爹》，《周立波文集》第2卷，上海文艺出版社，1982年版，第359页。
[2]唐弢：《风格一例——试谈〈山那面人家〉》，载《人民文学》1959年7月号。

权中获得了重用，更受到了众人的尊敬。但他又不是高高在上的权力的代表，处理的还是家长里短、卖粪买菜、抢险救急的事。在盖满爹的身上，有一种难得的先公后私的公共性品质。他住在祠堂里（也是乡政府的办公地），用平时积攒的木材，自己修理好了祠堂。他跟家里人，跟两个儿子的矛盾也是在公私问题上孰先孰后而起的。但即使是矛盾，父子闹翻，却也不是什么激烈的冲突。生儿子气的时候，觉得儿子"太忤逆，太丢人"，但气一消，"他又看出他们讲究实在的特性了"，反过来，儿子们听说盖满爹病倒了，就马上借了轿子，把盖满爹接回了家。这种亦新亦旧的人物也是《山乡巨变》中常见的人物形象。

正如80年代文学被"形式创新"的狗追得连停下来撒尿的工夫都没有一样，50—60年代文学由于与政治的特殊关系，也具有对"新人"塑造的强大而急迫的要求。这既是新政治得以呈现和拓展的内在要求，也是新的文学展现其自身特点的基本出发点。当代文学由此也为中国文学人物画廊贡献了一系列名单，实际上，50—60年代文学中许多重大的讨论和争论也都是围绕人物塑造进行的。周立波的小说没有贡献出像梁生宝、李双双、高大泉那样的名字，却也创造了一系列性格鲜明、轮廓生动的人物，尤其是大量明亮、温暖的女性人物。他的短篇小说中，很多都是直接以人物的名字命名的，如《盖满爹》《腊妹子》《伏生和谷生》《艾嫂子》《张满贞》《卜春秀》《张润生夫妇》《林冀生》《胡桂花》。而将《山乡巨变》与短篇小说中的人物对比，盖满爹能让人想到李月辉；总是把油实竹烟袋磕得崩咚崩咚响的张三爹，也会让读者看到爱吹牛和骂人但心地善良的"亭面糊"的影子；脸色微黑、脸庞丰满，一心记挂着参了军的"冒失鬼"的卜春秀，则会让人想到脸颊丰满、肤色微黑，有着一双睫毛长长的墨黑的大眼睛，妩媚动人，神态里带着一种乡里姑娘的野蛮和稚气的盛淑君，就连卜春秀与心上人的妹妹王菊香形影不离的关系，也不能不让人联想到盛淑君与恋人陈大春妹妹陈雪春的亲密关系；把自家喂大了的壮猪分给社员的张润生和黎淑兰夫妇的行动，也会让人想到常青社社长刘雨生和盛佳秀夫妇同样的举动；即使是一些不太起眼或性格塑造不是很完整的人物，也能在两种文体的作品中看到对应关系的影子，如《盖满爹》中的离婚女子盛李氏与盛佳秀，《桐华没有开》中家里断粮的队长盛福元与离婚后一度生活窘迫的刘雨生，等等。

短篇人物画廊与长篇人物系列的对应关系，一方面说明周立波在创作不同文体作品中的同构关系，另一方面也显示出周立波的创作与"生活"之间特殊的关系和状态。人物塑造乃至人物速写类的写作，是中国20世纪革命文学，尤其是50年代作家写作中常常采用的手法，其重要原因在于，人物塑造或速描，可迅速地体现"深入生活"中获得的感受和成果，也可以较为有效的方式，对"写政策"进行适当的配合。当然，在周立波这里，从人物切入生活，有他独特的表达经验效果的考虑。周立波长期扎根在自己的家乡，以此作为其文学创作的"根据地"，他生活在这些人物之中，这些人物构成的画廊是他返回家乡却又保持一定的观察距离的最适当的方式。

在这一时期的短篇创作中，除了以人物为中心的佳构之外，还有一些人物面影模糊，故事情节淡化，却在情绪、氛围和场景的渲染和塑造上给人留下深刻印象的作品。比如《禾场上》《山那面人家》和《下放的一夜》等。

写于1956年12月的《禾场上》没有完整的故事，全篇就是一个场景的速写，一种气氛的渲染和民俗的展示——夏天村民在禾场上集体纳凉闲话，县委合作化工作组邓部长也来闲话，顺便宣讲了一下办高级社的政策。开篇是一个大场景的展示：太阳落了山，一阵阵晚风，把一天的炎热收去了。各家都吃过夜饭，男女大小洗完澡，穿着素素净净的衣裳，搬出凉床子，在禾场上歇凉。[1]孩子的对话、大人的闲话、村民和工作组长的对话，在夜凉如水的夜色中静静流过，景色的描写、民俗的展示，构成了一幅山村夜色图。

与这篇小说类似的《山那面人家》写于《山乡巨变》正篇完成前后的1957年11月，也是周立波短篇小说中影响最大的代表性作品。小说写一场婚礼，没有特别的人物，新郎"老实""普通"，是个"又老实又不老实的角色"，新娘"不蛮漂亮，但也不丑"，更多的是群像，一路嘻嘻哈哈笑个不停的姑娘们，各有心思的乡长、社长、兽医等，小说以一场婚礼结构，主要展现了风景和民俗，尤其是民俗（婚俗）的展现。小说渐次展示了新郎家的布置，并详细描写了听壁脚，送亲娘子教儿子唱民谣、新房（堂屋）的布置，写送亲娘子、写哭嫁、写窗格、锡烛台、小镜子、瓷壶、瓷碗上贴红纸双喜字等细节。作者在写这些民俗的时候，"又给所有民俗习惯涂上了一层十分匀称的时代的色泽，使人觉得这一切是旧的，然而又不完全是旧的，时时反射出一种新的光彩，这是什么呢？是人的精神面貌的折光……"[2]小说结束时，"踏着山边斜月映出的树影，我们各自回家去"。"漂满茶子花香的一阵阵初冬月夜的微风，送来姑娘们一阵阵欢快的、放纵的笑闹。她们一定开始在听壁脚了，或者已经有了收获吧？"[3]按唐弢的归纳，笑，成了贯穿整篇小说的一条红线，姑娘成了堆，总是爱笑。一路上是嘻嘻哈哈地笑，到新房是轻声地笑，哄往门外去一路笑，躲在门外又爆发一阵笑，到堂屋里肩挨着肩，咬着耳朵笑，听新娘讲话时吃吃地笑，一直到婚礼结束，客人散去，微风还送来他们一阵阵欢快的、放纵的笑声。

同样故事情节简单却回味无穷的还有写于1959年9月的《下放的

---

[1]参见周立波:《禾场上》,《周立波文集》第2卷,上海文艺出版社,1982年版。
[2]唐弢:《风格一例——试谈〈山那面人家〉》,载《人民文学》1959年7月号。
[3]周立波:《山那面人家》,《周立波文集》第2卷,上海文艺出版社,1982年版,第416页。

一夜》。小说写下放干部王凤林被蜈蚣蜇咬中毒，众人手忙脚乱帮助治疗，同行的"卫生部长"用了各种药也无效，后来在一位七十五岁的老婆婆卜妈的指导下，捉了蜘蛛吸毒治痛，最后涂上雄鸡冠血治愈。故事平淡无奇，是日常生活中可能常发生、常看到的事，但读来"有味"，"仿佛嚼一枚橄榄，越嚼越有味"[1]。小说用很大篇幅描写农民的闲谈，从闲谈中体现风俗习惯和鲜明的时代气息。评论者艾彤注意到，《下放的一夜》中，本来用鸡冠血治好伤痛，小说就可以结束了。但小说中的人们偏不走，"天南地北，闲扯起来"，从蜈蚣扯到蜈蚣精，差不多占了作品的一半。"有些读者看了后，批评作者浪费笔墨，认为假若这些不关紧要的文字统统删掉，作品便更加简练，主题便更加明确。我说，幸好作者不这么做，假若真的删掉了，说实在话，我就不会读它了。这些'闲扯'并不是浪费，它有三大好处：一是表现主题，二是刻画人物，三是使作品生动有趣。"[2]

1959年年底《山乡巨变》续篇发表后到60年代中期，周立波又创作了10余篇短篇小说。这些小说在风格上保持了他前一时期的特色，并继续加以强化，如人物的塑造，风景、民俗的渲染，抒情与叙事的融合，在叙事手法上，他这一时期的短篇创作，进一步化用了中国传统小说和民间戏曲中的因素，使得其"民族形式和个人风格的融合"更深入了一步。另外，这一时期创作的不少短篇，有一些在人物和故事背景上构成了互文关系，可以看出，作者正在为新的长篇的创作做着准备和前期工作。

写于1961年8月的《张满贞》，塑造了整风工作组组长张满贞这个

---

[1] 艾彤：《三支社会主义颂歌——谈周立波同志的短篇小说》，原载《光明日报》1960年10月19日。
[2] 艾彤：《三支社会主义颂歌——谈周立波同志的短篇小说》，原载《光明日报》1960年10月19日。

人物。她来自城里，原先是玻璃厂的厂长，迷恋玻璃这样的工业产品。到农村后，逐渐认识到了农业的重要性。小说的写法上，有两点值得注意：第一，小说用了第一人称写法，通过"我"的视角和对话，表现主人公张满贞的性格。另外，也通过"我"的视角，展现风景、民俗。后者在很大程度上又与作为小说主人公张满贞的视角构成了对话关系，既重合，又有差异。关于第一人称视角的引入，在后期周立波短篇小说中愈发常见，它在叙事，尤其是风景呈现和抒情中的功用和变化等问题，下文将有述及。第二，因为用了第一人称叙述，作者在叙述中又采用了中国传统评话或说书体的叙述手法。如张满贞邀请"我"到她的房间去喝盐姜家园茶，这时候，作者就突然以"我"的名义，荡开一笔，插进来一句："在这里，请读者允许我补叙几句话。"[1]然后中断故事叙述，开始大段细描张满贞房间的布置和陈设。

评书或说书体的叙述方式，在周立波后期的短篇小说中越来越多地出现。如《卜春秀》（写于1962—1963年）的开头："我们生产队有一位姑娘……一提到姑娘，年轻的女读者就会急急忙忙地发问：她是么子样子？脸模子好看不好看？穿的么子衣服呀？等等，问个不断纤。"[2]接下来作者还不讲故事，而是像一位说书人一样，开始评论起男女读者对小说中描写年轻女性的不同阅读期待。到下一段才切入故事正题。《扫盲志异》则干脆以中国传统小说常见的"××志异"来取名。这篇以戏曲中常用的"误解——冲突——误解化解"模式结构起来的小说，也采用了评书或说书体的叙述方式。小说中间，何大爷听到了二媳妇房里传来的男女说笑声，产生了怀疑，这时作者插入了一句："趁他将要发作，还没有发作的机会，作者想把这位老倌子向读者介绍几句；但只能

---

[1] 周立波：《张满贞》，《周立波文集》第2卷，上海文艺出版社，1982年版，第437页。
[2] 周立波：《卜春秀》，《周立波文集》第2卷，上海文艺出版社，1982年版，第463页。

几句，因为我所知道的他的情况实在也不多。"[1]在《翻古》(写于1964年1月)中，小说开篇介绍了一大段"选茶籽"的乡村活计后，直接用了"闲话少说，书归正传，单表这位……"[2]这种说书体小说常用的接榫和转换的方式。《胡桂花》(写于1964—1965年)开篇是一个漫谈式的开头，说大队要演戏，然后又介绍胡桂花是个什么样的人，接着话锋一转，"闲话慢表，且说团支书老卜脚步匆匆，往邹家赶去"。[3]

越到后期，周立波短篇小说中受传统小说影响的痕迹越来越明显。以上例子只是一些只言片语的叙述语言和表现手法现象，至于具体叙述中的结构性要素，还可以有更多的例子。这里再以周立波对传统戏曲因素的吸收和化用为例，加以进一步说明。《卜春秀》(写于1962—1963年)中，秀妹子砍柴归来，跨进八字门楼，抬头一望，"只见灶屋门口站着一位五十上下的婆婆，黄皮寡瘦，头上戴顶青绒帽；青缎子棉袄精致而合身；一双小脚走路颤颤簸簸的"[4]。活脱脱一幅传统戏曲中媒婆的模样，这是人物外形，再看故事情节。为了甩脱姑妈介绍的城里小伙黄贵生，春秀上山砍柴，黄追随出门，被春秀心上人的妹妹王菊香发现，王便尾随在黄之后，一路上山，三人戏份十足。[5]这种一人追一人，第三人尾随之后，最后其中两人合起来作弄另一人的模式，是传统戏曲舞台中常见的"桥段"。而《扫盲志异》整篇小说的结构就是"误解——冲突——误解化解"传统戏剧结构模式。狐疑、爱面子、保守、顾家的何大爷，单纯、好学、泼辣的二媳妇，认真而略显木讷的中学生"邓老师"，一个个似乎都是戏曲中走下的人物，整篇小说也洋溢着轻松、欢快、幽默的调子，即使是矛盾的最后化解，也不是以激烈和彻底的方

---

[1]周立波：《扫盲志异》，《周立波文集》第2卷，上海文艺出版社，1982年版，第513页。
[2]周立波：《翻古》，《周立波文集》第2卷，上海文艺出版社，1982年版，第522页。
[3]周立波：《胡桂花》，《周立波文集》第2卷，上海文艺出版社，1982年版，第580页。
[4]周立波：《卜春秀》，《周立波文集》第2卷，上海文艺出版社，1982年版，第466页。
[5]周立波：《卜春秀》，《周立波文集》第2卷，上海文艺出版社，1982年版，第476—481页。

式,在公社书记的调解下,消除了误解,也派了一个新老师——这次是一位女老师,但在何大爷眼里,自己的两个儿子这次过于积极和兴奋了,于是又产生了新的疑虑。故事似乎余波荡漾、余韵未尽。

配合《扫盲志异》小说简洁、明快、幽默的调子,这篇小说的风景描写也是简明、轻松的。开篇时年轻男老师出场:"五月里的一个晚上,大雨才停。涨了水的山溪潺潺地喧闹。水田里的青蛙们唱得分外地卖力。天空墨漆大黑的。"[1]结尾处,新的女老师"不急不慢地"出场:"山野里照样是流水声和蛙唱声。间或,从远处传来一两声牛鸣。天放晴了;路也干了;天上,繁星在闪闪地眨眼;空气里飘满了青草、木叶和泥土的气味。"[2]如风景画中的简笔,画龙点睛,意味深长。

周立波后期短篇小说写作中还有一个特点,就是这些小说既是独立成篇的短篇,但不少作品,就其人物关系、小说主题、形式特点而言,又似乎是一个更大结构的构成要素。最为明显的是写于1964年的三篇短篇小说,分别是《新客》(1964年2月)、《霜降前后》(1964年4月)和《飘沙子》(1964年4月)。三篇小说写的都是一个叫作枫桥公社红星二队的生产队,贯穿其间的主要人物是队长王桂香,但三篇小说都不直接写王桂香,而是从侧面写。《新客》写队长大儿子大喜未过门的媳妇菊香来王家做客,王妈盛情招待,乡村家庭内部的各种礼节一一呈现,最后写这对年轻的恋人为了工作,约定推迟婚期。《霜降前后》写"我"来到红星二队,住在王双喜家,细节是双喜家内部的各种家事,因为孩子哭闹,媳妇打骂孩子,家人在一起吃饭聚谈,闲谈中自然提到了王桂香队长。最后队长才出场,但也只是从侧面观察者的角度去描写队长。《飘沙子》写队长王桂香买回了一条不能生育的飘沙子母牛,队里人表示不解,议论纷纷,后来队长让自己的小儿子二喜看这条牛,不

---

[1]周立波:《扫盲志异》,《周立波文集》第2卷,上海文艺出版社,1982年版,第507页。
[2]周立波:《扫盲志异》,《周立波文集》第2卷,上海文艺出版社,1982年版,第520页。

要工分，慢慢训练这条牛，终于将这条羸弱的母牛养育成了一条善耕地的壮牛，而且还怀了崽。这三篇小说人物互相关联，王桂香队长家庭里的不同人物，包括他周围的邻居，以及队里的其他人物，形象和性格都已成形，构成了一个颇具规模的人物关系网络，可以想象，以周立波写作的工作方式，这有可能是一部新的长篇的基础工作，甚至是雏形。

唐弢在评价《禾场上》《山那面人家》等短篇小说时特别强调了周立波的短篇小说已经形成了一种独特的个人风格。而在体现其个人风格的作品中，长篇犹如绘画中绚烂多彩的"长卷"，短篇则如安详轻松的"小幅"，共同构成了其淳朴、厚实、清新、隽永的"个人风格"。而正如苏东坡在谈书法时说的：写大字要收紧，写小字要放松。短篇的"放松"，也不是就可以拖沓，而是说"写短篇时作者的意境要开广，撒得开，看得远……从自己的全部经验里，唤起所有的生活知识——新鲜的、生动的、具有民族特征的，经过严格选择的形象，来支援艺术风格的诞生"[1]。就周立波而言，相比长篇，短篇似更能以松弛的状态、纯粹的形式表现他的个人风格。

《山乡巨变》发表后，周立波的自我评价和最初评论界的评价都认为，小说人物塑造上"形象鲜明，具有真实感"，采用了群众的语言，生动、朴素，有浓厚的生活气息，表现了不同人物的性格，但多少也有些藻饰。作品中，"描画人的肖像和再现运动行程两个方面，想得多些"，但"结构显得零散"。周立波自己承认，"中国古典小说，如《水浒传》和《儒林外史》都是着重人物刻画，而不注意通篇结构的。我读过这些小说，它们给了我一定的影响。"[2] 我想，除此之外，这也许与周立波在构思和创作中短、长篇齐头并进，甚至短篇作为长篇的某种基础

---

[1]唐弢:《风格一例——试谈〈山那面人家〉》，载《人民文学》1959年7月号。
[2]参见周立波:《关于〈山乡巨变〉答读者问》，载《人民文学》1958年7月号。

性工作方式有关吧!

评论者肖云对《山乡巨变》提出的批评最为尖锐,他认为"《山乡巨变》在人物塑造——特别是新人物的塑造上是有缺陷的,作者表现了一种虽然刚刚冒头的、但却是值得注意的倾向:那就是过分地追求艺术技巧"[1],而且,小说"在反映现实的深度和广度方面也是不够的"[2]。这当然不仅仅是一种艺术上的偏见,而是关系到如何认识"十七年文学"本质性要求的重要问题。

二、"风格"形成中的风景与抒情

《山乡巨变》和《山那面人家》等小说发表后,同时代评论家作出了积极的评价,评论的焦点基本都集中在周立波创作中体现出的鲜明的"个人风格"上。上文已经提到茅盾从"民族形式和个人风格的融合"的角度对《山乡巨变》给予的肯定。[3] 黄秋耘、唐弢、朱寨等人的评论也大多集中在这点上,具体展开过程中,不少评论家的评论也涉及风景描写和抒情特征等因素,以对周立波的个人艺术风格进行论证。

不妨先以这些评论的一些分析为例,来看看周立波"风格"构成中所包含的内容,尤其是其中有关风景和抒情的论述和分析。黄秋耘认为周立波已经形成了"富有民族特色和地方色彩的、平易而又隽永、凝练而又自然、细腻而又明快的艺术风格",在《山乡巨变》中,"作者总是力求透过一些看来是很平凡的日常生活事件,来显示出它们所蕴藏的深刻的社会意义,透过个人的生活遭遇和日常言行,来挖掘人物性格的社

---

[1]肖云:《对〈山乡巨变〉的意见》,载《读书》1958年第13期。
[2]肖云:《对〈山乡巨变〉的意见》,载《读书》1958年第13期。
[3]参见茅盾:《反映社会主义跃进的时代,推动社会主义时代的跃进》,载《人民文学》1960年8月号。

会内容"[1]。黄秋耘认为，除了善于描写人物个性的速写画，周立波也同样善于"用寥寥几笔，勾勒出一幅包含着诗情画意的风景画和风俗画，使全书弥漫着浓郁的生活气息，弥漫着清新的泥土芬芳，呈现着明丽的地方采色"。在黄秋耘看来，《山乡巨变》中虽然经常出现风景的描写，但作者并不经常作大段大段的自然景物描写，他比较喜欢把对自然景物的描写溶化在故事的情节中，借此烘托出生活环境的氛围。黄秋耘引用了《续篇·雨里》的一些片段，认为其中展示的是一幅雅澹幽美的山村雨景图，"真是可以媲美米芾的山水画"，但与山水画又有所不同，一则，它不仅作静态的描写，而是静中有动，初写小雨，继写中雨，最后写大雨，一层深似一层，各有各的景色；二则它不光是写景，而是情景交融，"通过这几段对雨天气氛的描写映出亭面糊那股慢腾腾的懒散劲儿，恰到好处"。"作者固然擅长于写景状物，但并不是为写景而写景，为状物而状物，他主要是通过对生活环境和生活气氛的描绘，来表现出人物的命运和性格特征。……所以写景状物，归根到底，还是为了写人，使人物的性格、情绪融化于具体事物的描写中，或寓情于景，或寓情于物，或寓情于事，这些都是需要相当深厚的艺术修养才能运用自如的笔墨。"黄秋耘的这一看法，也得到了朱寨的呼应，朱寨在80年代初重评《山乡巨变》的论文中提出，《山乡巨变》最大的艺术成就在于人物的刻画以及"关于风物景色，环境氛围的描绘渲染"，但"作者对于景物气氛的描写不是静止孤立的，都是溶化在故事情节中，伴随着人物的行动徐徐舒展，作者笔下的山乡秀丽，不是浓墨重彩，而是素淡水墨，韵味恬远隽永"。[2]

  风景和人的关系，或者说"风景"（landscape）和"人景"

---

[1]黄秋耘：《〈山乡巨变〉琐谈》，载《文艺报》1961年2月26日本年第2期。本段以下引文同样出自该文，不再另外标示。
[2]朱寨：《〈山乡巨变〉的艺术成就》，载《社会科学战线》1981年4月25日，本年第2期。

（peoplescape）[1]的相互促生，以致通过风景的呈现展现新的主体的形成过程，也许是周立波小说美学中的一个重要审美"机制"。这点在下文中还会论及。黄秋耘点出了这一点，并将这一特点导向了周立波小说的另一个美学特点：抒情。"作者不仅对自然景色作了优美而精确的描绘，在他的清淡明秀的笔墨中，又蕴藏着对农村新生活多么热情洋溢的赞美和饱含诗意的抒情啊！"[2]

有意思的是，《山乡巨变》的俄译本译者将小说正篇书名改译为《春到山乡》，续篇名改译为《清溪》[3]，在译者给正篇所写的译者序言中，译者大力赞扬了小说"字里行间充满着中国农村的乡土气息，散发着山茶花的浓郁芳香"，"作品中的农村景色如同中国山水画那样淋漓绚丽"[4]。在理解和判断上与中国批评家表现出了高度的一致。

唐弢发表在1959年7月号《人民文学》上的《风格一例——试谈〈山那面人家〉》是第一篇正面谈论周立波"风格"的评论。唐弢的文章一开始解释了什么是风格产生的过程："作者有了丰富的生活，像弄潮儿熟悉水性一样熟悉他的题材，这个题材吸引着他，纠缠着他，通过思想感情的铸冶，逐渐地形成一个胚胎，然后用他自己的表现方式把他抒写出来，如果是一个比较成熟的艺术家，这种铸冶的过程，也就是产生

---

[1]英文landscape是一个合成词，land的词源来自日耳曼语，有"某人属于的地方"之意，如England就是"英国人属于的地方"。后缀scape另一个更常用的说法是"-ship"，意如"形成，构成"。现代意义上的landscape在英语中最早出现在16世纪末，由荷兰画家带入，用以指描画内地和乡村自然景色的画。后来衍化的意义指某地可见的自然和人为构成的土地和地貌特色。Peoplescape并未收入英文词典。

[2]黄秋耘：《〈山乡巨变〉琐谈》，载《文艺报》1961年2月26日本年第2期。

[3]参见B.克里夫佐夫：《〈山乡巨变〉正篇俄译本译者序言》，注释①，载李华盛、胡光凡编：《周立波研究资料》，知识出版社，2010年版，第395页。

[4]B.克里夫佐夫：《〈山乡巨变〉正篇俄译本译者序言》，载李华盛、胡光凡编：《周立波研究资料》，知识出版社，2010年版，第395、396页。

风格的过程。"[1]唐弢认为，对生活的简单临摹，并不能产生真正独立的风格，风格的基础是真实——生活的真实与思想高度上的感情的真实，要不就是歪曲和矫情。个性并不等于风格。所谓成熟，指的是作者在思想上、艺术上、性格上甚至趣味上都有一定的锻炼，主观世界的感情的真实，能够统一于客观世界的生活的真实。[2]唐弢特别强调"感情"，他认为组成风格的因素很多，然而，首先离不开在正确的世界观指导下，作者的感情的真实与生活的真实的统一。对于周立波而言，由于他是一种"回乡"式的写作，指出和强调这一点尤其重要，唐弢看到了这点，也特别进行了强调："周立波的几个短篇小说，故事并不惊险，色彩并不绚烂，情调并不强烈，他写的是生活中最平凡同时又是最根本的变化，躲在纸墨背后的作者的感情，我看还是十分激动的。"看到了这种看似日常、平淡的叙述背后创作主体的特殊情感方式。所以在文章的最后，唐弢不无动情地赞扬："新的风格正在成长。暴风骤雨是一种风格，风和日丽也是一种风格；绚烂是一种风格，平易也是一种风格；我们既赞成奔放、雄伟、刚健、热烈，也赞成淳朴、厚实、清新、隽永，生活是多彩的，这一切都符合于我们民族气派与时代精神。"

在概述了黄秋耘、唐弢等人有关周立波"风格"形成中风景和抒情所起作用的分析后，我们可以试着从人和景物的融合，风景和抒情中的民俗，作为情感动力的生活和情感的"真实"，以及抒情的"公共性"这几个方面，对周立波创作后期短篇小说所体现的"风格"中包含的风景和抒情[3]因素内容进行具体的分析。需要指出的是，如果将民俗作为

---

[1]唐弢：《风格一例——试谈〈山那面人家〉》，载《人民文学》1959年7月号。本段唐弢的引文都出自该文，不作另外标注。

[2]参见唐弢：《风格一例——试谈〈山那面人家〉》，载《人民文学》1959年7月号。

[3]"风景"和"抒情"是两个不同的范畴，但在周立波的创作中，风景的呈现和抒情氛围的渲染，往往密不可分，因此，下文的论述中，除非有专门区分，两者一般结合在一起谈，不做区分。

"第二自然"看待,则民俗可看作"风景"构成的因素之一。而作为情感动力的生活和情感的"真实",则导向了某种"公共性"的抒情,其结果是形成了某种新的主体的产生。

黄秋耘在评论《山乡巨变》的艺术特色时,已谈到了周立波创作中写景状物与烘托环境和表现人物,也即人景交融的问题。在周立波的短篇小说中,风景描写并不是点缀性的可有可无的要素,而是风格本身,极端地说,如果去除风景的描写,建立在风景描写基础上的抒情氛围的渲染,周立波的很多短篇就将面目全非,甚至不再成立,而一旦有了这些要素,它们便具有了鲜明的周立波风格特色。这里先举两例:

《禾场上》是一篇几乎没有故事情节的短篇,小说开头展示了禾场的场景后,接着是景物的细描:一只喜鹊,停在横屋的屋脊上,喳喳地叫了几声,又飞走了。对门山边的田里,落沙婆不停地苦楚地啼叫,人们说:"它要叫七天七夜,才下一只蛋。"最后一段,又是场景和景物的描写。"深夜凉如水。露水下在人的头发上,衣服上,手上和腿上,冰冷而潮润。各家都把凉床子搬进屋里去,关好门户,收拾睡了。田野里,在高低不一的、热热闹闹的蛙的合唱里,夹杂了几声落沙婆的悠远的、凄楚的啼声。鸟类没有接生员,难产的落沙婆无法减轻她的临盆的痛苦。"[1]这两段场景和风景的描写,相互呼应,既渲染了一种宁静、安详的乡村夏夜的氛围,也给这样一个普通的乡村的夏夜赋予了意义。是的,这是一个无事的普通的夏夜。但因为景色的"被发现",使得鸟的啼叫和痛苦,露水的冰凉,星星的流动,大自然的一切都能被听到和体会到,乡民们的生活也在这种日常的似乎无意识的流动中,体现出了其意义,似乎在一种平静、安详的日常氛围中,不知不觉地,一些新的东西在临盆,在不为人知的痛苦中,悄悄地产生了。

---

[1]周立波:《禾场上》,《周立波文集》第2卷,上海文艺出版社,1982年版。

《民兵》写民兵积极分子何锦春家遇火灾受伤,这本是一个悲剧故事,但作者把它写成了一个充满抒情性的喜剧。其中有两个重要的文学因素,冲淡了故事的悲剧氛围,增添了喜剧性。一个是(旧)山歌,何是一个幸福快乐、有着一副优美歌喉的小伙子,他清亮圆润的歌声迷惑了村里的姑娘,小说的头尾都用他唱的(旧)民歌进行串联;另一个是景物描写。小说有三段景物描写引人注目,一段是开头:"三月下旬,时晴时雨,桃树上的粉红的花朵和翡青的嫩叶常常滴落着水珠。农村里正是花开的时节,也是农忙的时节。"[1]第二段在何被烧伤后,村里人送他去镇上医院的路上:"天正下着雨。空际灰蒙蒙。远山被雨染得迷迷茫茫的,有些地方,露出了一些黛色。近山淋着雨,青松和楠竹显得更青苍。各个屋场升起了灰白色的炊烟。在这细雨织成的珠光闪闪的巨大的帘子里,炊烟被风吹得一缕一缕的,又逐渐展开,像是散在空间的一幅一幅柔软的轻纱。"[2]这时候,众人和被火烧伤的何锦春内心都是焦虑的,天空灰蒙,山色迷茫。小说结尾,何伤愈,歌声重新响起,"村里人传说,何锦春的结婚日子看好了,是在冬天,在田里的晚稻收割了,山里的茶子花开的时候"。[3]

这一阶段周立波短篇小说中的描写,大多还主要是为了烘托一种气氛,渲染一种情绪,其作用或如唐弢所说,是起一种"间接烘染"的作用,跟人物的性格成长关系不是很直接。《腊妹子》这篇人物素描,写一位有文化的农村小姑娘的成长过程,写她的清新、健壮、平凡,但与上一代农民相比,却又是具备了各种知识的新农民。里边不仅有景物的描写,也有人物心理成长和变化的过程,但腊妹子并不复杂却又起伏的心理变化和成长过程与景物的描写并不构成密切的呼应关系。如第一天

---

[1]周立波:《民兵》,《周立波文集》第2卷,上海文艺出版社,1982年版,第400页。
[2]周立波:《民兵》,《周立波文集》第2卷,上海文艺出版社,1982年版,第403页。
[3]周立波:《民兵》,《周立波文集》第2卷,上海文艺出版社,1982年版,第407页。

打麻雀，腊妹子起了个大早，往门外走："月亮挨着西边的山顶；地上是月光照亮的寒霜；鸡没有叫。"[1]腊妹子忘记了关门："山风从门洞吹进，刮得他们家的两铺花里补疤的印花布帐子，在清澈欲流的月亮的光辉里，不停地摆动。"[2]风景的呈现，似乎只是为了渲染某种人景的融合也还包含了另一个因素，就是如何看周立波短篇小说中大量出现的民俗因素的描写和展示。上文已提到了，《山那面人家》细节的核心是乡村婚俗的描写——婚俗的展示在周立波不同的短篇小说中都一再出现，如《林冀生》，以及《卜春秀》《新客》中关于提亲、新媳妇上门等乡俗的描写。而农民在家庭内部、邻里间和禾场、会议等不同公共场合的"闲扯"等民俗细节更是构成周立波短篇小说的核心内容。

沟口雄三在谈到中国人的思维世界时谈到了一种将"自然"视为形容句式来理解的方式，即"自而然"的"自然观"，这里，"自然"：

> 指万物不假于造物主和人类之手，各自按其自然存在状态，从宇宙运行的角度看，这是正确的存在方式。而最为重要的是，在这里，人作为万物之一，也被视为一种自然的存在。……这一贯通着自然界与人类世界的"条理—伦理"，进而催生了共同包括着人类世界和自然世界的"自然的天理"和"天理的自然"这样的观念，在这里，人类社会与自然界被视为相互连接的世界。[3]

周立波小说中大量出现的民俗因素，也许与这种古典的"自然观"有关。但更重要地，民俗的展示和描写除了功能性地服务于创作者的

---

[1] 周立波：《腊妹子》，《周立波文集》第2卷，上海文艺出版社，1982年版，第602页。
[2] 周立波：《腊妹子》，《周立波文集》第2卷，上海文艺出版社，1982年版，第602页。
[3] 沟口雄三：《〈中国的思维世界〉题解》，见沟口雄三编：《中国的思维世界》，孙歌等译，江苏人民出版社，2006年版，第5页。

个人风格外,还是为了表现新政治中的"新质"。在一定程度上,作为"第二自然"的民俗由此也成为"风景"的一部分,"风景"(landscape)和"人景"(peoplescape)因此相通。从这一古典"自然观"的角度,我们也可以说,新的社会主义政治是建立在符合"自然的天理"基础之上的。

但周立波的写作当然没有止步于此。正如新的政治的目的必然要落实在新的主体的创造上一样,周立波小说中的风景和抒情的呈现,也自然不会止步于"情景交融""人景交融"的地步,而与新主体、新的政治的创生密切相关,这是一种不同的对风景的"观看"方式,也是在不同条件和结构下的抒情方式。

关于这点,可以先以写于1961年8月的《张满贞》为例,加以说明。小说开头,一群背景不同的干部在公社的院子里,看到了一番景致,并展开了议论。"今年四月,雨水很勤。公社堂屋里有一双燕子常常蹲在门楣上,或是亮窗格子上沉静地歇气,悠然地观察;间或偏起小脑壳,露出长着丰满的浅黄茸毛的颈子,望着窗外,好像是埋怨这多雨的天气,又好像是为了别事,它们的语言我不懂,不能断定。它们正在筑巢,没有蓑衣和斗笠,天一落雨,翅膀上驼着雨水,飞翔起来异常吃力,只好停工。看着那成功一半的泥巢,大家不免议论了:'家伙们心灵手巧,看这巢筑得好稳。'我止不住感叹。我是喜欢燕子的,因为每次它们来,都带来了春天的绮丽和温暖,花的香味,草的清新,还有那万事万物的蓬勃的生气。"[1]这里,风景观察中,"我"的视角的出现,在周立波的写作中,是一个特别的现象,这显然不是一个农民的观察视角,也不是来自城里、经过现代知识和经验洗涤的干部们所有的视角。而此前风景的观察都是通过作为全能叙事者的视角展现的,也就

---

[1] 周立波:《张满贞》,《周立波文集》第2卷,上海文艺出版社,1982年版,第430—431页。

是说，风景的呈现来自一个外在的、固定的角度，风景中的人物是如何看风景的，并没有呈现。极而言之，尽管做到了"人景交融"，但人以及由人及其生活所构成的民俗，本身也是风景化了的。而在这里，因为"我"的视角的加入，风景中的人被凸显了，而且，对于风景的不同观察角度和态度，也被呈现了出来。小说中，继"我"发表了关于风景的看法后，张满贞也走了出来，并从燕子筑巢的材料、工具、功用等方面对"我"的看法提出了异议。

小说第二段情节是这一冲突的继续。"我"与张满贞等三人出行，走进塅里，也走进了观察者的"景色"中。"钻进灰蒙蒙的雨织的帘子里，我们经过通往新修的窄轨铁路的小径，爬上烂泥很深的溜滑的斜坡，沿轨道走去。雨落大了。粗重的点子打在三把红油纸伞上，发出热闹繁密的脆响，跟小溪里、越口里的流水的哗声相应和。从伞下瞭望，雨里的山边，映山红开得正旺。在青翠的茅草里，翠绿的小树边，这一丛丛茂盛的野花红得像火焰。背着北风的秧田里，稠密的秧苗像一铺编织均匀的深绿的绒毯，风一刮，把嫩秧叶子往一边翻倒，秧田又变成了浅绿颜色的颤颤波波的绸子了。"[1]这是"我"看出去的"风景"，景色的层次很多，有自然景色，有人工景色。而看到眼前的"风景"，张满贞想到的却是"今年不会烂秧吧？"这是一个在地的、与风景本身有利益关联的，却又一定程度上外在于在地者的观察视角，我们可以说这是出自工作责任心而来的看法，但也不能否认它与现代科学理性的关联。这一关联的另一个证据在于第三场"风景"的呈现中。此时，张满贞因为长时间在农村，参与和组织农业生产，谈吐间"已经发生了一些显著的变化，不大提及玻璃工厂和各种玻璃了，倒是常常议论农业和粮食"[2]。于是，又发生了一次闲谈，"谈起小铁路，映山红。今年的气候

---

[1]周立波：《张满贞》，《周立波文集》第2卷，上海文艺出版社，1982年版，第433页。
[2]周立波：《张满贞》，《周立波文集》第2卷，上海文艺出版社，1982年版，第436页。

和当班的春笋",送别客人,到房门外边,主人张满贞"抬头看看大门外的竹木丛生的翠绿的山峰,炫耀地笑道:'你看漂亮不漂亮,这是真山真水呀,不像街上公园里面的假山'"。这个时候,"满姑娘"眼中的"风景"发生了变化,"她给乡村景致迷住了"[1]。这一风景主体的变化显然不是柄谷行人所说的"内面的人"的发现所能解释的。风景与人的相互相认,对于新的主体而言,产生的是一种新的归属感,这种归属感又归结于一种新的集体主体的确认。所里,与其说这是"内面人"所导致的观察呈现,还不如说这是某种作为个体的"内面性"向集体主体的一定程度上的让渡。

在具体的生活中,在不同的场景和主体条件下,这种风景观察主、客体相互融合关系的呈现也并不都是这样清晰的。在很多时候,它们仍处于某种朦胧、模糊的状态。如发表于1961年12月的《在一个星期天里》。小说写公社党委书记杜清泉夫妇在春日的一个星期天的匆忙团聚。故事唯一的波澜就是秧田里起了鼓泥虫,夫妻难得的团聚因而匆匆结束。小说大部分内容都是这对年轻夫妻的闲聊、若有若无的打情骂俏,以及下棋、画像等夫妻间的闺中闲情逸致。小说中用不少的篇幅特别描述了杜清泉如何有绘画的才能,如何给妻子画肖像,并因秧田鼓泥虫紧急情况而半途而废。小说最后,杜送别嗔怒而走的妻子,用两大段风景描写,烘托这对在春日的夜晚惜别的年轻夫妻的情景。"夫妻肩并肩地沿着山边的路径往城里走去。夜影遮盖了山野。山肚里,阳雀子发出幽婉的啼唪。水田里,田鸡越叫越带劲,他们好像在比赛嗓子,又像是举办庆祝会,进行大合唱。庆祝什么呢?我们人是无法知道的。"[2]最后杜送完妻子后往回走:"田里到处是热闹的蛙鸣;山肚里,阳雀子悠徐地发出婉丽的啼声;而泥土的潮气,混和着野草和树叶的芳香,也许还夹

---

[1]周立波:《张满贞》,《周立波文集》第2卷,上海文艺出版社,1982年版,第438页。
[2]周立波:《在一个星期天里》,《周立波文集》第2卷,上海文艺出版社,1982年版,第450页。

杂了茁壮的秧苗的青气，弥漫在温暖的南方四月的夜空里，引得人要醉。"[1]风景是通过全知叙事展现的，与故事中的人物之间并不发生直接认知关系。但在睡觉之前，在朦胧中，杜清泉却说了一声："真好呵。"而且作者补充说，"他这一声好，连自己也不晓得具体指的是什么。"[2]这是非常有意思的一笔，不仅将之前两段看起来似乎与故事中人物没有直接关联的风景描写与小说主体关联了起来，而且也呈现了在这种风景认识机制中，主客体间，以及新的主体形成过程中那种模糊的、潜意识的然而又无声沁润的状态。

当然，理想的状态是风景和主体明确的相互"相认"，人在景中，风景内在于人。这种例子到周立波晚期的短篇小说中可以越来越多地见到。1964—1965年间初稿和改定的《胡桂花》讲新婚媳妇胡桂花由于出演采茶戏《补锅匠》，演了嫁给补锅匠的刘兰英，乡民议论，小夫妻间产生心理隔阂，误解化解后，一起给军属挑柴，来到河边，肩并肩地坐在堤面上休息，凝望前头，看到了一段景色："只见河面上，薄雾迷离；长烟一缕，横在河的对岸的山腰。四周围，空气顶清冽。初出的太阳照亮了对岸群山的峰尖，渐渐往下移，终于映上了河上的风帆，照耀着河水。雾散了，水面上金波灿烂。山的倒影，活泛地在水里摇漾。"这是夫妻二人在共同观看，是他们主观的视角，当然，在小说文本中，是通过作者的语言加以呈现的。而看到这番美景，妻子胡桂花说："我从来没有注意，我们周围是这样地美丽。"丈夫邹伏生"点一点头，没有作声。他也沉浸在优美的自然景色里和同样优美的情怀里"。[3]这里，风景和主体不仅发生了相互的"相认"，人和风景也都有了归属。而且，

---

[1] 周立波：《在一个星期天里》，《周立波文集》第2卷，上海文艺出版社，1982年版，第450—451页。

[2] 周立波：《在一个星期天里》，《周立波文集》第2卷，上海文艺出版社，1982年版，第451页。

[3] 周立波：《胡桂花》，《周立波文集》第2卷，上海文艺出版社，1982年版，第593页。

风景在刹那间促进了新的主体的确认，提升了主体感。这是一种更高层次上风景的人化，人的风景化。在《参军这一天》中，我们可以看到这种"自然"和人互为风景的情景如何提高到一个更高的层次。这也是一篇几乎没有故事情节的小说。"肩宽腿壮、脸色油黑的后生"林桂生要参军，早上起来，与家人和邻居闲聊参军后的种种想象。开篇是景色的呈现："夜里，天无声地把洁净的雪花散遍了山野，空气寒冷而请新。"[1]然后是众人来送桂生参军，相互闲聊。送走了桂生后，小说结尾处还是一段风景描写："太阳翻上了峰尖；桃花湿雪全部融化了；路上泥浆更深厚；路边屋宇的屋檐水不停地滴落；远山和近岭显得分外的青苍；潮润的清新的空气里荡漾着泥水、山花和青草的冲人的气息。入伍的人们和送行的音乐抹过村腰山嘴子，锣鼓声音忽然沉落了。不久，他们的背影从一派竹林边转出，村落里又飘来了朦胧的金鼓声；再过一阵，村里的一切才复归于平静。"[2]风景和人已不须相互确认，尽管相互若即若离，但它们相互成长，已再次相互融为一体。

"风景"在20世纪中国左翼文学，尤其是社会主义现实主义作品中的出现和成形，在相当的程度上，与苏联的影响不无关系。这一脉络在"革命文学"发端之始，即与新的主体，或一种集体主体的塑造密切相关。在这方面，绥拉菲摩维支的《铁流》是一部影响巨大的作品。鲁迅敦请瞿秋白翻译的这部作品的序言中，作者格·涅拉陀夫特别强调了作为"无产阶级文学"出色代表作的《铁流》对于群众主体的创造，这一创造是以艺术的方式进行的，无论是行动的描写、人物的塑造、对话呈现，还是环境的刻画，都围绕着这一主题进行。而在"环境"和"风景"的呈现上，"没有什么'内在的人'（Men in themselves）：人和东西都溶解在环境之中，在革命的形势之中"，"丰满的风景照耀着活的

---

[1]周立波：《参军这一天》，《周立波文集》第2卷，上海文艺出版社，1982年版，第497页。
[2]周立波：《参军的一天》，《周立波文集》第2卷，上海文艺出版社，1982年版，第506页。

人物"[1],"自然界只是人物的一付镜框子"[2],"自然界——这是一种力量,直接参加事变的力量,是不疲倦的证人,善良的朋友,或者是凶恶的仇敌"[3]。在《铁流》之中,"自然界的描写,并没有那种深沉的个人的细腻的主观观察的色调。自然界的描写,也是从群众迎受方面着笔的。自然界的神气很年轻、很新鲜,能够给那克服一切、战胜一切的人以深刻的快乐"。因此,"'铁流'之中的人、海、山、马,都联合成功一个合奏队。这里有吸引人家的集体生活的谐和。'铁流'给了合作生活的艺术上的表现,这生活里面人、马、自然界都互相亲密地结合着。这里,一切都互相黏合着,你要分割也分割不开的。要抛弃也抛弃不掉的。在这样的意义上来讲,可以说'铁流'是歌咏群众袭击的诗歌"[4]。

这里,人与自然在一种新的条件下达到了融合,这种融合也是基于风景描写基础上的抒情公共性的体现。这种融合也是周立波一直以来所追求达到的境界,已有研究者从其一篇评论艾芜《南行记》的文章中发现了周立波观察风景的这一独特视角。在这篇文章中,周立波这样写道:

> 为了疗救眼前生活的凄苦,他要在近边发现一些明丽的色调,于是它向自然求诉。他在"蔚蓝色的山层"里,在那常常"溅起灿烂的银光"的江水里,向星空,向白云和明月,挥动他的画笔。……这里就有一个有趣的对照:灰暗阴郁的人生和怡悦的自然

---

[1] G. 涅拉陀夫作:《序言》,史铁尔译,见 A. 绥拉菲摩维支著:《铁流》,曹靖华译,三闲书屋,1931年版,第31页。

[2] G. 涅拉陀夫作:《序言》,史铁尔译,见 A. 绥拉菲摩维支著:《铁流》,曹靖华译,三闲书屋,1931年版,第40页。

[3] G. 涅拉陀夫作:《序言》,史铁尔译,见 A. 绥拉菲摩维支著:《铁流》,曹靖华译,三闲书屋,1931年版,第41页。

[4] G. 涅拉陀夫作:《序言》,史铁尔译,见 A. 绥拉菲摩维支著:《铁流》,曹靖华译,三闲书屋,1931年版,第41—42页。

诗意。……要把世界翻一个身。……等到我们中华民族全体人民伸起腰杆，抬起了头，赶走了一切洋官和黄狗，把世界翻了一个身的时候……我们再也没有自然的美丽和人间的丑恶的矛盾了：一切都是美丽的。[1]

朱羽认为："自然"在这里成为"把世界翻一个身"的推动力，"明丽"的自然呼应着一种新的政治和社会形态，即劳苦大众"解放"后的世界。[2] 我们可以接着朱羽的结论说，周立波50年代中期回到湖南故乡之后的创作，无论是《山乡巨变》还是众多短篇小说的创作，即是为了反映这一"解放"后的世界。但接着朱羽的结论，我们还可以继续追问：如何理解这一具有"否定性力量"，作为"历史动力"的观看主体？风景与其观察主体是怎样的关系？这一观察主体是一个外在的、经过现代知识和革命经验淬炼的高蹈的主体吗？怎样理解主体和风景"相认"中那些混沌、模糊的时刻呢？他／她（或他们）在身体经验和情感归属上与其观察对象的风景自然是一种怎样的归属状态？要回答这些问题，还是需要再回到周立波"回乡"这一特殊的经验和创作状态，回到周立波作为"深入生活"和建立稳固"文学根据地"方式的回乡生活和创作状态。

三、"小说回乡"与"文学根据地"

黄秋耘在评论《山乡巨变》时提到，周立波的创作，从《暴风骤

---

[1] 周立波：《读〈南行记〉》，《周立波文集》第5卷，上海文艺出版社，1982年版，第126—129页。
[2] 朱羽：《社会主义与"自然"：1950—1960年代中国美学论争与文艺实践研究》，北京大学出版社，2018年版，第66页。

雨》到《山乡巨变》,经历了一个从"阳刚之美"到"阴柔之美"的转变。黄秋耘认为,《山乡巨变》是偏向"阴柔"一路的作品,作者"较多采用了纤细的笔墨,对于时代风貌比较着重从侧面来进行描写,有关日常生活和风土人情,在书中占有较多的篇幅"[1]。

"阴柔"的艺术特点在周立波回到湖南益阳故乡后逐渐确立,在他后来的短篇小说创作中,这一艺术特点进一步得到了强化。为什么回到了故乡后的创作,艺术风格上会发生向"阴柔"的变化?除了创作者内在的文学养成、个性气质[2]等原因外,还有些其他什么因素?是表现时代的特点不同?表现对象所体现的美学特点不同?还是创作主体与其表现对象、经验对象的关系发生了什么样的变化所致?黄秋耘认为比之《暴风骤雨》,《山乡巨变》在艺术上无疑是更为成熟与完整的,但缺少前者那样突出的时代气息,黄秋耘称之为"气"不够。在我看来,这种"气"够否,也许与创作主体与其生活与经验对象的关系有关。在周立波从《暴风骤雨》到《山乡巨变》,从"阳刚""粗粝"到"阴柔""细致"的美学转变中,创作主体与生活和经验对象关系的变化可能是决定性的因素,也就是说,回到故乡后的周立波的写作,回到了一种"小说回乡"式的写作。"小说回乡",主体认同、美学渗透、精神脉动,都沉浸在故乡之中,这当然不可能是"暴风骤雨",甚至也很难做到柳青《创业史》式的"史诗"式的写作。它是琐碎的、细节的、风景的、抒情的。

---

[1]黄秋耘:《〈山乡巨变〉琐谈》,载《文艺报》1961年2月26日本年第2期。
[2]黄秋耘引用了清代桐城派文人姚鼐《复鲁絜非书》中的说法,来对艺术风格中的"阴阳""刚柔"与创作者个性的不同进行解释。姚鼐的说法是:"文者天地之精英,而阴阳刚柔之发也,自诸子而降,其为文无弗有偏者。……其得于阴与柔之美者,则其文如升初日,如清风,如云,如霞,如烟,如幽林曲涧,如沦,如漾,如朱玉之辉,如鸿鹄之鸣而入寥廓。其于人也,漻乎其如叹,邈乎其如有思,暖乎其如喜,愀乎其如悲。观其文,讽其音,则为文者之性情形状,举以殊焉。"见黄秋耘:《〈山乡巨变〉琐谈》,载《文艺报》1961年2月26日本年第2期。

董之林将周立波主要围绕《山乡巨变》的创作称为建造了"小说故里",实现了一种"精神还乡"[1],但"小说故里"和"精神还乡"的说法过于含混,具体内容展开也不够。在结论上,董之林也主要把这种"精神还乡"的意义所在用于对图解式的所谓"工农兵文学"和"社会主义现实主义"作品的批评和为集体化道路普遍性的辩护之上。我把两者综合,称周立波返回湖南故乡后的创作为"小说还乡",而"小说还乡"所产生的美学和精神的转换内容,是周立波给中国当代文学贡献的独特经验,值得进一步展开。

"回乡"的冲动一直是20世纪中国文学的巨大动力,在一定的程度上,构成20世纪中国文学深厚传统的"乡土文学"就是一种"回乡"的文学。

鲁迅将发端于"五四"的乡土文学又称为"侨寓文学",他称:"凡在北京用笔写出他的胸臆来的人们,无论他自称为用主观或客观,其实往往是乡土文学,从北京这方面说,则是侨寓文学的作者。"[2]这些作者"在还未开手来写乡土文学之前,他却已被故乡所放逐,生活驱逐他到异地去了,他只好回忆'父亲的花园',而且是已不存在的花园"[3]。对"五四"一代乡土作家而言,"回乡"是为了告别,在他们的作品中,故乡的风景是萧瑟、衰败的,故乡的人物是麻木、面目模糊的,一个"寓居"在城市的现代主体对视着故乡的风景,无论是以第三人称全知叙事,还是第一人称叙事,都充满伤感,故乡和"我"互相放逐,"我"

---

[1] 董之林:《小说故里——论当代"精神还乡"的一种写作动因》,载邹理编:《周立波评说——周立波研究与文化繁荣学术研讨会论文集》,长江文艺出版社,2013年版,第17—29页。
[2] 鲁迅:《〈中国新文学大系〉小说二集序》,王世家、止庵编:《鲁迅著译编年全集》第18卷,人民出版社,2009年版,第105页。
[3] 鲁迅:《〈中国新文学大系〉小说二集序》,王世家、止庵编:《鲁迅著译编年全集》第18卷,人民出版社,2009年版,第105页。

与不得不回的故乡的相聚，不过是一场为了告别的聚会。而即使是脱离"五四"启蒙脉络，将故乡"湘西"风景与"人性"之美手造为"神性的希腊小庙"的沈从文，或将故乡黄梅作为情感的寄托，以抵御时间和都市现代生活带来的疏离和冲击，"回乡"不过是暂时的情感和经验的"充电"，故乡是抽象的，与当前的、实际的生活没有直接的联系，故乡即使不是"废园"，也不过是"莫须有"的伊甸园。所以，在"五四"和后"五四"一代作家的写作中，"回乡"所呈现的乡土和自然不过作家自我人格的外化。

战争带来的大规模流动和革命带来的主体改造，给这种现象带来了根本的变化。尤其是在毛泽东《在延安文艺座谈会上的讲话》发表后，大批作家奔赴农村或厂矿，奔赴基层，体验生活，"深入生活"。到20世纪五六十年代，已经积累了相当丰富的经验。在这方面，代表性的作家，如丁玲、赵树理、周立波、柳青、李准等，表现出了各自不同的形态。丁玲的生活、经验获取处于一种相对流动状态下力求形成某种"文学根据地"的努力中，主体的流动性是其主要的状态。赵树理的文学和经验对象，完全来自自己的家乡晋东南那片土地。他虽然短暂在太原和北京生活过，但在经验和情感上，一直属于家乡人和家乡那片土地。他的文学是从地方流淌出来的，可以说，他在身心上都从来没有离开过自己的家乡，在美学和情感上，赵树理的创作更容易从一种连续性的角度阐释和理解。柳青是毛泽东《在延安文艺座谈会上的讲话》后第一位"下乡"的作家，来到了自己家乡吴堡的临县米脂，参加乡里的工作，以此为经验基础，写出了《种谷记》，同时期，他也写了一些以"回乡"为题材的短篇小说——值得注意的是，那是一些鲁迅意义上的纯粹"回乡型"的小说，与"五四"的乡土小说有明显的呼应关系。柳青50年代初回陕西落户，准备长期"深入生活"时，他选在了地理、人文、文化与自己的陕北家乡有相当差异的关中长安县皇甫村，在这里生活了十四年。柳青的《创业史》进行的是一种"史诗式"的写作，在皇甫村，他虽然已与农民的生活融为一体，但他的身份还是一位"外来的干部"。文学表现上，《创业史》中也有风景和抒情的段落，但那是一种历史整体的、外来的视角。周立波的方式与以上诸人不同。他回到了自己的家乡，长期居住在自己的家乡，生活和经验对象是自己的家乡，人物、风景都是熟悉或"似曾相识"的——这是自己从小浸润其中的家乡的风物。所以，周立波从事的是一种"回乡式"的写作。但周立波又不是像赵树理一样，从来没有离开过家乡，他曾在上海从事过左翼文学的活动，在延安鲁艺教过文学，随军队南征北战，在东北参与过土改，也在工厂参与过接受和改造，他的知识、经验、视野都经过了现代、城市和革命的淘洗，已不是土生土长的"乡绅式"的视野。他的创作中风景的频繁呈现、"化解不开的"的抒情的氛围，都与这种创作主体与生活经验的独特关系有关。这是一种独特的"小说回乡"，无论是在小说的形式和内容上，都给中国当代文学留下了宝贵的遗产。[1]

李杨将《讲话》发表之后到70年代后期的中国当代文学分为从叙

---

[1] 周立波被称为湖南当代文学"茶子花派"的文学之父。韩少功、谭谈、孙健忠、叶蔚林、彭见明、古华、张步真这些80年代湖南文学辉煌时期活跃的作家们，"他们初学写作时遵循摹仿的，大多是周立波风情画卷中显露时代政治特色的文学方法"。见胡桂良、龙长吟、刘起林：《湖南文学史》（当代卷），湖南教育出版社，1998年版，第164页。

事，到抒情，到象征三个阶段[1]，如果我们认同他这一具有高度概括性的归纳，周立波50年代中期到60年代中期的短篇小说创作显然处于他所说的抒情阶段[2]，而越靠近60年代中期，象征的意味越来越浓。也许，这是内在于周立波短篇小说创作的限制性机制，它们的好处和局限都需要从这样的背景中去理解。

---

[1]李杨认为，"从《讲话》发表的40年代初期到50年代中后期，出现了叙事文学的繁荣，主要的文学体裁是长篇小说与长篇叙事诗；从50年代中后期一直到60年代中期，叙事文学的主导地位让位给抒情文学，在长篇小说与叙事诗逐渐出现衰退的同时，新民歌运动、毛泽东诗词，以杨朔、秦牧、刘白羽为代表的抒情散文，以郭小川、贺敬之为代表的抒情诗以及抒情性的短篇小说成为这一时期主要的文学样式；从60年代中期开始，中国文坛成为象征文学的一统天下。最典型的'文革文学'——'八个样板戏'主要选用了芭蕾舞剧与京剧作为基本艺术形式，在这些作品中，每一个人物的出现都象征着一种抽象的本质。公式化、概念化、脸谱化成为这些作品的共同特征。""叙事的目的在于建立一个现代民族国家；抒情是完成了建立国家的任务之后对主体性——人民性的颂歌；而象征则根源于再造他者、继续革命这一最'现代'的幻想。"分别见李杨：《抗争宿命之路——社会主义现实主义（1942—1976）研究》，时代文艺出版社，1993年版，第1—2、7页。

[2]实际上，李杨也将周立波的《山那面人家》作为抒情性的短篇小说例子之一加以说明。见李杨《抗争宿命之路》，第197页。

后　记

作为系列丛书之一，《重读周立波》直接的起源是"北京·当代中国史读书会"系列会议之一，即2020年11月21日—22日由上海师范大学人文学院召开的学术讨论会"社会史视野下的中国现当代文学——以周立波为中心"，会议的合办单位是上海师范大学人文学院、中国现代文学研究会、中国社会科学院文学研究所"二十世纪中国革命与中国文学"创新工程课题组。

之所以提及这次会议的组织信息，是想到周立波在上海生活了十年（1928—1937）。这十年中，周立波历经国民党经济发展却社会溃败的时期，从一个文学青年成长为睁眼看现实的革命青年，奠定了他此后的人生基调。因此，由上海师范大学人文学院来推动读书会"社会史"系列会议中的周立波学术讨论会，就具有特别的纪念意义。尤其是上海师范大学人文学院薛毅老师的大力支持和参与，我才知道，在20世纪90年代中后期的中国当代思潮中，被命名为新左派的学者里还有对周立波《山乡巨变》情有独钟的思考，并由此引发会议期间关于周立波与柳青的争论。而谁都知道，这是诸位内心关于当今时代需要哪种当代文学的叩问。中国现代文学研究会的鼎力支持则让我想到，如何在今天以这些跨《讲话》和1949年的作家为中介和契机，进一步推动和打开中国现代文学和当代文学历史纠缠关系的深入讨论，也期待这一深入讨论能激发我们今天再次反思，如何辨析和导出今天所需的文学历史资源的问题。当时正值疫情此起彼伏，大家逐渐将之当做生命中的常态；另一些政治社会逻辑早已形成但尚未充分展开。我们认为有一些此前形成的关于现代文学和当代文学的命题还可以继续深化，以回应当下出现的种种状况。坚持者有坚持的理由，他们真诚认定某些现象一定不能容忍；探索者继续探索，他们恳切地不甘于现状不满于既有。诸种分歧在疫情间歇时汇聚上海，暗流涌动，在漕宝路124号和颐至尊酒店二楼和颐厅内试探、碰撞、交锋。上海深秋的这两天，小雨，那个精致的现代建筑内进进出出的诸位，每迈出一步，似乎都在发出诘问，作为文学—社会—思想资源的周立波是否可能、如何可能。

读书会从2014年开始推动"社会史视野下的中国现当代文学"系列会议，之前分别讨论了赵树理、丁玲、柳青、李凖，这次的周立波会议是之前系列会议的延续。与之前系列会议类似又不同的是，我们会特别设计一些考察路线，回到这些作家生活、工作的地方展开调研。这次讨论周立波，我们的准备工作更长。除2014年10月我们到湖南益阳周立波故居以及《山乡巨变》发生地的原型清溪村考察，我们还于2018年和2019年分批去了黑龙江元宝村考察。2020年8月7日—2020年10月9日，我们组织了十次线上线下共同参与的专题讨论，这次涉及周立波的短篇小说、长篇小说、报告文学、文学批评、翻译作品和外国文学研究成果，并结合讨论作家的思想脉络和创作演变，尝试触碰左翼文学、革命文学、社会主义文学在时代的高度流动中体现出的变异。细腻追索变异的发生及其蕴含的文学-社会-思想意义，是我们持续思考和阅读的动力。我们还希望这种细腻解读文本的方式能帮助我们更加准确把握和辨析周立波人生中每一次探索、挣扎、努力所开启的可能性，便于我们今天反省和辨析自己的处境，并从更加准确地把握到的周立波所开启的可能性中汲取可供我们参考的资源。2020 年 11 月在上海召开的"社会史视野下的中国现当代文学——以周立波为中心"会议，就是上述系列缓慢、不断调试的讨论中擦出的星火。无论是论文发表、评议还是圆桌讨论所荡开的内容，内容中巨大的信息容量，都将历史与时代浪潮中的势能呈现在诸位的言谈神色之中，令人难忘。

本书选入的篇目大多来源于此次会议，在编选过程中，我们与本书收录篇目的师友们围绕结构设计、具体选文进行了多次沟通和讨论，他们有的慷慨授权，有的重新修订了论文，在百忙之中提供了各种各样的建议和意见。师友们诚挚热情的鼓励，让我们重获置身共同体的体验。收入本书的文章往往具有多个面向，细心的读者或许会发现很多文章之间存在对话关系，彼此回应、互相激发，提供了更多的思考与探究的路径。

编选工作中存在的疏漏与不足，也期望读者朋友批评指正。

何浩　全亚兰

2022 年 7 月 2 日